Satzarten unterscheiden
Aussagesatz, Ausrufesatz, Fragesatz ▶ S. 239–244
Satzglieder erkennen
Welche Wörter gehören zu einem Satzglied?
Umstellprobe ▶ S. 226, 233, 238
Welche Art von Satzglied ist das? ▶ S. 226–238, 245–246
Welche Satzglieder lassen sich durch andere ersetzen? Ersatzprobe? ▶ S. 234, 238
Wortarten bestimmen
Wortart Nomen ▶ S. 200–205, 214, 222
Wortart Artikel ▶ S. 206, 214, 222
Wortart Adjektiv ▶ S. 210–211, 214,222
Wortart Pronomen ▶ S. 207–209, 222
Wortart Verb ▶ S. 215–222
Rechtschreibstrategien
Wörter schwingen ▶ S. 248–251, 256
Wörter verlängern ▶ S. 252–253, 256
Wörter zerlegen ▶ S. 254, 256
Wörter ableiten ▶ S. 255, 256
Nomen erkennen ▶ S. 258–260
Nachschlagen im Wörterbuch ▶ S. 261–262
Rechtschreibregeln
Wörter mit doppeltem Konsonanten ▶ S. 265–267, 275
Wörter mit i oder ie? ▶ S. 268–270, 275
Wörter mit ß oder ss? ▶ S. 271–275

Realschule Baden-Württemberg

Deutschbuch

Sprach- und Lesebuch

1

Herausgegeben von
Christa Becker-Binder und Bernd Schurf

Erarbeitet von:
Sylvia Birner (Karlsruhe), Annette Brosi (Wildberg), Carmen Collini (Karlsbad), Steffen Dinter (Gernsbach), Dorothea Fogt (Mannheim), Agnes Fulde (Gütersloh), Andreas Glas (Stuttgart), Peter Heil (Freiburg), Angelika von Hochmeister (Pfullendorf), Bettina Hofmann (Stuttgart), Marianne Kuhn (Karlsruhe), Isabelle Kunst (Freiburg), Monika Mohr-Mühleisen (Alfdorf), Yvonne Scherle (Rastatt), Tanja Seidelmann (Ottersweier), Ina Trog (Karlsruhe) und Christian Weißenburger (Ludwigsburg)

ISBN 978-3-06-062449-2 Deutschb. RS BW 1 neu

Cornelsen

Euer Deutschbuch auf einen Blick

Das Buch ist in **vier Kompetenzbereiche** aufgeteilt.
Ihr erkennt sie an den Farben:

Sprechen und Schreiben
Mit Texten und Medien umgehen
Sprachbewusstsein entwickeln
Arbeitstechniken und Methoden

Jedes **Kapitel** besteht aus **drei Teilen:**

1 Hauptkompetenzbereich
Hier wird das Thema des Kapitels erarbeitet, z. B. in Kapitel 4 „Nach Vorgaben erzählen".

4.1 Genau betrachtet – Zu Bildern erzählen

2 Verknüpfung mit einem zweiten Kompetenzbereich
Das Kapitelthema wird mit einem anderen Kompetenzbereich verbunden und vertiefend geübt, z. B.:

4.2 Reizwörter und Erzählkern – Texte überarbeiten

3 Fit in ...? oder Projekt
Hier überprüft ihr das Gelernte anhand einer Übungsklassenarbeit und einer Checkliste oder ihr erhaltet Anregungen für ein Projekt, z. B.:

4.3 Fit in ...? – Nach Vorgaben erzählen

Folgende Kennzeichnungen werdet ihr im Buch entdecken:

●○○ Diese Aufgabe ist eher leicht.
●●○ Diese Aufgabe ist schon etwas kniffliger.
●●● Diese Aufgabe ist etwas für Profis.
4 Zusatzaufgabe
Partnerarbeit
Gruppenarbeit
Rollenspiel

► Der Pfeil sagt euch, auf welcher Seite ihr etwas nachschlagen könnt.

Information Das Orientierungswissen erkennt ihr an diesem Symbol. Am Ende des Buchs ist das Orientierungswissen aller Kapitel übersichtlich zusammengefasst (► S. 293 ff.).

Stärken stärken Hilfen zu diesen Aufgaben findet ihr direkt darunter oder auf der nachfolgenden Seite.

Inhaltsverzeichnis

Sprechen und schreiben

Kompetenzschwerpunkt

3 Ein Tag voller Erlebnisse – Spannend erzählen 43

Sprechen – Zuhören – Schreiben

4 Hinter allem steckt eine Geschichte – Nach Vorgaben erzählen 61

Kompetenzschwerpunkt

Kompetenzschwerpunkt

- Mit Hilfe von Stichwortzetteln vorbereitete kürzere Inhalte vortragen
- Literarische Texte nacherzählen

Mit Texten und Medien umgehen

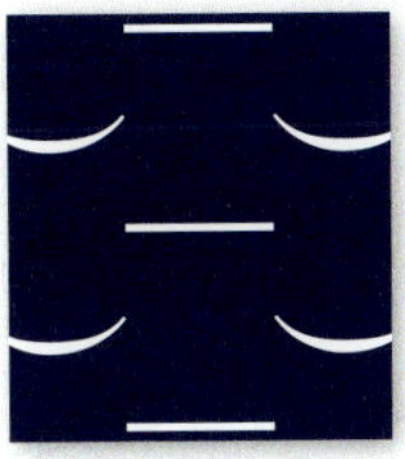

- Ausgewählte lyrische Texte kennen
- Inhalt und Merkmale von Gedichten erschließen

- Kreativ mit Sprache umgehen
- Gestaltungsmittel wie Betonung, Lautstärke, deutliche Artikulation, Körpersprache gezielt für den Vortrag und das szenische Spiel einsetzen
- Gedichte auswendig vortragen

- Textverarbeitungsprogramm nutzen

Kompetenzschwerpunkt

Mit Texten und Medien umgehen

9 Vorhang auf! – Wir spielen Theater 155

▸ Gestaltungsmittel wie Betonung, Lautstärke, deutliche Artikulation, Körpersprache gezielt für den Vortrag und das szenische Spiel einsetzen

▸ Im Spiel Rollen übernehmen und gestalten

Mit Texten und Medien umgehen

10 Fernsehen, Radio, Internet – Medien bewusst nutzen 167

▸ Sendungen auswerten

▸ Informationen an andere weitergeben
▸ Informationen zu vorgegebenen Themen zusammentragen und visualisieren

▸ Sich zu Mediengewohnheiten äußern und sie reflektieren; sich kritisch damit auseinandersetzen
▸ Informationen aus nicht kontinuierlichen Texten verstehen

Kompetenzschwerpunkt

- Formen des Verbs bilden und anwenden
- Finite und infinite Formen des Verbs unterscheiden
- Die Tempora bilden und anwenden

13

Sprachbewusstsein entwickeln

Grammatiktraining – Sätze und Satzglieder 225

- Satzglieder und deren Aufgabe im Satz untersuchen, bestimmen und richtig anwenden
- Verfahren und sprachliche Proben wie Um-stell-, Ersatz-, Weglass- und Erweiterungsprobe zur Verbesserung des Textes nutzen

- Satzarten untersuchen, bestimmen und richtig anwenden
- Satzteile und Sätze mit Konjunktionen verknüpfen

Kompetenzschwerpunkt

Sprachbewusstsein entwickeln

14 Rechtschreibung – Strategien erarbeiten 247

- Rechtschreibstrategien entwickeln
- Wortbezogene Regelung (Kürze und Länge des Stammvokals) kennen und anwenden
- Satzbezogene Regelung (Groß- und Kleinschreibung) kennen und anwenden
- Strategien zur Fehler-Korrektur und Fehlervermeidung nutzen

- Rechtschreibstrategien anwenden und herleiten

- Individuelle Fehler erkennen und über Strategiewissen beheben

15 Lernen mit Methode 279

Orientierungswissen 293

1 In unserer neuen Schule – Sich und andere informieren

1 Betrachtet das Bild genau. Welche Situation ist dargestellt? Tauscht euch darüber aus.

2 **a** Sammelt eure ersten Eindrücke von der neuen Schule mit dem Tischnachbarn/der Tischnachbarin.
b Berichtet euren Klassenkameraden von euren Eindrücken.

In diesem Kapitel ...

– stellt ihr euch einander vor und informiert euch über eure neue Schule,
– erzählt ihr in einem persönlichen Brief von euren Erlebnissen und Eindrücken,
– lest ihr Geschichten rund um das Thema „Schule“.

1.1 Wir lernen uns und unsere neue Schule kennen – Steckbriefe und Wegbeschreibungen

Wir machen uns miteinander bekannt

1 Erzählt von euren ersten Schultagen. Was habt ihr erlebt? Was ist neu?

2 Ihr seid nun in einer neuen Klasse. Vielleicht kennt ihr schon einige Mitschüler aus der Grundschule, sicher gibt es aber auch neue Mitschüler. Um euch besser kennen zu lernen, habt ihr viele Möglichkeiten. Welche kennt Ihr?

Mit Hilfe folgender Spiele könnt ihr euch genauer „unter die Lupe nehmen" und mehr über euch erfahren. Wählt die Möglichkeiten aus, die euch gefallen, und probiert sie aus:

3 **„Viereckenspiel"**

a Bildet einen Kreis in der Mitte des Klassenzimmers. Jetzt sollt ihr herausfinden, was ihr vielleicht mit anderen gemeinsam habt.

b Bestimmt einen Spielleiter oder eine Spielleiterin. Diese oder dieser ruft: „Ich bin heute Morgen mit dem Auto/Bus/Fahrrad/zu Fuß in die Schule gekommen".

c Nun geht ihr in die vorher festgelegten Zimmerecken und tauscht euch kurz darüber aus, wie ihr in die Schule gekommen seid.
Setzt das Spiel mit eigenen Beispielen fort: *Ich esse am liebsten ...; Ich habe als Haustier ...*

4 **„Personenbeschreibung"**

a Sucht euch einen Spielpartner, den ihr noch nicht kennt, und setzt euch gegenüber.

b Schaut euch genau an. Auf ein Signal hin dreht ihr euch mit dem Rücken zueinander.

c Nun stellt ihr dem anderen Fragen zu eurem Aussehen. Ihr könnt abwechselnd fragen.
Welche Haarfarbe habe ich? Trage ich eine Brille? Welche Farbe hat der Brillenbügel?

5 **„Einen Steckbrief entwerfen"**

a Vergleicht die Steckbriefe. Welche Informationen findet ihr auf den Zetteln?

b Entwerft einen Steckbrief, mit dem ihr euch in der Klasse vorstellt. Entscheidet euch für die günstigere Darstellungsform.

Name:	*Cosima*
Geburtstag:	*12. Juli*
Adresse:	*Veilchenweg 3, Ludwigsburg*
Hobbys:	*Tanzen, Musik, Computer*
Haustier:	*zwei Meerschweinchen*
Freunde:	*Annalena, Mona, Joshua*

Hallo, mein Name ist Lukas,
ich bin am 16. März 2003 geboren. Ich wohne mit meinen Eltern und meiner Schwester Lina in der Schillerstraße 19 in Ludwigsburg. Mein liebstes Hobby ist der Sport. Ich spiele mit meinen Freunden Fußball im Verein. Und ich lese gerne. Am tollsten finde ich Gruselgeschichten, die sind so schön spannend. Wir haben einen Hund: Leo. Mit dem gehe ich jeden Tag spazieren. Hier in der neuen Schule habe ich schon Freunde gefunden: Max und Melis kenne ich noch aus der Grundschule und Simon ist mein Banknachbar.

c Übertragt eure Steckbriefe in möglichst viele Sprachen und lest sie euch gegenseitig vor.

d Vergleicht die Wörter:
- Was fällt euch auf?
- Gibt es Gemeinsamkeiten zwischen den Sprachen?

name:	...	*nom:*	...
birthday:	...	*anniversaire:*	...
address:	...	*adresse:*	...
phone:	...	*téléphone:*	...
hobbies:	...	*loisirs:*	...
pet:	...	*animal domestique:*	...

6 **„Ein Partnerinterview führen"**

a Bringt ein Bild aus eurer Grundschule mit und interviewt euch gegenseitig. Geht so vor:
- Bildet Paare: Lasst dabei den Zufall entscheiden. Legt z. B. Memory-Karten auf einem Tisch aus und deckt sie nacheinander auf. Die Schüler, die das gleiche Bild haben, bilden ein Paar.
- Stellt euch gegenseitig Fragen und notiert die Antworten, z. B.:
  Warum hast du dieses Foto mitgebracht?
  Was wünschst du dir in der neuen Schule?
  Welche Fächer sind deine Lieblingsfächer?

b Stellt eure Mitschülerin oder euren Mitschüler in der Klasse vor. Anschließend könnt ihr ein schönes Blatt gestalten, das über eure Interviewpartnerin/euren Interviewpartner informiert.

7 Ihr habt viel über andere erfahren, aber auch über euch selbst.

a Notiert, welche Eigenschaften eurer Meinung nach die neuen Klassenkameraden an euch schätzen werden.

b Tauscht euch darüber mit dem Banknachbarn/der Banknachbarin aus.

8 Gestaltet mit den erarbeiteten Materialien eine **Klassenwandzeitung.** Ihr habt verschiedene Präsentationsmöglichkeiten:

Plakat: Schreibt die Texte sorgfältig mit der Hand oder mit dem Computer. Verwendet unterschiedliche Schriftarten. Klebt die Steckbriefe oder Interviewergebnisse auf das Plakat. Fotos oder passende Zeichnungen setzen einen Blickfang.

Wäscheleine: Gestaltet eure Textblätter als T-Shirts (entsprechend ausschneiden!) und hängt sie mit Wäscheklammern an einer quer durchs Klassenzimmer gespannten Wäscheleine auf.

Hand in Hand: Klebt die Texte auf ausgeschnittene Figuren. Die Figuren werden dann an den Händen zusammengefügt. So entsteht eine lange Schülerkette, die ihr an der Wand entlang aufhängen könnt.

Wir erkunden unsere Schule – Wege beschreiben

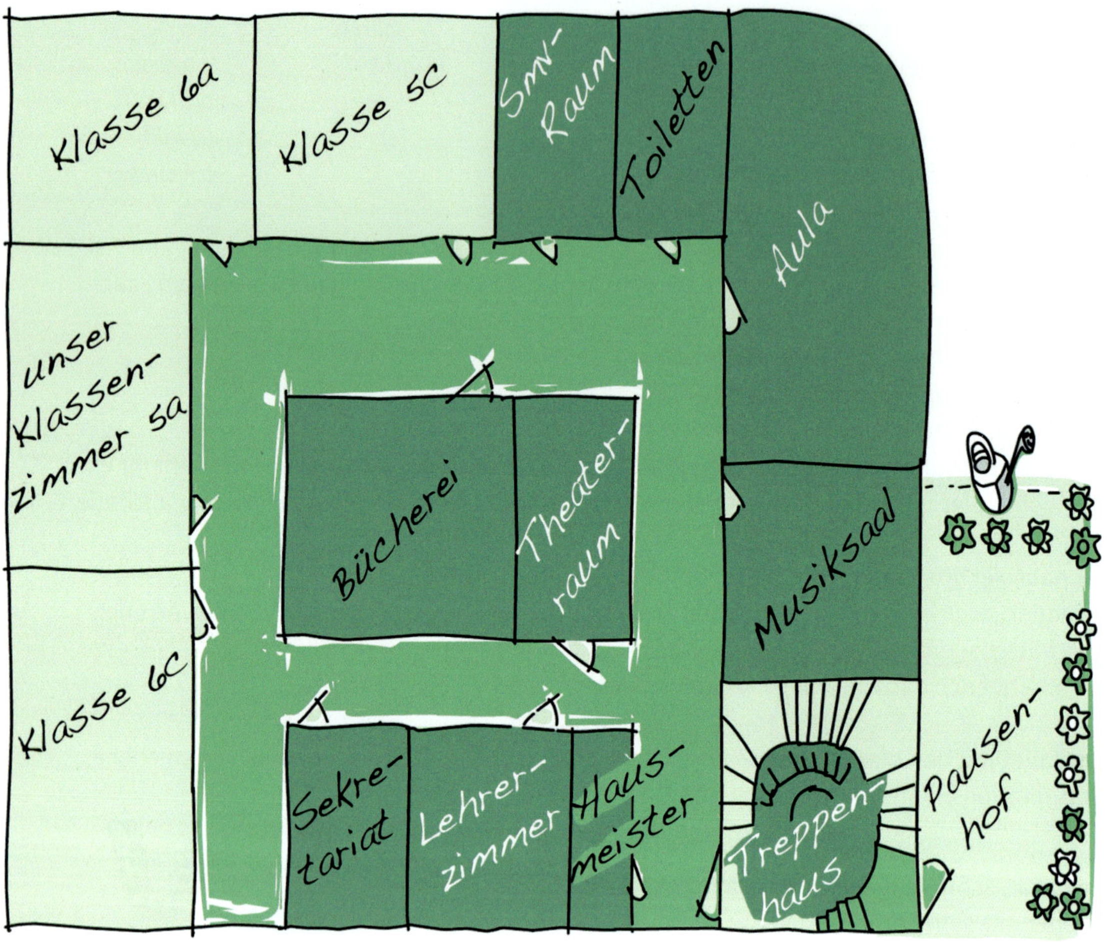

1 Versucht, euch anhand des Grundrisses eines Schulgebäudes zu orientieren.

a Sucht den kürzesten Weg vom Klassenzimmer zur Toilette, zum Lehrerzimmer, zum Sekretariat, zur Aula, zum Pausenhof ...

b Beschreibt eurem Nebensitzer/eurer Nebensitzerin die Wege. Nutzt dabei folgende Wörter:

zuerst	gehen	dann	überqueren	abbiegen
schließlich	sich wenden	zuletzt	hinaufgehen	hinuntergehen

2 Zeichnet einen Grundriss eurer Klassen-Etage. Beschriftet die Zeichnung.

3 a Formuliert in der Gruppe Wegbeschreibungen als Rätsel und lasst die anderen das Ziel raten.
Beispiel: *Jn welchen Raum kommst du, wenn du aus dem Klassenzimmer nach links gehst, ...?*

b Beschreibt euren Eltern den Weg vom Eingang der Schule bis zu eurem Klassenraum.

c Vergleicht und verbessert eure Beschreibungen.

4 Stefan und Hannes haben sich in der ersten Schulwoche kennen gelernt. Nun möchte Stefan seinen neuen Schulfreund zum Spielen nach Hause einladen. Er erklärt Hannes den Weg:

Hannes, am Wochenende könnten wir doch mal Computerspielen. Komm doch bei mir zu Hause vorbei. Du findest den Weg ganz einfach: Du läufst links aus deinem Haus die Straße runter, dann am Park rechts, nach der Kirche links und am Hochhaus wieder rechts. Und schon stehst du vor meiner Haustür!

a Denkt ihr, dass Hannes den Weg zu Stefan findet?

b An welchen Stellen ist die Wegbeschreibung verbesserungswürdig? Könnt ihr Tipps geben?

5 Welche Informationen enthält die Karte? Welche sind sinnvoll?

6 Helft Hannes, den Weg zu Stefans Haus zu finden. Schreibt eine Wegbeschreibung mit Hilfe der Karte. Nutzt dazu den Wortspeicher aus Aufgabe 1.

7 Vielleicht geht es euch genauso: Ihr habt einen neuen Freund, eine neue Freundin gefunden, der oder die noch nicht weiß, wo ihr wohnt.

a Beschreibt dem Freund/der Freundin den Weg zu eurer Wohnung. Als Ausgangspunkt könnt ihr eine zentrale Stelle wählen: das Rathaus, die Bushaltestelle, die Kirche ...

b Zeichnet zur Verdeutlichung eine Karte als Skizze.

c Kontrolliert eure Wegbeschreibung in Partnerarbeit.

Information **Wegbeschreibung**

Wege beschreiben wir für jemanden, der den Weg nicht kennt, ihn aber leicht finden soll. Beschreibt deshalb den Weg **in der Reihenfolge, in der man ihn geht:**
Beginnt am Ausgangspunkt und listet Schritt für Schritt den weiteren Weg genau auf. Denkt daran, auf markante, auffällige Stellen hinzuweisen, z. B.: Kreuzungen, besondere Gebäude oder Bäume. Diese markanten Stellen müssen unbeweglich sein, also: *der Parkplatz vor dem Supermarkt*, nicht *der große rote Lieferwagen*, denn der Lastwagen ist vielleicht schon längst weggefahren.
Schreibt knapp, sachlich und im Präsens.

Menschen an der Schule interviewen

1 Bestimmt habt ihr an eurer Schule schon einige Personen kennen gelernt: Schulleiter/-in, Sekretär/-in, Hausmeister/-in, ältere Schüler/-innen.

a Schreibt ihre Namen auf ein Plakat und tragt zusammen, was ihr über sie schon wisst.

b Über wen möchtet ihr noch mehr erfahren?

2 Bereitet Fragen für die Interviews vor:

a Bildet Gruppen und sucht euch jeweils eine der oben aufgeführten Personen aus, die ihr befragen möchtet.

b Nutzt Informationsquellen wie beispielsweise die Schulordnung, um Fragen vorzubereiten.

c Notiert euch Fragen, die ihr stellen wollt. Ihr könnt folgende Formulierungen verwenden:
Welche Aufgaben haben Sie?
Seit wann üben Sie die Tätigkeit aus?
Warum wollten Sie ... werden?

Achtet beim Aufschreiben der Fragen und des Interviews auf die korrekte Schreibung der Höflichkeitsanrede, z. B.:
Worüber ärgern Sie sich am meisten?
Was gefällt Ihnen am besten an Ihrem Beruf?

3 Überlegt, wie ihr vorgehen wollt. Bedenkt, dass die Personen nicht immer erreichbar sind.

a Wie sprecht ihr die Person an?

b Wie haltet ihr das Interview fest (Notizen, Aufnahmegerät)?

c Probt die Interviews zunächst in der Klasse.

4 a Jetzt geht's los. Führt das Interview durch.

b Berichtet der Klasse, was ihr im Interview über eure Gesprächspartner erfahren habt.

Methode **Fragen für ein Interview formulieren**

Achtet in Interviews stets darauf, dass eure **Fragen offen formuliert** sind, damit euer Interviewpartner möglichst viel erzählt. Beispiel:
„Warum wollten Sie Lehrer werden?" → *„Weil mir die Arbeit mit Kindern große Freude bereitet."*
Wenn ihr überwiegend **geschlossene Fragen** stellt, bekommt ihr nur knappe Antworten und das Interview wird sehr kurz und eintönig. Beispiel: *„Wollten Sie schon immer Lehrer werden?"* → *„Ja."*

Testet euch!

Wege beschreiben

1 Yasmin war die erste Schulwoche krank. Nun findet sie sich im Schulhaus nicht zurecht. Einige Mitschülerinnen und Mitschüler wollen ihr helfen. Aber nicht alle wissen gut Bescheid.

a Lest die Wegbeschreibungen. Schaut euch auch noch einmal die Skizze unten genau an. Auf diese beziehen sich die Wegbeschreibungen.

b Welche Wegbeschreibungen stimmen, welche sind falsch?

c Verbessert die falschen Wegbeschreibungen und schreibt sie richtig in euer Heft.

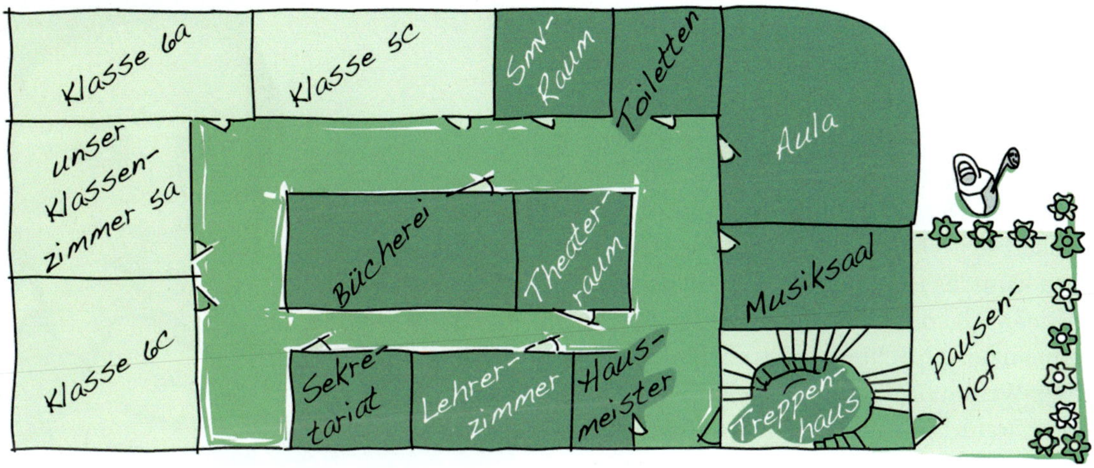

Alina:

Wenn du vom Klassenzimmer zur Toilette musst, dann gehst du aus dem Zimmer nach links, den Gang hinunter und biegst rechts ab. Nun musst du zur letzten Tür auf der linken Seite – vor der Aula.

Timo:

Wenn du das Lehrerzimmer suchst, dann musst du vor dem Klassenzimmer nach rechts gehen, und gleich links den Gang hinunterlaufen. Auf der linken Seite hinter der zweiten Tür liegt das Lehrerzimmer.

Mona:

Den Musiksaal findest du, wenn du aus dem Klassenzimmer nach links gehst, den Gang entlang. Dann biegst du rechts in den langen Gang und läufst immer geradeaus. Die Tür direkt vor dir ist der Eingang zum Musiksaal.

2 Erklärt Yasmin den Weg zum SMV-Raum, zur Bücherei und zum Hausmeisterraum. Schreibt dazu die entsprechenden Wegbeschreibungen in euer Heft.

1.2 Schule hier und anderswo – Briefe schreiben

Iris Lemanczyk

Keine Stühle in der Schule

Heute muss ich Vater fragen, ist Wenhus erster Gedanke, als er wach wird. Wenhus Vater muss Geld bezahlen, wenn sein Sohn zur Schule geht. Sieben Mark kostet die Schule für ein halbes Jahr, das sind 35 Yuan. Für eine europäische Familie wäre das ein Klacks, aber nicht für Wenhus Eltern. Sie leben als arme Bauern in den Bergen und 35 Yuan sind für die Familie viel Geld. Der Zehnjährige weiß: Die Chancen stehen schlecht, dass er wieder zur Schule gehen kann. Es ist nämlich kein Geld da.
Allmählich kommt die Sonne hinter den Berggipfeln hervor. Schon wird es ein bisschen wärmer. Wenhu blickt immer noch hinunter zum Dorf. Natürlich muss er den Schulweg zu Fuß zurücklegen, jeden Tag. Aber das kennt er ja, es würde ihm nichts ausmachen.
Wenhu seufzt und geht zurück in die Hütte. Die Mutter ist inzwischen auch aufgestanden. Sie reicht Wenhu eine Schüssel mit gesalzenem Wasser und eingeweichtem Möhrenkraut. Das ist sein Frühstück. Wenhus Mutter weiß, was ihren Sohn bedrückt. Gern möchte sie ihm helfen, aber sie weiß auch: Es ist kein Geld da. Auch Wenhus Vater ist aufgestanden. Jetzt, jetzt muss ich ihn fragen, denkt Wenhu und atmet tief durch. „Vater, darf ich dieses Jahr wieder zur Schule gehen?“, fragt er mit zitternder Stimme. Sein Puls rast. Voller Spannung wartet er auf die Antwort. Der Vater schüttelt traurig den Kopf. „Nein, Wenhu. Es ist kein Geld da“, sagt er nur. „Aber Vater, letztes Jahr ging es doch auch. Bitte, bitte. Ich möchte lesen können und rechnen und schreiben. Ich möchte zur Schule gehen. Bitte.“ Wenhu weint verzweifelt, der Vater wendet sich ab. Er schämt sich. Er selber war nie in der Schule, er kann nicht einmal seinen Namen schreiben. Auch sein Vater hatte zu wenig Geld und damals hat er seinen Vater dafür gehasst. Jetzt ist er der Vater. Plötzlich entdeckt Wenhu einen Skorpion auf dem großen Stein neben sich. Das Tier sonnt sich. Es ist fast durchsichtig. Fasziniert starrt Wenhu den Skorpion an, der nicht größer ist als eine Eidechse. Mit seinen acht Beinen klettert das Tier gemächlich auf den nächsten Stein. Dabei wippt der Stachel am Schwanzende gefährlich. Wenhu weiß, dass das Gift eines Skorpions ein Kind töten kann. Trotzdem gefällt ihm das Tier mit den langen Scheren. Während er den Skorpion beobachtet, hat er eine Idee. „Das ist es!“, ruft er. „Ich werde Skorpione fangen.“ Die Medizinfabrik

unten im Tal kauft Skorpione, ist ihm eingefallen. Von dem Geld könnte er die Schulkosten bezahlen. Wenhu ist begeistert von seiner Idee. Sofort macht er sich ans Werk. Er sammelt und sammelt, bis er zwei Lederbeutel voll hat. Es wird wahr! „Übermorgen kann ich zur Schule!“ Er umarmt seinen Vater, küsst seine Mutter und springt ins Bett. Mit einem seligen Lächeln auf den Lippen schläft er ein.

Am ersten Schultag steht Wenhu in der Morgendämmerung auf. Sorgfältig streicht er die Geldscheine glatt und steckt sie in die Hosentasche. Sein Frühstück isst er ganz schnell. Dann ist er bereit. „Musst du nicht den Hocker mitnehmen wie im letzten Jahr?“, fragt die Mutter. „Ach ja, es gibt ja keine Stühle in der Schule.“ Also schultert Wenhu den einzigen Klapphocker der Familie und macht sich auf seinen langen Schulweg hinab ins Dorf. Unterwegs trifft er Chen, der ein Jahr älter ist als er und viel größer und kräftiger.

In der Schule werden sie von ihrer Lehrerin begrüßt. Frau Deng steht in einem blauen Baumwollanzug an der Schultür. Es ist keine richtige Tür, sondern nur ein Loch in der Mauer mit einer dicken Decke davor. Türen gibt es genauso wenig wie Fensterglas. Als Heizung dient ein Öfchen, das viel zu klein ist für das Klassenzimmer. Im Winter ist es hier eiskalt, denn der Ofen wärmt nur in einem Umkreis von höchstens einem Meter. So macht Frau Deng alle halbe Stunde mindestens zehn Minuten Pause, damit die Schüler ihre klammen Finger an dem Kohleofen aufwärmen können. Sie sitzen die ganze Zeit in ihren Jacken da. Es ist so kalt, dass manche mit den Zähnen klappern. Wenn das Thermometer unter den Gefrierpunkt sinkt, werden die Fenster mit Pappe verhängt. Das hält zwar den Wind und die Kälte besser draußen, aber auch das Licht. Nur ganz wenig Helligkeit dringt durch die Ritzen des Hauses. Am anderen Ende sitzt Frau Deng und nimmt das Geld entgegen. Gewissenhaft trägt sie die Namen und Beträge in ein großes Buch ein. Endlich ist Wenhu an der Reihe. Stolz legt er seine Geldscheine auf das Pult. Frau Deng zählt, schüttelt den Kopf, zählt noch einmal. „Wenhu, das reicht nicht. Es fehlen drei Yuan“, sagt sie. Wenhu schluckt. „Ich habe nicht mehr – aber ich möchte so gern zur Schule gehen. Bitte, schicken Sie mich nicht fort.“ Wenhu ist ganz verzweifelt. Frau Deng weiß, wie gern Wenhu zur Schule geht und was für ein guter Schüler er ist. Sie weiß auch, wie schwer es für die meisten Familien ist, das Geld für die Schule aufzubringen. Der Junge spürt einen Kloß im Hals. Er kann nicht sprechen. Angestrengt versucht er die Tränen hinunterzuschlucken, doch es gelingt ihm nicht. Er weint. Lautlos, aber alle wissen es. Frau Deng überlegt, was sie tun kann. Dann hat sie eine Idee: „Wenhu, du kannst mir die drei Yuan auch erst in einem Monat bringen. Ich strecke dir das Geld vor. Wie du es dann auftreibst, das ist deine Sache. Ich möchte das Geld einfach in vier Wochen auf meinem Schreibtisch haben.“ Wenhu ist sprachlos. Er darf bleiben! Drei Yuan in einem Monat, das kann er schaffen. So viele Skorpione wird er schon finden. Dankbar sagt er: „Ich werde Ihnen das Geld bringen, ganz bestimmt. Darauf können Sie sich verlassen.“ Dann nimmt er seinen Klapphocker und setzt sich erleichtert neben Chen in die zweite Reihe.

1 Welches Problem hat Wenhu zu Beginn der Geschichte?

a Beschreibt die Lebenssituation von Wenhu und seinen Eltern. In welchem Land lebt die Familie?

b Wie verhalten sich die Eltern gegenüber Wenhus Wunsch? Begründet anhand des Textes.

2 Vergleicht die Verhältnisse an Wenhus Schule mit eurer eigenen Situation.

3 Versetzt euch in Wenhus Situation. Schreibt aus seiner Sicht einen Brief an seine Schwester Li.

Schule weltweit

Äthiopien
Bruke Mekonen Kebed, 12 Jahre,
5. Klasse, Bonga Elementary School;
mehr als 2000 Schüler (Klassen 1–8)

Unsere Schule liegt im Südwesten von Äthiopien und ist die größte in der Stadt Bonga. Allein von den siebten Klassen gibt es zehn. Die meisten meiner 68 Mitschüler sind älter als ich; einige sogar schon 18 Jahre, denn bei uns werden manche Kinder erst spät eingeschult. Eigentlich gehe ich gern zur Schule, aber mich nervt, dass mich die Großen manchmal hänseln, weil ich der Kleinste bin. Manche meiner Kameraden brauchen zu Fuß drei Stunden für den Hinweg und genauso lange zurück. Äthiopien ist ein armes Land, da müssen wir hart arbeiten, um weiterzukommen. Auch unsere Schule hat nicht genug Geld und viel zu wenige Klassenräume. Deshalb werden wir abwechselnd unterrichtet: eine Woche vormittags, die nächste nachmittags. Für die ganze Klasse haben wir nur drei Englischbücher. Trotzdem sind wir gern in Bonga. Alles ist grün, und bei uns leben noch wilde Tiere.

Der Unterricht in unserer Schule fängt morgens um halb acht an, aber ich muss schon um fünf Uhr aufstehen, weil ich vorher die Hühner, Meerschweinchen und Ziegen füttere. So früh ist es noch dunkel und kalt, denn unser Bauernhof liegt auf fast 4000 Metern Höhe in den Anden. Ungefähr eine Stunde brauche ich bis zur Schule. Jch laufe sehr schnell, damit mir warm wird. Unterwegs treffe ich meine Freunde, sie kommen von überall her, denn die Häuser in ChitaChaka stehen sehr weit auseinander. Unsere Schule liegt in einer Schlucht, der Berg hinter ihr steigt steil nach oben an, der Berg vor ihr auch, und Fremde sagen: „Was? Da musst du hoch?“ Aber das ist doch normal! Unsere Eltern haben die Schule selbst gebaut, vor zehn Jahren. Groß ist unsere Schule wirklich nicht! Sie hat nur zwei Räume. Jn einem sitzen wir, die 25 Schüler. Jede Stuhlreihe ist eine Klasse. Jn der sechsten Klasse sind wir zu viert. Jch bin zwölf Jahre alt und die Älteste in unserer Schule. Wir alle haben nur einen Lehrer, der wohnt im Raum neben unserer Klasse.

Ecuador
Margoth Titumaita, 12 Jahre,
6. Klasse, Escuela Particular, Comunidad ChitaChaka; 25 Schüler (Klassen 1–6),
1 Lehrer

Finnland
Hanna Linderoos, 11 Jahre,
5. Klasse, Gesamtschule Pohjanlammen koulu, Jyväskylä;
520 Schüler (Klassen 1–9),
ein Lehrer betreut ca. 15 Schüler

Wir wohnen mitten in Südfinnland. Bei uns zu Hause wird häufig über Schulen gesprochen, vor allem, wenn Deutsche zu Besuch sind. Die wollen immer nicht glauben, dass wir unsere Prüfungen mit dem Bleistift schreiben, in der Schule Hausschuhe anziehen und unsere Lehrer duzen. Meistens sprechen wir sie mit „ope“ an, das heißt Lehrer. Manche sagen auch: „Petri, kannst du mal kommen?“ Petri Tiihonen ist unser Klassenlehrer, er unterrichtet fast alles. Von der siebten Klasse an haben wir dann mehr Fachlehrer. Englisch lernen die meisten schon ab der dritten Klasse. Dabei helfen natürlich die englischsprachigen Spielfilme im Fernsehen mit finnischen Untertiteln. Jn meine Klasse gehen 28 Kinder, aber wir haben oft Unterricht in kleinen Gruppen. Manchmal ist auch ein zweiter Lehrer dabei. Er geht an die Tische und hilft Schülern, die etwas nicht so gut können. Außerdem gibt es Einzelstunden für Schüler, die nicht gleich alles verstanden haben. Niemand bleibt sitzen, und die ersten vier Jahre gibt es keine Noten. Man muss sich selber beurteilen und spricht mit den Lehrern und Eltern über die Selbsteinschätzung.

1 Lest die Briefe von Bruke, Margoth und Hanna, in denen sie ihre Schule beschreiben.
- a Was erfahrt ihr über Schule in Äthiopien, Ecuador und Finnland? Sammelt die Informationen an der Tafel.
- b Worin unterscheidet sich der Alltag von Schulkindern in anderen Ländern von eurem Schulalltag?

2 Vielleicht habt auch ihr in eurer Klasse Mitschülerinnen oder Mitschüler, die schon in anderen Ländern zur Schule gegangen sind? Befragt sie nach ihren Erfahrungen.

3 Sucht Äthiopien, Ecuador und Finnland im Atlas, in einem Lexikon oder im Internet.
- a Tragt Interessantes und Wissenswertes zusammen.
- b Berichtet in der Klasse darüber.

Stärken stärken: Einen Brief schreiben

●●● 1 Ihr habt eine Brieffreundin oder einen Brieffreund in Neuseeland. Schreibt ihr oder ihm einen Brief, in dem ihr eure Schule und euren Schulalltag anschaulich beschreibt.
Lest dazu noch einmal die Briefe der Kinder aus Äthiopien, Ecuador und Finnland auf S. 22–23.

●●○ Hilfe zu Aufgabe 1:
Wenn ihr einem Kind aus einem anderen Teil der Welt in einem Brief eure Schule beschreiben wollt, könnt ihr so vorgehen:
- Erinnert euch, welche Informationen ihr aus den Briefen von Bruke, Margoth und Hanna an der Tafel gesammelt habt.
- Überlegt euch, was darüber hinaus für jemanden, der eure Schule und euren Schulalltag nicht kennt, von Interesse sein kann. Sammelt eure Ideen in einem Cluster (▶ S. 286).

Wo befindet sich die Schule?
Was ist das Besondere an eurer Schule?
Wie groß sind die Schulklassen?

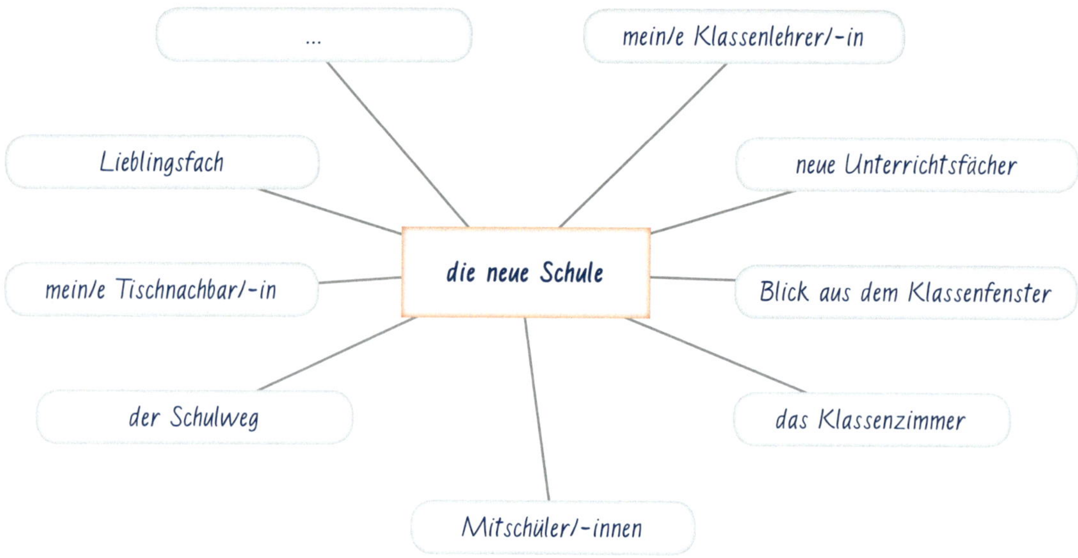

Methode **Einen Brief schreiben**

Briefe werden an **ganz bestimmte Adressaten** geschickt.
Danach richtet sich Inhalt und Form des Schreibens: Der Brief an den Freund/die Freundin sieht anders aus als der an eine Lehrerin/einen Lehrer!

- Denkt an den Briefkopf: *Heidenheim, den 12.09.2014*
- Vergesst nicht Anrede und Komma: *Liebe Frau Pelz,* — *Lieber Tom,*
- Schreibt die Anredepronomen groß, wenn ihr jemanden siezt. Sonst könnt ihr sie kleinschreiben: *Sie, Ihr, Ihnen* — *euch, euer; dir dein*
- Schließt mit einem passenden Gruß: *Herzliche Grüße* — *Lieben Gruß*
- Vergesst eure Unterschrift nicht: *Ihre Justine* — *dein Alex*

1.3 Projekt: Wir informieren über unsere Klasse

In eurer Klasse kennt ihr euch nun schon ziemlicht gut. Eine Schulgemeinschaft besteht aber meist aus mehreren Parallelklassen in unterschiedlichen Altersstufen. Überlegt euch, welche Klasse ihr näher kennen lernen möchtet: Interessiert ihr euch für die ersten Erfahrungen eurer Mitschüler aus der Parallelklasse? Vielleicht können Schüler der jetzigen sechsten Klasse euch wichtige Tipps geben und eure „Paten“ an der neuen Schule werden?
Entscheidet euch und ladet eine Klasse zu einer Klassenvorstellung ein.
Wenn ihr die anderen über eure Klasse informieren wollt, müsst ihr euer Vorgehen planen.

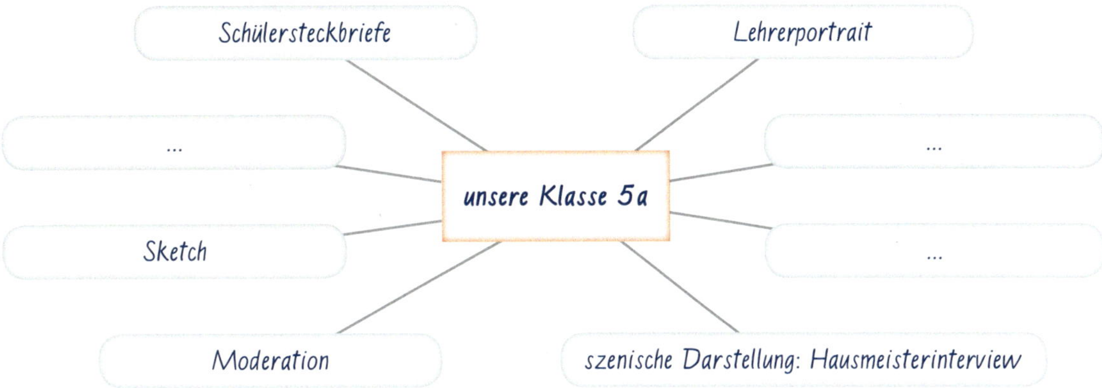

1 Schaut euch diesen Cluster mit Vorschlägen zu einer Klassenvorstellung an.
a Ergänzt den Cluster (▶ S. 286) an der Tafel.
b Wählt geeignete Vorschläge für eure Veranstaltung aus.

2 Ordnet eure Vorschläge und legt einen sinnvollen Ablauf fest.
So kommt ein (vorläufiges) Programm zu Stande.

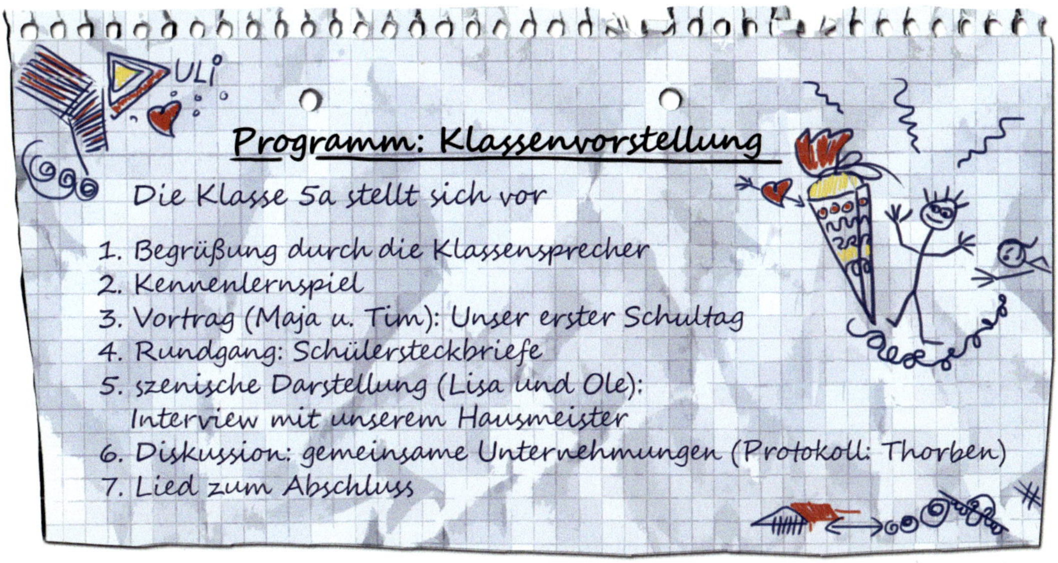

3 Wenn das Programm für den Nachmittag feststeht, gilt es, einen Ablaufplan für die Vorbereitung aufzustellen.

a Wählt dazu eine Mitschülerin oder einen Mitschüler, die oder der die Einhaltung des Plans überwacht.

b Teilt euch in kleine Gruppen auf und organisiert euch so, dass jede Gruppe für einen Veranstaltungspunkt verantwortlich ist.

c Legt für jeden einzelnen Punkt einen Termin fest, wann er umgesetzt sein muss.

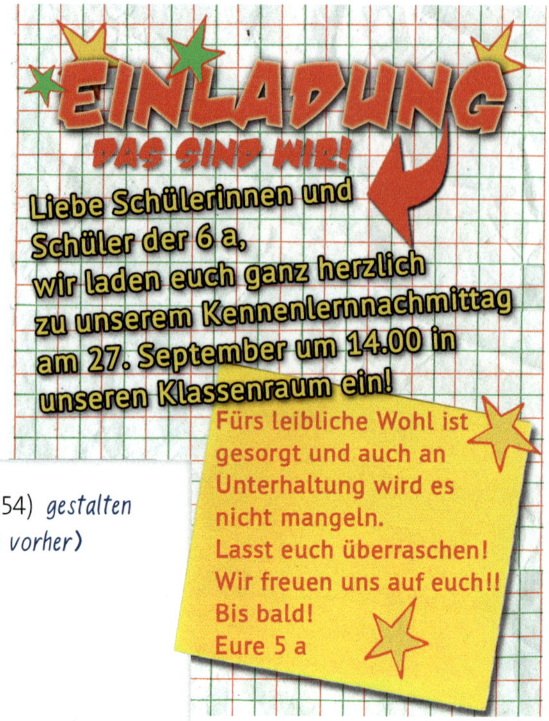

- *Einladung zur Klassenvorstellung am PC (▸ S. 154) gestalten*
- *Einladungen verteilen (mindestens zwei Wochen vorher)*
- *Getränke und Knabberzeug organisieren*
- *Lieder einstudieren.*
- *Vorträge und Sketche üben*
- *Generalprobe durchführen*

Lehrerportraits:
→ Lena, Anna, Ferhat, Max

Kennenlernspiel:
→ Christian, André, Patrick

***Moderation** (Überleitung zwischen den Programmpunkten):*
→ Hanna, Luisa, Felix, Lukas

4 a Erarbeitet dann euren jeweiligen Programmpunkt in der Gruppe.
b Stellt eure Ergebnisse der Klasse vor.

5 Bereitet gemeinsam den Klassenraum vor. Schmückt ihn festlich, hängt gegebenenfalls eine Wandzeitung auf, präsentiert eure Steckbriefe (Plakat, Wäscheleine etc.)

6 Bestimmt ein Team, das den Ablauf des Nachmittags überwacht.

Wörterliste ▸ S. 284

Schulweg	Klassenlehrer	Fahrrad	Sportunterricht	Aula
Schultasche	Klassenzimmer	Fahrkarte	Sportplatz	Schulgebäude
Schuljahr	Klassensprecherin	Fahrerin	Sportunfall	Computerraum

2 Miteinander sprechen – Gesprächsverhalten unter der Lupe

1 Schaut euch das Foto und die Gesprächsbeiträge an. Sind gemeinsame Unternehmungen auch in eurer Klasse ein Thema? Was würdet ihr gern zusammen machen?

2 Lest noch einmal die Aussagen. Welche ermutigen andere beim Sprechen, welche blockieren das Gespräch? Begründet eure Entscheidung.

3 Sprecht über weitere Themen in der Klasse. Sammelt sie auf einem Plakat, hängt es auf und nutzt es als Themenspeicher.

In diesem Kapitel ...

- entwickelt ihr Gesprächsregeln, die euch helfen, mit unterschiedlichen Meinungen und Streitsituationen umzugehen,
- lernt ihr Methoden kennen, mit denen ihr in einem Gespräch zu einem Ergebnis kommt,
- lest ihr Geschichten, die vom Streiten, vom Einmischen und vom Mutigsein handeln.

Gespräche auswerten – Beobachtungsbogen

Aus dem Klassenrat der 5a:

Inga: In letzter Zeit arbeiten wir so oft in Gruppen. Immer dieses Umräumen der Tische. Das nervt!
Lehrerin: Was ist genau dein Problem? Das Umräumen oder die Gruppenarbeit?
Inga: Das Umräumen! Können wir nicht immer an Gruppentischen sitzen, dann sparen wir uns das Umbauen.
Tobias: Das wäre toll!
Philipp: Auf keinen Fall! Ich kann mich so schon nicht konzentrieren. Ich möchte am liebsten allein sitzen, da hat man seine Ruhe. Und wer will denn schon neben den ganz Lauten sitzen!
Anne: Ist doch klar, die, die leise sind.
Inga: Das ist unfair! Störer gibt es doch überall! Ich will gern neben Merle und Tobias sitzen, denn wir können gut zusammen lernen.
Lehrerin: Ich fasse zusammen, wie ich euch bisher verstanden habe: Ihr wollt in Gruppen arbeiten, aber nicht mehr so viel umbauen. Ist das richtig?
Philipp: Ja. Die Sitzordnung muss aber auch so sein, dass man ruhig arbeiten kann.
Lehrerin: Dann sollten wir uns erst einmal über die Vor- und Nachteile der Sitzordnungen klarwerden. Denkt dabei an die Klasse, aber auch an mich. Ich möchte auch gut mit euch arbeiten können.
Anne: Wieso? Ist das für Lehrer nicht egal, wie Schüler sitzen?

1 Lest den Dialog mit verteilten Rollen.

2 Welche Schüler und Schülerinnen begründen ihre Meinung überzeugend? Begründet.

3 Welche Erfahrungen mit verschiedenen Sitzordnungen habt ihr bereits in der Grundschule gemacht? Nennt Vor- und Nachteile der oben vorgestellten Sitzordnungen.
Legt dazu in eurem Heft eine Tabelle an.

Sitzordnung	Vorteile	Nachteile
Reihen	...	...
...	...	...

4 Wie würdet ihr in eurer Klasse gern sitzen? Formuliert eure Meinung und begründet sie.
Gruppentische finde ich prima, denn ...

5 Sprecht jetzt im **Gesprächskreis** darüber, welche Sitzordnung für eure Klasse geeignet wäre. Teilt euch dazu in zwei Gruppen auf: eine, die diskutiert, und eine, die beobachtet.

Setzt euch für Klassengespräche in einen Gesprächskreis. So könnt ihr euch alle ansehen und auch das Zuhören fällt leichter.

6 Nutzt als Beobachter den **Beobachtungsbogen.**
Mit dem Bogen könnt ihr euren Klassenkameraden Rückmeldungen geben, wie sie sich während der Diskussion verhalten haben.

a Lest vor Beginn des Gesprächs den Beobachtungsbogen gut durch, damit ihr wisst, worauf ihr achten sollt.
Am besten teilt ihr die einzelnen Beobachtungspunkte unter euch auf.

b Notiert im Heft, ob der Gesprächsteilnehmer ein Verhalten nie, manchmal, oft oder immer zeigt.
Für „nie" gebt ihr 0 Punkte, für „manchmal" 1 Punkt, für „oft" 2 Punkte, für „immer" 3 Punkte.

7 Wertet anschließend eure Diskussionsergebnisse aus.

a Für welche Sitzordnung habt ihr euch entschieden?

b Wie haben sich die Gesprächsteilnehmer verhalten: Haben sie sie sich immer, oft, manchmal oder nie an die Regeln gehalten?

Beobachtungsbogen zur Diskussion

Mit dem Bogen könnt ihr euren Klassenkameraden Rückmeldungen geben, wie sie – oder die Figur, in deren Rolle sie geschlüpft sind – sich während einer Diskussion verhalten haben.

Der diskutierende Mitschüler/Die diskutierende Mitschülerin ...	Punkte
... hört aufmerksam zu und schaut den/die Sprechende/n an.	...
... meldet sich zu Wort.	...
... spricht gut und verständlich.	...
... vermeidet Umgangssprache und Schimpfwörter.	...
... äußert sich ausführlich zum Thema.	...
... bleibt beim Thema.	...
... stellt seine/ihre Meinung klar und sachlich dar.	...
... lässt andere ausreden.	...
... geht auf die Meinung der anderen ein.	
... ist bereit, seine/ihre eigene Meinung zu überdenken.	
... kommt zu einem Ergebnis.	

nie = 0 Punkte
manchmal = 1 Punkt
oft = 2 Punkte
immer = 3 Punkte

Testet euch!

Gespräche führen

1 Ordnet die folgenden Wörter, Satzteile und Teilsätze einander zu. Ihr formuliert dadurch Gesprächsregeln. Schreibt sie in euer Heft und nutzt sie als Checkliste für gute Gespräche.

Ich wende mich beim Sprechen	meine Meinung.
Ich bleibe	melde ich mich.
Meine Mitschüler/-innen	höflich.
Ich achte	beim Thema.
Ich bleibe	meinen Mitschüler/-innen zu.
Ich spreche stets	die Meinung anderer.
Bevor ich rede	laut und deutlich.
Ich begründe	lasse ich ausreden.

2 Formt folgende „Gesprächsbremsen“ so um, dass sie den Gesprächspartner nicht verletzen und das Gespräch gleichzeitig voranbringen.

So ein Blödsinn, wir reden doch von etwas ganz anderem! • Kannst du lauter sprechen? • Du störst, merk dir das! • Quatsch doch nicht immer dazwischen! • Bis du mal was kapierst!

3 Begründet die folgenden Aussagen sprachlich richtig. Entscheidet, ob ihr dies mit einem Nebensatz (Verknüpfungswörter *weil, da*) oder einem zweiten Hauptsatz (Verknüpfungswort *denn*) tun wollt.

2.2 Sich streiten und sich verständigen – Rollenspiele zu Streitgeschichten

Paul Maar

In der neuen Klasse

Nun ist Robert schon drei Wochen in der neuen Klasse. Aber Freunde hat er immer noch nicht. Manche aus seiner Klasse kann er gut leiden. Aber die haben schon alle einen Freund.

Am besten gefällt ihm die Simone aus der zweiten Bank. Simone hat kurze, dunkle Haare. Wenn Simone lacht, werden ihre Augen ganz schmal. Wie bei einer Eskimofrau. Simone lacht oft. Das gefällt Robert so gut an ihr. Ihm hat sie auch schon einmal zugelacht. Aber Simone ist ausgerechnet mit Frank befreundet. Und den kann Robert überhaupt nicht leiden. Frank ist der Stärkste aus der Klasse. Das will er jeden Tag beweisen. Außerdem ist er ein Angeber.

Robert kann gar nicht verstehen, was Simone an Frank findet.

In der großen Pause, als Frank gerade mit Jürgen rauft, geht Robert zu Simone. Sie steht am Zaun und isst ihr Pausenbrot.

„Was meinst du, wer gewinnt?“, fragt Robert. „Frank oder Jürgen?“

„Das ist mir doch egal“, sagt Simone.

„Das ist dir egal?“, fragt Robert erstaunt. „Frank ist doch dein Freund. Willst du nicht, dass er gewinnt?“

„Wer sagt denn, dass Frank mein Freund ist? Außerdem kann ich Schlägereien sowieso nicht leiden.“

„Ach so“, sagt Robert. Er kramt in seiner Jackentasche und holt eine Dose heraus. Er öffnet sie. Sie ist bis an den Rand gefüllt mit lauter weißen Kügelchen. „Magst du ein Bonbon?“, fragt Robert und hält Simone die Dose hin.

„Das sind Bonbons? Die sehen aus wie Kopfschmerztabletten“, sagt Simone. „Das sind Pfefferminzbonbons. Probier doch mal! Sie schmecken gut“, sagt Robert.

Als Simone gerade in die Dose greifen will, kommt Frank zurück.

Er schlägt von unten gegen die Dose. Alle Bonbons fliegen heraus und liegen auf dem Schulhof.

„Schaut mal: ein Wunder! Es hat geschneit!“, ruft Frank. „In diesem Jahr kommt der Winter schon im September. Eine Sensation! Das müssen wir gleich dem Fernsehen melden!" Alle, die herumstehen, lachen. Sogar Simone muss unwillkürlich lachen. Dabei will sie es eigentlich gar nicht. Aber die weißen Bonbons auf dem Boden sehen wirklich wie Schnee aus. Robert könnte heulen vor Wut. Er steckt die leere Dose in die Tasche und geht.

Die Bonbons lässt er liegen. Er geht ganz schnell. Die anderen sollen nicht sehen, dass ihm die Tränen in die Augen steigen. Sogar Simone hat gelacht über ihn! So eine Gemeinheit. „Die sind alle gemein", murmelt Robert vor sich hin. „Ich will keinen von denen als Freund. Ich spiele nur noch mit Trebor!"

Simone schaut hinter Robert her. „Jetzt ist er beleidigt", sagt sie zu Frank. „Du bist schuld daran!"

„Na und?", sagt Frank und lacht. „Was kann ich dafür, wenn er so schnell beleidigt ist und keinen Spaß versteht?"

„Ich finde es trotzdem doof von dir, dass du die Bonbons ausgeschüttet hast", sagt Simone.

„Du findest mich doof? Sag das noch einmal!", sagt Frank drohend.

„Ja, ich finde dich doof!", sagt Simone mutig und dreht Frank den Rücken zu. Aber das hat Robert nicht gehört, weil er ja so schnell weggegangen ist.

1 Untersucht, wie sich der Konflikt zwischen Robert und Frank aufschaukelt. Ihr könnt dazu eine „Streit-Schaukel" anlegen:

2 Besprecht in der Klasse, ob und wie der Konflikt zwischen Robert und Frank hätte vermieden werden können.

3 Zuhören und seine Meinung begründen sind wichtige Regeln für ein erfolgreiches Gespräch, in dem ein Konflikt gelöst werden soll.
- a Lest noch einmal den Dialog zwischen Simone und Frank (Z. 62–73): Nennt die Textstellen, in denen sich die beiden nicht an diese Regeln halten.
- b Spielt den Streit zwischen Robert, Frank und Simone in einem Rollenspiel (► S. 38). Versucht, dabei zu einem anderen Ergebnis zu kommen.

4 Wen meint Robert wohl, wenn er sagt: „Ich spiele nur noch mit Trebor!" (Z. 61)? Stellt Vermutungen an.
Tipp: Schaut euch Roberts Namen „von allen Seiten" an.

„Lass mich doch mit!“,
würde sie betteln.

Und die Mutter würde sagen
„Nein!“ und „basta“.

Als Franka in ihren Gedanken so weit gekommen war,
stand sie vor der Wohnungstür.
Sie war so angespannt wie jemand,
der losspringen will.

„Na“, sagte ihre Mutter.
„Da bist du ja.“

Und jetzt fängt es an,
dachte Franka.
„Die anderen machen eine Radtour
an den Steinsee“, sagte sie.
„Darf ich mitfahren?“

1 Beschreibt das Besondere an diesem Text.

2 Habt ihr ähnliche Situationen schon einmal erlebt? Berichtet.

3 Überlegt, wie das Gespräch zwischen Franka und ihrer Mutter ablaufen könnte.
Schreibt den Dialog auf. Am Ende sollen beide zufrieden sein. Das nennt man „einen Kompromiss schließen“.

> *Mutter: Na, da bist du ja!*
> *Franka: ...*
> *Mutter: ...*

4 Bereitet euren Dialog zum Vorlesen in der Klasse vor.
- **a** Teilt die Rollen auf.
- **b** Probiert zunächst aus, wie die Personen sprechen sollen: Spielt mit dem Tempo, der Lautstärke, sprecht ruhig, wütend oder traurig ...
- **c** Einigt euch darauf, wie der Dialog klingen soll. Übt den Lesevortrag mehrmals.

Wörterliste ▶ S. 284

Kompromisse schließen	jemandem widersprechen	sich erkundigen
aufmerksam zuhören	zustimmen	verschiedener Meinung sein
Meinungen begründen	Einwände haben	Behauptungen aufstellen
etwas entgegnen	erwidern	einwenden

3 Ein Tag voller Erlebnisse – Spannend erzählen

1 Betrachtet das Foto. Achtet auf Körperhaltung und Gesichtsausdruck der einzelnen Personen.

2 Was könnte der Junge links wohl erzählen?

3 Unterhaltet euch in Zweiergruppen:

a Wem hört ihr gerne zu und warum?

b Schreibt Ideen dazu auf, wie ihr die Aufmerksamkeit eurer Zuhörer wecken könnt. Schreibt sie auf ein großes Plakat.

In diesem Kapitel ...

- lernt ihr, eine Erzählung spannend aufzubauen,
- erzählt ihr so spannend und anschaulich, dass andere euch aufmerksam zuhören,
- schreibt ihr eine Erzählung.

3.1 Der Geldbeutel ist weg! – Mündlich und schriftlich erzählen

Ein Erlebnis – Zwei Erzählweisen

Liebe Erika,
heute muss ich dir unbedingt erzählen, was mir passierte! Am letzten Freitag fuhr ich mit meiner Mutter mit dem Bus in die Stadt. Wir wollten einen Stadtbummel machen und eventuell ein Geburtstagsgeschenk für mich kaufen. Weil es so heiß war, gingen wir nachmittags in ein Eiscafé. Als meine Mutter bezahlen wollte, stellte sie fest, dass ihr Geldbeutel weg war. Darin war nicht nur ihr Geld, sondern auch ihre Scheckkarte, ihr Führerschein und der Personalausweis.
Du kannst dir sicher vorstellen, dass wir einen Riesenschreck bekamen!

Du, pass auf, da bin ich letzten Freitag mit meiner Mutter in die Stadt gegangen, shoppen und so, vielleicht schon was einkaufen für meinen Geburtstag, weißt du?
Weil's so irre heiß gewesen ist, sind wir noch in ein Eiscafé.
Dann hat meine Mutter zahlen wollen. Aber denkste – kein Geld mehr da! Ohne dass sie es gemerkt hat, hat ihr jemand das Portmonee geklaut! Mit Scheckkarte, Führerschein, Personalausweis. Kannste dir das vorstellen? Also ich hab auch ganz schön belämmert geguckt.

1 Vergleicht beide Erzählfassungen miteinander. Achtet besonders auf die Wortwahl und den Satzbau.

2 Stellt die Verbformen im Brief und im mündlichen Erzählen gegenüber: Welche Unterschiede stellt ihr fest?

schriftliches Erzählen	mündliches Erzählen
fuhr ich	*bin ich ... gegangen*

3 Versucht, eine Regel aufzustellen, worin sich schriftliches und mündliches Erzählen unterscheiden.

4 Erzählt euch gegenseitig Witze oder Alltagserlebnisse.

Methode **Spannend erzählen**

Wenn ihr von einem Erlebnis erzählt, müsst ihr eure Zuhörer **gut unterhalten.**
- Gestaltet die spannendste Stelle, den Höhepunkt, eurer Geschichte lebendig aus.
- Erzählt in unterschiedlichen Geschwindigkeiten, lasst Pausen, um Spannung zu erzeugen.
- Schaut eure Zuhörer an und bezieht sie durch Fragen ein:
  ... und ratet mal, was dann passiert ist!
- Verratet nicht zu viel auf einmal.
- Erzählt, welche Gefühle ihr dabei hattet.

Der Reihe nach! – Aufbau und Inhalt einer Erzählung

1 Sicherlich habt ihr auch schon einmal euren Geldbeutel oder einen anderen wertvollen Gegenstand vermisst.

a Versucht, euch an das Erlebnis zu erinnern oder denkt euch eines aus.

b Notiert eure Ideen für die Erzählung stichwortartig in einem Cluster (▸ S. 286). Geht nach dem folgenden Beispiel vor:

2 Ordnet und ergänzt eure Stichwörter mit Hilfe von W-Fragen und notiert den Ablauf der Geschichte in einzelnen Erzählschritten (drei bis vier). Ihr erhaltet so einen **Erzählplan.** Das Beispiel kann euch helfen.

Was geschah?	*Geldbeutel verschwunden*
Wer spielte in der Geschichte eine Rolle?	*ich …*
Wo geschah es?	*Stadt, Eiscafé, Kino*
Wann geschah es?	*letzte Ferienwoche*
Wie geschah es?	*mit Bus in die Stadt, Verabredung im Eiscafé, anschließend ins Kino*
Warum geschah es?	…

3 Übertragt die **Spannungskurve** in euer Heft und tragt eure Stichwörter und Handlungsschritte aus dem Erzählplan an den richtigen Stellen ein. Was gehört in Einleitung, Hauptteil, Schluss? Worin besteht der Höhepunkt?

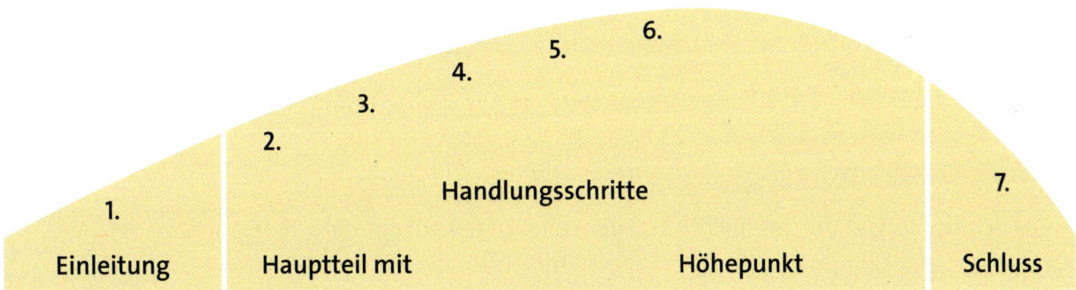

4 Erzählt nun euer Erlebnis spannend in der Kleingruppe. Nutzt die Arbeitstechnik (▸ S. 44).

5 Schreibt anschließend einen Brief an eine Freundin oder einen Freund, in dem ihr euer Erlebnis schriftlich erzählt. Mit dem **Erzählplan** gelingt es euch sicher, Spannung aufzubauen.

a Macht euch bewusst: Welche W-Fragen müssen in der **Einleitung** beantwortet werden?

b Überlegt euch für eure Einleitung einen Satz, der neugierig macht auf den weiteren Verlauf der Erzählung. Er wirkt wie ein Köder, der eure Freundin/euren Freund zum Weiterlesen verlockt.

c Welche Informationen stehen im Hauptteil und am Ende des Briefes?

Einleitung:
Jn der letzten Ferienwoche verabredete ich mich mit Anne, um mit ihr in der Stadt ins Kino zu gehen. Noch hatte ich keine Ahnung, wie aufregend der Tag werden sollte.

Hauptteil:
Jch nahm den Bus in die Stadt. Wir waren zunächst im Eiscafé verabredet. Anschließend ging es ins Kino.
Der Film war klasse, aber auf einmal war mein Geldbeutel weg. Wo konnte er sein?
(...)

Schluss:
Der Geldbeutel wurde gefunden. Es tat mir leid, dass ich den Kartenabreißer im Kino verdächtigt hatte.

Information **Aufbau einer Erlebniserzählung**

Eine gute schriftliche Erzählung besteht aus Einleitung, Hauptteil und Schluss.
Die **Einleitung** führt in das Erlebnis ein und gibt Antworten auf die wichtigsten W-Fragen:

- Was ist passiert?
- Wer waren die Hauptfiguren?
- Wann ereignete sich das Geschehen?
- Wo spielte es?

Ein ausgelegter **Köder** macht neugierig auf den Hauptteil.

Der **Hauptteil** besteht aus mindestens drei oder vier Erzählschritten, die logisch aufeinander aufbauen. (Wie ist es geschehen und warum?). Besonders interessant wird eure Erzählung, wenn sie einen anschaulich ausgestalteten **Höhepunkt** hat.

Der **Schluss** rundet die Geschichte ab. Hier kann man noch einmal auf den Anfang der Geschichte zurückkommen oder eine Frage offenlassen.

Schnupperstunde – Das richtige Tempus verwenden

1 Schreibt den folgenden Ausschnitt aus einer Erlebniserzählung in eure Hefte und setzt die passenden Verben aus dem Wortspeicher ein. Verwendet das Präteritum (1. Vergangenheit).

Meine Freundin Emma und ich *besuchten* gemeinsam eine Schnupperstunde in der Ballettschule. Die Lehrerin ? uns eine Position, die wir eifrig ? . So schnell ? noch nie eine Stunde. Danach ? und ? zur Bushaltestelle. Endlich ? der Bus und wir ? . Doch auf einmal ? Emma ihre Tasche mit den ausgeliehenen, teuren Ballettschuhen ...

~~besuchen~~ zeigen vergehen vermissen sich umziehen laufen üben kommen einsteigen

2 In diesen Sätzen steht das Präteritum auch an Stellen, an denen es nicht richtig ist.

a In jedem der Sätze kommen zwei Ereignisse vor. Macht euch ihre Reihenfolge klar: Erst: Gewinn der Gutscheine → später: Besuch der Schnupperstunde.

b Klärt, welche Zeitform die Abfolge der Ereignisse besser zum Ausdruck bringt und schreibt die Sätze überarbeitet in euer Heft.

VORSICHT FEHLER!

Wir durften zur Schnupperstunde, da wir in der Woche zuvor einen Gutschein dafür gewannen. Nachdem uns die Lehrerin begrüßte, erklärte sie uns die wichtigsten Begriffe. Bevor die erste Stunde vergangen war, lernten wir schon eine wichtige Grundposition.

3 Bei manchen Verben ändert sich der Stammvokal, wenn man sie vom Infinitiv ins Präteritum und ins Perfekt setzt, z. B.: *graben – ich grub – ich habe gegraben.* Setzt die Reihe in eurem Heft mit den folgenden Verben fort:

graben schreiben gießen lesen schreien laufen sehen bleiben essen werfen reiten schneiden schwimmen sinken waschen wachsen trinken

Information **Die Tempusformen beim Erzählen**

Beim schriftlichen Erzählen wird in der Regel das **Präteritum** (1. Vergangenheit) verwendet:
Emma und ich fuhren zusammen zur Ballettschule.
Wenn wir deutlich machen wollen, dass ein Ereignis bereits vor dem erzählten Geschehen stattgefunden hat, verwenden wir das **Plusquamperfekt** (3. Vergangenheit):
Weil sie ihre Tasche vergessen hatte, verpassten wir den Bus.

Kreidebleich kramte sie in der Tasche – Anschaulich erzählen

Gerade war die Straßenbahntür hinter mir zugegangen. Da merkte ich schon, dass etwas nicht stimmte. Ich überlegte, ob ich meinen Geldbeutel mitgenommen hatte. Ich hatte mit meinem neuen Schülerausweis bei den anderen angeben wollen …

1 a Wie wirkt dieser Anfang einer Geschichte auf euch?
b Wie könntet ihr ihn interessanter machen?
c An welchen Stellen könnte man etwas hinzuerzählen, um die Spannung zu steigern? Formuliert in kleinen Gruppen ein paar Sätze, die man einfügen könnte.

2 a In Geschichten sind oft die Verben (▶ S. 215 ff.) zu ausdruckslos. Sie beschäftigen zu wenig die Fantasie des Lesers. Sucht in dem Erzählanfang oben solche ausdruckslosen Verben.
b Durch welche anderen Verben könnte man sie ersetzen? Macht Listen:

Statt zugehen	*besser*	*schließen*
		zuklappen
Statt überlegen	*besser*	*scharf nachdenken*
		versuchen, sich zu erinnern

c Tragt den Erzählanfang mit diesen neuen Verben vor. Wie hat sich die Wirkung verändert?

3 Panik macht sich bemerkbar. Hat sich der Gedanke, der Geldbeutel könnte weg sein, erst einmal eingeschlichen, beherrscht er die ganze Wahrnehmung. Formuliert Sätze. Was könnte man …

hören … • vielleicht riechen … • sehen … • an der Haut spüren (Luftzug) …

4 Eine Schülerin hat in ihrer Überarbeitung der Geschichte geschrieben:
Die Panik packte mich im Genick und jagte mir einen Hitzewall durch den Körper. Völlig kopflos durchwühlte ich meinen Rucksack ...
Findet andere **Vergleiche,** mit deren Hilfe man sich die Situation besser vorstellen kann.

- *Wie ... kramten seine ... Finger alles aus sämtlichen Taschen.*
- *Als er ihn nicht finden konnte, wich ihm alle Farbe aus dem Gesicht.*
- *Fieberhaft überlegte er, ...*

5 a Auch **Adjektive** (Eigenschaftswörter) machen einen Text anschaulich.
Ergänzt weitere Adjektive (► S. 210):

Absolut	*...*	*wühlten*	*...*	*Hände*
	verrückt	*seine*	*zittrigen*	
	konfus		*schweißnassen*	
	planlos		*eiskalten*	
	nervös			

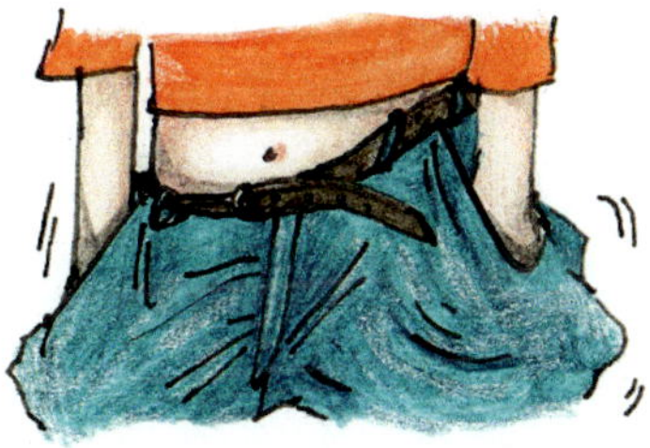

b Kennt ihr die Ausdrücke und Redewendungen? Beschreibt sie mit anderen, verständlichen Worten.

c Welchen Vorschlag findet ihr am interessantesten?

Auf der Suche nach treffenden, lebendigen Wörtern kann euch die PC-Textverarbeitung unter **Extras** / Thesaurus helfen.

Methode **Anschaulich erzählen**

- Verwendet **abwechslungsreiche Verben:** nicht *sagte,* sondern *jammerte.*
- Sucht **treffende Adjektive.** Oft sind zusammengesetzte Adjektive ausdrucksstark: nicht *kalt,* sondern *eiskalt.*
- Achtet auf **unterschiedliche Satzanfänge:** nicht *dann ... dann, als ... als* verwenden.
- Denkt daran, auch **Sinneseindrücke der Beteiligten** wiederzugeben: Was sahen, hörten, rochen, schmeckten oder fühlten sie?
- Ihr könnt in der **Ich-Form** schreiben: Hier gelingt es euch leichter, euch in die Geschichte hineinzuversetzen. Bei der **Er- oder Sie-Form** habt ihr die Möglichkeit, die Gefühle mehrerer Personen zu schildern.

Testet euch!

Lerntagebuch: Erzählen

Mein Lerntagebuch
Datum: 18.9.2013 *Fach: Deutsch*
Thema: spannend erzählen

1 Das habe ich heute gelernt:
Eine Erlebniserzählung soll spannend sein und einem bestimmten Aufbau folgen.
Abb. Spannungskurve

2 So habe ich es gelernt:
– nicht gleich zu viel verraten, Überraschendes bringt Spannung
– ...

3 Das habe ich nicht verstanden:
– Wie fange ich an, um schon zu Beginn Neugier zu wecken?
– ...

4 Das nehme ich mir vor:
Ich möchte möglichst viele spannende Erzählanfänge sammeln und ausprobieren.

5 Was möchte ich noch wissen?
Wie kann ich treffendere Wörter finden, wenn mir keine einfallen?

1 Untersucht die Seite aus einem Lerntagebuch. Was wird festgehalten?
Wozu solltet ihr ein Lerntagebuch führen?

2 a Schreibt einen eigenen Lerntagebucheintrag zum Thema „Erlebniserzählung".
b Besprecht eure Einträge in Partnerarbeit. Versucht, Fragen gegenseitig zu beantworten.

3 Übertragt die Lerntagebuchseite nach jeder Stunde auf ein Blatt Papier (anstatt Linien zu ziehen, könnt ihr das Blatt einfach falten) und füllt sie mit euren jeweiligen Lernerfahrungen.

Legt euch vor einem Test oder einer Klassenarbeit einen Spickzettel mit den wichtigsten Punkten zum Erzählen an. Dabei stellt ihr schnell fest, was ihr schon könnt und was ihr noch wiederholen solltet.

Information **Lerntagebuch**

Das Lerntagebuch schreibt ihr für euch selbst. Es wird nicht bewertet, sondern hilft euch, euer Lernen zu beobachten. Nutzt ihr es regelmäßig, könnt ihr sehen, was sich verändert. Dabei steht es euch frei, mit Lehrern oder Mitschülern darüber zu sprechen.
Angst, euch zu blamieren, braucht ihr keine zu haben. Seht es als Möglichkeit, euch darüber auszutauschen, wie ihr lernt, was euch leicht- und was euch schwerfällt.

3.2 Erzählungen zwischen Tag und Traum – Von Texten ausgehend erzählen

Ian McEwan

Der Tagträumer

Als Peter Glück zehn Jahre alt war, sagten ihm die Erwachsenen manchmal, er sei ein „schwieriges“ Kind. Er verstand nie so recht, was sie damit meinten. Er selbst fand sich überhaupt nicht schwierig. Er warf keine Milchflaschen gegen die Gartenmauer, schüttete sich kein Tomatenketschup über den Kopf und tat, als wäre es Blut. Er war weder lauter noch schmuddeliger noch dümmer als andere Kinder, die er kannte. Er hatte ein ganz gewöhnliches Gesicht, blass und voller Sommersprossen. Er ging jeden Tag zur Schule wie andere Kinder auch und machte nie viel Wind darum. Zu seiner Schwester war er nur so gemein wie sie zu ihm. [...]

Kurz nach seinem zehnten Geburtstag wurde Peter mit der Aufgabe betraut, seine siebenjährige Schwester zur Schule zu bringen. Peter und Tina gingen auf dieselbe Schule. Zu Fuß war man in einer Viertelstunde dort oder aber man fuhr eine kurze Strecke mit dem Bus. Früher liefen sie gemeinsam mit dem Vater, der sie auf dem Weg zur Arbeit dort ablieferte. Doch von nun an sollten sie allein mit dem Bus zur Schule fahren und Peter trug die Verantwortung.

Man brauchte nur zwei Haltestellen weit zu fahren, doch seine Eltern machten ein Getue, als müsste Peter Tina zum Nordpol bringen. Am Vorabend erhielt er genaue Anweisungen. Als er aufwachte, musste er sich alles noch einmal von vorn anhören. Dann wiederholten seine Eltern das Ganze abermals am Frühstückstisch. Als die Kinder schon zur Tür hinaus waren, ging seine Mutter die Verhaltensregeln ein letztes Mal durch. Die denken wohl alle, ich bin blöd, dachte Peter. Vielleicht bin ich' s ja auch. Er sollte Tina die ganze Zeit über an die Hand nehmen. Im Doppeldecker sollten sie sich unten hinsetzen, Tina ans Fenster. Unter keinen Umständen durften sie sich auf Gespräche mit Verrückten oder bösen Onkeln einlassen. Peter sollte dem Schaffner mit lauter Stimme die Haltestelle nennen, ohne zu vergessen, „bitte“ zu sagen. Auch sollte er sich die Fahrstrecke einprägen.

Peter musste seiner Mutter die Vorschriften noch einmal wiederholen, dann brach er mit seiner Schwester zur Bushaltestelle auf. Die ganze Zeit über hielten sie sich bei der Hand. Dagegen hatte er eigentlich nichts einzuwenden, denn, um die Wahrheit zu sagen, er mochte seine Schwester gern. Er hoffte bloß, dass ihn keiner von seinen Freunden dabei ertappte, wie er mit einem Mädchen Hand in Hand ging. Dann kam auch schon der Bus. Sie stiegen ein und setzten sich unten hin. Es war lächerlich, sich weiter an den Händen zu halten und weil auch einige Jungen von seiner Schule im Bus saßen, ließen sie sich los.

Peter war stolz. Er würde überall auf seine Schwester aufpassen. Sie konnte sich auf ihn verlassen. Angenommen, sie befänden sich allein auf einem Bergpass und sähen sich einem Rudel ausgehungerter Wölfe gegenüber – er wüsste genau, was zu tun wäre. Er würde darauf achten, dass sie keine plötzliche Bewegung machten, und mit Tina zurückweichen, bis sie mit dem Rücken gegen einen großen Felsen standen. So konnten die Wölfe sie nicht einkreisen.

Dann nimmt er aus der Hosentasche zwei wichtige Gegenstände, die er vorsorglich mitgebracht hat: sein Jagdmesser und eine Streichholzschachtel. Er zieht das Messer aus der Scheide und legt es ins Gras, für den Fall, dass die Wölfe sie angreifen. Schon schleichen sie näher heran. Sie sind so ausgehungert, dass sie geifern und knurren und heulen. Tina schluchzt, aber er kann sie jetzt nicht trösten. Er weiß, dass er sich auf seinen Plan konzentrieren muss. Zu seinen Füßen liegen ein paar trockene Blätter und Zweige. Rasch und geschickt formt er sie zu einem kleinen Häufchen. Die Wölfe rücken näher. Er muss es schaffen. In der Schachtel befindet sich nur noch ein Zündholz. Sie können den Atem der Wölfe riechen – ein schrecklicher Gestank nach fauligem Fleisch. Er bückt sich und versucht das Streichholz hinter vorgehaltener Hand anzuzünden. Ein Windstoß, die Flamme flackert, doch Peter hält sie dicht an den Haufen, ein Blatt fängt Feuer, dann ein zweites, dann das Ende eines Zweigs, und bald brennt der ganze Haufen lichterloh. Er schichtet noch mehr Laub, Zweige und größere Äste aufeinander. Tina begreift und hilft ihm. Die Wölfe ziehen sich zurück. Wilde Tiere fürchten sich vor Feuer. Die Flammen züngeln höher und der Wind treibt den Rauch genau auf ihre sabbernden Rachen zu. Da greift Peter nach seinem Jagdmesser und ...

Lächerlich! Solche Tagträume waren schuld daran, dass er seine Haltestelle verpasste, wenn er nicht Acht gab. Der Bus hatte angehalten. Die anderen Schulkinder stiegen schon aus. Peter sprang auf und konnte gerade noch auf den Bürgersteig hüpfen, als der Bus auch schon wieder anrollte. Er war bereits mehr als fünfzig Meter die Straße hinuntergelaufen, als er merkte, dass er etwas vergessen hatte. War es sein Ranzen? Nein! Es war seine Schwester! Er hatte sie vor den Wölfen gerettet, aber im Bus sitzen lassen. Einen Augenblick lang stand er wie angewurzelt da. Stand da und sah zu, wie der Bus die Straße hinauffuhr.

1 Sammelt eure Eindrücke, Fragen, Vermutungen zu dieser Geschichte.

2 Warum vergisst Peter seine Schwester im Bus?

3 Stellt fest, was in dieser Geschichte zur Wirklichkeit gehört und was ins Reich der Fantasie.
Macht euch Stichpunkte: *Z. 1 – ? : Peter u. seine Familie – ...* *Z. ? – ? : ...*

4 Stellt die Handlung der Geschichte als Spannungskurve (▸ S. 45) dar.
Beginnt mit der Einteilung in Einleitung – Hauptteil – Schluss.

5 Jetzt werft einen Blick darauf, wie die Geschichte geschrieben ist:
a „Die Geschichte enthält viel wörtliche Rede (▸ S. 68)." Stimmt diese Feststellung?
b In welcher Zeitform stehen die Verben? Beachtet besonders Z. 72–102! Könnt ihr das erklären?
c Absatz 6 (Z. 72–102) enthält viele anschauliche Verben: Schreibt sie heraus.

6 Erzählt eine eigene Traum-Geschichte oder Tagtraum-Geschichte.
– Geht dabei so vor wie auf den S. 44–49 vorgeschlagen.
– Überarbeitet euren Geschichten-Entwurf mit Hilfe einer Textlupe (▸ S. 57).

Dagmar Geisler

Der Höllenhund, das Monsterkind und ich

Ich sitze im Zug und fahre zu Tante Isabel. Allein. Ich wollte das eigentlich nicht. Viel lieber wäre ich mit Papa, Mama und Paulchen im Auto gefahren. Aber Paulchen musste natürlich pünktlich zur Abreise die Grippe kriegen und Papa anstecken. „Dann fährst du eben allein, Magdalena!“, hat Mama gesagt.
Jetzt sitze ich hier im ICE in einem dieser riesigen Sitze. Großraumwagen, Fensterplatz. Der Schaffner schwatzt mit einem Kollegen. Wann fährt der Zug eigentlich ab? Ich bin viel zu früh eingestiegen, glaube ich.
Langsam füllt sich der Wagen. Jetzt sind nur noch der Sitz neben mir und der Viererplatz mit dem Tisch hinter mir frei. Drei Frauen kommen, mit Taschen beladen, den Gang entlanggehastet. Die mittlere kenne ich. Es ist Frau Saworski. Sie wohnt bei uns im Nachbarhaus. Komisch eigentlich! Sie wohnt jetzt schon ein Jahr nebenan und ich weiß fast nichts über sie. Bei Frau Saworski hat man immer den Eindruck, sie ist gar nicht richtig da. Am Anfang habe ich ein paarmal versucht, sie zu grüßen, wenn ich sie auf der Straße gesehen habe. Aber es war immer so, als ob sie gar nichts hört, und ihre Augen waren meistens auf einen Punkt irgendwo in der Ferne gerichtet. Keine Ahnung, ob sie einen überhaupt sieht. Wahrscheinlich ist sie Dichterin und deshalb immer mit ihren Gedanken woanders oder sie ist eine Opernsängerin mit dem Kopf voller Arien. Auch jetzt sieht Frau Saworski mich nicht, als sie mit ihren Freundinnen an meinem Sitz vorbeigeht. Die drei setzen sich auf die freien Plätze hinter mir. Ausgerechnet! Witziger Zufall! Ob ich aufstehen und „Hallo“ sagen soll? Aber ich lasse es. Wahrscheinlich erkennt mich Frau Saworski nicht mal. Schade!
Ich glaube, sie ist eigentlich ganz nett. Sie hat so eine lustige Frisur. Ganz kurz geschnitten und irgendwie möhrenfarben. Und außerdem

hat sie eine süße kleine Katze. Lydia! Lydia hat braune, schwarze und weiße Flecken. Manchmal kommt sie in unseren Garten und spielt mit Paulchen. Am Anfang habe ich ihr ab und zu Milch in einem Schälchen gegeben, aber Mama hat gesagt, dass kleine Katzen keine frische Milch vertragen und dass die Katzenbesitzer es meistens nicht mögen, wenn ihr Liebling woanders gefüttert wird. Da hab ich es gelassen.
Der Zug ruckt an und in dem Moment kommt noch eine Frau den Gang herauf. Ich rutsche in meinem Sitz tief nach unten. Die Frau, die da beinahe über die eleganten Schuhe des Rasierwasserdufters neben mir stolpert, ist Frau Schmidt. Frau Schmidt wohnt auch in unserer Straße und ich kann sie nicht leiden. Absolut nicht! Sie guckt immer so finster, als wolle sie einen fressen. Paulchen hat sogar Angst vor ihr.
Und ich ehrlich gesagt auch. Vor Frau Schmidts Haus stehen hohe, dunkle Bäume. Tannen oder so was Ähnliches. Wenn man am Zaun entlanggeht, bellt immer ein großer schwarzer Hund. Er springt am Zaun hoch, fletscht die

Zähne und guckt einen mit blutunterlaufenen Augen an. Meine Freundin Bea denkt, dass Frau Schmidt in ihrem Keller Schlangen, Krokodile oder wenigstens schleimige Kröten hält. Ob sie recht hat? Keine Ahnung! Aber das Haus sieht genauso aus.

Einmal, als wir mitgekriegt haben, dass Frau Schmidt mit ihrem Höllenhund zum Tierarzt gefahren ist, haben wir uns durch den Garten angeschlichen. Bea wollte unbedingt ins Kellerfenster gucken, um die Krokodile zu sehen. Wir sind über den Zaun geklettert. Das war schwierig, weil der Zaun oben rostige Eisenspitzen hat. Bea hat sich die Hose aufgerissen. Dann sind wir hinten durch den Garten gerobbt. Es hat modrig gerochen. Unter den Bäumen sind seltsame Pilze gewachsen und die Steinplatten ums Haus waren grün und glitschig. „Bestimmt ist sie eine Hexe!“, hat Bea geflüstert. „Eine Hexe, die Frau Schmidt heißt?“, habe ich gefragt. Bea hat vielsagend genickt. „Wahrscheinlich ein Tarnname“, habe ich leise geraunt. „In wirklich heißt sie garantiert Grusnelda, Blutnilde oder so ähnlich.“ Vor Angst habe ich mir fast in die Hose gemacht. Am liebsten wäre ich schnell wieder abgehauen, aber Bea wollte unbedingt noch durchs Kellerfenster gucken. „Nun komm schon!“, hat sie gesagt. „So eine Gelegenheit kriegen wir nie wieder“. „Bea!“, hab ich geflüstert. „Lass uns gehen ...“ Und genau in dem Moment haben wir Frau Schmidts Auto über den Kies in der Einfahrt fahren hören. Bea ist aufgesprungen. Wir sind zusammengerumpelt, hingefallen, haben uns wieder aufgerappelt und sind mit riesigen Sprüngen zum Zaun gehetzt. Der schwarze Hund hat gekläfft. Ich habe mir die Haut an den Eisenspitzen aufgeritzt. (Die Narbe sieht man heute noch.) Aber wir haben es geschafft. Bevor der Höllenhund uns schnappen konnte, sind wir auf und davon gewesen.

Seitdem machen wir immer einen Bogen um das Haus von Frau Schmidt. Und wenn es dunkel wird, gehen wir sogar lieber den großen Umweg durch die Schlehenstraße.

Frau Schmidt hat sich zu den drei Frauen hinter mir gesetzt. Wenn ich zwischen den Lehnen der Sitze hindurchspähe, kann ich sie sehen. Sie guckt genauso unfreundlich wie immer. Ob ich mir einen anderen Platz suchen soll? Darf man das? Mama hat ja genau diesen Platz für mich reservieren lassen. Die vier Frauen hinter mir packen jede Menge Proviant aus. Dem Geraschel nach zu urteilen, müsste der ganze Tisch voll stehen. Ich lese noch ein paar Zeilen, dann gucke ich aus dem Fenster. Die Frauen unterhalten sich so laut, dass ihre Worte nicht zu überhören sind. Sie reden über Mode, über Filmstars, über eine neue Diät, mit der man garantiert abnimmt, und dann kommen sie auf die Jugend von heute zu sprechen. Alle reden durcheinander. Nur Frau Schmidt hat noch gar nichts gesagt. Zum Glück!

Die Frau neben ihr, die mit den braunen Locken, sagt: „Ganz so schlimm sind die Kinder von heute vielleicht doch nicht!“ Und da fängt Frau Saworski an zu erzählen. „Ha!“, ruft sie. „Ich kann euch Sachen erzählen!“ Sie ist so aufgeregt, dass sie die Stimmen der anderen übertönt. Die haben keine Chance mehr dazwischenzuquasseln und hören Frau Saworski zu. Die erzählt von einem grässlichen Kind, das sie kennt. Ihre Stimme ist ein kleines bisschen schrill. Opernsängerin ist sie wohl doch nicht. Dieses Kind muss wirklich schlimm sein. Frau Saworski kann froh sein, dass sie jetzt in unserer Straße wohnt. Das Kind hat Frau Saworski noch nie gegrüßt. Nie! Und es ist furchtbar laut. Wegen diesem Kind konnte Frau Saworski ihren wirklich wichtigen Mittagschlaf nicht mehr machen. Denn jedes Mal wenn sie sich gerade hingelegt hat, fing dieses Kind mit kreischender Stimme an zu lachen. Frau Saworski macht den Ton nach. Es hört sich wirklich scheußlich an. Ich halte mir die Ohren zu. Frau Schmidt guckt böse unter ihren dunklen Augenbrauen hervor. Dieses Kind kann echt froh sein, dass Grusnelda – oder wie sie sonst heißen mag – Schmidt es noch nicht in die Finger gekriegt hat.

Frau Saworski erzählt weiter, dass das Kind es natürlich auch auf ihre Katze abgesehen hat. Nicht auszudenken, was passiert, wenn dieses Monsterkind die kleine Katze eines Tages erwischt und entführt.

Offensichtlich ist sie mit ihrer Erzählung noch lange nicht fertig. Sie holt tief Luft und erzählt, dass das Kind noch nicht mal vor Einbruch zurückschreckt. Sie hat es genau gesehen. Ganz zufällig ist sie eines Tages früher von der Arbeit zurückgekommen und hat beobachtet, wie das Kind am helllichten Tag mit seinen Komplizen bei ihrer Freundin Eleonore eingebrochen ist. „Nein!“, quietschen ihre zwei Freundinnen wie aus einem Mund. Frau Schmidt sagt immer noch nichts. „Doch!“, ruft Frau Saworski. „Wenn ich es euch sage. Und jetzt stellt euch vor, dass ich an dem Tag nur ganz zufällig da vorbeigekommen bin. Man kann also davon ausgehen, dass es mit Sicherheit nicht das einzige Mal war“, Frau Saworski macht eine kleine Pause und ruft dann noch mal mit etwas schrillerer Stimme als vorher: „Mit Sicherheit nicht!“ Jetzt reden sie von der Zeit, als sie selbst noch Kinder waren und als alles noch gaaanz anders gewesen ist. „Das liegt doch bloß an den laschen Erziehungsmethoden heutzutage!“, sagt die Frau, die gegenüber von Frau Schmidt sitzt. Jetzt ist Frau Saworski wieder in ihrem Element. Sie erzählt, was die Eltern des Monsterkindes alles falsch machen. „Ich sage euch!“, ruft sie. „Diese Magdalena bräuchte wirklich eine harte Hand, und ihr kleiner Bruder, das Paulchen, auch!“ Mein Buch fällt mir aus der Hand. Ich hebe es nicht wieder auf. Mir ist plötzlich kalt und mein Magen fühlt sich an wie ein Felsbrocken. Frau Saworski hat die ganze Zeit von mir gesprochen. Ich bin das Monsterkind! Das darf nicht wahr sein! So bin ich nicht! Und eingebrochen habe ich auch noch nirgends. Oder doch? Mir fällt der Tag in Frau Schmidts Garten ein. War das ein Einbruch?

Ich höre, wie die Frauen sich immer noch aufregen. Am lautesten ist nach wie vor Frau Saworski. Jetzt meldet sich zum ersten Mal Frau Schmidt zu Wort. Ihre Stimme klingt genauso böse, wie ich sie mir immer vorgestellt habe. „Nun halt mal die Luft an, Marieluise!“, sagt sie. „Die Wiesners sind eine sehr nette Familie und Magdalena und Paulchen sind ganz normale Kinder. Kinder sind manchmal laut und Kinder lassen Spielzeug herumliegen. Das war zu unserer Zeit auch nicht anders“. „Ach!“, sagt Frau Saworski spitz. „Und es ist auch normal, dass sie am hellen Nachmittag bei dir einbrechen?“ Frau Schmidt lässt sich Zeit mit ihrer Antwort. „Normal“, sagt sie. „Was ist schon normal? Ich weiß nur, dass wir früher auch schon mal bei einem Nachbarn über den Zaun gestiegen sind.“ Frau Schmidt lacht. Ich habe sie noch nie lachen hören. „Wir dachten damals, unser Nachbar wäre ein Zauberer, weil er so einen verwunschenen Garten hatte und immer so merkwürdige Töne aus seinen Fenstern kamen.“ Frau Schmidt lacht noch mehr. „Dabei war er nur ein einsamer alter Mann mit einem seltsamen Musikgeschmack. Als Kind hat man eben manchmal eine galoppierende Fantasie. Vielleicht halten die Kinder mich ja für eine Hexe. Wer weiß? Wundern würde es mich nicht. Bei meinem alten Haus und die-

sem ollen finsteren Garten ... Wahrscheinlich haben sie sogar Angst vor meinem Bello, diesem Uropa von einem Hund. Dabei ist der selbst ein richtiger Angsthase.“ Plötzlich wird Frau Schmidt wieder ernst. „Aber ihr solltet euch was schämen. Als Erwachsener sollte man wirklich wissen, wo die Fantasie aufhört und die Realität anfängt.“
Frau Saworski versucht, sich zu verteidigen, und für einen Moment reden wieder alle durcheinander.
Ich hebe mein Buch auf und packe es wieder in den Rucksack. Mama hat mir Geld mitgegeben, damit ich mir im Bistrowagen ein Sandwich oder ein Stück Kuchen kaufen kann.
Dazu müsste ich aufstehen.
Irgendwann muss ich sicher auch mal aufs Klo.

1 Stellt Vermutungen an: Wird Magdalena sitzen bleiben oder aufstehen?

2 Beschreibt Magdalenas Eindruck von Frau Saworski und Frau Schmidt am Anfang sowie am Ende möglichst genau. Wie verändert sich ihre Wahrnehmung der Frauen?
– Schreibt die entsprechenden Textstellen heraus.
– Zeichnet die beiden Frauen.

3 Findet Textstellen mit innerer Handlung und schreibt die Beispiele heraus.

Die Gedanken und Gefühle, die eine Figur in einer Erzählung hat, nennt man auch **innere Handlung.** Was für alle wahrnehmbar geschieht, ist die äußere Handlung.

Die Frauen hinter mir unterhalten sich immer noch leise. Ich suche meinen Geldbeutel aus dem Rucksack, betrachte mich kurz in meinem Handspiegel, stecke den Geldbeutel zurück. Dann stehe ich auf. Den Rucksack lasse ich auf dem Sitz liegen. Mutig trete ich auf den Gang hinaus und stelle mich genau neben den Tisch der vier Frauen.

4 Wie könnte die Geschichte weitergehen? Schreibt einen kurzen Schluss aus Magdalenas Sicht.
a Welche Vorgaben des Erzählanfangs solltet ihr übernehmen, damit euer Schluss passt?
– Aus wessen Perspektive wird hier erzählt?
Welche Erzählform müsst ihr beachten (Ich-Form oder Er-/Sie-Form)?
– In welcher Stimmung ist Magdalena am Ende des Textauszugs?
– Wie werden wohl die Nachbarinnen reagieren?
b Sammelt in Partnerarbeit Ideen für den Schluss.
Magdalena steht auf → die Damen schauen sie entgeistert an → ...
c Schreibt den Schluss in euer Heft.
d Vergleicht eure Fortsetzungen: Welcher Schluss ist besonders gut gelungen und passt zum Erzählanfang?

Methode **Erzählanfänge fortsetzen**

Um einen **Text stimmig fortsetzen** zu können, braucht man nicht nur gute Ideen. Vor allem kommt es darauf an, dass man den Text, z. B. einen Erzählanfang, gut verstanden hat:
- Aus der Sicht welcher Figur wird hier erzählt?
- Gibt es andere wichtige Figuren?
- Wo spielt die Geschichte und wann?

Eigene Erzählungen verbessern – Die Textlupe

Wer einen Text geschrieben hat, merkt oft gar nicht, ob er auch für andere verständlich ist. Mit Hilfe der Textlupe könnt ihr euch gegenseitig Verbesserungsvorschläge machen.

1 a Bildet Kleingruppen (zu dritt oder viert) und setzt euch an einem Gruppentisch zusammen.
b Verteilt die Rollen in einer Gruppe:
Legt fest, wer von euch besonders auf den Inhalt, wer auf den Aufbau und wer auf die Sprache des Aufsatzes achtet. Ihr könnt die Rollen anschließend auch tauschen.

Inhalt:
Verstehe ich, worum es geht? Was ist mir unverständlich? Passt die Überschrift gut zum Text?

Aufbau:
Führt die Einleitung gut in die Handlung ein? Beantwortet sie die W-Fragen: Was? Wer? Wo? Wann? Gibt es einen Köder? Stehen die Erzählschritte in der richtigen Reihenfolge? Ist der Höhepunkt interessant? Gibt es einen passenden Schluss?

Sprache:
Werden die Sätze abwechslungsreich eingeleitet? Wo können Wiederholungen vermieden werden? Sind die Verben und Adjektive lebendig und anschaulich? Stimmt die Erzählzeit (Präteritum und Plusquamperfekt)?

2 Verteilt die von euch geschriebenen Erlebnisaufsätze auf die Gruppen.
a Lest jeden Text einmal laut und im Zusammenhang vor. Besprecht, was euch an dem Aufsatz gefällt.
b Geht ihn dann Satz für Satz durch. Nutzt die Textlupen als Rückmeldezettel. Vermerkt darauf Hinweise und Vorschläge zur Textverbesserung.

3 a Überarbeitet die eigenen Texte mit Hilfe der Textlupen eurer Mitschülerinnen und Mitschüler und schreibt sie ins Reine.
b Überprüft anschließend die Rechtschreibung mit dem Wörterbuch.

Textlupe zu ? von ?

Das hat mir gut gefallen:	**Hier stört mich etwas:**	**Ein Vorschlag:**
Du hast seinen Schrecken so spannend beschrieben, als würde man in seiner Haut stecken.	*Deinen Schluss finde ich eher langweilig: „Am nächsten Tag blieb er im Bus bei seiner Schwester und alles war wieder gut.“*	*Jetzt würde er im Bus immer neben seiner Schwester bleiben, so könnte er sie nicht mehr vergessen. Am nächsten Tag stieg er mit ihr zusammen aus. Doch wo war sein Turnbeutel ...?*

Stärken stärken: Eine Fortsetzungsgeschichte schreiben

●●● **1** Wie könnte die Erzählung „Der Tagträumer“ von S. 51 f. weitergehen? Schreibt eine spannende Fortsetzung. Sie sollte nicht länger als eine Seite sein.

- **a** An welchem Punkt in der Spannungskurve endet die Erzählung?
- **b** Wie geht es Peter, als er feststellt, dass er seine Schwester im Bus vergessen hat? Gestaltet diesen Moment anschaulich aus (▸ innere Handlung).
- **c** Wie geht es weiter? Sammelt Ideen für eure Fortsetzung.
- **d** Schreibt nun eure Fortsetzungserzählung.

●●○ **Hilfe zu Aufgabe 1 a:**

Blättert zurück auf S. 45. Dort findet ihr eine Spannungskurve. Bis wohin geht die Handlung der Geschichte? Welche Handlungsschritte sind schon erfolgt? Welche fehlen noch?

●●○ **Hilfe zu Aufgabe 1 b:**

Übertragt die Tabelle unten in euer Heft und ergänzt die Lücken. Versetzt euch in Peter hinein: Was geht in ihm vor? Was nimmt er wahr? Verwendet aussagekräftige Verben und Adjektive, um deutlich zu machen, wie er sich fühlt. Auch Vergleiche wirken sehr anschaulich (▸ S. 48 f.).

Fühlen	Denken	Sehen	Hören
Er fühlte sich unendlich hilflos und machte sich große Vorwürfe.	…	…	*Hörte er nicht ein leises Wimmern nachklingen?*

●●○ **Hilfe zu Aufgabe 1 c:**

Denkt daran, dass ihr an die Vorgaben des Erzählanfangs anknüpfen solltet. Sammelt zunächst Ideen mit Hilfe eines Clusters:

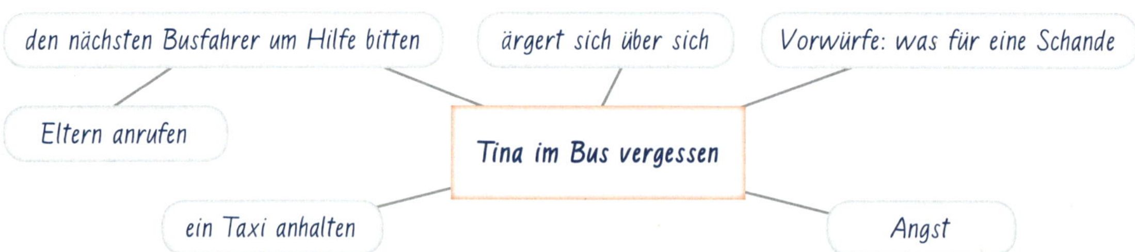

Entscheidet euch dann für eine Idee. Denkt diese zu Ende und gestaltet sie aus. Schreibt dazu die einzelnen Handlungsschritte in Stichwörtern auf Karteikärtchen.

●●○ **Hilfe zu Aufgabe 1 d:**

Achtet bei der Niederschrift auf abwechslungsreiche Satzanfänge.

Als Peter … • Nachdem er … • Plötzlich … • Eins nach dem andern, sagte er sich … • Sein erster Gedanke war … • Kurz darauf … • Schließlich …

3.3 Fit in ...? – Erlebnisse spannend erzählen

Die Aufgabenstellung richtig verstehen

Stellt euch vor, ihr bekommt in der nächsten Klassenarbeit folgende Aufgabe:

Lies den kurzen Text. Die beiden Kinder sind allein zu Hause und erleben einen aufregenden Abend. Schreibe eine spannende Erlebniserzählung.

Veronika und ihr kleiner Bruder Sven sind abends allein zu Hause. Ihre Eltern sind eingeladen. Obwohl es die Eltern verboten haben, schauen sie sich einen gruseligen Fernsehfilm an. Plötzlich hören sie ein seltsames Geräusch aus dem Nebenzimmer ...

1 Lest euch die Aufgabenstellung genau durch.

2 Schreibt die Aufgabenstellung in euer Heft und markiert anschließend die Wörter, die euch sagen, was genau ihr machen sollt.

3 Vergleicht eure Ergebnisse. Ist euch klar, was von euch verlangt wird?

Ideen sammeln und einen Erzählplan erstellen

4 Lest noch einmal den kurzen Text. Habt ihr vielleicht schon eine ähnliche Situation erlebt? Notiert in einem **Cluster** Stichwörter, die euch dazu einfallen.

Allein zu Hause

5 Gerade in einer Klassenarbeit sollte man nicht einfach „drauflosschreiben". Plant den Aufbau der Erzählung. Schreibt die Handlungsschritte stichpunktartig in ein Pfeildiagramm.
Thema: Eine spannende Abends-allein-zu-Hause-Erzählung

Einleitung: Neugier wecken!
Hauptteil: Was passiert? (Spannungskurve)
Schluss: Wie geht die Geschichte aus?

Einleitung
V und S allein zu Hause → ...

Hauptteil (mit Höhepunkt)
verbotener Film → gruselig → Geräusch → ...

Schluss
...

Spannend und anschaulich erzählen

Mein kleiner Bruder Sven und ich waren eines Abends allein zu Hause. Mein Bruder Sven und ich sahen einen gruseligen Fernsehfilm an. Meine Eltern hatten meinem Bruder und mir verboten, den Fernseher anzumachen. Mein kleiner Bruder und ich trauten uns aus Angst nicht ins andere Zimmer.

6 Was stört euch an Giuseppes Erzählanfang? Gebt ihm Ratschläge!

a Verbessert seine Einleitung mit Hilfe der Umstellprobe: *Eines Abends waren …*

b Welche Wörter solltet ihr ersetzen? Wendet die Ersatzprobe an. (▶ S. 234)

c Wo kann man treffendere Verben einsetzen?

Einleitung: Fesselt den Leser/die Leserin, verratet nicht zu viel und vermeidet langweilige Wiederholungen.

7 Versucht, einige der folgenden Wörter in der Einleitung zu ergänzen:

fröstelnd unbeschwert unheimlich ängstlich streng vorausschauend

8 Welche Gefühle und Gedanken könnte Veronika haben? Wie zeigt sich die Angst bei Sven?

Schreiben und überarbeiten

9 Schreibt nun eine spannende Erlebniserzählung am PC. Findet eine gute Überschrift.

10 Besprecht eure Erzählungen mit Hilfe der Textlupe am PC, fügt eure Kommentare und Verbesserungsvorschläge mit der entsprechenden WORD-Funktion ein. Die Checkliste hilft euch:

Checkliste

- Führt die **Einleitung** in das Geschehen ein und macht neugierig auf die Erzählung?
- Ist die Erzählung verständlich und hat sie einen **roten Faden?**
- Hat die Erzählung einen **Höhepunkt?**
- Ist die **Überschrift** treffend und verrät nicht zu viel?
- Wird deutlich, was die Figuren denken und fühlen? Habt ihr wörtliche Rede verwendet?
- Sind die **Satzanfänge** abwechslungsreich?
- An welchen Stellen kann man **treffendere Verben** oder **Adjektive** einsetzen?
- Ist die Erzählung im **Präteritum** geschrieben?
- Sind **Rechtschreibung** und **Zeichensetzung** korrekt?

Wörterliste ▶ S. 284

erzählen	anschaulich	Erlebnis	Panik	Erzählung	spannend
zuhören	Handlung	Geschichte	konfus	Blamage	nervös

4 Hinter allem steckt eine Geschichte – Nach Vorgaben erzählen

1 Sprecht über das Bild.
Was ist das Besondere daran?
Was fällt euch auf?

2 Wie könnte eine interessante Geschichte zu dem Waschbären entstehen?
Sammelt Tipps zum Erzählen.

In diesem Kapitel ...

- erzählt ihr spannende und anschauliche Geschichten zu Bildern,
- entwickelt ihr zu Reizwörtern aufregende Handlungsabläufe,
- baut ihr Erzählkerne zu ausdrucksstarken Geschichten aus,
- übt ihr, wörtliche Rede gezielt in eure Erzählungen einzusetzen.

4.1 Genau betrachtet ... – Zu Bildern erzählen

Ein Bild erzählt eine Geschichte – Die Einleitung

1 a Betrachtet das Bild auf Seite 61 genau.
b Überlegt, was geschehen sein könnte. Sammelt Ideen in einem Cluster (▶ S. 286).

andere Tiere haben alles weggefressen
— ***Waschbär vor leeren Schüsseln*** —
wartet auf Fütterung

2 Klärt die W-Fragen für die Einleitung eurer Geschichte. Ihr könnt sie ganz gut aus dem Bild entwickeln.
- Wo ereignet sie sich?
- Wann spielt die Geschichte?

3 Konzentriert euch nun auf die Figuren, vor allem die Hauptfigur der Geschichte:
a Was macht der Waschbär im Vordergrund?
b Was wisst ihr über Waschbären? Notiert euch Stichwörter im Heft.
c Welche Personen erkennt ihr noch auf dem Bild? Gebt ihnen Namen.

4 Artur hat eine Einleitung geschrieben, die noch nicht ganz gelungen ist.
a Setzt die Textlupe an (▶ S. 57) und prüft, was er noch besser machen kann:
- Gibt die Einleitung Antwort auf die wichtigsten W-Fragen?
- Sind die wesentlichen Figuren eingeführt?
- Haben die Figuren Namen?
- Macht die Einleitung neugierig auf den Fortgang der Geschichte?

b Schreibt die verbesserte Einleitung in euer Heft.

Um eine passende Geschichte für die Situation auf dem Bild zu erfinden, müsst ihr „in das Bild einsteigen". Dafür könnt ihr den „Filmblick" einnehmen: Sammelt – wie in den einzelnen Bildern einer Filmrolle – stichpunktartig Ideen, wie eure Geschichte abläuft. Das Bild stellt dabei eine Aufnahme aus dem Film dar.

Letzte Woche führten wir ein Projekt im NWA-Unterricht durch zum Thema: Was fressen Igel? Deshalb hatten wir verschiedene Schüsseln vorbereitet, denn im Garten gibt es Igel. Wir stellten die Teller in den Garten.

5 Verfasst nun eine vollständige Erzählung zu dem Bild. Ihr könnt auch an Arturs Einleitung anknüpfen. Denkt an die passende Überschrift.

Methode **Zu einem Bild erzählen**

Zu einem Bild erzählen bedeutet, dass ihr euch zu diesem Bild eine Erzählung ausdenken sollt. Die auf dem Bild gezeigte Situation muss in eurer Geschichte vorkommen, ihr müsst sie daher sehr genau wiedergeben. Die Personen oder Tiere auf dem Bild müssen lebendig werden.

Von Bild zu Bild – Erzählschritte und Wortfelder

1 Betrachtet die beiden Bilder. Beschreibt, was passiert.

2 Betrachtet das Bild 1 genau. Übertragt die Tabelle in euer Heft und füllt sie mit den vorgeschlagenen Begriffen.

a Beschreibt die Mimik (den Gesichtsausdruck), die Gestik (die Bewegungen) und die Körperhaltung der einzelnen Figuren.

b Notiert die Gefühle, auf die Mimik, Gestik und Körperhaltung schließen lassen.

Glück Genuss Vorfreude lässig dastehen zeigen deuten auf Begeisterung leuchtende Augen Vergnügen wünschen heranflitzen übermütig grinsen kleiner Schritt nach vorn ärgern necken fröhlich freudestrahlend Schadenfreude lächeln rücksichtslos ...

Mimik	**Gestik/Körperhaltung**	**Gefühle**
grinsen ...	*zeigen ...*	*Vorfreude ...*

3 Bereitet eine Erzählung zu den Bildern vor. Schaut euch dazu Bild 1 noch einmal genau an und beantwortet die folgenden Fragen. Schreibt in euer Heft. Manche Angaben müsst ihr erfinden.

– **Wer** war beteiligt?
– **Wo** ereignete es sich?
– **Wann** spielte die Geschichte?
– **Was** geschah?
– **Warum** geschah es?
– **Welche** Folgen hatte das Geschehen?

Beim schriftlichen Erzählen verwendet man das Präteritum. Am besten schreibt ihr die Vorarbeiten (z. B. Antworten auf die W-Fragen, Schreibplan) zu eurer Erzählung auch gleich in dieser Tempusform. So könnt ihr Fehler im Aufsatz vermeiden.

4 Legt nun auch für das Bild 2 eine Tabelle nach dem Muster aus Aufgabe 2 an und beantwortet die W-Fragen.

5 Entscheidet euch nun für eine sinnvolle und stimmige Abfolge der einzelnen Erzählschritte.

a Arbeitet die Unterschiede zwischen den beiden Bildern heraus. Dazu könnt ihr die folgenden Sätze vervollständigen:
Weil Anna zu nahe an den Radweg kam, ...
Sie konnte ihr Eis nicht weiterschlecken, denn ...
Lisa gelang es nicht, ...
Geldon wies auf den Radfahrer, um ...
Obwohl der Radfahrer Anna gesehen hatte, ...
Der Eisverkäufer ...

b Besprecht, welche Bedeutung die Abweichungen zwischen dem ersten und dem zweiten Bild für die Geschichte haben können.

6 Entwerft eine Geschichte zu den beiden Bildern.

a Notiert in eurem Heft, was die Beteiligten denken oder sprechen könnten. Das könnt ihr auch in Form von Sprech- oder Denkblasen tun.

b Schreibt eure Erzählung in euer Heft. Die Tabelle und die Antworten auf die W-Fragen helfen euch.

7 a Marisa hat zum Bild 1 einen Aufsatz verfasst. Leider hat sie darin langweilige Verben verwendet. Ersetzt die unterstrichenen Verben im folgenden Auszug durch aussagekräftigere, die eine ähnliche Bedeutung haben.

An einem warmen Herbstnachmittag gingen Anna und Lisa langsam zu ihrem Lieblingseisstand. Kurz darauf kamen auch ihre Freunde Geldon und Max dazu. Die Freundinnen aßen gerade ihr Eis, als ein Radfahrer schnell herankam.

schlendern spazieren schlecken genießen heranrasen bummeln lutschen
sich jemandem anschließen sich treffen sich begrüßen hinzustoßen heranjagen

b Ordnet die Verben. Legt dazu im Heft eine Tabelle nach folgendem Muster an:

langsam gehen	zu jemandem kommen	essen	sich schnell bewegen
schlendern	…	…	…

c Findet je drei weitere Wörter zu den **Wortfeldern** (▸ Merkkasten unten) und schreibt sie in euer Heft.

8 Stellt jeweils eine Art zu gehen pantomimisch dar und lasst die anderen erraten, um welches Verb es sich handelt.

9 a Welches Wort passt nicht ins Wortfeld? Schreibt es in euer Heft.

schlau clever findig scherzhaft klug gescheit scharfsinnig

b Vier der folgenden Wörter gehören mit dem nicht passenden Wort aus Aufgabe a in ein Wortfeld. Welche?

lustig komisch bedrückt witzig einfallsreich amüsant

Information **Wortfeld**

Wörter **mit ähnlicher Bedeutung** bilden ein Wortfeld:
klein: *winzig, zwergenhaft, gering …*
fliegen: *schweben, flattern, gleiten …*
Mit Wörtern aus einem Wortfeld kann man abwechslungsreich und aussagekräftig formulieren.

Bildergeschichten – Den Hauptteil und den Schluss gestalten

Einen Schreibplan erstellen

1 Beschreibt genau, was ihr auf den einzelnen Bildern seht. Achtet dabei auch auf die Gestik und Mimik der beteiligten Figuren.

2 Die Bilder zeigen einzelne Handlungsschritte einer Geschichte. Entwickelt einen Schreibplan.

- **a** Notiert zu jedem Bild einen Satz. Schreibt untereinander und lasst jeweils drei Zeilen frei.
- **b** Überlegt, an welchen Stellen Handlungsschritte fehlen. Was könnte vor, zwischen und nach den dargestellten Handlungsschritten passiert sein? Ergänzt euren Schreibplan.
- **c** Legt fest, welcher eurer Sätze sich der Einleitung, welcher dem Hauptteil und welcher dem Schluss der Geschichte zuordnen lässt. Bestimmt auch den Höhepunkt.

Am letzten Samstag trafen sich Lara und ihre Freunde Xaver und Dominik, um ein wenig mit ihren Fahrrädern in der Gegend herumzufahren. Sie radelten eine Straße im Neubaugebiet entlang und wussten vor Langeweile nichts Rechtes anzufangen.
Da kamen sie an einer Baustelle vorbei, auf der ein Haus stand, das noch eingerüstet war. Xaver hielt an, deutete darauf und wollte von den anderen wissen: „Was haltet ihr davon, da hinaufzuklettern?"

3 Oben steht der Anfang der Bildergeschichte von S. 66 in der Er-Form.

a Formuliert den Text um: Erzählt aus Laras Sicht in der Ich-Form. Schreibt in euer Heft. Achtet genau auf die richtigen Pronomen (▶ S. 207). Beginnt so:
Am letzten Samstag traf ich mich mit meinen Freunden ...

b Vergleicht die Wirkung der beiden Erzählanfänge.

c Nicht alle Informationen, die darin enthalten sind, könnt ihr auf dem ersten Bild finden. Unterstreicht in eurem Heft die Angaben, die sich der Verfasser zusätzlich einfallen ließ.

4 a Hier findet ihr drei Handlungsschritte zu der Bildergeschichte. Untersucht sie:
– In welcher Reihenfolge schließen sie sich an die oben stehende Einleitung an?
– Welchen Bildern könnt ihr sie zuordnen? Welcher Handlungsschritt wurde ergänzt?

A *Um meinen Freunden zu zeigen, wie mutig ich war, erklärte ich: „He, ich mache mit meinem Handy ein Foto von euch zweien!" Sofort stimmten sie mir zu. Xaver legte seinen Arm um Dominiks Schulter und schrie: „Juchhu! Super Aussicht!" Beide fuchtelten mit den Armen in der Luft herum, während ich fotografierte und mich bemühte, nicht nach unten zu schauen.*

B *Xaver war der Mutigste und gab an: „So müsst ihr das machen!" Geschwind wie ein Affe war er schon die Sprossen der ersten Leiter hoch und winkte uns von oben zu. Schnell kamen Dominik und ich nach. Das Gerüst klapperte und wackelte und meine Handflächen wurden ganz feucht. Bloß nicht zugeben, dass mir die Knie zitterten!*

C *Wir lehnten unsere Fahrräder an den Bauzaun und blickten uns kurz um. Am Wochenende waren keine Bauarbeiter da und niemand beobachtete uns. So schlängelten wir uns durch eine Lücke im Bauzaun und beachteten das Schild „Betreten verboten!" nicht. Jch wusste schon, dass wir uns hier gar nicht aufhalten durften!*

b Schreibt die Erzählschritte in der richtigen Reihenfolge in euer Heft.

c Nun könnt ihr den Hauptteil der Geschichte zu der Bilderfolge ausformulieren. Denkt dabei an die lebendige Ausgestaltung des Höhepunkts.

Methode **Zu Bildern erzählen**

Die **vorgegebenen Bilder** zeigen nur die wichtigsten Momente im Ablauf der Handlung. Damit daraus eine Geschichte entsteht, müsst ihr **weitere Handlungsschritte** oder **Überleitungen** sinnvoll ergänzen – wie bei einem Puzzle. Überlegt genau, in welchem Bild der Höhepunkt liegt. Entscheidet auch, ob ihr die Geschichte in der **Er-** oder **Ich-Form** verfasst.

Wörtliche Rede verwenden

1 Wenn ihr wörtliche Rede verwendet und schildert, was die Figuren denken und fühlen, wird eure Geschichte besonders lebendig.

a Schaut euch zum Beispiel das zweite Bild oben rechts aus der Bilderfolge auf S. 66 an:
- Was könnte der Junge auf der höher stehenden Leiter dem anderen Jungen in diesem Moment sagen?
- Oder: Wie versuchen die beiden Jungen auf dem letzten Bild das Mädchen zu trösten?

b Entwerft kurze Dialoge. Verwendet bei den Redebegleitsätzen unterschiedliche Verben für „sagen" oder „sprechen":

schreien flüstern behaupten jammern beruhigen trösten rufen stottern
brüllen fragen antworten stammeln keuchen zusprechen klagen

2 Den folgenden Textauszug hat der Verfasser selbst wieder aus seinem Aufsatz gestrichen. Stellt Vermutungen an, weshalb er das wohl getan hat.

„Jst dir auch ein wenig unheimlich zumute?", fragte ich Xaver, als wir oben auf dem Gerüst standen. „Nein, eigentlich nicht", erwiderte er. „Mir irgendwie schon", murmelte ich kleinlaut. „Das ist dumm." „Mmh, finde ich auch", stimmte ich zu. „Wir können ja aber trotzdem mal ein Foto machen", schlug Xaver vor und das taten wir dann auch.

3 Der folgende Text enthält wörtliche Rede. Schreibt ihn ab und ergänzt die fehlenden Satzzeichen.

Endlich war ich oben bei den beiden angekommen Jch bin ganz schön stolz, dass ich das geschafft habe! rief ich freudig aus. Mach doch mal ein Foto von uns! forderte mich Xaver auf sonst glaubt uns das ja keiner. Sind wir so beide gut zu erkennen? wollte er wissen. Es kam, wie es kommen musste: Das Handy fiel mir aus der Hand. So ein Mist! entfuhr es mir.

Information **Wörtliche Rede verwenden**

Wörtliche Rede lässt den Leser/die Leserin die Ereignisse hautnah miterleben. Sie muss aber so eingesetzt sein, dass sie auch für die Handlung von Interesse ist.
Was jemand redet oder denkt, steht in **Anführungszeichen.**
Steht der **Redebegleitsatz** vor der wörtlichen Rede, wird er mit einem **Doppelpunkt** abgetrennt:
Sie riefen: „Komm doch hoch!" *Lara dachte: „Wenn das mal gut geht."*
Steht der **Redebegleitsatz** in der Mitte oder nach der wörtlichen Rede, wird er durch **Komma** abgetrennt. Dabei verliert der Aussagesatz den **Schlusspunkt. Fragezeichen** und **Ausrufezeichen** bleiben stehen: *„Haltet mehr Abstand", mahnte Xaver uns.*
„Dominik", warnte Xaver, „geh nicht weiter!"
„Warum nicht?", entgegnete Dominik übermütig. „Es passiert doch nichts."
„Achtung, die Leiter wackelt!", schrien die Jungen Lara zu.

Den Schluss einer Geschichte schreiben

1 Der Schluss einer Bildergeschichte kann auf unterschiedliche Weise gestaltet werden, soll aber in jedem Fall die Geschichte abrunden.

a Findet ihr die folgenden Schlussmöglichkeiten zu der Bilderfolge (▶ S. 66) gelungen? Begründet eure Meinung:

Nachdem wir alle drei wieder unten angekommen waren, sahen wir sofort nach meinem Handy. Es lag in viele Einzelteile zersplittert auf dem Boden. Spätestens jetzt war uns allen klar, was hätte passieren können, wenn einer von uns von der Leiter des Baugerüstes gefallen wäre. Glück im Unglück, ging es mir durch den Kopf, trotzdem blieb noch die schwierige Aufgabe, es meinen Eltern zu sagen.

Da lag es nun, das völlig zerschmetterte Handy. Dann fuhr Dominik mich auch noch an: „Hättest du es nicht besser festhalten können? Du solltest doch bloß ein Foto von uns machen, von Fallenlassen hat keiner was gesagt!" Das hatte ich jetzt davon. Warum nur hatte ich auf die beiden gehört und war nicht unten geblieben?

b Im blauen Kasten findet ihr mehrere Möglichkeiten, den Schluss einer Erzählung zu gestalten. Welche wurden in den beiden Schülerbeispielen oben gewählt?

Information **Den Schluss schreiben**

Der Schluss einer Erzählung kann unterschiedlich gestaltet sein. Man kann

- den Ausgang der Geschichte erzählen und das **Erlebnis abschließen,**
- am Schluss der Geschichte **Fragen offenlassen,** um den Ausgang des Erlebnisses im Ungewissen zu lassen,
- **auf die Einleitung zurückgreifen,** sodass Einleitung und Schluss einen Rahmen um den Hauptteil bilden,
- einen **abschließenden Gedanken** äußeren.

Testet euch!

(Bilder-)Geschichten schreiben

1 Welche Aussagen zum Schreiben einer Bildergeschichte stimmen, welche nicht?

a Schreibt den Text mit den richtigen Aussagen in euer Heft.

- Wenn ich ein Thema für eine Geschichte habe, schreibe ich einfach drauflos / mache ich mir einige Stichwörter zum Inhalt der Geschichte .
- Der Aufbau einer Erzählung gliedert sich immer / manchmal in Einleitung, Hauptteil und Schluss.
- Mit der Einleitung sollte man dem Leser verraten / nicht verraten , wie die Geschichte ausgeht, damit er neugierig wird / damit er nicht so lange rätseln muss .
- Die Spannung wird im Hauptteil schrittweise gesteigert / verringert .
- Der Höhepunkt meiner Erzählung folgt gleich nach der Einleitung / nach mehreren Erzählschritten im Hauptteil .
- Wörter wie „plötzlich", „auf einmal", „Sekunden später" zeigen an, dass etwas Überraschendes / etwas ganz Gewöhnliches passiert.
- Die Verwendung / Vermeidung von wörtlicher Rede macht die Figuren lebendig.
- Bei der Bildergeschichte beschreibe ich nur, was ich auf den Bildern sehe / auch, was zwischen den Bildern passiert .
- Beim Erzählen beschränke ich mich auf die wichtigsten Erzählschritte / gehe ich auf Gedanken und Gefühle der Figuren ein .
- Der Schluss kann auf das Ende / auf den Anfang zurückgreifen, einen Traum auslösen / einen Denkanstoß geben , die Erzählung ausklingen lassen / neu anfangen lassen oder den Leser im Ungewissen / in der Langeweile lassen.
- Die Überschrift darf nicht / kann ruhig fehlen. Sie sollte informativ sein / die Neugier wecken.
- Beim schriftlichen Erzählen verwende ich das Präsens / das Präteritum .

b Überprüft gemeinsam mit einer Partnerin oder einem Partner eure Ergebnisse.

4.2 Reizwörter und Erzählkern – Texte überarbeiten

Reizwortgeschichten – Umstellen, weglassen, ersetzen

Katze Baum Feuerwehr

1 a Lest die Reizwortkette und schließt kurz die Augen. Sofort wird in eurem Kopf eine Geschichte ausgelöst, die wie ein Film abläuft.
b Schreibt eine Erzählung zu diesen Reizwörtern in euer Heft (▸ Merkkasten unten).

Mein Bruder und ich machten an einem warmen Sommertag unter einem Baum im Garten ein Picknick. Wir saßen mit unserer Katze Tiffy auf einer Decke auf der Wiese und ließen uns Äpfel schmecken. Wir lasen uns gegenseitig aus einem spannenden Buch vor. Wir spielten aber auch zur Abwechslung mit unserer Katze. Wir ahnten nicht, dass unser Picknick bald enden würde.

2 a Zu der Reizwortkette oben findet ihr hier eine Einleitung. Untersucht sie.
– Beantwortet sie die W-Fragen? Macht sie neugierig, enthält sie einen Köder?
– Welche der Reizwörter wurden hier schon aufgegriffen?
– Was könnte man sprachlich noch verbessern?
b Verbessert die Einleitung durch Umstellen der Sätze in eurem Heft und vergleicht eure Ergebnisse.
Beispiel: *Mein Bruder und ich machten an einem warmen Sommertag unter einem Baum im Garten ein Picknick.*
Mit unserer Katze Tiffy saßen wir auf einer Decke ...

Information **Nach Reizwörtern erzählen**

Für den Aufbau einer Reizwortgeschichte gelten die gleichen Regeln wie bei der Erlebniserzählung (▸ S. 46).
Außerdem müsst ihr aber auf Folgendes achten:

- **Alle Reizwörter** müssen in eurer Geschichte sinnvoll verwendet werden und für die Handlung **eine wichtige Rolle spielen;** in der **Einleitung** brauchen sie noch nicht vollständig angeführt zu sein.
- Die **Reihenfolge** der Reizwörter darf umgestellt werden.
- Die **Überschrift** muss die Reizwörter nicht unbedingt enthalten, sie muss jedoch einen echten Bezug zu der erzählten Geschichte haben.

3 a Auch der folgende Text ist ungeschickt formuliert. Inwiefern?
b Schreibt den Text überarbeitet in euer Heft. Nutzt dazu die vorgeschlagenen Begriffe.

VORSICHT FEHLER!

Wie der Blitz lief Tiffy davon. Tiffy brachte sich auf dem Baum in Sicherheit. Wir versuchten Tiffy mit ihren Lieblingskeksen vom Baum zu locken. Aber Tiffy traute sich nicht mehr herunter. Tiffy hatte zu viel Angst! Ganz fest krallte sich Tiffy an ihrem Ast fest.

unsere Mieze   Liebling   die Katze   das Tierchen   sie   Leckermäulchen

4 a Der Verfasser des Textauszugs unten verwendet viele umgangssprachliche Ausdrücke. Sucht sie heraus.
b An einigen Stellen werden Wendungen unnötig wiederholt. Könnt ihr sie finden?
c Schreibt eine Überarbeitung des Textes in eure Hefte. Lasst dabei unpassende und überflüssige Ausdrücke weg.

VORSICHT FEHLER!

Echt super, wie der Feuerwehrmann dann in rasendem Tempo die Leiter hochfuhr und der Feuerwehrmann total schnell hinaufkletterte! Also, das war vielleicht aufregend, als unser Helfer Tiffy dann mit beiden Händen packen wollte, unser Helfer aber das Tier nicht erwischen konnte. Jch konnte echt nicht hinschauen, und mir wurde total schlecht vor Angst, dass Tiffy vom Baum fallen könnte. Na ja, letztendlich steckte er Tiffy aber auch ganz cool in seine Jacke!

5 Verfasst Reizwortgeschichten zu folgender Wortgruppe:

Wecker   Hockeyturnier   letzter Moment

Information **Umstellen, Weglassen, Ersetzen**

- Ein eintöniger Satzbau lässt sich durch **Umstellen** vermeiden. Man kann zum Beispiel die wichtigste Aussage an den Satzanfang stellen:
  Uns gefiel der Nachmittag bis dahin. Uns durchfuhr jedoch ein großer Schreck ... →
  Uns gefiel der Nachmittag bis dahin. Ein großer Schreck durchfuhr uns jedoch ...
- Auch durch **Weglassen** unpassender und überflüssiger Wörter kann ein Text verbessert werden:
  ~~Also,~~ wir mussten ~~tatsächlich~~ die Feuerwehr rufen, ~~und wir~~ mussten aber nur ~~voll~~ kurz auf sie warten.
- Wörter, die sich wiederholen, lassen sich durch ähnliche Begriffe oder durch Pronomen **ersetzen:**
  Wie aus dem Nichts tauchte ein großer Hund auf. Der Hund wollte sich auf Tiffy stürzen. →
  Wie aus dem Nichts tauchte ein großer Hund auf. Er/Das Tier wollte sich auf Tiffy stürzen.

Der Kern der Geschichte – Satzanfänge abwechseln

Karlsruhe. In einem Affen-Freigehege im Karlsruher Zoo riss am Freitag, dem 13. März, ein diebischer Berberaffe einer 11-jährigen Besucherin die Brille aus der Hand und verschwand auf einen Baum. Das Mädchen, das seine Brille gerade putzen wollte, kam mit dem Schrecken davon. Erst durch den Einsatz mehrerer Tierpfleger gelang es, die Brille unbeschadet zurückzubekommen.

1 Hinter dieser kurzen Zeitungsnotiz steckt für diejenigen, die bei diesem Ereignis dabei waren, viel mehr: Sie waren aufgeregt, gerieten in Panik ... Versetzt euch in die Situation, von der in der Zeitung später berichtet wurde, und schreibt einige Sätze auf.

2 Gestaltet den Zeitungsbericht zu einer spannenden Geschichte aus. Geht so vor:

a Arbeitet aus dem Zeitungsbericht alle Vorgaben für eure Geschichte heraus. Stellt W-Fragen:
- Wer war beteiligt?
- Wo genau spielte die Handlung?

b Überlegt, wie ihr aus der Zeitungsmeldung eine spannende und lebendige Geschichte machen könnt. Haltet eure Ideen in Stichwörtern fest.
- Aus welcher Sicht wollt ihr erzählen? Aus der Sicht des betroffenen Mädchens, des Tierpflegers, einer Beobachterin/eines Beobachters?
- Versetzt euch in diese Figur: Was erlebt sie? Was denkt und fühlt sie? Verwendet dazu die wörtliche Rede.

3 Lest den folgenden Auszug aus einem Schülertext.

a Wie wirkt er auf euch?

b Untersucht die Satzanfänge mit der Textlupe (▸ S. 57). Was stellt ihr fest?

Antonia machte mit ihrer Familie einen Ausflug zum Affenberg. Da leben Berberaffen, die man auch füttern darf. Zuerst bezahlten sie am Eingang den Eintrittspreis. Dann gingen sie in das Freigehege. Dann durften die Kinder die Affen füttern. Antonia musste aber erst ihre Brille putzen, denn man konnte kaum noch durchsehen. Doch dann griff ein kleiner Berberaffe flink nach ihrer Brille und riss sie der verdutzten Antonia aus der Hand. Dann turnte er geschickt in die Äste des höchsten Baumes und versuchte, sich die Brille aufzusetzen.

c Gestaltet den Text spannender, indem ihr die Satzanfänge abwechselt.
Nutzt die Formulierungshilfen und schreibt die überarbeiteten Sätze in euer Heft.

danach sofort in diesem Augenblick auf einmal später kurz darauf plötzlich
zuletzt anschließend völlig unerwartet inzwischen daraufhin Sekunden später

4 Nun könnt ihr eure eigene spannende Erzählung zum vorgegebenen Erzählkern schreiben. Gebt eurer Erzählung eine Neugier weckende Überschrift.

Stärken stärken: Eine Reizwortgeschichte schreiben

●●● **1** Schreibt eine spannende Reizwortgeschichte. Die Begriffe **Kuh – Zelt – Taschenlampe** sollen darin vorkommen.

a Sammelt zunächst Ideen zu den einzelnen Reizwörtern.

b Erstellt einen Schreibplan für eure Geschichte.
  - Haltet einzelne Handlungsschritte fest.
  - Wo liegt der Höhepunkt?
  - Wie soll die Geschichte enden?

c Gestaltet den Höhepunkt eurer Geschichte aus. Was denkt und fühlt die Hauptfigur?

d Schreibt nun eine spannende Reizwortgeschichte.

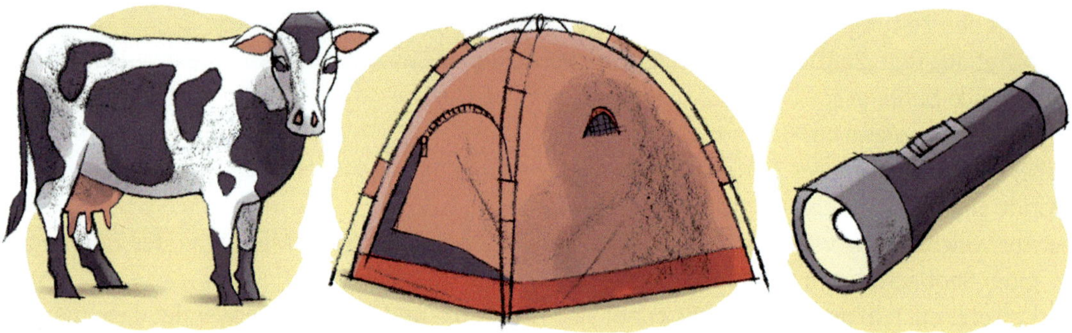

●●○ **Hilfe zu Aufgabe 1a:**

Ihr sollt Ideen zu den Reizwörtern sammeln. Es will euch aber zunächst gar nichts einfallen. Versucht es doch einmal so: Schließt die Augen und stellt euch in Gedanken **euer Zelt** vor. Es ist vielleicht auch schon dunkel. Notiert anschließend eure Vorstellungen in einem Cluster (▸ S. 286).

kaum etwas ist zu erkennen — *Zelt* — *stockduster*

Geräusche aus der Ferne

Auch die W-Fragen können beim Ideensammeln helfen. Beantwortet folgende Fragen zum Begriff **Kuh:**

- Wer hört oder sieht sie?
- Wo steht sie?
- Wann wird ihr Muhen vernommen?
- Was passiert in dem Moment, in dem man sie hört oder sieht?

Das dritte Reizwort **Taschenlampe** spricht eine Sinneswahrnehmung an. Welche Möglichkeit der Wahrnehmung bietet sie in dieser Nacht? Notiert, was ihr durch sie wahrnehmt. Auf welche Art und Weise?

Hilfe zu Aufgabe 1b:

Überlegt euch einen guten Aufbau für eure Geschichte. Die einzelnen Erzählschritte müssen logisch aufeinander folgen. Am besten haltet ihr eure ersten Ideen in Stichwörtern auf Karteikarten fest. Das hat den Vorteil, dass ihr beim Erstellen des Schreibplans neu ordnen könnt.

Wer? Maja und Mona
Wo? In Bauer Bäuerles Garten im Zelt
Gerade bequem gemacht. Luftmatratzen aufgeblasen, Schlafsäcke ausgerollt, als …

Ordnet eure Karten dann der Erzählkurve zu:
- Was gehört in die Einleitung?
- Wie steigern sich die Erzählschritte im Hauptteil?
- Wo liegt der Höhepunkt eurer Erzählung?
- Wie soll eure Geschichte enden?

Hilfe zu Aufgabe 1c:

Gestaltet den Höhepunkt eurer Geschichte aus. Was nimmt die Hauptfigur wahr?
- Um es richtig spannend zu machen, müsst ihr genau beschreiben, was eure Figuren in eurer Geschichte wahrnehmen und empfinden.
  sehen: im schwachen Lichtkegel der Taschenlampe zunächst nur vage Umrisse, die Taschenlampe auf die stärkste Stufe gestellt: direkt vor dem Zelteingang eine Kuh …
  hören: lautes Muhen, Rascheln von nicht erkennbaren kleinen Tieren, dumpfes Stampfen …
  fühlen: innere Unruhe, eisige Kälte, Gänsehaut …
- Welche Gedanken haben die Figuren in dem Moment, in dem sich die Spannung steigert?
  Wenn ich doch jetzt zu Hause in meinem kuscheligen Bett wäre!
  Warum nur wollte ich unbedingt hier draußen übernachten?
  Sind Kühe wirklich ausschließlich Grasfresser?
- Eine weitere Möglichkeit, Spannung zu steigern, ist die Verwendung von wörtlicher Rede. Überlegt euch kleine Dialoge und schreibt sie in euer Heft.
  Achtet dabei auf die richtige Zeichensetzung und abwechslungsreiche redebegleitende Verben.

> rufen fragen bitten brüllen flüstern flehen wissen wollen meinen erwidern antworten einwenden klarstellen bemerken vorschlagen schreien zurechtweisen klagen entgegnen

Hilfe zu Aufgabe 1d:

Achtet beim Schreiben eurer Geschichte noch auf Folgendes:
- Wechselt bei den Satzanfängen ab,
- wählt die Adjektive gut und zutreffend aus,
- bleibt bei der Erzählform, für die ihr euch entschieden habt: Ich-Form oder Er-/Sie-Form,
- schreibt im Präteritum und
- überlegt euch zuletzt eine passende Überschrift.

4.3 Fit in ...? – Nach Vorgaben erzählen

1 Schaut euch die Bilderfolge genau an. Achtung: Es sind zwei Höhepunkte vorhanden! Wo liegen diese eurer Meinung nach?

Hier findet ihr eine Erzählung zu der Bildergeschichte. Rechtschreibung und Zeichensetzung stimmen. Trotzdem ist der Aufsatz nicht gelungen.

VORSICHT FEHLER!

An einem schönen, warmen Herbstmorgen fuhren mein Zwillingsbruder Kevin und ich zum ersten Mal mit unseren neuen Fahrrädern in die Schule. **1** *Kurz winkten wir noch unserer Mutter zu und radelten dann mit unseren Schulrucksäcken los.* **2**

An der Schule angekommen, schloss mein Bruder unsere beiden Räder mit einem kräftigen Kettenschloss ab. **3** *Da wir beide um 13:00 Uhr Unterrichtsschluss hatten, wollten wir uns dann wieder bei den Fahrradständern treffen.* **4**

Endlich war die Schule zu Ende. Mit meinen Schulfreunden verließ ich das Schulhaus und eilte zum Fahrradabstellplatz. Von Weitem sah ich schon das **5** *blaue Fahrrad meines Bruders, aber der Platz daneben war* **6** *leer.* **7** **8** *Kevin hatte die beiden Räder doch angekettet! Nun stand seines unverschlossen da. Jch schaute es* **9** *genauer an und* **10** *entdeckte einen Platten am Hinterrad. Von meinem Bruder war weit und breit keine Spur zu sehen.* **11** **12** *meine Schulfreunde konnten mir auch nicht helfen.* **13** **14** *Mir blieb nichts anderes übrig, als zu Fuß heimzugehen* **15** *.* **16**

2 Untersucht den Aufbau:
- Hat die Erzählung eine Einleitung, einen Hauptteil mit Höhepunkt und einen Schluss?
- Sind alle für die Erzählung wichtigen Handlungsschritte ausgeführt?

3 Auch sprachlich ist der Aufsatz nicht gelungen.

a Hier findet ihr einige Sätze und Wendungen, die ihn verbessern können. Handelt es sich um wörtliche Rede, Beschreibungen ...? Ordnet sie, wie im Beispiel vorgegeben. Schreibt in euer Heft.

1. Meines war feuerrot. Es hatte 21 Gänge, war ganz neu und ich war sehr stolz darauf.
2. Was ich da noch nicht wusste: Der Heimweg sollte für mich nicht so fröhlich werden.
3. „Das knackt kein Dieb", grinste er mich an.
4. Ich strich meinem Fahrrad noch einmal kurz über den Sattel, weil es mir ganz schwerfiel, mich von ihm zu trennen.
5. leuchtend
6. gähnend
7. Wo war mein Fahrrad?
8. Mein Herz fing an zu klopfen.
9. kopfschüttelnd
10. Was sah ich da? Ich ...
11. Was war hier geschehen?
12. Unsicher blickte ich mich um, aber ...
13. Sie hoben ratlos die Schultern und trösteten mich:
14. „Das wird schon wieder auftauchen!" ...
15. zu trotten
16. Selten kam mir meine Schultasche so schwer vor!

Wörtliche Rede:	*3, 14*
Beschreibung mit genauen Einzelheiten:	...
Kennzeichnende Adjektive und Partizipien:	...
Lebendige Verben:	...
Fragesätze:	...
Gedanken, Gefühle:	...
Ein neugierig machender Köder:	...

b Übertragt den Aufsatz in euer Heft und fügt dabei an den markierten Stellen die passenden Verbesserungen ein.

c Schreibt die Geschichte im Heft zu Ende.

d Findet eine passende Überschrift.

4 Überprüft eure Fortsetzung mit Hilfe der Checkliste. Beachtet: Die Checkliste ist in zwei Teile geteilt. Oben findet ihr allgemeine Fragen. Darunter findet ihr besondere Fragen zu den unterschiedlichen Arten von Vorgaben (Bilder, Reizwörter).

Checkliste

Nach Vorgaben erzählen

Allgemein

- Habe ich eine **treffende Überschrift** gewählt, die neugierig auf den Text macht?
- Informiert meine **Einleitung** über die wichtigsten Figuren, die Zeit und den Ort? Führt sie in die Handlung ein?
- Ist mein **Hauptteil lebendig und anschaulich** erzählt und enthält er:
  – wörtliche Rede,
  – ausdrucksstarke Verben,
  – treffende Adjektive,
  – die Beschreibung von Gedanken, Gefühlen und Sinneseindrücken,
  – abwechslungsreiche Satzanfänge?
- Bauen die **Handlungsschritte** im Hauptteil sinnvoll und logisch aufeinander auf oder gibt es Brüche oder unlogische Stellen?
- Hat meine Geschichte einen **Höhepunkt?**
- Erzähle ich in der Regel im **Präteritum?**
- Sind die **Rechtschreibung** und die **Zeichensetzung** korrekt?

Zu Bildern erzählen

- Habe ich die **Bilder genau ausgewertet** und vor allem auf die **Gestik, Mimik und Körperhaltung** der Figuren geachtet?
- Habe ich die auf den **Bildern** dargestellten Handlungsschritte in meine Erzählung übernommen?
- Habe ich sie logisch miteinander verknüpft, indem ich davor, dazwischen und danach sinnvolle **Handlungsschritte** oder Überleitungen **ergänzt** habe?
- Gebe ich die **Gedanken und Gefühle** der Figuren so wieder, wie ich sie aus den Bildern herausgelesen habe?

Zu Reizwörtern erzählen

- Habe ich **alle Reizwörter** aufgegriffen?
- Spielen sie für die Geschichte eine **wichtige Rolle?**

Wörterliste ▸ S. 284

Begeisterung	plötzlich	spazieren	stammeln
genießen	anschließend	schlendern	brüllen
übermütig	freudestrahlend	schreiten	flüstern

5 Jugendbücher – Aussuchen, lesen und vorstellen

1 Schaut euch das Foto gut an.

a Beschreibt, was ihr auf dem Foto entdecken könnt.

b Habt ihr auch schon eine ganze Nacht lang zusammen gelesen?

2 Tauscht euch darüber aus, was und wie ihr am liebsten lest.

- Welches Buch habt ihr zuletzt gelesen?
- Welche Lieblingsbücher habt ihr?
- Wo lest ihr am liebsten?
- Seid ihr Leseratten oder Lesemuffel?

In diesem Kapitel ...

- begegnen euch drei außergewöhnliche Kinder in Jugendbüchern,
- erkundet ihr eine Bibliothek,
- arbeitet ihr an einem Buchprojekt.

5.1 Außergewöhnliche Kinder – Jugendbücher lesen und vorstellen

Eine „Goldene Eintrittskarte" – Die Handlung erfahren

Roald Dahl

Roald Dahl (1916–1990) war einer der berühmtesten Kinderbuchautoren. Er lebte in England. In den 74 Jahren seines Lebens schrieb er viele Bücher, mit denen er Menschen rund um den Globus erfreute. Aber er war nicht nur ein begeisterter Schreiber. Seine Frau sagte über ihn, er habe ganz viele Leidenschaften gehabt: Windhundrennen, Wellensittiche züchten, Orchideen, Zwiebeln und vor allem – Schokolade!

Roald Dahl

Charlie und die Schokoladenfabrik

Der Held des Buches, Charlie Bucket, war ein lieber und fröhlicher Junge. Und das, obwohl er allen Grund dazu gehabt hätte, unglücklich zu sein. Er lebte nämlich mit seinen Eltern und Großeltern in einem winzigen Holzhäuschen. Leider musste Charlie auf dem Boden schlafen, weil sich Familie Buckert kein zweites Bett leisten konnte. Auch war er sehr oft hungrig, da die Familie nicht einmal genug Geld hatte, um Essen zu kaufen.

Charlie fühlte den Hunger am schlimmsten. Sein Vater und seine Mutter verzichteten oft auf ihren Anteil am Essen und gaben ihn Charlie, aber es war trotzdem nicht genug für einen heranwachsenden Jungen. Charlie sehnte sich verzweifelt nach etwas, was besser den Magen füllte und besser sättigte als Kohl und Kohlsuppe. Und am allermeisten sehnte er sich nach … SCHOKOLADE. Morgens auf dem Schulweg sah Charlie in den Schaufenstern ganze Berge von Schokoladentafeln. Er blieb immer wieder stehen, presste die Nase an die Scheibe und starrte hinein, bis ihm das Wasser im Mund zusammenlief. Oft musste er zusehen, wie andere Kinder Riegel sahniger Schokolade aus der Tasche zogen und wie Brot hinunterschlangen. Das war natürlich die reinste Folter für ihn.

Charlie Bucket bekam nur ein einziges Mal im Jahr ein winziges bisschen Schokolade, nämlich zu seinem Geburtstag. Seine Eltern sparten monatelang dafür, und wenn der große Tag kam, schenkten sie Charlie ein kleines Täfelchen Schokolade, das er ganz allein aufessen durfte. Und an jedem wunderbaren Geburtstagsmorgen legte Charlie seine Schokolade in ein Holzschächtelchen und hütete seinen Schatz, als wäre es pures Gold. Während der nächsten paar Tage betrachtete er die Schokolade nur, rührte sie aber nicht an. Wenn er es dann aber schließlich gar nicht mehr aushalten konnte, öffnete er vorsichtig die Verpackung. Er zog das Silberpapier nur an einer Ecke ein *winziges* bisschen zurück, damit ein *winziges* Stückchen Schokolade herausguckte, und dann knabberte Charlie ein *winziges* Häppchen davon ab, nur gerade genug, um den herrlichen Geschmack auf der Zunge zu spüren. Am

nächsten Tag knabberte er wieder ein winziges Häppchen ab und am übernächsten Tag wieder, und so immer weiter. Auf diese Weise brachte Charlie es fertig, dass seine winzige Tafel Schokolade einen ganzen Monat lang reichte.

Aber ich habe euch noch nicht von der furchtbaren Sache erzählt, die den kleinen Charlie mehr als alles andere quälte. Es war noch viel, viel schlimmer als die Schokoladenberge in den Schaufenstern oder mitansehen zu müssen, wie andere Kinder Schokolade aßen. Es war wirklich die schlimmste Qual, die man sich vorstellen konnte: In dieser Stadt und fast in Sichtweite von dem kleinen Holzhaus, in dem Charlie lebte und seine Eltern lebten, stand eine RIESENGROSSE SCHOKOLADENFABRIK!

Stell dir das vor!

Und es war nicht einfach nur eine gewöhnliche große Schokoladenfabrik. Es war die allergrößte und allerberühmteste Schokoladenfabrik auf der ganzen Welt! Es war WONKAS SCHOKOLADENFABRIK, und die gehörte Herrn Willy Wonka, dem größten Erfinder und Hersteller von Schokolade und Süßigkeiten, der je gelebt hatte. Eine hohe Mauer umgab die ganze Fabrik, und man konnte nur durch ein mächtiges eisernes Tor hineingelangen. Aus den Schornsteinen quoll Rauch, und seltsame zischende Geräusche drangen tief aus dem Gebäude heraus.

Und draußen duftete es kilometerweit nach geschmolzener Schokolade! Was für ein himmlischer Duft!

Auf dem Weg zur Schule und wieder nach Hause musste der kleine Charlie Bucket jeden Tag zweimal an dem eisernen Tor der Schokoladenfabrik vorbeigehen. Und jedes Mal ging er ganz, ganz, ganz langsam und reckte die Nase in die Luft und atmete den herrlichen Schokoladenduft tief ein. Oh, wie er diesen Duft liebte! Und wie er sich wünschte, er dürfte nur ein einziges Mal in die Schokoladenfabrik hineingehen und alles ansehen!

1 Was erfahrt ihr in diesem Textauszug über das Leben der Hauptfigur?
- a Sammelt in einem Cluster (▶ S. 286) alle Informationen über Charlie Bucket.
- b Einmal im Jahr erfüllt sich Charlies größter Wunsch. Nennt diesen.
- c Vergleicht eure Wünsche mit Charlies Wünschen. Was fällt euch auf?
- d Woran erkennt ihr, dass Schokolade für Charlie etwas ganz Besonderes ist?

2 Charlie träumt davon, einmal Wonkas Schokoladenfabrik besichtigen zu dürfen. Welche Orte würdet ihr am liebsten aufsuchen und warum?

Gerne würde ich die Spielerkabine der deutschen Nationalmannschaft besuchen, um den Spielern wichtige Tipps zu geben.

3 Willi Wonka ist ein genialer Erfinder. Er erfand beispielsweise Karamellbonbons, die alle zehn Sekunden die Farbe wechseln, Kaugummi, der niemals den Geschmack verliert, ein essbares Kopfkissen und einen Dauerlutscher. Macht es ihm nach und erfindet ebenfalls außergewöhnliche Süßigkeiten und macht dann dafür Werbung in der Klasse.

Schon seit Jahren hat niemand mehr die Fabrik von innen gesehen. Eines Abends aber kommt Charlies Vater mit einer aufregenden Neuigkeit nach Hause.

In diesem Augenblick kam Charlies Vater ins Zimmer gestürzt. Er war gerade von der Arbeit in der Zahnpastafabrik nach Hause gekommen und schwenkte aufgeregt die Abendzeitung. „Habt ihr schon das Neueste gehört?", rief er und hielt die Zeitung hoch, damit sie alle die riesigen Schlagzeilen auf der ersten Seiten lesen konnten:

WONKAS SCHOKOLADENFABRIK FÜR EINIGE WENIGE GEÖFFNET!

„Soll das etwa heißen, dass tatsächlich Leute in die Fabrik hineindürfen?", rief Großvater Josef. „Lies uns vor, was darunter steht ... schnell!" Charlies Vater strich die Zeitung glatt. „Also gut, hört zu."

ABENDZEITUNG

Willy Wonka, der weltberühmte Schokoladenfabrikant, den seit zehn Jahren niemand gesehen hat, gab heute folgende Erklärung ab:

Ich, Willy Wonka, habe beschlossen, fünf Kindern – nur fünf und keinem einzigen mehr – zu erlauben, in diesem Jahr meine Schokoladenfabrik zu besichtigen. Ich werde diese fünf Auserwählten selbst durch die Fabrik führen und ihnen alle Geheimnisse und Zauberkünste zeigen. Nach der Besichtigung meiner Fabrik erhält jedes Kind genug Schokolade und Süßigkeiten für sein ganzes Leben. Haltet also Ausschau nach den Goldenen Eintrittskarten! Fünf Goldene Eintrittskarten, auf goldenem Papier gedruckt, sind unter der normalen Verpackung von fünf gewöhnlichen Schokoladentafeln verborgen. Diese fünf Schokoladentafeln können überall sein: in jedem Geschäft, in jeder Straße, in jeder Stadt, in jedem Land der Welt ... eben überall, wo Wonkas Süßigkeiten verkauft werden. Und nur die fünf glücklichen Finder dieser fünf Goldenen Eintrittskarten dürfen meine Schokoladenfabrik besichtigen und sehen, wie es darin jetzt aussieht. Ich wünsche euch allen viel Glück bei der Suche.

Willy Wonka

„Aber es besteht gar keine Hoffnung. Ich bekomme bloß einmal im Jahr eine Tafel Schokolade“, antwortete Charlie traurig.
„Oh, man kann nie wissen, mein Lieber“, meinte Großmutter Georgine. „Du hast nächste Woche Geburtstag. Du hast genauso viel Chancen wie jeder andere.“
„Das wäre zu schön, um wahr zu sein. Ihr werdet es erleben: Die Kinder, die die fünf Goldenen Eintrittskarten finden, gehören zu denen, die sich sowieso jeden Tag Schokolade kaufen können. Unser Charlie dagegen bekommt nur einmal im Jahr welche. Es besteht also nicht die geringste Hoffnung“, sagte Großvater Georg.

4 Gestaltet eine „Goldene Eintrittskarte“. Prämiert anschließend die schönsten Karten.

5 Wie könnte Charlies Geschichte weitergehen?

a Macht euch zunächst Notizen zu folgenden Fragen:
- Wann und von wem bekommt Charlie seine Tafel Schokolade?
- Was passiert, als Charlie die Tafel vorsichtig öffnet?
- Wie reagieren er und seine Familie?

b Schreibt jetzt die Geschichte weiter. Verwendet als Erzählzeit das Präteritum (▸ S. 218).

Charlie wälzte sich die ganze Nacht unruhig auf dem Boden hin und her. Vor seinem Geburtstag konnte er nie gut schlafen, weil er viel zu aufgeregt war und sich so sehr auf sein Geschenk freute. Endlich war es so weit …

6 Lest euch eure Geschichten gegenseitig vor und gebt euch dann Rückmeldungen mit Hilfe der Textlupe (▸ S. 57). Achtet dabei besonders auf folgende Punkte:
- Stehen alle Verben im Präteritum?
- Sind die Satzanfänge abwechslungsreich?
- Wird der Text durch passende Adjektive lebendig?
- Gibt es wörtliche Rede?

Liebe Elif,

es ist super, dass du so viele Adjektive verwendest.
Achtung! Einige Verben stehen in der falschen Zeit.

Dein Kay

Das große Spiel – Die Figuren kennen lernen

Hermann Schulz

Mandela & Nelson

Ich gehörte nie zu denen, die ihre Schwester grundsätzlich ablehnen. Aber wer selbst eine hat, kennt die Vor- und Nachteile. In meinem Fall lagen die Dinge so: Während ich um sechs Uhr morgens für meinen Papa mit dem klapprigen Handwagen loszog, um Futter für seine Tiere zu besorgen, stand sie vor dem Spiegel und flocht sich silberne Bänder in die Haare. Sie zog sich die Lippen nach, betrachtete sich wohlgefällig von allen Seiten und zupfte an ihren eleganten Leggins herum.

Manche finden so etwas ja schön. Ich habe über Firlefanz meine eigene Meinung. Wenn ältere Frauen sich herausputzen, mag es ja noch angehen, aber meine Schwester Mandela war gerade mal elf Jahre alt!

Damit du besser verstehst, wovon ich hier rede, muss ich erst einmal erzählen, dass es sich bei Mandela um keine normale Schwester handelt: Sie und ich wurden am gleichen Tag geboren, und zwar am 9. Mai. Wir sind Zwillinge. Leider kam sie eine halbe Stunde früher als ich zur Welt. Manchmal habe ich den Eindruck, dass sie diesen Umstand zu ihrem Vorteil ausnutzt, und dass sie ein Mädchen ist, sowieso.

Mandela war auch sonst anders als ich: Sie war immer vorlaut und prügelte sich bei jeder Gelegenheit. In unserer Mannschaft hatte sie als gefährliche Abwehrspielerin die meisten Roten Karten gesehen. Sie stolzierte über den Schulhof, als wäre sie ein Fernsehstar oder mindestens ein Mannequin.

Mandela trat ziemlich selbstbewusst auf und ließ sich nichts gefallen. Dagegen war ich ein Waisenknabe, wie man so sagt. Ich bin bis heute eher der ruhige Typ, der nachdenkt und die Dinge auf sich zukommen lässt. Sie handelt oft unüberlegt und heizt sogar meinen Eltern gehörig ein, wenn ihr etwas nicht passte. Aber das ist noch nicht die ganze Wahrheit: Sie erzählte zu Hause alles, jede Kleinigkeit, die passiert war oder die sie angestellt hatte. Und wunderte sich, wenn sie von meinen Eltern Zunder bekam. Ich hielt aus naheliegenden Gründen lieber die Klappe. Eltern müssen doch nicht alles wissen!

An dem, was ich so trieb, zeigte Mandela wenig Interesse. Außer am Fußballspiel, wo wir uns sicher wie Schlafwandler die Pässe zuspielten.

Heute war keine Schule. Ich hatte mit Mandela verabredet, dass wir unseren Eltern nichts davon sagen würden. Hoffentlich hielt sich das Plappermaul daran. So ein halber Tag zum Herumstreunen war wunderbar.

1 a Was erfahrt ihr über Nelson und Mandela?
b Tragt die Informationen aus dem Text in eine Tabelle ein. Vergleicht mit dem Banknachbarn.

Mandela	Nelson
...	...

c Was haben die Geschwister gemeinsam?
Markiert in euren Tabellen alle Informationen, die sowohl auf Nelson als auch auf seine Schwester Mandela zutreffen.
d Ist Mandela ein „typisches" Mädchen? Begründet eure Meinung.
e Was ist ein „Mannequin" (▶ Z. 32)? Stellt Vermutungen an und schlagt dann das Wort in einem Fremdwörterbuch nach.

Information **Die Figuren in einer Geschichte**

Die Personen, die in einer Geschichte vorkommen bzw. handeln, nennt man **Figuren.** Sie haben **bestimmte Eigenschaften und Absichten.** In vielen Geschichten gibt es eine oder zwei Hauptfiguren, über die der Leser/die Leserin besonders viel erfährt.

2 Die beiden haben überraschend einen Tag für sich.
a Wie würdet ihr einen freien Tag verbringen? Schreibt einen Erlebnisaufsatz (▶ S. 46)
Beantwortet im Vorfeld die folgenden Fragen:
– Wo würdet ihr den Tag verbringen?
– Mit wem?
– Was würdet ihr gemeinsam erleben?
– Was würdet ihr euren Eltern am Abend erzählen?
b Lest euch die Texte gegenseitig vor. Die Sätze unten geben euch Anregung:

Jch wachte aufgeregt auf. Endlich einen ganzen Tag nur für mich!
Wie jeden Tag frühstückte ich mit meiner Mutter. Es fiel mir schwer, mir nichts anmerken zu lassen, da ich vor Vorfreude fast geplatzt wäre. „Was grinst du denn so?", argwöhnte meine Mutter ...

3 Die Zwillinge Mandela und Nelson leben in der afrikanischen Stadt Bagamoyo. Sammelt im Internet Informationen über die Stadt und legt einen Steckbrief an. (▶ S. 14)

Steckbrief Bagamoyo

Name: Bagamoyo
Lage:
Einwohner:

Nelson zieht an seinem freien Tag durch die Straßen und geht seinen Gedanken nach. Am Hafen begegnet er seinem Trainer Nkwabi, der gerade mit einem Schiff aus Sansibar angekommen ist. Er hat eine abenteuerliche Neuigkeit im Gepäck. Beim nächsten Training teilt Nelson seiner Mannschaft die Neuigkeit mit.

Dabei ging mir durch den Kopf, dass wir eine traurige Fußballmannschaft waren: mit mir als Kapitän, mit einem guten, aber stinkfaulen Torwart, drei Mädchen in der Abwehr, mit einem wunderbar begabten und einfallsreichen Libero, der Fisch putzen musste, unserem Stürmer Mirambo, der kaum ein Wort über die Lippen brachte, und dem stark mit anderen Dingen beschäftigten Nkwabi als Trainer. Er war als Pantomime und Trommellehrer meistens unterwegs, statt uns regelmäßig zu trainieren. Außerdem gab es in unserer Truppe noch eine Menge anderer Probleme, die sich gewaschen hatten.
„Also, Mister Nelson, mein Spielführer! Hör gut zu! Und sag es der ganzen Mannschaft. Morgen schon kommt ein großer Bus aus Daressalam angefahren. Und wer sitzt in dem Bus? Alte Leute etwa? Zauberer auf Urlaub? Langweilige Touristen? Großwildjäger aus der Serengeti? Alle Marktfrauen Afrikas auf dem Weg zum Jahrestreffen? Neeeeiiiin! Eine richtige Jugendfußballmannschaft aus Deutschland! Sie wollen in drei Tagen gegen euch spielen, das habe ich mit ihnen in Sansibar eingefädelt. Sie haben von euch gehört und dass ihr unschlagbar seid!“ Er blieb stehen, legte eine künstliche Pause ein und guckte traurig. „Keine Ahnung, wer ihnen das erzählt hat. Ich habe jedenfalls den Mund gehalten. Kein Wort darüber, dass ihr eigentlich undiszipliniert, faul, einfallslos und unbegabt seid.“ [...]
„Freunde, in drei Tagen findet unser großes Spiel gegen eine Mannschaft aus Deutschland statt. Das ist eine einmalige Herausforderung und eine Chance, aller Welt zu zeigen, was wir können.“ Ich unterbrach meine Ansprache und blickte jeden einzeln an. „Jetzt kommt es darauf an! Ich werde mir heute Abend bei Hussein Sosovele Tipps für das Spiel holen und sie euch morgen weitergeben. Sosovele hat Erfahrungen in Europa gesammelt, in Italien und in anderen Ländern.“ Ich hielt noch einmal inne, weil ich den Eindruck hatte, dass niemand richtig zuhörte. Ich musste mich wohl zuerst den praktischen Sachen zuwenden. „Wo kriegen wir Netze für das Tor her? Wer hat eine Idee?

Mandela stand auf, setzte sich neben mich, so als sei sie stellvertretende Spielführerin, und ergriff das Wort. Das war mir nur recht, denn ich hatte noch keine Vorstellung, wie wir die vielen Probleme lösen konnten.
Meine Ratlosigkeit bemerkte keiner, weil genau in diesem Moment eine Kuhherde über den Platz getrieben wurde. Auch so etwas mussten wir verhindern, während das große Spiel stattfand. Ich kramte einen Zettel aus meiner Hosentasche und notierte:
Kuhherde, Netze (Mädchen), Seitenlinien, Platzgröße bei Länderspielen, Messband, Spiel mit Turnschuhen klären

4 Erklärt, was ein „Libero" (Z. 6) ist.
a Schlagt in einem Wörterbuch nach, wenn euch der Begriff nicht geläufig ist.
b Findet noch weitere Fachbegriffe im Text und legt ein Fußball-Glossar (Wörterliste) an.

5 Spielführer Nelson hat noch viele Probleme zu lösen, bis das große Spiel stattfinden kann.
a Sucht euch zwei der Fragen aus und gebt Nelson schriftlich Rat.
- Wie kann er beispielsweise herausfinden, wie groß der Platz sein muss?
- Wie kann er ihn ohne Messband abmessen?
- Wie zieht er ohne Kreide die Seitenlinien?
- Ist es erlaubt, in Turnschuhen zu spielen?

b Schreibt ihm einen Brief, um ihn zu unterstützen. Ihr könntet so beginnen:

> *Lieber Nelson,*
>
> *ich habe erfahren, dass du dich in einer kniffligen Lage befindest, weil deiner Mannschaft ein wichtiges Spiel bevorsteht. Ich würde dir gerne helfen.*
> *Um herauszufinden, wie groß der Platz sein muss, könntest du ...*

Nach drei aufregenden Tagen ist es endlich so weit. Das große Spiel gegen die deutsche Mannschaft kann beginnen.

Wir taten alle ganz lässig, waren aber unglaublich aufgeregt. Als Mirambo wiederauftauchte, ging es endlich los. Wir stellten uns der Reihe nach auf. Torwart, Spielführer, dann die anderen. Wir kannten das ja aus dem Fernsehen.
Dann gingen die weißen Spieler einer nach dem anderen an uns vorbei, um allen die Hand zu drücken. Das war ein großer Augenblick und ich sah, dass Kassim und Said Tränen in den Augen hatten. Danach lief jeder auf seine Position. Wir hatten genug über Taktik, Psychologie und Zaubermittel geredet, jetzt wurde gespielt!
Ich sah mich noch einmal nach der Abwehrmauer um, Mandela zeigte ein entschlossenes grimmiges Gesicht. Hoffentlich fängt sie nicht sofort eine Rote Karte, dachte ich und lächelte ihr zu. Ich gab ihr ein Zeichen mit der flachen Hand, dass sie ganz ruhig bleiben sollte. Sie lächelte zurück und hob einen Daumen. Wir alle fühlten eine starke Verbundenheit und grinsten uns gegenseitig an. Am liebsten hätte ich meine Freunde noch einmal umarmt, so aufgeregt und glücklich war ich.
Der Anpfiff ...

6 Wie wird es wohl weitergehen? Wird Nelsons Mannschaft gewinnen oder werden sie eine Niederlage einstecken müssen? Lest das Kapitel zu Ende.

Ungewöhnliche Freundschaft – Texte weiterschreiben

Andreas Steinhöfel

Rico, Oskar und die Tieferschatten

Rico wohnt mit seiner Mutter in Berlin in einem fünfstöckigen Haus und besucht eine Förderschule. Frau Dahling, aus dem dritten Stock passt ab und zu auf ihn auf. Marrak aus dem Dachgeschoss arbeitet für eine Sicherheitsfirma und schleppt alle paar Wochen einen auffällig großen Wäschesack durchs Treppenhaus.
Berlin selbst wird seit Monaten von „Mister 2000" in Atem gehalten, einem Kindesentführer, der kleine Jungen und Mädchen in seinen Wagen lockt und dann von den Eltern 2000 Euro Lösegeld fordert. Schon fünf Kinder wurden auf diese Weise entführt.

Ich sollte an dieser Stelle wohl erklären, dass ich Rico heiße und ein tiefbegabtes Kind bin. Das bedeutet, ich kann zwar sehr viel denken, aber das dauert meistens etwas länger als bei anderen Leuten. An meinem Gehirn liegt es nicht, das ist ganz normal groß. Aber manchmal fallen ein paar Sachen raus, und leider weiß ich vorher nie, an welcher Stelle. Außerdem kann ich mich nicht immer gut konzentrieren, wenn ich etwas erzähle. Meistens verliere ich dann den roten Faden, jedenfalls glaube ich, dass er rot ist, er könnte aber auch grün oder blau sein, und genau das ist das Problem.
In meinem Kopf geht es manchmal so durcheinander wie in einer Bingotrommel. Bingo spiele ich jeden Dienstag mit Mama im Rentnerclub *Graue Hummeln.*

Eines Tages lernt Rico einen Jungen kennen.

Ich hob den Kopf. Der Junge, der da vor mir stand, reichte mir gerade so bis an die Brust. Das heißt, sein dunkelblauer Sturzhelm reich-

te mir bis an die Brust. Es war ein Sturzhelm, wie ihn Motorradfahrer tragen. Ich hatte gar nicht gewusst, dass es die auch für Kinder gibt. Es sah völlig beknackt aus. Das Durchguckding vom Helm war hochgeklappt.
„Was machst du da?“, sagte der Junge. Seine Zähne waren riesig. Sie sahen so aus, als könnte er damit ganze Stücke aus großen Tieren rausbeißen, einem Pferd oder einer Giraffe oder dergleichen.
„Ich suche was.“
„Wenn du mir sagst, was, kann ich dir helfen.“
„Eine Nudel.“
Er guckte sich ein bisschen auf dem Gehsteig um. Als er den Kopf senkte, brach sich spiegelnd und blendend Sonnenlicht auf seinem Helm. An seinem kurzärmeligen Hemd, bemerkte ich, war ein winziges knallrotes Flugzeug befestigt wie eine Brosche. Eine Flügelspitze war abgebrochen. Zuletzt guckte der kleine Junge kurz zwischen die Büsche vor dem Zaun vom Spielplatz, eine Idee, auf die ich noch gar nicht gekommen war.
„Was für eine Nudel ist es denn?“, sagte er.
„Auf jeden Fall eine Fundnudel. Eine Rigatoni, aber nur vielleicht. Genau kann man das erst sagen, wenn man sie gefunden hat, sonst wäre es ja keine Fundnudel. Ist doch wohl logisch, oder?“
„Hm …“ Er legte den Kopf leicht schräg. Der Mund mit den großen Zähnen drin klappte wieder auf. „Kann es sein, dass du ein bisschen doof bist?“
Also echt!
„Ich bin ein tiefbegabtes Kind.“
„Tatsache?“ Jetzt sah er wirklich interessiert aus. „Ich bin hochbegabt.“
Nun war ich auch interessiert.

1 Wie stellt ihr euch den hochbegabten Jungen vor?
Fertigt eine Zeichnung an und vergleicht anschließend eure Bilder.

2 Warum findet der Junge Rico anfänglich doof (▸ Z. 54 f.)?
Begründet eure Meinung.

3 Wie könnte das Gespräch weitergehen?
Schreibt eine Fortsetzung des Dialogs.

> *Junge: „Ich bin hochbegabt.“*
> *Rico: „Was kannst du denn besonders gut?“*
> *Junge: „…“*

4 Weshalb interessieren sich die Jungen wohl füreinander?

Die beiden verabreden sich für den nächsten Tag, doch Oskar kommt nicht. Rico ist enttäuscht und wütend. Nun muss er sich eben mit anderen Dingen die Zeit vertreiben.

Zwischen dem Dritten und Zweiten kam mir der Marrak entgegen, in seinem schicken roten Arbeitsanzug und mit seinem proppevollen Wäschesack.
„Hi Rico.“ Er setzte den Wäschesack umständlich ab und nickte mir zu. „Mal wieder unterwegs? Bei wem stöberst du denn heute in der Bude herum?“

Einige Zeit später bringt Rico den Müll nach draußen und entdeckt etwas Eigenartiges.

Ich klappte den schweren schwarzen Deckel hoch und warf den Müllbeutel rein, und da sah ich es: Mitten im dreckigen, miefigen Gewühl lag ein kleines, knallrotes Flugzeug.
Es gab nur eine Möglichkeit, wie der kleine Flie-

ger hier gelandet sein konnte: Er musste sich unbemerkt von Oskars Hemd gelöst haben ...

Da Ricos Mutter ihren schwer kranken Bruder besuchen muss, ist Rico mal wieder bei Frau Dahling. Gemeinsam essen sie kleine Häppchen und sehen fern. Die Fernsehsprecherin teilt eben mit:

„Die Entführungen folgen keinem erkennbaren Muster. Die Polizei geht davon aus, dass Mister 2000 ziellos mit dem Auto herumfährt und die Kinder in sein Fahrzeug lockt, sobald sich eine passende Gelegenheit bietet."

Mir blieb das Herz stehen. Das Kind war ein Junge. Der Junge war Oskar.

„Um zehn Uhr dreißig heute Vormittag erhielt Oskars Vater, der den Jungen allein aufzieht, einen Anruf des Entführers. Auch das ist ungewöhnlich und neu: Bisher hat der Kidnapper sich ausnahmslos per Brief an die Eltern seiner Opfer gewandt. Die Forderung des Entführers ist jedoch dieselbe wie immer: 2000 Euro. Ein Ort für die Übergabe des Lösegeldes wurde noch nicht vereinbart."

5 Wie könnte das Telefonat zwischen Oskars Vater und dem Kidnapper verlaufen?
- a Schreibt das Gespräch auf.
- b Setzt das Gespräch szenisch um und tragt es in der Klasse vor.

6 Bevor Rico sein weiteres Vorgehen plant, setzt er sich an den Küchentisch und schreibt die Nachricht über Oskars Verschwinden in sein Ferientagebuch.
- a Versetzt euch in Rico und sammelt zunächst in einem Cluster (▸ S. 286) Gedanken und Gefühle, die ihn beschäftigen.
- b Schreibt seinen Tagebucheintrag. Nutzt dazu das Cluster und das folgende Beispiel:

> *Liebes Tagebuch,*
> *stell dir vor, mein Freund Oskar wurde entführt! Ich habe solche Angst. Alle dachten, dass sich der Kidnapper wieder per Brief an die Eltern wendet. Doch dieses Mal ...*

7 Klärt den Fall Oskar auf. Schreibt die Geschichte weiter. Beginnt direkt im Anschluss an die Fernsehsendung.

Testet euch!

Büchersteckbrief

Andreas Steinhöfel

1 Wie heißt das Buch?

2 Wer ist die Autorin oder der Autor des Buches?

3 Macht das Titelbild neugierig auf den Inhalt? Beschreibt es genau.

4 Was erfahrt ihr schon über den Klappentext? Legt eine Übersicht an und tragt darin ein, was ihr im Klappentext über die Beziehungen der Figuren erfahrt.

5 Gibt es Bilder in eurem Buch? Wenn ja, was ist darauf abgebildet?

6 Wie viele Seiten hat das Buch?

7 Ist das Buch in Kapitel gegliedert? Wenn ja, in wie viele?

8 Welche Figuren kommen in dem Buch vor? Nennt die wichtigsten.

9 Wie stellt ihr euch die Hauptfigur vor? Fertigt eine Zeichnung an.

10 Gebt zuletzt eine Wertung ab: Würdet ihr das Buch zum Weiterlesen empfehlen? Begründet eure Entscheidung in zwei bis drei Sätzen.

Mir hat das Buch „Rico, Oskar und die Tieferschatten" sehr gut gefallen, denn dem Autor Andreas Steinhöfel gelingt es sehr gut, die Spannung von Kapitel zu Kapitel zu steigern.

Das Buch „Das Austauschkind" von Christine Nöstlinger hat mir nicht so gut gefallen. Das liegt daran, dass es mir nicht eingeleuchtet hat, wie es dem englischen Austauschkind Jasper so einfach gelingt, alles auf den Kopf zu stellen.

1 Erstellt für das Buch, das ihr gelesen habt, einen Büchersteckbrief. Hängt eure Steckbriefe im Klassenzimmer aus oder verwendet sie als „Spickzettel" für eine Buchvorstellung.

5.2 Ein Ort für Bücher – Eine Bibliothek erkunden

1 In fast jedem größeren Ort findet man eine Bücherei. Auch an den meisten Schulen gibt es eine Bibliothek.

a Wart ihr schon einmal in einer Bibliothek? Was habt ihr dort ausgeliehen?

b Was interessiert euch besonders an Remmis Zuhause? Sammelt eure Fragen an der Tafel.

> - *Wie ist die Bibliothek aufgebaut?*
> - *Wie viele Leute arbeiten in der Bibliothek?*
> - *Welche Medien finde ich dort?*

c Erkundigt euch nach der nächstgelegenen Bücherei und ihren Öffnungszeiten.
Welche Möglichkeiten gibt es, sich zu informieren? Vereinbart einen Besuchstermin.

Bücher finden – Signatur, Handkatalog, Onlinekatalog

In einer Bücherei gibt es eine Vielzahl verschiedener Medien (Bücher, CD-ROMs, Zeitschriften, Spiele, DVDs, CDs ...). Niemand – nicht einmal Remmi – kann sich den Standort jedes Buches merken. Um ein bestimmtes Buch möglichst schnell zu finden, gibt es ein spezielles System, nach dem die Bücher geordnet sind. Die Signatur ist eine Kombination aus Buchstaben und Ziffern auf dem Buchrücken. Sie gibt euch den genauen Standort des Buches an. Stellt deshalb Bücher, die ihr nicht entleihen wollt, immer genau an die Stelle im Regal zurück, von der ihr sie genommen habt. Nur so können die Bibliotheksbesucher sie problemlos wiederfinden.

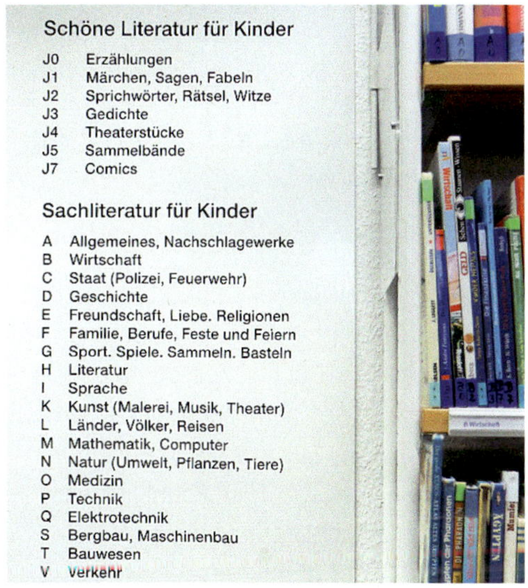

1 Die farbigen Etiketten auf dem Buchrücken helfen, ein bestimmtes Buch schnell in den Regalen der Bibliothek zu finden.

a Lest die Erklärung und entscheidet, zu welchen Sachgebieten die Bücher auf dem Foto gehören.

b Entschlüsselt dann mit Hilfe der Erklärung die Farben und Buchstaben, die so genannte Signatur, auf den Etiketten.

c Findet ihr für das aus dem Englischen stammende Wort „Comic" eine deutsche Bezeichnung?

Handkatalog (Zettelkatalog)

Wenn ihr die Signatur eines Buches nicht kennt, könnt ihr auch über den Bibliothekskatalog nach diesem Buch suchen. In vielen Bibliotheken gibt es noch einen Handkatalog. Er besteht aus vielen Schubladen, die alphabetisch geordnete Karteikarten (Zettel) enthalten. Zu jedem Buch findet ihr eine Karteikarte, die über den Autor/die Autorin, den Titel des Buches, sein Erscheinungsjahr etc. informiert. Auf dieser Karteikarte steht auch die Signatur des Buches, die seinen Standort in der Bibliothek angibt.

H 15	Jugendbuch
Andreas Steinhöfel	
Rico, Oskar und die Tieferschatten	
Hamburg 2010	
Carlsen Verlag	

Onlinekatalog (OPAC)

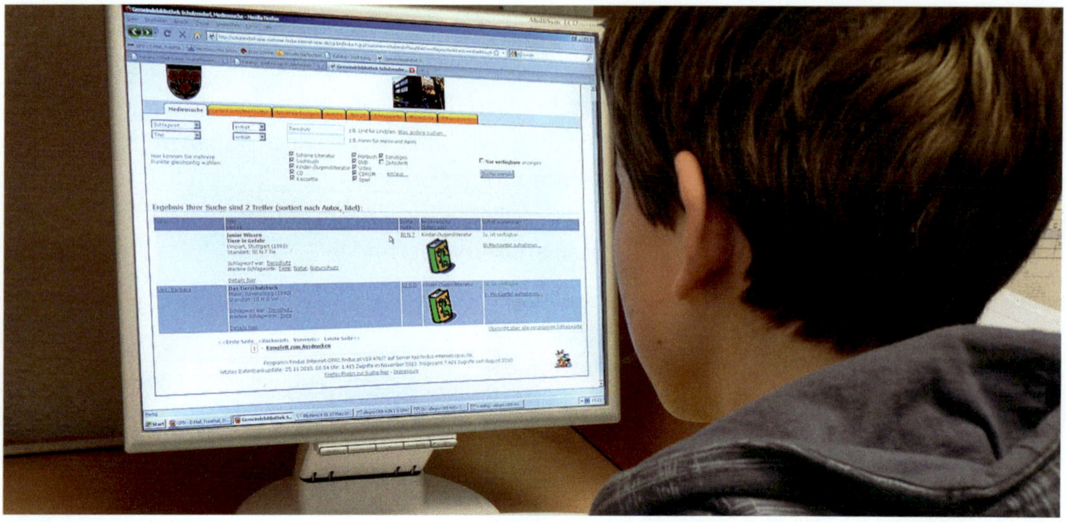

Die meisten Bibliotheken bieten die Suche über den Computer an. Dabei hilft der OPAC (Online Public Access Catalogue). Genau wie der Handkatalog gibt der OPAC Auskunft über den gesamten Bestand der Bibliothek (Bücher, Zeitschriften, CDs usw.). Der OPAC funktioniert ähnlich wie eine Suchmaschine im Internet. Auf dem Computerschirm findet ihr eine Suchmaske, die wie ein Formular aussieht. Hier könnt ihr verschiedene Suchbegriffe eingeben. Der Vorteil der Computersuche besteht darin, dass ihr häufig auch noch Hinweise zum Inhalt des Buches bekommt und dass ihr die Suche auf die Medienart ausrichten könnt, d. h. ob ihr ein Buch oder eine CD oder DVD ausleihen wollt.

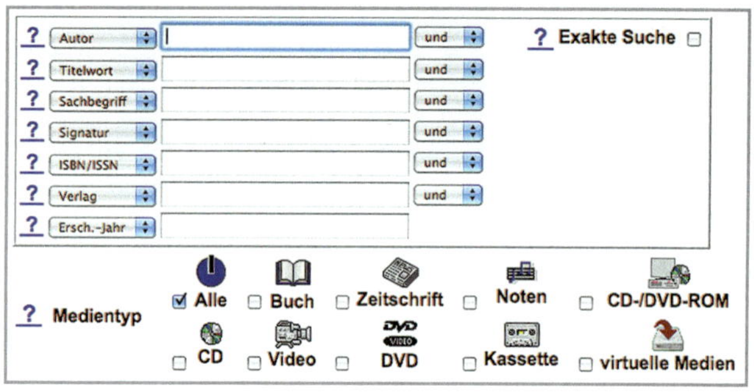

2 Lest den Text aufmerksam durch.

a Was wusstet ihr schon, welche Informationen sind für euch neu?

b Beantwortet folgende Fragen zum Inhalt schriftlich in eurem Heft:
- Wofür steht die Abkürzung OPAC?
- Worüber gibt der OPAC Auskunft?
- Worin besteht der Vorteil der Computersuche?

Methode **Bibliothekskatalog**

Bücher, Zeitschriften, CDs und vieles mehr findet man in einem Bibliothekskatalog unter
- dem **Autoren-/Autorinnennamen,** z. B. *Schulz,*
- dem **Titel,** z. B. *Nelson & Mandela,* oder
- einem **Schlagwort,** wie z. B. *Fußball, Spiel.*

Stärken stärken: Bücher und andere Medien suchen

1 Recherchiert zu „Charlie und die Schokoladenfabrik“ von Roald Dahl in eurer Bibliothek. Schreibt die Antworten zu den folgenden Fragen in euer Heft.

a Wo steht das Buch? Notiert die Signatur.
b In welchem Verlag erschien das Buch?
c Gibt es einen Film zum Buch? Wenn ja, dann schreibt die Signatur auf.
d In welchem Jahr erschien der Film?
e Gibt es das Buch auch als Hörbuch? Notiert die Signatur.
f Schreibt die Titel von drei anderen Jugendbüchern von Roald Dahl auf.

2 Gebt das Schlagwort „Schokolade“ in einen Hand- oder Onlinekatalog ein.

a Wie viele Hinweise auf Bücher findet ihr?
b Gibt es noch weitere Medien zu dem Aspekt? Notiert zwei mit Titel und Signatur.
c Wie wird Schokolade eigentlich hergestellt? Sucht ein Buch, das dies erklärt.
d Was kann man alles mit Schokolade machen? Recherchiert nach Koch- bzw. Backbüchern, die Rezepte zu Schokolade enthalten.

Hilfe zu Aufgabe 1:

a Den Standort des Buches „Charlie und die Schokoladenfabrik“ mit Signatur notieren.
- Wenn ihr zunächst in eurer Schulbücherei nachschauen wollt, helfen euch die Etiketten auf den Buchrücken, euer Buch zu finden. Im Verzeichnis – fragt eure Bibliothekarin/euren Bibliothekar, wenn ihr dieses nicht gleich findet – entdeckt ihr sicher das Stichwort „Jugendbuch“. Geht an die entsprechende Stelle im Regal und notiert dann die Signatur. Die Regale sind nach Sachgebieten geordnet, große Schilder geben euch Hinweise.
- Die Signatur ist eine Kombination aus Buchstaben und Ziffern auf dem Buchrücken. Sie gibt euch den genauen Standort des Buches an.
- Wenn ihr in einer größeren Bibliothek gleich mit Hilfe des Computers suchen wollt, dann gebt in die Suchmaske des Onlinekatalogs den Titel „Charlie und die Schokoladenfabrik“ ein und drückt die Enter-Taste. Nun seht ihr das Ergebnis vor euch. Notiert die Signatur.

b Nachdem ihr das gesuchte Buch nun vor euch liegen habt, schlagt vorn auf der ersten Seite nach. Dort findet ihr Angaben zur Autorschaft, zum Jahr der Erscheinung und zum Verlag. Schreibt den Namen des Verlags heraus.

c Hier ist der Onlinekatalog sinnvoll. Gebt den Autor und den Titel ein und klickt dann unter „Medientyp“ die Auswahl „DVD“ an. Drückt anschließend die Enter-Taste. Ihr seht das Ergebnis vor euch. Schreibt die Signatur auf und auch den Filmtitel, der manchmal derselbe sein kann.

d Auf der Ergebnisseite zur Filmrecherche (siehe Hilfe zu Aufgabe 1c) erhaltet ihr auch die Information, wann der Film erschienen ist. Notiert das Erscheinungsjahr.

e Um herauszufinden, ob es das Buch auch als Hörbuch gibt, müsst ihr vorgehen wie zuvor: Gebt Roald Dahl als Autor, „Charlie und die Schokoladenfabrik“ als Titel ein und klickt dann bei der verfeinerten Suche unter der Rubrik „Medientyp“ das Stichwort „CD“ an. Drückt die Enter-Taste. Ihr seht das Ergebnis vor euch, notiert die Signatur.

f Schreibt die Titel von drei anderen Jugendbüchern von Roald Dahl auf. Hier gebt ihr lediglich den Autor ein. Auf diese Weise erhaltet ihr weitere Titel von Büchern, die er geschrieben hat.

Hilfe zu Aufgabe 2:

a Wenn ihr wissen wollt, wie viele Bücher es zu dem Thema „Schokolade“ in eurer Bibliothek gibt, könnt ihr den Onlinekatalog nutzen. Klickt den Medientyp „Buch“ an und drückt die Enter-Taste. Ihr erhaltet dann alle entsprechenden Bücher aufgelistet.

b Sucht erneut unter dem Schlagwort „Schokolade“ und klickt dieses Mal alle Medientypen an. Drückt die Enter-Taste. Sucht aus euren Ergebnissen zwei weitere Medien zum Thema Schokolade aus (keine Bücher) und notiert Titel und Signatur.

c Informationen dazu, wie Schokolade hergestellt wird, erhaltet ihr, indem ihr die Schlagwörter „Schokolade“ und „Herstellung“ in die Suchmaske eingebt und dann die Enter-Taste drückt. Notiert den Titel des Buches, den ihr so erhaltet und schreibt euch die Signatur auf.
Wenn ihr mehrere Ergebnisse habt, wählt das aus, das ihr für vielversprechender haltet.

d Was kann man alles mit Schokolade machen? Gebt passende Schlagwörter in die Suchmaske ein. Schreibt euch ein oder zwei Backbücher heraus, die Rezepte zu Schokolade enthalten.

Stellt die recherchierten Medien euren Mitschülerinnen und Mitschülern in der Bibliothek vor. Richtet dazu einen Büchertisch ein, der über euer Thema informiert. So könnt ihr auch andere dafür begeistern.

5.3 Projektideen rund ums Buch

Ein Fortsetzungsbuch schreiben

1 Ging es euch auch schon so wie Remmi? Hättet ihr euch noch ein weiteres Kapitel gewünscht? Überlegt doch einfach, wie euer Buch weitergehen könnte.

Wie es weitergeht mit Charlie

- *Charlie erfindet eine Süßigkeit, die die Welt verändert.*
- *Charlie verkauft die Fabrik und reist um die Welt.*
- *Charlie und seine Familie ziehen in die Fabrik und erleben viel Abenteuerliches.*
- *Charlie ...*

2 Entscheidet euch für eine Idee und schreibt ein eigenes Kapitel. Alle Kapitel zusammen bilden dann euer eigenes Fortsetzungsbuch.

Tipps für ein Fortsetzungsbuch

- Gestaltet ein ansprechendes Cover.
- Fertigt Illustrationen (Zeichnungen) zu verschiedenen Textstellen an.
- Erstellt ein Inhaltsverzeichnis am Computer.
- Schreibt einen Klappentext und überlegt euch einen guten Titel.
- Gestaltet eure Fortsetzung als Comic.
- Plant Möglichkeiten der Vervielfältigung und der Präsentation.

Tauschbörse und Lesepass

1 Haben euch Freunde durch ihr begeistertes Erzählen auch schon Lust auf ein Buch gemacht?

a Richtet eine Tauschbörse ein. Sie gibt euch die Möglichkeit, Bücher unter euch auszuleihen.

b Besorgt euch einen Koffer oder eine Kiste, in dem oder der ihr die Bücher aufbewahren könnt, wählt zwei Klassenbibliothekare und legt Öffnungszeiten fest.

2 Gestaltet einen Lesepass, in dem ihr festhaltet, welche Bücher ihr gelesen habt und wie sie euch gefallen haben. Tragt darin alle gelesenen Bücher ein.

Eine Lesung eurer Lieblingsstellen

1 Sicher gibt es in jedem Buch Textstellen, die euch besonders gut gefallen. Veranstaltet eine Lesung eurer Lieblingsstellen. Geht entsprechend dem Methodenkasten vor.

Methode **Lieblingstextstellen vorlesen**

- Wählt eine Lieblingstextstelle aus dem Buch aus, das ihr vorstellen wollt.
- Schreibt die Textstelle ordentlich ab und lasst einen breiten Rand für Bemerkungen.
- Übt das Vorlesen (▸ S. 131).
- Lest eure Textstelle in der Klasse vor und lasst euch eine Rückmeldung geben.
- Schafft eine gemütliche Atmosphäre in eurem Klassenzimmer.

Lesetipps:
Hermann Schulz: Wenn dich ein Löwe nach der Uhrzeit fragt
Andreas Steinhöfel: Paul Vier und die Schröders
Roald Dahl: James und der Riesenpfirsich
Erich Kästner: Emil und die Detektive
Gudrun Pausewang: Der Spinatvampir
Jutta Richter: Der Tag, als ich lernte, die Spinnen zu zähmen
Gary Greer/ Bob Ruddick: Die Insel ist zu klein für uns vier
Patricia Schröder: Beste Freundin, blöde Kuh!

Wörterliste ▸ S. 284

die Bibliothek	der Katalog	das Medium	die Signatur
der Bibliothekar	die Illustration	der Klappentext	die Autorin/der Autor

6 Es war einmal – Auf Märchen trifft man überall

1 Betrachtet den Märchensetzkasten. In welchen Märchen kommen die Figuren bzw. Gegenstände vor, die ihr hier abgebildet seht?

2 Was wisst ihr über Märchen? Nennt und erläutert verschiedene Merkmale.

In diesem Kapitel ...

- lernt ihr Märchen aus Deutschland und aus anderen Ländern kennen,
- findet ihr heraus, an welchen Merkmalen man ein Märchen erkennen kann,
- schreibt ihr Märchen weiter und erzählt von Heldinnen oder Helden, die Gefahren und Prüfungen bestehen müssen.

6.1 Märchen aus aller Welt – Textsortenmerkmale erkennen

Märchenhafte Merkmale

Jacob und Wilhelm Grimm

Jorinde und Joringel

Es war einmal ein altes Schloss mitten in einem großen, dichten Wald, darinnen wohnte eine alte Frau ganz allein, das war eine Erzzauberin. Am Tage machte sie sich zur Katze oder zur Nachteule, des Abends aber wurde sie wieder ordentlich wie ein Mensch gestaltet. Sie konnte das Wild und die Vögel herbeilocken, und dann schlachtete sie's, kochte und briet es. Wenn jemand auf hundert Schritte dem Schloss nahe kam, so musste er stille stehen und konnte sich nicht von der Stelle bewegen, bis sie ihn lossprach: Wenn aber eine keusche Jungfrau in diesen Kreis kam, so verwandelte sie dieselbe in einen Vogel und sperrte sie dann in einen Korb ein und trug den Korb in eine Kammer des Schlosses. Sie hatte wohl siebentausend solcher Körbe mit so raren Vögeln im Schlosse.

Nun war einmal eine Jungfrau, die hieß Jorinde: Sie war schöner als alle anderen Mädchen. Die und dann ein gar schöner Jüngling, namens Joringel, hatten sich zusammen versprochen[1]. Sie waren in den Brauttagen, und sie hatten ihr größtes Vergnügen eins am andern. Damit sie nun einsmalen vertraut zusammen reden könnten, gingen sie in den Wald spazieren. „Hüte dich", sagte Joringel, „dass du nicht so nahe ans Schloss kommst." Es war ein schöner Abend, die Sonne schien zwischen den Stämmen der Bäume hell ins dunkle Grün des Waldes, und die Turteltaube sang kläglich auf den alten Maibuchen.

Jorinde weinte zuweilen, setzte sich hin im Sonnenschein und klagte; Joringel klagte auch.

1 sich zusammen versprechen: sich verloben

Sie waren so bestürzt, als wenn sie hätten sterben sollen: Sie sahen sich um, waren irre und wussten nicht, wohin sie nach Haus gehen sollten. Noch halb stand die Sonne über dem Berg, und halb war sie unter. Joringel sah durchs Gebüsch und sah die alte Mauer des Schlosses nah bei sich; er erschrak und wurde todbang. Jorinde sang:

„Mein Vöglein mit dem Ringlein rot
singt Leide, Leide, Leide:
Es singt dem Täubelein seinen Tod,
singt Leide, Lei – zicküth, zicküth, zicküth.“

Joringel sah nach Jorinde. Jorinde war in eine Nachtigall verwandelt, die sang: „Zicküth, zicküth.“ Eine Nachteule mit glühenden Augen flog dreimal um sie herum und schrie dreimal: „Schu, hu, hu, hu.“

Joringel konnte sich nicht regen: Er stand da wie ein Stein, konnte nicht weinen, nicht reden, nicht Hand noch Fuß regen. Nun war die Sonne unter: Die Eule flog in einen Strauch, und gleich darauf kam eine alte, krumme Frau aus diesem hervor, gelb und mager: große, rote Augen, krumme Nase, die mit der Spitze ans Kinn reichte. Sie murmelte, fing die Nachtigall und trug sie auf der Hand fort. Joringel konnte nichts sagen, nicht von der Stelle kommen; die Nachtigall war fort. Endlich kam das Weib wieder und sagte mit dumpfer Stimme: „Grüß dich, Zachiel, wenn's Möndel ins Körbel scheint, bind los, Zachiel, zu guter Stund.“ Da wurde Joringel los. Er fiel vor dem Weib auf die Knie und bat, sie möchte ihm seine Jorinde wiedergeben, aber sie sagte, er sollte sie nie wiederhaben, und ging fort. Er rief, er weinte, er jammerte, aber alles umsonst. „Uu, was soll mir geschehen?“ Joringel ging fort und kam endlich in ein fremdes Dorf: Da hütete er die Schafe lange Zeit. Oft ging er rund um das Schloss herum, aber nicht zu nahe dabei. Endlich träumte er einmal des Nachts, er fände eine blutrote Blume, in deren Mitte eine schöne große Perle war. Die Blume brach er ab, ging damit zum Schlosse: Alles, was er mit der Blume berührte, ward von der Zauberei frei: Auch träumte er, er hätte seine Jorinde dadurch wiederbekommen. Des Morgens, als er erwachte, fing er an, durch Berg und Tal zu suchen, ob er eine solche Blume fände: Er suchte bis an den neunten Tag, da fand er die blutrote Blume am Morgen früh. In der Mitte war ein großer Tautropfen, so groß wie die schönste Perle. Die Blume trug er Tag und Nacht bis zum Schloss. Wie er auf hundert Schritt nahe bis zum Schloss kam, da ward er nicht fest, sondern ging fort bis ans Tor. Joringel freute sich hoch, berührte die Pforte mit der Blume, und sie sprang auf. Er ging hinein, durch den Hof, horchte, wo er die vielen Vögel vernähme: Endlich hörte er's. Er ging und fand den Saal, darauf war die Zauberin und fütterte die Vögel in den siebentausend Körben. Wie sie den Joringel sah, ward sie bös, sehr bös, schalt, spie Gift und Galle gegen ihn aus, aber sie konnte auf zwei Schritte nicht an ihn kommen. Er kehrte sich nicht an sie und ging, besah die Körbe mit den Vögeln; da waren aber viele hundert Nachtigallen, wie sollte er nun seine Jorinde wiederfinden? Indem er so zusah, merkte er, dass die Alte heimlich ein Körbchen mit einem Vogel wegnahm und damit nach der Türe ging. Flugs sprang er hinzu, berührte das Körbchen mit der Blume und auch das alte Weib: Nun konnte sie nichts mehr zaubern, und Jorinde stand da, hatte ihn um den Hals gefasst, so schön, wie sie ehemals war: Da machte er auch alle die andern Vögel wieder zu Jungfrauen, und da ging er mit seiner Jorinde nach Hause, und sie lebten lange vergnügt zusammen.

1 Sprecht über das Märchen:
- Kanntet ihr es schon?
- Gefällt es euch?
- Konntet ihr der Handlung gut folgen/nicht gut folgen? Warum?

2 Hier findet ihr eine kurze Zusammenfassung des Märchens. Vervollständigt diese. Wählt dazu aus den Vorschlägen jeweils den richtigen aus.

> *Jorinde und Joringel sind Geschwister/ein Liebespaar/die Eltern eines Jünglings.*
> *Ihre Gegenspielerin ist eine Jungfrau/böse Fee/Erzzauberin.*
> *Diese verwandelt Jorinde in eine Nachtigall/Nachteule/Jungfrau.*
> *Joringel aber befreit sie schließlich mit der Hilfe einer Perle/blutroten Blume/blutgetränkten Blume.*

3 a Untersucht noch einmal das Märchen: Was erfahrt ihr über die Figuren?
b Was an diesem Märchen könnte auf Tatsachen beruhen, was nicht? Begründet eure Meinung.

Es kann durchaus eine alte Frau gegeben haben, die allein in einem Schloss wohnte.

Schon, aber Zauberinnen gibt es nicht und hat es nie gegeben.

4 Im Infokasten findet ihr verschiedene Merkmale, die für Märchen typisch sind. Welche dieser Merkmale kommen in „Jorinde und Joringel" vor? Nennt entsprechende Textstellen.

Information **Merkmale von Märchen**

Märchen haben wiederkehrende Merkmale, an denen man sie gut erkennen kann. Dabei sind natürlich nicht in jedem Märchen alle diese Merkmale zu finden.

Ort und Zeit
- Ort und Zeit der Handlung sind nicht genau festgelegt, z. B.: *im Wald, vor langer Zeit.*

Figuren
- Es treten typische Figuren auf, wie z. B. *König und Königin, Prinz und Prinzessin, Handwerker und Bauern, die böse Stiefmutter,* aber auch fantastische Figuren wie *sprechende Tiere, Feen, Hexen, Riesen, Zwerge, Zauberer, Drachen.*
- Die Figuren sind häufig auf wenige Eigenschaften festgelegt, z. B.: *die gute Fee, die böse Hexe.*

Handlung
- Meist siegt am Ende das Gute und das Böse wird bestraft.
- Der Held/Die Heldin muss Prüfungen bestehen oder Aufgaben erfüllen (häufig drei).
- Im Märchen geschehen wundersame Dinge: Tiere können sprechen, es gibt magische Gegenstände (z. B. *einen Wundertisch, ein Zauberkästchen*) und Zauberei.

Erzählweise
- Oft enthalten Märchen feste sprachliche Formeln, z. B.: *„Es war einmal ...", „Und wenn sie nicht gestorben sind ..."*
- Die magischen Zahlen 3, 7 und 12 spielen häufig eine besondere Rolle, z. B.: *drei Wünsche, sieben Zwerge, zwölf Gesellen.*
- Oft gibt es (magische) Verse oder Zaubersprüche, z. B.: *„Ach wie gut, dass niemand weiß, dass ich Rumpelstilzchen heiß".*

Die Märchensammler: Jacob Grimm und Wilhelm Grimm

Viele Märchen sind vor langer Zeit, noch vor der Erfindung des Buchdrucks (15. Jahrhundert), entstanden und man weiß nicht, wer sie zuerst erzählt hat, wer also ihr Autor oder ihre Autorin ist. Solche Volksmärchen gibt es in fast allen Ländern. Sie wurden auf Marktplätzen, in Wirtshäusern oder abends im Kreise der Familie mündlich weitererzählt.
Erst vor 200 Jahren, also Anfang des 19. Jahrhunderts, sammelten Schriftsteller und Gelehrte diese Volksmärchen und schrieben sie auf.
Die bekanntesten Märchensammler in Deutschland sind die Brüder Jacob Grimm (1785–1863) und Wilhelm Grimm (1786–1859). Sie waren fasziniert von diesen Geschichten, ließen sich die Volksmärchen erzählen und schrieben sie auf. 1812 haben sie ihre Märchensammlung als Buch veröffentlicht, damit möglichst viele Kinder und auch Erwachsene diese schönen Texte hören, lesen und vorlesen können. Das Buch mit dem Titel „Kinder- und Hausmärchen" enthält über 200 Märchen, wurde weltberühmt und ist inzwischen in 140 Sprachen übersetzt worden.
Weil viele Märchen sehr kurz und schmucklos erzählt wurden, haben Jacob und Wilhelm Grimm die aufgeschriebenen Märchentexte immer wieder überarbeitet und nach ihren Vorstellungen verändert.

Louis Katzenstein: Die Brüder Grimm bei der Märchenfrau

1 Welche der folgenden Aussagen geben den Textinhalt wieder? Begründet eure Auswahl mit Hilfe des Textes.

A Volksmärchen gibt es nur bei uns in Deutschland.
B Wer die Volksmärchen erfunden hat, ist nicht bekannt.
C Die Brüder Grimm haben die Märchen selbst erfunden und dann aufgeschrieben.
D Die Brüder Grimm haben die Märchen gehört und dann aufgeschrieben.
E Die Brüder Grimm haben die Märchen verändert und ausgeschmückt.

2 Beschreibt und erklärt die Szene auf dem Bild. Berücksichtigt dabei den Titel des Bildes.

Märchenfiguren

(1) Eine Witwe hatte zwei Töchter. Davon war die eine ? und ?, die andere ? und ?. Sie hatte aber die ? und ? Tochter viel lieber, denn sie war ihre richtige Tochter. Die andere musste alle Arbeit tun und das Aschenputtel im Hause sein. Das ? Mädchen musste sich täglich auf die große Straße an einen Brunnen setzen und so viel spinnen, dass ihm das Blut aus den Fingern sprang.

(2) Es war einmal ein kleines Mädchen, dem waren Vater und Mutter gestorben, und es war so ?, dass es kein Kämmerchen mehr hatte, darin zu wohnen, und kein Bettchen mehr, darin zu schlafen, und schließlich gar nichts mehr als die Kleider auf dem Leib und ein Stückchen Brot in der Hand, das ihm ein mitleidiges Herz geschenkt hatte. Es war aber ? und ?. Und weil es so von aller Welt verlassen war, ging es im Vertrauen auf den lieben Gott hinaus ins Feld.

(3) Eine Witwe lebte einmal in einer kleinen Hütte. Vor der Hütte lag ein Garten, in dem zwei Rosenbäumchen standen. Davon trug das eine weiße, das andere rote Rosen.
Die Frau hatte zwei Kinder, die den beiden Rosenbäumchen glichen. Sie waren so ? und ?, so ? und ?, wie es noch nie zwei Kinder auf der Welt gewesen sind.

1 Zu welchen Märchen gehören die Märchenanfänge? Ordnet zu.

A Schneeweißchen und Rosenrot **B** Frau Holle **C** Die Sterntaler

2 Mit Adjektiven kann man etwas über die Eigenschaften von Personen oder Figuren aussagen. Welche dieser Adjektive passen in die Lücken? Passende Wörter können mehrfach verwendet werden.

schön fleißig hässlich faul arm böse gut fromm vergnügt

3 a Vergleicht die Anfänge der Märchen:
- Welche Eigenschaften der Märchenfiguren kommen am häufigsten vor?
- Was denkt ihr: Sind die Eigenschaften für die weitere Handlung wichtig?

b Lasst euch die Fortsetzungen der Märchen erzählen oder vorlesen. Untersucht:
- Welche Eigenschaften haben die Figuren am Anfang, welche am Schluss?
- Wie kommt es zu diesen Veränderungen?

4 Die Figuren in Märchen haben meist gegensätzliche Eigenschaften: Eine ist gut, die andere böse, einer ist reich, der andere arm ...

a Bildet aus den nachfolgenden Adjektiven Wortpaare mit gegensätzlichen Eigenschaften.

b Welchen Figuren aus euch bekannten Märchen könnt ihr diese Gegensatzpaare zuordnen?

gut hartherzig mutig böse traurig fleißig hässlich wild alt zahm faul
ängstlich riesig klitzeklein vergnügt jung mitleidig schön

Märchensprache untersuchen

Die Grimms schrieben die zunächst mündlich weitergegebenen Märchen nicht so auf, wie sie ihnen erzählt wurden, sondern sie änderten die Vorlagen nach ihren Vorstellungen ab. Dabei schmückten sie die Märchen aus, indem sie zum Beispiel Lücken im Handlungsverlauf füllten, Teile aus anderen Märchen einfügten und vor allem ihren Märchen einen besonderen Märchenton (einen einheitlichen Erzählstil) gaben, den man z. B. an festen Wendungen wie „Es war einmal ..." oder „Und wenn sie nicht gestorben sind ..." erkennt.

Jacob und Wilhelm Grimm

Die weiße Schlange

Auch das Märchen „Die weiße Schlange" haben die Brüder Grimm 1815 in ihrer Sammlung „Kinder- und Hausmärchen" veröffentlicht.

Es ist nun schon lange her, da lebte ein König, dessen Weisheit im ganzen Land berühmt war. Nichts blieb ihm ungekannt, und es war, als ob ihm Nachricht von den verborgensten Dingen durch die Luft zugetragen würde. Er hatte aber eine seltsame Sitte. Jeden Mittag, wenn von der Tafel alles abgetragen und niemand mehr zugegen war, musste ein vertrauter Diener noch eine Schüssel bringen. Sie war aber zugedeckt, und der Diener wusste selbst nicht, was darin lag, und kein Mensch wusste es, denn der König deckte sie nicht eher auf und aß nicht davon, bis er ganz allein war. Das hatte schon lange Zeit gedauert, da überkam eines Tages den Diener, der die Schüssel wieder wegtrug, die Neugierde, dass er nicht widerstehen konnte, sondern die Schüssel in seine Kammer brachte. Als er die Tür sorgfältig verschlossen hatte, hob er den Deckel auf, und da sah er, dass eine weiße Schlange darin lag. Bei ihrem Anblick konnte er die Lust nicht zurückhalten, sie zu kosten; er schnitt ein Stückchen davon ab und steckte es in den Mund. Kaum aber hatte es seine Zunge berührt, so hörte er vor seinem Fenster ein seltsames Gewisper von feinen Stimmen. Er ging und horchte, da merkte er, dass es die Sperlinge waren, die miteinander sprachen und sich allerlei erzählten, was sie im Felde und Walde gesehen hatten. Der Genuss der Schlange hatte ihm die Fähigkeit verliehen, die Sprache der Tiere zu verstehen.

Nun trug es sich zu, dass gerade an diesem Tage der Königin schönster Ring fortkam und auf den vertrauten Diener, der überall Zugang hatte, der Verdacht fiel, er habe ihn gestohlen. Der König ließ ihn vor sich kommen und drohte ihm unter heftigen Scheltworten, wenn er bis morgen den Täter nicht zu nennen wüsste, so sollte er dafür angesehen und gerichtet werden. Es half nicht, dass er seine Unschuld beteuerte, er ward mit keinem besseren Bescheid entlassen. In seiner Unruhe und Angst ging er hinab auf den Hof und bedachte, wie er sich aus seiner Not helfen könne. Da saßen die Enten an einem fließenden Wasser friedlich nebeneinander und ruhten, sie putzten sich mit ihren Schnäbeln glatt und hielten ein vertrauliches Gespräch. Der Diener blieb stehen und hörte ihnen zu. Sie erzählten sich, wo sie heute Morgen alle herumgewackelt wären und was für gutes Futter sie gefunden hätten. Da sagte eine verdrießlich: „Mir liegt etwas schwer im Magen, ich habe einen Ring, der unter der Königin Fenster lag, in der Hast mit hinuntergeschluckt." Da packte sie der Diener gleich beim Kragen, trug sie in die Küche und sprach zum Koch: „Schlachte doch diese ab, sie ist wohlgenährt." „Ja", sagte der Koch, und wog sie in der Hand, „die hat keine Mühe gescheut, sich zu mästen, und schon lange darauf gewartet, gebraten zu werden." Er schnitt ihr den Hals ab, und als sie ausgenommen ward, fand sich der Ring der Königin in ihrem Magen. Der Diener konnte nun leicht vor dem König seine Unschuld beweisen, und da dieser sein Unrecht wiedergutmachen wollte, erlaubte er ihm, sich eine Gnade auszubitten, und versprach ihm die größte Ehrenstelle, die er sich an seinem Hofe wünschte.

Der Diener schlug alles aus und bat nur um ein Pferd und Reisegeld. Denn er hatte Lust, die Welt zu sehen und eine Weile darin herumzuziehen. Als seine Bitte erfüllt war, machte er sich auf den Weg und kam eines Tages an einem Teich vorbei, wo er drei Fische bemerkte, die sich im Rohr verfangen hatten und nach Wasser schnappten. Obgleich man sagt, die Fische wären stumm, so vernahm er doch ihre Klage, dass sie so elend umkommen müssten. Weil er ein mitleidiges Herz hatte, so stieg er vom Pferde ab und setzte die drei Gefangenen wieder ins Wasser. Sie zappelten vor Freude, steckten die Köpfe heraus und riefen ihm zu: „Wir wollen dir's gedenken und dir's vergelten, dass du uns errettet hast!" Er ritt weiter, und nach einem Weilchen kam es ihm vor, als hörte er zu seinen Füßen in dem Sand eine Stimme. Er horchte und vernahm, wie ein Ameisenkönig klagte: „Wenn uns nur die Menschen mit den ungeschickten Tieren vom Leib blieben! Da tritt mir das dumme Pferd mit seinen schweren Hufen meine Leute ohne Barmherzigkeit nieder!" Er lenkte auf einen Seitenweg ein, und der Ameisenkönig rief ihm zu: „Wir wollen dir's gedenken und dir's vergelten!" Der Weg führte in einen Wald und da sah er einen Rabenvater und eine Rabenmutter, die standen bei ihrem Nest und warfen ihre Jungen heraus. „Fort mit euch, ihr Galgenschwengel!", riefen sie. „Wir können euch nicht mehr satt machen, ihr seid groß genug und könnt euch selbst ernähren." Die armen Jungen lagen auf der Erde, flatterten und schlugen mit ihren Fittichen und schrien: „Wir hilflose Kinder, wir sollen uns selbst ernähren und können noch nicht fliegen! Was bleibt uns übrig, als hier Hungers zu sterben!" Da stieg der gute Jüngling ab, tötete das Pferd mit seinem Degen und überließ es den jungen Raben zum Futter. Die kamen herbeigehüpft, sättigten sich und riefen: „Wir wollen dir's gedenken und dir's vergelten!"

Er musste jetzt seine eigenen Beine gebrauchen, und als er lange Wege gegangen war, kam er in eine große Stadt. Da war großer Lärm und Gedränge in den Straßen, und einer kam zu Pferde und machte bekannt, die Königstochter suche einen Gemahl, wer sich aber um sie bewerben wolle, der müsse eine schwere Aufgabe vollbringen, und könne er sie nicht glücklich ausführen, so habe er sein Leben verwirkt. Viele hatten es schon versucht, aber vergeblich ihr Leben darangesetzt. Der Jüngling, als er die Königstochter sah, ward er von ihrer großen Schönheit so verblendet, dass er alle Gefahr vergaß, vor den König trat und sich als Freier meldete.

Alsbald ward er hinaus ans Meer geführt und vor seinen Augen ein goldener Ring hineingeworfen. Dann hieß ihn der König, diesen Ring aus dem Meeresgrund wieder hervorzuholen, und fügte hinzu: „Wenn du ohne ihn wieder in die Höhe kommst, so wirst du immer aufs Neue hinabgestürzt, bis du in den Wellen umkommst.“ Alle bedauerten den schönen Jüngling und ließen ihn dann einsam am Meere zurück. Er stand am Ufer und überlegte, was er wohl tun solle. Da sah er auf einmal drei Fische daherschwimmen, und es waren keine andern als jene, welchen er das Leben gerettet hatte. Der mittelste hielt eine Muschel im Munde, die er an den Strand zu den Füßen des Jünglings hinlegte, und als dieser sie aufhob und öffnete, so lag der Goldring darin. Voll Freude brachte er ihn dem König und erwartete, dass er ihm den verheißenen Lohn gewähren würde. Die stolze Königstochter aber, als sie vernahm, dass er ihr nicht ebenbürtig war, verschmähte ihn und verlangte, er sollte zuvor eine zweite Aufgabe lösen. Sie ging hinab in den Garten und streute selbst zehn Säcke voll Hirse ins Gras. „Die muss er morgen, eh die Sonne hervorkommt, aufgelesen haben“, sprach sie, „und es darf kein Körnchen fehlen.“ Der Jüngling setzte sich in den Garten und dachte nach, wie es möglich wäre, die Aufgabe zu lösen, aber er konnte nichts ersinnen, saß da ganz traurig und erwartete, bei Anbruch des Morgens zum Tode geführt zu werden. Als aber die ersten Sonnenstrahlen in den Garten fielen, so sah er die zehn Säcke alle wohl gefüllt nebeneinander stehen, und kein Körnchen fehlte darin. Der Ameisenkönig war mit seinen tausend und tausend Ameisen in der Nacht angekommen, und die dankbaren Tiere hatten die Hirse mit großer Emsigkeit aufgelesen und in die Säcke gesammelt. Die Königstochter kam selbst in den Garten herab und sah mit Verwunderung, dass der Jüngling vollbracht hatte, was ihm aufgegeben war. Aber sie konnte ihr stolzes Herz noch nicht bezwingen und sprach: „Hat er auch die beiden Aufgaben gelöst, so soll er doch nicht eher mein Gemahl werden, bis er mir einen Apfel vom Baume des Lebens gebracht hat.“ Der Jüngling wusste nicht, wo der Baum des Lebens stand. Er machte sich auf und wollte immerzu gehen, solange ihn seine Beine trügen, aber er hatte keine Hoffnung ihn zu finden. Als er schon durch drei Königreiche gewandert war und abends in einen Wald kam, setzte er sich unter einen Baum und wollte schlafen: Da hörte er in den Ästen ein Geräusch, und ein goldener Apfel fiel in seine Hand. Zugleich flogen drei Raben zu ihm herab, setzten sich auf seine Knie und sagten: „Wir sind die drei jungen Raben, die du vom Hungertod errettet hast; als wir groß geworden waren und hörten, dass du den goldenen Apfel suchtest, so sind wir über das Meer geflogen bis ans Ende der Welt, wo der Baum des Lebens steht, und haben dir den Apfel geholt.“ Voll Freude machte sich der Jüngling auf den Heimweg und brachte der schönen Königstochter den goldenen Apfel, der nun keine Ausrede mehr übrig blieb. Sie teilten den Apfel des Lebens und aßen ihn zusammen: Da ward ihr Herz mit Liebe zu ihm erfüllt, und sie erreichten in ungestörtem Glück ein hohes Alter.

1 Lest das Märchen und beurteilt, ob sein Titel zum Inhalt passt.

2 Etliche im Märchen verwendete Formulierungen würde man so heute nicht mehr verwenden. Ersetzt folgende Textstellen durch euch geläufige Ausdrücke. Schreibt ins Heft.
- Zeile 3: „Nichts blieb ihm ungekannt"
- Zeile 33: „Nun trug es sich zu"
- Zeile 38: „unter heftigen Scheltworten"
- Zeile 42 f.: „er ward mit keinem besseren Bescheid entlassen"
- Zeile 85: „Wir wollen dir's gedenken und dir's vergelten"
- Zeile 130: „Dann hieß ihn der König ..."

3 In dem Text kommt ein Spruch mehrfach vor.
a Schreibt ihn aus dem Text heraus und gebt die jeweiligen Fundstellen der formelhaften Wendungen mit Zeilenangabe an.
b Notiert die Situationen, in denen der Spruch jeweils verwendet wird.

4 In „Die weiße Schlange" stehen die Verben in der Regel im Präteritum (► S. 218).
a Sucht mögliche Begründungen, warum in Märchen diese Zeitform verwendet wird.
b Schreibt aus dem Abschnitt von Zeile 71 bis 88 alle Verben im Präteritum heraus und ergänzt den passenden Infinitiv. Legt dazu in eurem Heft eine Tabelle an.

Zeilenangabe	Verb im Präteritum	Verb im Infinitiv
71	*schlug ... aus*	*ausschlagen*

5 Dass die Sprache der Märchen oft altertümlich wirkt, liegt auch an ungewöhnlichen Vergangenheitsformen.
a Schreibt die Infinitive auf, die zu den nachfolgenden Präteritumsformen gehören.
b Bildet mit den Verben Sätze im Präteritum, die inhaltlich zu einem Märchen passen könnten.

schuf riet schied lud lieh schwang sank hieb bog befahl fuhr genas
stieß bewog blies wusch überwand buk

6 a Setzt in den Auszügen aus dem Märchen „Hans im Glück" die Verben in Klammern ins Präteritum. Notiert die vervollständigten Sätze in euer Heft. Wenn ihr unsicher seid, schaut im hinteren Umschlagdeckel nach.

Hans hatte sieben Jahre bei seinem Herrn gedient, da (sprechen) er zu ihm.
Hans (ziehen) sein Tüchlein. Der Reiter (absteigen), (nehmen) das Gold und (helfen) dem Hans hinauf. Ehe sich's Hans (versehen), war er abgeworfen.
Ein Bauer, der des Weges (kommen) und eine Kuh vor sich (treiben), (halten) das Pferd auf.

b Versucht es auch mit folgenden Verben:

Hans (bedenken) den glücklichen Handel.
Hans (wiegen) die Gans mit der einen Hand.
Hans (laden) den Stein auf.

Ein japanisches Märchen erschließen

Der Brückenbauer und der Dämon

Irgendwo gab es einmal einen reißenden Strom. Jedes Mal, wenn man eine Brücke über ihn schlagen wollte, riss das Wasser die Brücke fort. Die Leute des Dorfes waren darüber sehr bekümmert und berieten sich, was sie da machen sollten. Nachdem lange hin und her beratschlagt worden war, entschloss man sich, dem berühmtesten Zimmermeister des Landes, der in einer nahen Gemeinde wohnte, den Auftrag zum Brückenbau zu geben. Weil der Zimmermeister auf seine Geschicklichkeit vertraute, gab er gern seine Zustimmung dazu. Innerlich aber, ganz im Geheimen, machte er sich Sorgen, ob ihm das Werk auch gelingen werde. Er ging daher ganz allein an den Fluss und suchte am Ufer nach einer günstigen Stelle, wo man die Brücke schlagen könnte. Als er so nachdenklich auf und ab schritt und prüfende Blicke auf die Strömung des Flusses warf, bildete sich mitten im Fluss plötzlich ein Wirbel, Blasen stiegen platzend empor und plötzlich tauchte ein großer Dämon mitten im Strome auf und rief ihn an: „Du großer Zimmermeister, über was denkst du so angestrengt nach?“ Der antwortete: „Ich überlege, wie und wo man hier eine gute Brücke über den Strom schlagen kann, und will mir den Platz dafür aussuchen.“

Der Dämon lachte laut: „Magst du auch ein noch so geschickter und kunstfertiger Zimmermann sein, hier wird es dir nicht glücken, eine Brücke zu schlagen. Ich will dir aber einen Vorschlag machen: Wenn du mir deine Augen dafür gibst, so will ich für dich den Brückenbau schaffen.“ Der Zimmermeister antwortete: „Ich bin damit einverstanden“, und kehrte in sein Haus zurück. Als er am nächsten Tag zum Fluss kam, sah er, dass die Brücke schon zur Hälfte fertig war, und am folgenden Tage war der Brückenbau, als er wieder dorthin ging, vollendet. Während er, der nicht im Ernst daran geglaubt hatte, noch fassungslos vor Erstaunen auf das Werk sah, erschien der Dämon, trat vor ihn hin und rief ihm zu: „So, gib mir nun deine Augen." Der Zimmermann bat ihn: „Warte damit noch etwas", und floh entsetzt in die Berge, wo er ziellos umherlief und überlegte, wie er sich von seinem Versprechen lösen könne. Plötzlich hörte er die Stimmen von spielenden Kindern, die nur immer den einen Vers sangen:

Oniroku, komm schnell,
Hol dir deine Augen ab,
Das wird gut sein, das wird gut sein!

Dem Zimmermann schien der Gesang der Kinder wie eine Aufmunterung, den Mut nicht zu verlieren. Er fasste sich ein Herz, kehrte nach Hause zurück und schlief fast beruhigt ein. Am nächsten Morgen ging er wieder zum Fluss hinunter und wieder erschien der Dämon und rief ihm zu: „Gib die Augen her!" Und als der Zimmermann nochmals bat, sich noch kurze Zeit zu gedulden, machte er ihm plötzlich den Vorschlag: „Höre, ich sehe, dass du mir die Augen nicht gerne geben willst. Wenn du meinen Namen erraten kannst, da will ich darauf verzichten und sie dir lassen."

„Gut, ich will es versuchen, ihn zu erraten", sagte der Zimmermann, „wie wirst du heißen, heißest du vielleicht Taro?" Da lachte der Dämon: „Nein, so heiße ich nicht, so heißt kein Dämon, du wirst es nicht erraten." – „Heißest du dann vielleicht Jiro?", riet der Zimmermann. „Nein, nein, das ist kein Dämonenname, du wirst ihn nicht erraten." – „Heißest du etwa Saburo?", riet der Zimmermann und als der Dämon wieder „nein, nein, nein" geantwortet hatte, schrie ihm der Zimmermann mit donnernder Stimme ins Gesicht: „Oniroku heißt du!" Da sprang der Dämon, ohne ein Wort zu sagen, in das Wasser, tauchte unter und kam nicht wieder zum Vorschein.

1 Untersucht das Märchen „Der Brückenbauer und der Dämon" genau.

a Beantwortet folgende Fragen:
- An welchen Orten spielt es?
- Vor welchem Problem steht der Brückenbauer?
- Wie löst er es?
- Wie findet der Brückenbauer den Namen des Dämons heraus?

b Woran erkennt ihr, dass „Der Brückenbauer und der Dämon" aus einem fremden Land stammt? Sucht Textbelege und gebt die entsprechende Zeile an.

2 Der Text stammt aus Japan. Trotzdem zeigt er viele Übereinstimmungen mit Märchen, wie sie z. B. die Brüder Grimm gesammelt haben.

a An welches Märchen erinnert euch dieser Text?

b Woran erkennt man, dass „Der Brückenbauer und der Dämon" ein Märchen ist? Schreibt einen kurzen Text, in dem ihr Märchenmerkmale und Textstellen nennt. Dazu könnt ihr die folgenden Satzanfänge nutzen:
Bei dem Text der „Der Brückenbauer und der Dämon" handelt ...
Das sieht man zum Beispiel an den Figuren: Die Hauptfigur ...
Der Held muss eine schwierige Aufgabe bestehen ...
Wie bei den meisten Märchen wird der Ort, an dem es spielt ...
Typisch für Märchen sind Verse oder Zaubersprüche ...
Hinweis: Wenn ihr Unterstützung braucht, könnt ihr mit Hilfe der Satzanfänge und der Satzbruchstücke auf der nächsten Seite einen Text zimmern.

Wenn man **über Texte** schreibt, z. B. Textmerkmale nennt, verwendet man **das Präsens.**

... nicht genau benannt („Irgendwo“, Z. 1).

... ist ein Handwerker („Zimmermeister“, Z. 8), der Dämon dagegen ist ein magisches Wesen (z. B. Z. 20–23).

... in diesem Text spielt der Gesang der Kinder (Z. 52–54) eine wichtige Rolle.

... nämlich eine Brücke über einen reißenden Fluss bauen (Z. 10).

... es sich um ein Märchen.

„Märchenstunde“ – Märchen vorstellen und erzählen

1 a Sucht wenig bekannte Märchen, z. B. auch aus einem anderen Land. Sicher werdet ihr in der Bibliothek fündig (▶ S. 94).

b Erzählt das Märchen in der Klasse.

Methode **Eine „Märchenstunde“ vorbereiten**

Wenn ihr euer Märchen **frei erzählen** wollt, solltet ihr es gut kennen.

- Lest das Märchen zu Hause mehrmals laut vor.
- Lernt wiederkehrende Formulierungen (z. B. Zaubersprüche) auswendig.
- Übt den Vortrag zu Hause: Erzählt das Märchen, ohne in den Text zu blicken, laut euren Eltern, Geschwistern oder Freunden.
- Überlegt euch einen passenden Gesichtsausdruck und eindrucksvolle Bewegungen zu bestimmten Textstellen.
- Gestaltet eine dazu passende Atmosphäre. Ihr könnt Gegenstände mitbringen, die in eurem Märchen eine Rolle spielen, oder eure Erzählung mit Musik hinterlegen. Denkt auch an geeignete Geräusche.

Testet euch!

Märchenmerkmale

1 Entscheidet bei den folgenden Sätzen, ob sie richtig oder falsch sind.
Haltet ihr den Satz für richtig, schreibt ihn unverändert ab. Wenn er falsch ist, übertragt ihn verbessert in euer Heft.

- **A** Früher wurden Märchen hauptsächlich in der Kirche erzählt.
- **B** Der so genannte Märchenton entstand durch formelhafte Wendungen, Sprüche und Reime, die von den Märchensammlern hinzugefügt wurden.
- **C** Typische Figuren in Märchen sind einfache Menschen, wie ein Schneider, oder Adlige, z. B. eine Prinzessin.
- **D** Es treten aber auch Aliens oder Götter auf, die sprechen können oder Zauberkräfte haben.
- **E** Häufig wird der Held/die Heldin vor Aufgaben gestellt und scheitert dabei immer.
- **F** Bestimmte Zahlen kommen in Märchen gehäuft vor, z. B. Drei oder Sieben.
- **G** Märchen sind in einer modernen Sprache verfasst.
- **H** Songtexte haben eine magische Wirkung.
- **I** Ort und Zeitpunkt der Handlung sind genau bekannt.
- **J** Am Anfang und am Schluss stehen oft formelhafte Wendungen.
- **K** Die Brüder Grimm haben viele Märchen erfunden.

6.2 Märchen fortsetzen

Den Märchenanfang untersuchen

Ein Märchenanfang

Es war einmal ein armer Bauer, der lebte mit seinem Weib und seinem Töchterlein in einem kleinen Dorf. Nun geschah es, dass die Mutter des Mädchens schwer erkrankt war und niemand ihr helfen konnte. Als sie starb, waren der Vater und sein Kind unendlich traurig und sie weinten viele Tage und Nächte. Das Mädchen schwor, seinen Vater nie im Leben allein zu lassen. Dabei hatten sie kaum das Nötigste zum Leben.

Trotz dieser Not wuchs das Mädchen zu einer wunderschönen jungen Frau heran. Sie hatte eine gar liebliche Stimme und immer wenn sie die Hausarbeit verrichtete, sang sie ein Lied. Wenn im Dorf irgendjemand betrübt oder ärgerlich war, so kam er an das Häuschen der jungen Frau, denn sie hatte die Gabe, durch ihren Gesang die Menschen froh und vergnügt zu machen. Selbst die Vögelein aus dem Wald flatterten herbei, um dem Gesang zu lauschen. Oft warf das Mädchen ihnen dann Brotkrumen hin, denn sie war zwar arm, doch sie hatte ein gutes Herz.

Eines Tages hörte der König im nahe gelegenen Schloss von der Gabe des Mädchens und beschloss, sie zu sich zu holen, denn ...

1 Besprecht, woran ihr erkennt, dass es sich hier um den Anfang eines Märchens handelt.

2 Tragt alles zusammen, was ihr über die Hauptfigur in diesem Erzählanfang erfahrt:
- Wer ist sie und wie lebt sie?
- Welche Eigenschaften hat sie?
- Welche besondere Fähigkeit hat sie?

3 Philipp hat sich Notizen zu Textstellen gemacht, die Hinweise für die Fortsetzung geben könnten. Dabei hat er nicht nur wichtige und richtige Dinge aufgeschrieben.

a Findet die Stichpunkte heraus, die falsch oder für den weiteren Verlauf des Märchens unbedeutend sind.

b Übertragt die übrigen Notizen in euer Heft.

Ort: Dorf und Schloss
Vater weinte, als die Mutter starb
Mutter war sehr krank
Mädchen war arm
Vater wollte das Mädchen verlassen
Das Mädchen wollte bei seinem Vater bleiben
Traurige Menschen riefen das Mädchen
Sein Gesang machte froh und vergnügt
Vögel sangen vor dem Fenster
Vögel kamen aus dem Wald
Mädchen war gut zu den Vögeln
König hoffte, dem Mädchen helfen zu können
König hoffte, dass das Mädchen ihm hilft
König hatte ein gutes Herz

Ideen sammeln und ordnen

1 Warum wollte der König das Mädchen, das Menschen froh machen konnte, zu sich holen? Sammelt Ideen. Übertragt dazu den Cluster in euer Heft und setzt ihn fort.

Der König ...

- *... musste einmal im Jahr einem Drachen ein außergewöhnliches Mädchen opfern.*
- *... und die Königin waren unglücklich, weil sie keine Kinder hatten.*
- *?*
- *... hatte eine Frau, die immer traurig war. Das Mädchen sollte sie aufheitern.*

2 Eine Klasse hat Ideen für drei mögliche Fortsetzungen gesammelt. Die einzelnen Handlungsschritte sind aber durcheinandergeraten.

a Ordnet die Handlungsschritte so, dass sie inhaltlich zusammenpassen. Die Lösungsbuchstaben helfen euch: Sie ergeben den Namen eines bekannten Märchens.

b Welche der Fortsetzungen passen für ein Märchen, welche nicht? Begründet.

F Die Königin und der König waren betrübt, weil sie keine Kinder hatten, und suchten Aufheiterung durch das Mädchen.

H Das Mädchen musste für die Königin singen. Diese blieb aber zunächst traurig.

O Die Vögel gaben dem Mädchen Ratschläge. Beim dritten Versuch wurde die Königin froh.

L Das Mädchen wollte sich durch Gesang beim König einschmeicheln und ihn hinterher ausrauben.

A Beide überhäuften zum Dank das Mädchen mit Gold und Edelsteinen. Dieses kehrte zum Vater zurück und musste nun nicht mehr Not leiden.

E In der dritten Nacht stahlen Vater und Tochter die Kronjuwelen.

U Der König hoffte, dass das Mädchen seine traurige Frau aufheitern könnte, und befahl, sie an den Hof zu bringen. Das Mädchen wehrte sich, da es den Vater nicht allein lassen wollte.

L An drei Abenden sang das Mädchen vor dem König, der Königin und ihrem Hofstaat. In der Zwischenzeit erkundete der Vater, wo sich die Schatzkammer befand.

R Durch die Anwesenheit des Mädchens und ihr Singen wurden König und Königin wieder glücklich und bekamen schließlich das ersehnte Kind.

3 Sammelt eigene Ideen für eine Fortsetzung.

Schreibplan:	**Ein Märchen fortsetzen**
Titel:	?
Figuren:	die Sängerin, der König, die Königin, die Waldvögel, der alte Vater
Handlung der Fortsetzung:	König ließ Mädchen zum Schloss bringen Königin war traurig Mädchen sollte die Königin durch Singen aufheitern
1. Versuch:	fehlgeschlagen / Königin weinte noch mehr Mädchen traurig Waldvögelein gab ihm Tipp → „Bauernmaid, Bauernmaid, es ist schon bald so weit. ? macht die Königin gesund." pfiff Melodie vor
2. Versuch:	Mädchen sang Lied vor / Königin wieder traurig, weil ? Mädchen verzweifelt Vögelein kam wieder: „Bauernmaid, Bauernmaid, es ist schon bald so weit. Nimm diese edlen Kräuter, dann wird die Königin wieder heiter." Mädchen braute einen Tee …
3. Versuch:	?
Schluss:	?

4 a Philipp hat einen Schreibplan angelegt. Untersucht ihn:
- Welche Ideen von S. 114 hat er aufgegriffen? Welche eigenen Ideen hat er entwickelt?
- Welche Elemente, die ganz typisch für Märchen sind, hat er dabei aufgenommen?

b Übertragt den Schreibplan in euer Heft und ergänzt die Stellen, die noch fehlen.

Das Mädchen beendete das Lied, das das Vögelein ihm beigebracht hatte, und lächelte schüchtern. Doch die betrübte Königin weinte weiter bittere Tränen. Der erzürnte König kam hinzu und jagte das Mädchen aus dem Gemach: „Du wirst erst wieder zu deinem Vater zurückkehren, wenn du die Königin mit deinem Gesang froh gestimmt hast!" So setzte sich die junge Frau zum zweiten Mal im Park unter den Baum. Sie seufzte, denn sie dachte an ihren Vater, der alleine war.
Und da flog das kleine Vögelein erneut herbei und zwitscherte:
„Bauernmaid, Bauernmaid,
es ist schon bald so weit.
Nimm diese edlen Kräuter,
dann wird die Königin wieder heiter."
Das Tier hielt dem unglücklichen Mädchen ein Heilkraut mit schneeweißen Blüten hin, das es in seinem Schnabel trug.

5 Welche Handlungsschritte aus dem Schreibplan hat Philipp hier ausformuliert?

Märchenfortsetzungen untersuchen und überarbeiten

VORSICHT FEHLER!

... und lud sie zu sich ein, damit sie ihm ein Konzert gäbe. Der Prinz verliebte sich in ihre schöne Stimme. Doch als er zu seinem Vater in den Saal rannte, war das Mädchen schon weg. „Vater, ich möchte diese Frau mit der lieblichen Stimme kennen lernen!", sagte der Prinz. Der König sprach: „Du darfst sie heiraten. Vorher muss sie drei Aufgaben erledigen."

1 Jasmin hat sich zu wenig Gedanken gemacht, wie sie ihre Ideen logisch verknüpfen kann. So ist man als Leser überrascht, dass plötzlich ein Prinz auftaucht.

a Überlegt gemeinsam, was noch zu unvermittelt kommt oder gar nicht logisch nachvollziehbar ist.

b Beurteilt, ob die Vorgaben vom Märchenanfang hier geschickt aufgegriffen sind.

VORSICHT FEHLER!

Der König hockte auf seinem Thron und fuhr sie an: „Hey, komm her! Hab gehört, dass du voll gut singen kannst. Lass mal einen Song hören." Das Mädchen sang mit wohltönender Stimme eine sanfte Melodie. „So was haut mich nicht vom Hocker. Du bleibst in meinem Schloss, bis ich durch dein Singen wieder besser drauf bin", ließ der König sie ungnädig wissen. Da fing die Bauerstochter an zu flennen: „Bislang war mein Gesang allen eine Freude. Bitte, lass mich zu meinem Papa zurück!" „Okay, du sollst noch eine Chance bekommen: heute in einer Woche." Mit diesen Worten ließ der König das unglückliche Mädchen stehen.

2 Max formuliert sehr umgangssprachlich. Schreibt eine überarbeitete Fassung dieses Auszugs aus seiner Märchenfortsetzung in euer Heft. Ihr könnt die folgenden Textbausteine verwenden:

befahl • in unfreundlichem Ton • finde dich in einer Woche wieder hier ein • nun gut • mit barscher Stimme • zu meinem alten Vater zurückkehren • tritt näher • mir ist zu Ohren gekommen • dein Gesang erfreut mich nicht • fing ... an zu weinen • dass du eine liebliche Stimme hast • bis ich erheitert bin

Beim dritten Versuch schaute die Königin wieder der Sängerin entgegen. Der König saß an ihrer Seite auf dem Thron. Das Mädchen hatte dieses Mal alle Ratschläge des Vögeleins befolgt. Dieses Mal wurde die Königin froh und dankte der Sängerin für den Vortrag. Der König gab dem Mädchen fünf Goldstücke und entließ es.

3 Dieser Text ist viel zu knapp.

a Notiert Adjektive und andere geeignete Wörter und Wendungen, mit denen ihr die Figuren und ihre Stimmung anschaulich machen könnt. Wie fühlen sie sich am Anfang des Textauszugs, wie am Ende?

	Sängerin	Königin	König
Textanfang	*verzagt*	*hoffnungslos*	*verbittert*
	schüchtern	...	...
Textende	*erleichtert*	...	*dankbar*

b Auch wörtliche Rede kommt in Märchen immer wieder vor. Was könnten die Figuren hier sagen?

c Schreibt eine verbesserte Fassung dieses Textauszugs in euer Heft.

VORSICHT FEHLER!

Ein Bote des Königs bringt das Mädchen nach Hause.
Dort ist der alte Vater überglücklich über die Rückkehr seines Töchterleins. Nun müssen sie auch keine Not mehr leiden. Und eines schönen Tages erscheint vor dem Haus ein Edelmann des Königs, der sich unsterblich in das Mädchen verliebt hat. Da der König der Sängerin mit der wundersamen Stimme dankbar ist, erlaubt er dem Edelmann, diese zu heiraten. Das Paar feiert Hochzeit mit allen Dorfbewohnern und sogar der König und die Königin kommen mit einem wertvollen Geschenk. Glücklich und zufrieden lebt das junge Paar bis an sein Lebensende.

4 Dass Märchen in einer vergangenen Zeit spielen, wird hier nicht deutlich.

a Was muss in diesem Text verändert werden?

b Überarbeitet den Text entsprechend.
Achtung: An einer Stelle müsst ihr das Plusquamperfekt (▶ S. 219) verwenden!

5 Wenn ihr noch üben wollt, könnt ihr das Märchen „Der Brückenbauer und der Dämon" (▶ S. 109 f.) ab Z. 49 neu erzählen.

Methode **Ein Märchen weiterschreiben**

Wollt ihr ein Märchen fortsetzen, lohnt es sich, den Märchenanfang genau zu untersuchen. Oft enthält er Hinweise auf Eigenschaften der Märchenhelden, auf sprechende Tiere oder andere Figuren, die ihr aufgreifen solltet. **Tipp:** Erfindet nicht zu viele Figuren hinzu.
Achtet darauf, dass eure Ideen zur Textsorte Märchen passen und dass ihr eine zum Märchen passende Sprache verwendet.

Stärken stärken: Märchen in die richtige Zeitform setzen

Ein Müller hat drei Söhne, seine Mühle, einen Esel und einen Kater; die Söhne müssen mahlen, der Esel Getreide holen und Mehl forttragen und die Katze die Mäuse wegfangen. Als der Müller stirbt, teilen sich die drei Söhne die Erbschaft, der älteste bekommt die Mühle, der zweite den Esel, der dritte den Kater, weiter bleibt nichts für ihn übrig. Da ist er traurig und spricht zu sich selbst: „Ich hab' es doch am allerschlimmsten gekriegt, mein ältester Bruder kann mahlen, mein zweiter kann auf seinem Esel reiten, was kann ich mit dem Kater anfangen? Lass' ich mir ein Paar Pelzhandschuhe aus seinem Fell machen, so ist's vorbei." – „Hör", fängt der Kater an, der alles versteht, was er sagt, „du brauchst mich nicht zu töten um ein paar schlechte Handschuhe, lass mir nur ein Paar Stiefel machen, dass ich ausgehen und mich unter den Leuten sehen lassen kann, dann soll dir bald geholfen sein." [...]

●●● **1** Kennt ihr das Märchen? Es zählt zu den von den Brüdern Grimm gesammelten Hausmärchen.

a Schreibt den Titel des Märchens in euer Heft.

b Wie endet das Märchen? Notiert euch Stichwörter.

●●● **2** Das Märchen steht nicht in der richtigen Zeitform.

a Benennt die Zeitform, in der es oben geschrieben ist.

b Setzt es in die richtige Zeitform.

●●○ **Hilfe zu Aufgabe 1:**

a Wenn ihr das Märchen noch nie gehört oder gelesen habt, dann schaut in einer Märchensammlung nach. Am schnellsten werdet ihr in einer Ausgabe zu Grimms Märchen fündig.

b Versucht, euch an das Märchen zu erinnern, wenn ihr es kennt.
Welche Handlungsschritte sind für das Ende wichtig?
Lest das Märchen in einer Märchensammlung nach, wenn ihr es nicht kennt.

●●○ **Hilfe zu Aufgabe 2:**

a Schlagt im Grammatikkapitel nach, wenn ihr die Zeitform nicht einordnen könnt (► S. 218).

b Geht bei der Umformung in die richtige Zeitform so vor:
- Vergewissert euch anhand des Informationskastens unten, welche Zeitform die richtige ist.
- Unterstreicht anschließend alle Verben im Text.
- Überlegt, ob ihr wirklich alle Verben in eine andere Zeitform setzen müsst. Wie ist das mit der wörtlichen Rede?
- Setzt die unterstrichenen Verben nun in die richtige Zeitform.
  Ein Müller hat drei Söhne, seine Mühle, einen Esel und einen Kater; ...
  Ein Müller hatte drei Söhne, seine Mühle, einen Esel und einen Kater; ...

Eine Liste von Verben im Präteritum findet ihr hinten auf der Umschlagseite innen.

Information **Zeitform der Märchen**

Schriftlich erzählte Märchen stehen in der Regel im **Präteritum,** der einfachen Vergangenheitsform. Verben im Präteritum drücken aus, dass etwas in der Vergangenheit geschehen und vorbei ist.

6.3 Fit in ...? – Märchenmerkmale erkennen und ein Märchen fortsetzen

Lorenz hat in seiner Schulaufgabe zwei Aufgaben gestellt bekommen.

Er sollte
- drei Merkmale des Märchens „Die weiße Schlange" (► S. 105 ff.) nennen und mit passenden Textstellen belegen sowie
- dem Märchen ab Z. 150 einen neuen Schluss geben.

Aufgabe 1

Der Text „Die weiße Schlange" ist ein Märchen.
Das kann man an verschiedenen Merkmalen erkennen.
Die magische Zahl Drei spielt eine Rolle, denn der Diener begeht drei gute Taten. Er hilft drei Fischen (Z. 76), einem Ameisenvolk (Z. 89 f.) und mehreren Rabenjungen (Z. 99). Wie es oft in Märchen der Fall ist, muss der Jüngling auch verschiedene Aufgaben lösen, wenn er die Prinzessin zur Frau bekommen möchte, z. B. einen goldenen Ring „aus dem Meeresgrund wieder hervorholen".

Du benennst nur zwei Merkmale!

Zeilenangabe!

Aufgabe 2

... Die Prinzessin zeigte auf eine Felsspalte und meinte: „Hole mir dort aus der Spalte einen Diamanten." Mit diesen Worten stolzierte sie davon. Da setzt sich der Diener mit dem traurigen Gedanken hin, bald dem Tod ins Auge blicken zu müssen. Auf einmal aber kommt der Ameisenkönig mit tausend anderen Ameisen aus dem Gesteinsriss. Alle zusammen tragen einen Diamanten. Sofort brachte der Jüngling den Kristall zur Königstochter. Diese jedoch erschrak. Sie forderte. Er müsse noch eine Aufgabe bestehen. Sie führte ihn an eine steile Bergwand und deutete auf einen Adlerhorst hoch oben auf einem Felsvorsprung. „Hole das goldene Ei aus dem Nest." Mit diesen Worten ging sie wieder davon.
Plötzlich hörte er jedoch ein Geräusch und als er aufblickte, sah er die Raben, denen er das Leben gerettet hatte. Sie schwangen sich in die Höhe und einer kam mit dem Ei im Schnabel zurück. Glücklich kehrte der Jüngling zum Schloss zurück. Die Prinzessin aber hatte keine Ausrede mehr und stimmte der Heirat zu. Drei Tage später fand ein prächtiges Hochzeitsfest statt und sie lebten noch viele glückliche Jahre.

T!

A! Satzverknüpfungen!

Logik! Hier fehlt ein Erzählschritt

1 Untersucht Lorenz' Fortsetzung. Welche Vorgaben aus dem Märchen greift er auf?

die weiße Schlange

die Rabeneltern

den gestohlenen Ring

die Ameisen

den Gegensatz zwischen dem armen Diener und der stolzen Königstocher

die Aufgaben

alle Figuren aus dem Märchenanfang

die jungen Raben

die Fische

2 An einigen wenigen Stellen hat der Lehrer Anmerkungen gemacht. Schreibt Lorenz' Aufsatz in euer Heft und überarbeitet bzw. ergänzt die markierten Stellen.

Checkliste

Märchenmerkmale benennen und ein Märchen fortsetzen

Merkmale nennen

- Habe ich den **Titel** des Märchens genannt?
- Habe ich für jedes Merkmal einen **Beleg aus dem Text** angeführt (möglichst mit Zeilenangabe)?
- Habe ich die Merkmale im **Präsens** benannt?

Inhalt der Märchenfortsetzung

- Habe ich die **Vorgaben** aus dem Märchenanfang aufgegriffen und sinnvoll ergänzt?
- Muss der Held/die Heldin z. B. weitere **Aufgaben** erfüllen, um an sein/ihr Ziel zu gelangen?
- Haben die auftretenden **Figuren** gegensätzliche Eigenschaften?
- Passiert etwas **Wundersames,** das in der wirklichen Welt nicht vorkommt?
- Ist die Handlung dennoch nachvollziehbar?
- Spielen **magische Zahlen** eine Rolle?
- Helfen **(magische) Verse** oder **Zaubersprüche** bei der Erfüllung der Aufgaben?
- Schafft der Held/die Heldin es auch wirklich, die Aufgabe(n) zu erfüllen? Welchen „Lohn" bekommt er/sie dafür?
- Gibt es einen **magischen Gegenstand** oder ein **Lebewesen,** der bzw. das ihm/ihr bei der Erfüllung der Aufgabe hilft?
- Endet das Märchen mit einer typischen **Formel?**

Sprachliche Gestaltung der Märchenfortsetzung

- Sind die einzelnen Teile/Aufgaben **logisch miteinander verbunden?**
- Habe ich auf **Satzverknüpfungen** geachtet?
- Ist zur Auflockerung **wörtliche Rede** eingebaut?
- Veranschaulichen **Adjektive** die Figuren und die Situation?
- Ist die **Sprache** märchengerecht?
- Habe ich bei der Fortsetzung des Märchens das **Präteritum** verwendet?
- Sind die **Rechtschreib- und Zeichensetzungsregeln** berücksichtigt?

7 Geisterstunde –
Geschichten vorlesen und nacherzählen

1 Beschreibt die Stimmung, die das Bild vermittelt. Wie wirkt sie auf euch?

2 a Nennt Situationen, die ihr als unheimlich und gruselig empfindet.
b Habt ihr selbst schon einmal etwas Gruseliges erlebt? Erzählt davon.

In diesem Kapitel ...

- lest ihr unheimliche Gespenstergeschichten,
- übt ihr das Vorlesen, sodass es euren Zuhörern nur so gruselt,
- erzählt ihr Gespenstergeschichten spannend nach.

7.1 Gruselige Begegnungen – Geschichten vorlesen

Die Stimmung einfangen – Sprechbogen beachten

Joan Aiken

Die Fähre

Judith hängte einen Stechpalmenzweig auf und schaute sich nach einer weiteren Stelle um. Sie hatte noch ein riesiges Bündel, aber im Haus war kein Fleck mehr frei. Sie trug den Armvoll auf die Veranda und machte eine Art Nest. Als das getan war, ging sie einen Augenblick hinaus und betrachtete verzückt das Haus. Sie hatten es erst seit vierzehn Tagen, und es erschien immer noch kaum glaublich – hier zu sein neben dem weiten schimmernden Wasser, statt in einer Mietskaserne in einem staubigen, engen Vorort zu wohnen. Wie eine nicht sehr große Erbschaft das Leben verändern kann, überlegte sie; vor einem Monat erschien uns Cornwall wie ein Traumland am Horizont; und jetzt sind wir hier, haben ein Boot und ein paar Hühner, und Ken holt Getränke für Weihnachten.

Das Haus war klein und weiß. Es war das Schifferhaus gewesen, als die Fähre in Betrieb war. Nur drei andere Häuschen waren auf dieser Seite des Flusses, und sie lagen weiter draußen an der Landspitze. Das eigentliche Dorf war am anderen Ufer. Judith konnte die erleuchteten Fenster unten beim Wasser und die Lichter am Weihnachtsbaum des Pubs auf dem Kai sehen.

Es war kalt. Judith fröstelte und sagte sich, dass sie hineingehen und sich für die Cocktailparty der Martins umziehen sollte. Aber aus irgendeinem Grund widerstrebte es ihr, ins Haus zu gehen. Sie wusste jetzt, dass sie die Veranda nur geschmückt hatte, um aus dem Haus zu kommen. „Du musst dich daran gewöhnen, allein zu sein, du Stadtpflanze. Es wird häufig vorkommen, dass Ken weg ist, und du kannst nicht jedes Mal durchdrehen, wenn du allein bist. Es ist ein hübsches Haus, ein liebes kleines Haus, und es ist nichts Unheimliches daran.“

Sie stand da und starrte auf das schwarze Rechteck der offenen Tür, als wäre es der Eingang zu einem Rattenloch. Entschlossen gab sie sich einen Ruck und ging hinein. Schließlich würde Ken jede Minute zurückkommen, und bald würden sie zur Party der Martins aufbrechen. Alles war in Ordnung, alles war gut – warum stand sie dann so verstört in einer Ecke der Küche? Ärgerlich schüttelte sie den Kopf und lief die Treppe hinauf, nahm ihr Lieblingskleid aus dem Schrank und zog es über den Kopf. Das Telefon läutete, als sie zurück ins Zimmer kam.

„Darling?“ Es war Ken. „Der Motor hat den Geist aufgegeben. Der alte Weaver glaubt, er kann ihn in etwa einer Stunde reparieren, zeitig genug für die Rückfahrt von den Martins, aber das bedeutet, dass ich dich nicht holen kann. Kannst du mit den Jones herüberkommen?" – „Ich glaube, sie sind früh gefahren. Ich sehe mal nach." – „Gut, ruf zurück. Ich bin im Pub." – „Schön, ich brauche fünf Minuten." Erleichtert und entschlossen legte sie auf und ging über den Strandweg zum Haus der Jones.

„Gefällt es Ihnen im Fährhaus?", fragte Mr. Hocking, der Wirt. „O ja, sehr", sagte Ken. „Wissen Sie, ob das Haus eine Geschichte hat?" – „Ich habe nur eine Geschichte über das Fährhaus gehört", sagte Mr. Hocking bedächtig. „Es geschah vor vielen Jahren – zur Zeit der Hexenverfolgung. Damals betrieb eine alte Frau die Fähre, Mrs. Popsey, und im Dorf glaubte man allgemein, dass sie eine Hexe sei.

Nun, das war den Leuten ziemlich egal, doch der Gutsherr bekam Wind davon, und er sagte, wenn sie eine Hexe wäre, müsste sie die Wasserprobe machen. Sie wissen schon – wenn die Frau an der Oberfläche blieb, bedeutete das angeblich, dass sie eine Hexe war, und wenn sie unterging, dann war sie keine – aber sie ertrank. Es ist hier Sitte – oder war es, als es die Fähe noch gab", fuhr Mr. Hocking fort, „dass der Fährmann am Heiligabend jeden umsonst übersetzt. Nun, an einem Heiligabend kam der Gutsherr mit vier oder fünf Männern zur Fähre und bat, übergesetzt zu werden. Sie hatten getrunken und trugen Bündel, die, so sagten sie, Geschenke für Mutter Popsey waren. Sie machte das Boot los, aber auf halber Strecke holten die Männer Seile mit Bleigewichten aus ihren Bündeln, fesselten Mutter Popsey und warfen sie über Bord. Ihre Leiche fand man nie. Seltsamerweise wurde am nächsten Heiligabend der Gutsherr vermisst, und seine Leiche wurde später auf die weißen Felsen an der Landspitze geschwemmt. Seither erzählt man sich, dass Mutter Popsey in ihrem Boot am Heiligabend erscheint und den Leuten anbietet, sie umsonst hinüberzufahren, wenn sie annehmen, werden sie nie mehr gesehen. Natürlich", sagte Mr. Hocking, „ist das alles ein Haufen Unsinn – ich habe nie von jemandem gehört, der wirklich behauptete, er hätte sie gesehen."

„Tolle Geschichte", sagte Ken. Das Telefon läutete. „Für Sie", sagte Mr. Hocking. „Hallo, Liebling, bist du das?", fragte Judith. „Hör zu, Mrs. Jones war schon weg, aber auf dem Rückweg habe ich eine komische alte Frau mit Boot getroffen, die zum Dorf hinüberfährt, sie nimmt mich mit. Natürlich habe ich ihr eine Bezahlung angeboten, aber sie hat gesagt, es wäre umsonst, weil Weihnachten ist. Ich bin in zehn Minuten drüben, okay?" – „He – warte, Judith ...", rief Ken verzweifelt, aber sie hatte schon aufgelegt. „Vermittlung, verbinden Sie mich noch mal mit Polhale drei-zwanzig, bitte." – „Tut mir leid, der Teilnehmer antwortet nicht." Ken lief hinaus auf den Kai, und schaute übers Wasser. Es war jetzt ganz dunkel, und die Flut kam rasch und trug Nebel herein. Er konnte die Lichter am anderen Ufer nicht sehen. Ken fröstelte, während er nach dem Knarren und Klatschen eines Bootes oder Stimmen vom Fluss lauschte. Aber er hörte keinen Laut.

Als Judith aufgelegt hatte, lief sie wieder hinaus. „Ich muss mir nur noch die Nase pudern", sagte sie zu der Alten. „Du meine Güte, Sie sehen ganz durchgefroren aus. Wollen Sie eine Tasse Tee trinken?" Die sonderbare Alte schien unkontrollierbar zu zittern. Judith griff nach ihrer Hand – sie war eiskalt – und zog sie ins Haus. „Setzen Sie sich ans Kaminfeuer. Nehmen Sie Zucker?" – „Ich danke Ihnen, Ma'am." Die Alte saß steif in ihren abgetragenen schwarzen Kleidern da. „Ich habe früher in diesem Haus gewohnt." – „Wirklich?" Judith puderte sich die Nase. „Es ist ein schönes Haus. Bestimmt waren Sie traurig, als Sie es verlassen haben." – „Ja, ich war traurig." – „Versuchen Sie doch von meinen Pasteten. Sie haben noch gar nichts von Ihrem Tee getrunken. Trinken Sie, er wird Sie wärmen." In ihrer Erleichterung, Gesellschaft zu haben, wurde sie redselig. Zehn Minuten später sprang Ken aus einem geliehenen Boot und sah, dass seine

Haustür offen stand. Im Haus war es still. „Judith!“, rief er. Judith lag in einem Sessel vor dem Kamin in der Küche. Sie richtete sich benommen auf und rieb sich die Augen. „Ken! Wie sonderbar – ich muss eingeschlafen sein. Wo ist Mrs. Popsey?“ – „Wer?“ – „Die Alte, die mich hinüberfahren wollte. Sie war ziemlich merkwürdig, ein bisschen verrückt, glaube ich. Sie hat gesagt: ‚Du hast ein tapferes Herz, meine Liebe. Es gibt nicht viele, die Mutter Popsey zu einem Bissen einladen‘, und etwas darüber, dass ihr Haus endlich in guten Händen ist. Was schaust du denn so, Ken?“ Er starrte den anderen Sessel an. Darüber und rund um die unberührte Teetasse und die Pastete lag ein Gewirr nasser Seile, an denen viele kleine Bleigewichte befestigt waren. „Was um alles in der Welt ...“, rief Judith. „Damit hat man sie ertränkt“, sagte er. „Hoffentlich ist sie jetzt davon befreit.“

1 Die Geschichte „Die Fähre“ beginnt zunächst überhaupt nicht gruselig. Beschreibt die Stimmung zu Beginn.

2 Lest den Text genau. Notiert in Stichwörtern Antworten zu den folgenden Fragen:
- Wer sind die Hauptfiguren?
- Wo und wann spielt die Geschichte?
- Warum kann Ken seine Frau nicht abholen?

3 Der Text birgt eine weitere abgeschlossene, eigene Geschichte.
a Schreibt die Zeilenangaben für die entsprechende Textstelle heraus.
b Gebt diese Geschichte in eigenen Worten wieder.
c Welche Bedeutung hat diese Geschichte für den ganzen Text?

4 Der Text ist in acht große Abschnitte mit eigenen inhaltlichen Schwerpunkten gegliedert.
a Findet Überschriften für die jeweiligen Abschnitte.
b Wo liegt eurer Meinung nach der Höhepunkt der Geschichte?

5 Achtet auf die Wortwahl. Welche Formulierungen lassen darauf schließen, dass es in dem Haus nicht ganz so harmlos zugeht? Schreibt diese Textstellen in euer Heft.
Aber aus irgendeinem Grund widerstrebte es ihr, ins Haus zu gehen. (Z. 30–32)
Es ist ein hübsches Haus, ein liebes kleines Haus, und es ist nichts Unheimliches daran. (Z. 38–40)

6 Lest die Geschichte „Die Fähre“ mehrmals vor. Achtet darauf, wie die beteiligen Figuren durch euren Vortrag dargestellt werden.

Methode **Vorlesen – Sprechbogen beachten**

- Für ein wirkungsvolles Vorlesen müsst ihr darauf achten, dass jeder Satz einen Sprechbogen bildet. Die Stimme hebt sich zu Beginn des Satzes und senkt sich am Ende.
  Das Haus war klein und weiß.
- Ein Komma unterbricht lediglich den Sprechbogen, ihr dürft also die Stimme nicht senken.
  Sie hatte noch ein riesiges Bündel, aber im Haus war kein Fleck mehr frei.

Den Gruselfaktor steigern – Den Lesetext vorbereiten

Joachim Friedrich

Das Pfarrfest

Tina und ihre Eltern hatten nachts durchfahren wollen. „Die achthundert Kilometer schaffe ich auf einer Backe“, hatte Papa angegeben. „Wenn ich erst in Italien in der Sonne liege, habe ich alle Strapazen vergessen.“ Doch in den Bergen waren sie in ein Unwetter geraten. Noch nie hatte Tina ein schlimmeres Gewitter erlebt. Es blitzte unaufhörlich, und das Donnern folgte dicht aufeinander, bis nur noch ein bedrohliches Grollen zu hören war. Gegen den Regen, der wie aus Eimern schüttete, hatten die Scheibenwischer keine Chance. Seit das Unwetter begonnen hatte, fuhren sie allein auf der stockfinsteren Straße. Nicht eine Menschenseele war zu sehen. „Wie leer es plötzlich ist“, sagte Mama. „Irgendwie ist das unheimlich, findest du nicht auch, Werner?“ „Unheimlich ist nur, dass ich bald nicht mehr sehe, wohin ich fahre“, knurrte Papa. Tina wusste, dass es besser war, ihn jetzt nicht anzusprechen. Wenn er gereizt war, konnte man nicht mit ihm reden, ohne dass er gleich wütend wurde. Das war aber nicht schlimm, denn Tina fand auch, dass es sehr unheimlich war – und sie genoss es. Sie stellte sich vor, dass in den finsteren Wäldern links und rechts der Straße unheimliche Gestalten hausten und dort ihr Unwesen trieben, so, wie sie es in ihren Gruselbüchern gelesen hatte. Tina mochte Gruselgeschichten sehr. Zu Hause in ihrem Bücherregal stand eine ganze Sammlung davon. Gerade stellte sie sich vor, dass der Geist eines unschuldig Gehenkten vor ihnen auftauchte, da riss Papa sie aus ihren schaurig schönen Gedanken. „Mir reicht es jetzt. Bei der nächsten Möglichkeit halten wir an und übernachten. Selbst wenn es die letzte Bruchbude sein sollte. Das ist mir völlig egal.“ Kaum hatte er das gesagt, so als hätte er eine Vorahnung gehabt, erkannten sie im Scheinwerferlicht ein Haus. Es lag hinter einer scharfen Kurve. Wenn sie nicht so langsam gefahren wären, hätten sie es sicher übersehen. Papa hatte auch sonst recht gehabt, fand Tina. Es war eine Bruchbude, windschief, mit altmodischen Erkern und Türmchen verziert. Aus der durchgerosteten Dachrinne schoss das Wasser in alle Himmelsrichtungen, und die Fensterläden klapperten bedenklich im Wind. Über der Tür hing ein verwittertes Schild. „Gasthof“ konnte Tina mit viel Mühe entziffern.

Obwohl sie nur wenige Meter vom Auto in die rettende Eingangshalle laufen mussten, waren sie vollkommen durchnässt. Von innen sah der Gasthof fasst noch schlimmer aus. Die Dielen knarrten, die Teppiche hatten wahrscheinlich seit Jahren keinen Staubsauger mehr gesehen, und von der Decke hingen die Spinnweben in dicken grauen Schleiern. Tina hatte sich gleich in das alte Gemäuer verliebt. Das war genau der Schauplatz für eine schöne Gruselgeschichte. Tinas Papa suchte an der Rezeption vergeblich nach einer Glocke. „Hallo!", rief er. „Ist hier jemand?" Nach einer kleinen Weile hörten sie schlurfende Schritte. Ein speckiger Vorhang an der Seite der Rezeption wurde beiseite gezogen und eine alte Frau erschien. Wenn das keine Hexe ist, dachte Tina, dann gibt es keine Hexen. „Sie wünschen?", krächzte die Alte. Sogar die Stimme passt, dachte Tina. „Wir hätten gern ein Zimmer für eine Nacht", antwortete Tinas Papa. „Das ist leider nicht möglich, gnädiger Herr." „Warum nicht?" „Wir sind voll belegt. Es ist Pfarrfest im Dorf. Das ist sehr berühmt, und eine lange Tradition hat es auch. Drum kommen viele Fremde in diesen Tagen." „Haben Sie denn überhaupt nichts mehr frei? Es muss nicht komfortabel sein. Nur ein Bett, das genügt", bettelte Tinas Mama. „Ein Einzelzimmer hätte ich nur noch. Darin können Sie nicht mit drei Personen schlafen. Das Bett ist zwar nicht klein, doch es reicht nur für zwei." „Das ist wirklich alles?" Die Hexe, wie Tina sie schon insgeheim nannte, wiegte ihren Kopf hin und her. „Nun, eine kleine Kammer hätte ich noch. Darin steht ein Kinderbett. Aber ..." „Das geht doch!", rief Tinas Papa. „Meine Frau und ich nehmen das Einzelzimmer. Meine Tochter schläft in der Kammer." „Ich weiß nicht, ob das der Kleinen gefallen wird, gnädiger Herr." „Warum nicht?", rief Tina. „Es ist, wie soll ich sagen, etwas unheimlich. Wir glauben, dass es darin spukt. Mein Mann, Gott hab ihn selig, hat darin einen Geist gesehen. Dem Pfarrer hat er es auf dem Sterbebett erzählt." Die Alte erhob den Blick zum Himmel und bekreuzigte sich. Tina lief ein eiskalter Schauer über den Rücken. Gleichzeitig hätte sie am liebsten laut gejubelt. Ein richtiges Spukzimmer!

Das hatte sie sich immer schon gewünscht. „Ich weiß nicht", sagte Tinas Mama zu ihrem Mann, „sollen wir nicht doch weiterfahren?" „Nein, beim besten Willen nicht. Ich habe Angst, dass ich euch vor den nächsten Baum fahre." „Mir macht es nichts aus, in der Kammer zu übernachten!", rief Tina schnell, bevor ihre Mama ihr noch den Spaß verdarb. „Na gut, meinetwegen. Dann machen wir es halt so." Die Alte nickte. „Sie sind der Gast, gnädiger Herr. Nur schelten Sie mich später nicht, dass ich Sie nicht gewarnt hätte." Tinas Papa schüttelte sich, als wollte er die Gedanken an Spuk und Geister vertreiben. „Könnten wir bitte noch etwas zu essen haben? Ich habe einen Bärenhunger." Wieder schüttelte die Hexe ihren Kopf. „Tut mir leid, gnädiger Herr. Unsere Köchin ist schon lang fort." Tinas Papa seufzte. „Auf dem Pfarrfest bekommen Sie noch etwas", sagte die Alte mit einem Lächeln, als sie sein trauriges Gesicht sah. „Unser Knecht wird Sie fahren." „Bei dem Wetter?", fragte Tinas Mama. „Das macht ihm nichts, wenn er nur eine Gelegenheit sieht, auf einen Schoppen Wein ins Dorf zu kommen." „Ich will aber nicht mit!", rief Tina. „Ich möchte ins Bett, Ihr könnt ruhig gehen. Das macht mir nichts aus." Ihre Eltern sahen sie ungläubig an. Sie konnten nicht wissen, dass Tina es kaum abwarten konnte, in das Spukzimmer zu kommen, sich unter die Bettdecke zu verkriechen und in dem Gruselbuch zu lesen, das sie mitgenommen hatte. Ihre Eltern waren einverstanden. Wahrscheinlich waren sie zu müde und zu hungrig, um sich mit ihrer Tochter zu streiten. [...]

Tina hatte sich vorgestellt, dass sie in der Gruselkammer lag, eingekuschelt in einem Gruselbett, und Gruselgeschichten las, während draußen der Sturm heulte und der Regen gegen die Fenster klatschte. Und genau so, wie sie es sich vorgestellt hatte, war es auch. Trotzdem war sie schneller über ihrem Buch eingeschlafen, als sie es sich gewünscht hatte. Eine Urlaubsfahrt ist schließlich eine anstrengende Sache. Als sie aufwachte, dauerte es einen Augenblick, bevor sie wusste, wo sie sich befand. Es war noch dunkel, aber es hatte aufgehört zu regnen. Durch die Dachluke konnte sie den

Mond sehen. Sie wäre vor Schreck fast aus dem Bett gesprungen, als plötzlich etwas Weiches ihr Bein berührte. Sie drehte sich um und erschrak noch einmal. Da lag noch jemand in ihrem Bett! Tina hielt den Atem an, als hoffte sie, ihr unbekannter Bettgenosse würde sie nicht bemerken. „Das wurde aber auch Zeit. Ich dachte, du wachst überhaupt nicht mehr auf." Das Stimmchen, das da neben Tina flüsterte, war so dünn und leise, dass gleich ein Teil ihrer Angst verschwand und sie sich das Wesen genauer betrachtete, soweit es das schwache Mondlicht zuließ. Es war ein Mädchen, das etwa so alt wie sie selbst sein musste. Es war sehr blass. Aber das konnte auch an dem Mondlicht liegen, dachte Tina. „Wer bist du denn?", fragte sie und wunderte sich, dass sie überhaupt etwas sagen konnte. „Ich heiße Maria", sagte das Mädchen mit einem österreichischen Dialekt. „Maria Schönleitner. Und du?" „Tina Berger." Das Mädchen lachte. Es war ein seltsames Lachen, sehr leise und hoch. Tina schauderte. „Warum lachst du?" „Tina. Das ist ein komischer Name. Findest du nicht? Ich habe ihn noch nie vorher gehört." „Tatsache? Bei uns gibt es den öfter. In unserer Klasse haben wir außer mir noch zwei Tinas." „Wo kommst du denn her?" „Aus Deutschland. Wir wollen in Italien Urlaub machen." Maria riss die Augen weit auf. „Italien! So reich seid ihr?" Tina antwortete ihr nicht. Es war ihr peinlich. Maria musste sehr arm sein. Nach Italien in den Urlaub zu fahren, war wirklich nichts Besonderes, vor allem wenn sie daran dachte, wo einige ihrer Schulfreundinnen ihre Ferien verbrachten. „Machst du hier Urlaub?", fragte Tina. Wieder lachte Maria dieses schaurige Lachen. „Oh nein. Ich bin mit meinen Eltern hier. Mein Vater will auf das Fest." „Auf dieses Pfarrfest?", unterbrach Tina sie. „Da sind meine Eltern auch." „Mein Vater geht in jedem Jahr dorthin. Meine Mutter und mich nimmt er mit." „Warum haben sie dich dann hier im Gasthof gelassen?" „Weil ich krank bin. Zuerst war ich sehr traurig und habe mich einsam ge-

fühlt. Weil sich niemand um mich kümmert. Aber jetzt bist du ja da" Wieder berührte etwas Weiches Tinas Beine. Es waren Marias Füße. „Mein Gott!", rief Tina. „Hast du kalte Füße? Frierst du?" „Zuerst ja, aber jetzt nicht mehr. Du bist so schön warm. Ich bin schrecklich erkältet. Da friert man halt schnell." [...] „Soll ich dir eine Gespenstergeschichte erzählen?", schlug Tina vor. Maria machte große Augen. „Gespenstergeschichte? Was ist das?" Tina war sicher, dass Maria aus einem kleinen Dorf kam, in dem man nicht viel von der Welt wusste. „Ich kann dir ja eine erzählen. Dann weißt du, was das ist." „Oh, ja gerne", strahlte Maria. „Wir beide sind zusammen, und du erzählst mir Geschichten. Du bleibst immer bei mir, nicht wahr?" Tina nickte. Das war zwar gelogen, weil sie am nächsten Tag ihre Urlaubsfahrt fortsetzen würden, aber sie hatte sich vorgenommen, nett zu Maria zu sein. Sie suchte für ihre neue Freundin die schönste Geistergeschichte aus, die sie kannte. Maria war begeistert. Sie wollte gleich noch eine Geschichte hören, und dann noch eine und noch eine.

Tina erzählte und erzählte. Es machte ihr Spaß, denn sie mochte diese Geschichten selber gern. Außerdem freute sie sich, dass Maria Spaß daran hatte. Wenn jemand begeistert zuhört, ist das Geschichtenerzählen doppelt so schön. Trotzdem wurde Tinas Kehle vom vielen Reden trocken. Sie hätte sich gerne ein Glas Wasser geholt. Dazu musste sie aber auf den Flur hinaus. Es gab nur einen Waschraum für die ganze Etage. „Nein, bitte geh nicht. Nur noch eine Geschichte“, bettelte Maria. Also erzählte Tina noch eine Gespenstergeschichte. Doch dann hielt sie es nicht mehr aus. Als Maria einen Augenblick unaufmerksam war, schlüpfte sie aus dem Bett. Maria rief zwar noch hinter ihr her, aber da war sie schon aus dem Zimmer. Im Waschraum ließ sie das Wasser erst gar nicht in ein Glas laufen. Sie hielt gleich den Mund unter den Wasserkran. Das tat gut. Sie wollte sich noch ein Glas als Vorrat mit in ihr Zimmer nehmen. Doch wo waren die Gläser? Sie musste eine Weile in den Schränken danach suchen. Endlich hatte sie sie gefunden. In dem Augenblick, als sie eins aus dem Schrank nehmen wollte, schlug die Turmuhr. Das Fenster stand offen und die Kirche, oder was es auch immer war, konnte nicht weit entfernt sein. Das Läuten war jedenfalls so laut, dass Tina vor Schreck beinahe das Glas fallen ließ. Sie zählte mit: eins, zwei, drei, vier, fünf, sechs, sieben, acht, neun, zehn, elf, zwölf. Mitternacht! Tina erschrak noch einmal. So spät war es schon. Sie merkte plötzlich, wie müde sie war. Sie nahm sich fest vor, Maria zu sagen, dass sie ihr höchstens noch eine Geschichte erzählen und dann schlafen wollte. Sie konnte es nicht. Als sie in ihr Zimmer kam, war das Bett leer. Wahrscheinlich war Maria böse gewesen, dass sie sich aus dem Zimmer geschlichen hatte, und war zu ihren Eltern aufs Zimmer gegangen. Tina dachte, dass das ungerecht von ihrer neuen Freundin gewesen war. Schließlich hatte sie ihr die halbe Nacht Geschichten erzählt. Trotzdem schlief sie mit einem schlechten Gewissen ein.

Beim Frühstück am nächsten Morgen hielt Tina vergeblich nach Maria Ausschau. Sie hätte sie gerne noch einmal gesprochen. Es ist nicht schön, wenn man im Streit auseinandergeht, auch wenn man sich nie mehr wiedersieht. Doch Maria war nicht da. Tina dachte, dass sie schon sehr früh mit ihren Eltern aufgebrochen wäre. Dann, als ihre Eltern die Rechnung für die Nacht bezahlten, machte sie einen letzten Versuch. „Wissen Sie etwas von den Schönleitners?“, fragte sie den Knecht, der hinter der Rezeption stand. Die Hexe zu fragen, hätte sie sich nicht getraut, aber die hatte sich zum Glück noch nicht gezeigt. „Die Schönleitners?“, fragte der Knecht erstaunt. „Was weißt du denn darüber?“ „Die Maria ...“ „Ja, ja, die Maria. Eine schlimme Geschichte.“ „Was ist eine schlimme Geschichte?“, fragte Tinas Mama. „Und wer sind die Schönleitners?“ „Die Schönleitners haben hier übernachtet. Sie waren wegen des Pfarrfestes gekommen wie in jedem Jahr. Doch ihre kleine Tochter, die Maria, war sehr krank. Sie bettelte ihre Eltern an, sie nicht allein zu lassen. Es war herzzerreißend. Doch der Vater blieb hart. Er wollte auf das Fest, koste es, was es wolle. So ließen sie die Maria allein in der kleinen Kammer unter dem Dach.“ „In der ich letzte Nacht geschlafen habe?“, rief Tina. Der Knecht riss die Augen auf. „Dort hast du geschlafen?“ „Ja“, sagte Tinas Papa. „Warum?“ „Weil Sie Gott danken können, dass Sie Ihre kleine Tochter wohlbehalten wiederhaben.“ „Nun machen Sie aber einen Punkt!“, rief Tinas Papa. „Nein, nein, gnädiger Herr. Warten Sie ab, wie es mit Maria Schönleitner weiterging. Am nächsten Morgen, als ihre Eltern in die Kammer kamen, war sie verschwunden. Das Bett war benutzt, aber sie war nicht mehr da. Zwei Tage haben sie nach ihr gesucht. Das ganze Dorf hat geholfen. Doch sie blieb verschwunden.“ „Zwei Tage hat man nach ihr gesucht?“, rief Tina dazwischen. „Aber das geht doch nicht. Wann ist denn das gewesen?“ „Genau weiß ich es nicht“, antwortete der Knecht. „Das war vor meiner Zeit. Sicher sind schon fünfzig Jahre ins Land gegangen seit damals. Der Wirt hätte es Ihnen genau sagen können, aber der ist nun auch schon zehn Jahre tot." Tina brachte kein Wort mehr heraus. Ihr klebte ein dicker Kloß im Hals. „Warum erzählen Sie uns diese Schauergeschichte?", fragte Mama. Sie sah richtig böse aus. „Weil es noch einmal geschehen ist, ein paar Jahre später. Es war wieder zur Zeit des Pfarrfestes. Der Gasthof war voll belegt, sodass wieder ein kleines Mädchen, deren Eltern feiern wollten, dort übernachten musste. Als die Eltern sich von ihr verabschiedeten, gab es noch keinen Grund zur Besorgnis. Als sie jedoch nach dem Fest in die Kammer sahen, es war kurz nach Mitternacht, war ihre Tochter verschwunden, genau wie die kleine Maria. Auch sie wurde nie wieder gesehen. Seit der Zeit hat niemand mehr dort geschlafen, vor allem nicht während des Pfarrfestes." „Komm", sagte Tinas Mama und nahm ihre Tochter an die Hand. „Lasst uns gehen." Tina widersprach nicht. Wie im Traum trottete sie hinter ihrer Mutter her. Als sie im Auto saß, fiel ihr Blick auf das Gruselbuch neben ihr. Sie nahm es und vergrub es weit unten in ihrer Reisetasche.

1 a Sammelt eure ersten Eindrücke zu der Geschichte. Das können auch Fragen oder Vermutungen sein.

b Gibt es Ereignisse, Figuren, Wörter oder Textstellen, die ihr besonders unheimlich findet? Begründet eure Antwort.

2 Die Geschichte ist sehr lang. Prüft deshalb, ob ihr alles verstanden habt, indem ihr die folgenden Fragen stichwortartig beantwortet:
- Warum sucht die Familie eine Unterkunft?
- Welchen Eindruck macht der Gasthof auf Tina?
- Warum möchte die alte Frau zunächst die kleine Kammer nicht vermieten?
- Warum will Tina nicht mit aufs Pfarrfest?

3 In der Geschichte treffen zwei unterschiedliche Mädchen aufeinander. Was erfahrt ihr über Tina, was über Maria?

a Stellt gemeinsam mit einem Partner oder einer Partnerin eines der beiden Mädchen vor. Lest dazu noch einmal genau im Text nach und tragt möglichst viele Informationen zusammen.

Tina	Maria
– *mag Gruselgeschichten* – …	– *taucht wie aus dem Nichts in Tinas Bett auf* – …

b Vergleicht eure Ergebnisse in der Klasse. Klärt dabei auch folgende Fragen:
- Was bedeutet Marias Frage „Du bleibst immer bei mir, nicht wahr?" (▸ S. 127, Z. 209)?
- Was wäre wohl passiert, wenn Tina nicht vor Mitternacht aus dem Bett geschlüpft wäre?

4 Untersucht den Aufbau der Geschichte:

a Schaut euch den Anfang an. Findet ihr hier schon Hinweise darauf, dass die Geschichte gruselig wird?

b Nennt Erzählschritte, mit denen die Spannung im Hauptteil gesteigert wird.

c Sucht die Textstellen heraus, an denen ihr erkennt, dass Tina am nächsten Morgen einen Schreck bekommt. Prüft, ob sich die Spannung am Schluss auflöst.

5 Zeichnet den Spannungsverlauf der Geschichte in Form einer Spannungskurve (▶ S. 45). Tragt die Erzählschritte in Stichwörtern in die Kurve ein.

Wenn ein Abschnitt spannender ist als der vorherige, steigt die Kurve, wenn es weniger spannend wird, fällt sie.

6 „Das Pfarrfest" beginnt mit einem schlimmen Gewitter. Wie könnt ihr die Anfangsstimmung mit Geräuschen und Spezialeffekten wirkungsvoll darstellen? Spielt diese der Klasse vor.

7 Unten seht ihr einen schon zum Vorlesen vorbereiteten Textauszug.

a Versucht, die verschiedenen Markierungszeichen zu erklären.

b Lest den Textausschnitt möglichst ausdrucksvoll vor. Dabei solltet ihr auch immer wieder Blickkontakt zum Publikum herstellen. Nutzt dazu die Sprechpausen.

c Wählt eine weitere Textstelle aus, die ihr spannend und gruselig findet und bereitet sie zum Vortrag vor.

> Als sie aufwachte, ı dauerte es einen Augenblick, ı bevor sie wusste, wo sie sich befand. | Es war noch dunkel, ı aber es hatte aufgehört zu regnen. | Durch die Dachluke konnte sie den Mond sehen. | Sie wäre vor Schreck fast aus dem Bett gesprungen, ı als plötzlich etwas Weiches ihr Bein berührte. | Sie drehte sich um ı und erschrak noch einmal. | Da lag noch jemand in ihrem Bett! | Tina hielt den Atem an, ı als hoffte sie, ı ihr unbekannter Bettgenosse würde sie nicht bemerken. | „Das wurde aber auch Zeit. | Ich dachte, ı du wachst überhaupt nicht mehr auf." |

Methode — Vorlesen – Den Lesetext vorbereiten

Damit ihr einen Text für das Lesen vorbereiten könnt, müsst ihr ihn gut kennen. Am besten könnt ihr ihn auf einer Kopie bearbeiten. Ihr solltet

- Textstellen einkreisen, die anzeigen, wie eine Stelle zu lesen ist,
- Pausenzeichen für kurzes ı oder langes | Atemholen setzen und
- Betonungszeichen für wichtige und besonders wichtige Wörter eintragen. Dabei gibt es verschiedene Möglichkeiten, ein Wort zu betonen. Ihr könnt:
  - leise oder laut sprechen,
  - sehr deutlich oder gedehnt sprechen,
  - vor oder nach dem Wort eine Pause machen.
- Durch Pfeile markiert ihr, wo ihr die Stimme heben ↗ oder senken ↘ wollt.
- Am Rand notiert ihr, wie ihr den Text lesen wollt, z. B. *atemlos, schnell, geheimnisvoll, traurig, drohend, langsam*.

Testet euch!

Vorlesewettbewerb

Ihr habt jetzt gruselige Geschichten kennen gelernt und das fesselnde Vorlesen geübt. Das sind die besten Voraussetzungen für einen Vorlesewettbewerb in eurer Klasse.

1 Wählt für euren Vortrag eine Geschichte aus diesem Kapitel aus. Ihr könnt aber auch in eurer Schul- oder Stadtbibliothek auf die Suche nach einem neuen Text gehen.

2 Bereitet die ausgewählte Geschichte so zum Vorlesen vor, wie ihr es eben gelernt habt. Nutzt dazu auch die Hinweise unten.

3 a Tragt eure Geschichten vor.
b Bestimmt eine Jury, die sich aus einigen wenigen Schülern oder der ganzen Klasse zusammensetzen kann, und wertet eure Vorträge mit Hilfe des Bewertungsbogens aus.

	☺	☺☺	☺☺☺
deutliche Aussprache	...	...	...
angemessenes Lesetempo	...	...	...
angemessene Lautstärke	...	...	...
sinngemäße Betonung	...	...	...
Stimmung und Atmosphäre des Textes vermittelt	...	...	...

Methode **Singestaltendes Vorlesen**

- Wollt ihr eure Geschichte vom ersten bis zum letzten Wort vortragen? Oder gibt es Abschnitte, die ihr weglassen oder kürzen möchtet? Nehmt Streichungen vor und fügt verbindende Formulierungen ein.
- Lange Geschichten eignen sich gut dazu, von mehreren Personen vorgetragen zu werden: Wer übernimmt welchen Teil?
- Wie wollt ihr vorlesen? Laut oder leise, langsam oder schnell? Wo sind Pausen angebracht?
- Welcher Gesichtsausdruck (Mimik), welche Bewegungen (Gestik) passen an bestimmten Stellen besonders gut?
- Vermerkt all dies farbig und mit passenden Zeichen im und am Text. Schreibt ihn dazu mit breitem Rand und Platz zwischen den Zeilen auf einen großen Bogen Papier.
- An welchen Stellen könnt ihr mit Ausrufen oder Fragen das Publikum direkt ansprechen?
- Übt euren Vortrag vor dem Spiegel, vor der Videokamera oder vor Freunden.

7.2 Unheimliches – Geschichten nacherzählen

Mündlich nacherzählen

1 Die Gespenstergeschichte auf S. 133 ff. sollt ihr nacherzählen. Damit eure Zuhörer euch dabei gut folgen können, müsst ihr sie selbst genau überblicken. Lasst euch den Text zwei Mal vorlesen.

a Hört beim ersten Mal aufmerksam zu und verschafft euch einen Gesamteindruck:
- Wer sind die Hauptfiguren?
- Wann spielt die Geschichte?
- Worum geht es in dieser Gespenstergeschichte?

b Achtet beim zweiten Lesen der Geschichte darauf, wodurch die Geschichte gruselig wird und wie sich die Handlung steigert.
- Welche Handlungsschritte könnt ihr erkennen?
- In welcher Reihenfolge bauen sie aufeinander auf?
- Wo befindet sich der Höhepunkt der Geschichte?
- Wie endet der Spuk?

2 Damit man sich die Handlung der Geschichte besser merken kann, ist es sinnvoll, schon beim Zuhören Notizen anzufertigen.

a Lest die folgenden Stichpunkte:

Notizen für eine Nacherzählung zu der Geschichte „Das geheimnisvolle Mädchen"
Die Doggenburgs waren Nachfahren einer alten Kaufmannsfamilie.
Ein Fluch lag seit Generationen über der Familie.
Sieben Jahre lang wurde auf Friederike sehr gut aufgepasst.
Als Friederike sechs Jahre alt war, veränderte sie sich.

b Schaut auf die rechte Seite und vergleicht mit dem Textanfang: Auf welche Abschnitte beziehen sich die Stichpunkte?

c Lasst euch die Gespenstergeschichte noch ein drittes Mal vorlesen und versucht, euch dabei Notizen zu machen.
Achtung: Das erledigen geübte Nacherzähler eigentlich schon beim zweiten Vorlesen!

3 Erzählt den Text in der Klasse nach. Die andern passen auf, ob sie alles gut verstehen können.

Information **Mündlich nacherzählen**

Haltet euch beim Aufbau an die Vorlage und erzählt die Geschichte mit eigenen Worten nach.
Dabei müsst ihr nur die wesentlichen Handlungsschritte wiedergeben.
Achtet auch darauf, dass ihr nichts Neues dazuerfindet.

Manfred Mai

Das geheimnisvolle Mädchen

Die Doggenburgs entstammten einer alten Kaufmannsfamilie, die es im Lauf der Jahrhunderte zu Wohlstand und Ansehen gebracht hatte. Aber es schien ein Fluch über der Familie zu liegen, denn seit fünf Generationen hatte kein Mädchen seinen siebten Geburtstag überlebt. Genoveva war aus dem Fenster gestürzt. Wilhelmines Leiche hatte man im Wald gefunden. Karla war in einem Fluss ertrunken. Henriette war von einem der ersten Autos überfahren worden und eine Tablettenvergiftung hatte Adelheid das Leben gekostet.

Die Leute munkelten von einer bösen Hexe, die alle Mädchen der Familie in den Tod getrieben habe. Andere glaubten nicht an solche Schauergeschichten. Für sie waren es nur unglückliche Zufälle, dass seit fünf Generationen die Töchter der Familie durch Unfälle zu Tode gekommen waren. Trotzdem beobachteten alle gespannt und auch sorgenvoll das Heranwachsen der kleinen Friederike.

Am meisten Sorgen machten sich natürlich ihre Eltern. Sie beobachteten und beschützten Friederike so gut sie nur konnten. Und da ihre Tochter ein braves Mädchen war, passierte ihr in den ersten sechs Lebensjahren nichts Schlimmes. Im siebten Lebensjahr veränderte sich Friederike langsam. Sie machte manchmal ziemlich dumme und gefährliche Sachen. Einmal ritt sie mit dem schnellsten Pferd ihres Vaters wie der Teufel über die Felder und direkt auf einen Abgrund zu. Ein Bauer konnte das Pferd im letzten Augenblick aufhalten, sonst wäre es mit Friederike in die Tiefe gestürzt. Ein andermal zündelte sie mit Streichhölzern, dabei fing ihr Kleid Feuer und schnell stand Friederike in Flammen. Zum Glück war ihre Mutter im Nebenzimmer, hörte die Schreie ihrer Tochter, kam hereingestürzt, schnappte eine Decke, warf sie über Friederike und erstickte die Flammen.

Nach solchen Vorfällen erzählte Friederike, sie habe das nicht gewollt, ein fremdes Mädchen sei gekommen und habe ihr gesagt, sie solle es tun.

Die Eltern wussten nicht so recht, ob sie ihrer Tochter glauben sollten oder ob das nur Lügengeschichten waren, mit denen sich Friederike herausreden wollte. Aber sie nahmen sich vor, noch besser auf ihre Tochter aufzupassen.

An einem kalten Januarabend, zwei Wochen vor ihrem siebten Geburtstag, lag Friederike im Bett und konnte nicht einschlafen. Da hörte sie plötzlich ein leises Knarren, hob den Kopf und sah, wie sich die Tür des Wandschranks langsam öffnete. Friederike wollte schreien, brachte jedoch keinen Ton heraus. Mit weit aufgerissenen Augen starrte sie zum Wandschrank, aus dem das fremde Mädchen stieg.

„Guten Abend, Friederike“, sagte es. „Schön, dass du noch wach bist. Ich möchte dich nämlich mitnehmen.“

„Ich will nicht mehr mit dir gehen“, entgegnete Friederike.

„Warum nicht?“

„Weil ich Angst habe.“

„Ach was“, sagte das fremde Mädchen. „Willst du dein ganzes Leben lang immer nur im Haus herumsitzen? Das ist doch langweilig. Wenn du mit mir kommst, kannst du tolle Sachen erleben.“

„Ich will aber nicht!“

Das Mädchen winkte Friederike zu sich und sagte: „Der See ist zugefroren. Auf dem Eis können wir herrlich rutschen.“

„Ich darf nicht aufs Eis, das haben mir meine Eltern verboten.“

„Deine Eltern würden dich am liebsten im Haus einsperren“, behauptete das Mädchen. „Nur weil sie dir keine Freude gönnen.“

„Das ist nicht wahr!“

„Widersprich mir nicht und komm mit!“, sagte das Mädchen energisch.

Wie immer, wenn das Mädchen etwas von ihr

verlangte, musste Friederike es tun, auch wenn sich alles in ihr sträubte. Sie stieg aus dem Bett und verließ mit dem Mädchen im Nachthemd das Zimmer. Als sie am Schlafzimmer ihrer Eltern vorbeigingen, riss Friederike den Mund auf und schrie aus Leibeskräften, aber es war ein stummer Schrei. Niemand außer dem Mädchen hörte ihn.

Draußen fing Friederike zu bibbern an. „Mir ist so kalt", jammerte sie.

„Mir war schon mal kälter", sagte das Mädchen. „Aber keine Angst, bald wirst du die Kälte nicht mehr spüren."

„Ich darf nicht aufs Eis, weil es noch viel zu dünn ist und bestimmt bricht."

„Unsinn", entgegnete das Mädchen. „Ich werde dir zeigen, dass es nicht bricht. Warte nur ab."

Am sternklaren Himmel leuchtete der Vollmond und wies den beiden den Weg zum See.

„Bleib hier stehen", sagte das Mädchen, als sie den kleinen See erreicht hatten. Dann trat es aufs Eis und drehte sich im Kreis. „Siehst du, es bricht nicht, ich kann sogar auf dem Eis tanzen. Also los, komm schon!"

Friederike wollte weglaufen, zurück nach Hause. Aber ihre Beine gehorchten ihr nicht.

„Komm zu mir!", lockte das Mädchen und schwebte über das Eis.

Friederike hatte erst ein paar Schritte gemacht, da knackte es unter ihr. „Es bricht!", rief sie.

„Es bricht nicht", sagte das Mädchen. „Du musst nur schnell zu mir kommen. Hier ist das Eis dicker."

Vorsichtig setzte Friederike Fuß vor Fuß, bis sie bei dem Mädchen stand. Da knackte es wieder und schon brach das Eis unter Friederike. Sie wollte sich an dem Mädchen festhalten, griff jedoch ins Leere.

„Jetzt ist es aus mit dir, Friederike Doggenburg!", rief das Mädchen. „So wie es mit Genoveva, Wilhelmine, Karla, Henriette und Adelheid Doggenburg aus war, die ich alle in den Tod gelockt habe. Und weißt du auch warum? Weil mich der reiche Hubertus Doggenburg vor 150 Jahren wegen eines Stück Kuchens, das ich an meinem siebten Geburtstag von seiner Tafel gestohlen habe, aus dem Haus gejagt hat. In einer eiskalten Winternacht, in der ich auf der Treppe seines Hauses erfrieren musste."

„Hilf mir!", rief Friederike, die schon bis zur Hüfte im Wasser hing. „Ich habe dir doch nichts getan!"

„Aber der geizige Hubertus Doggenburg hat mich an meinem siebten Geburtstag getötet und deshalb müssen alle Doggenburg-Mädchen sterben."

Ein Stück Eis brach unter Friederike weg und sie rutschte tiefer. „Hilfe!", schrie sie.

„Schrei nur, niemand wird dich hören", sagte das Mädchen.

In diesem Augenblick flammte ein Licht auf, das Mädchen erstarrte.

„Friederike!", rief der Vater. „Halte aus, ich hole dich!"

Ohne zu überlegen sprang er aufs Eis, brach ein, kämpfte sich mit beinahe übermenschlicher Kraft vorwärts und näherte sich seiner Tochter bis auf wenige Meter.

„Papa!", rief sie in Todesangst. „Ich kann nicht mehr!"

Wieder brach das Eis weg und Friederike verschwand im Wasser.

„Friederike!", schrie ihr Vater und schlug mit aller Kraft auf das Eis vor sich, dass es brach und er vorwärtskam.

Friederike tauchte noch einmal auf, ihr Vater erwischte sie an den Haaren, zog sie zu sich heran und hielt sie fest.

„Papa", sagte sie schon halb ohnmächtig.

Er versuchte mit Friederike zum Ufer zu kommen, doch die eisige Kälte lähmte seine Glieder. Er hatte nicht mehr genug Kraft, seine Tochter und sich zu retten. Eng umschlungen versanken sie im See.

Das zu Eis erstarrte Mädchen stand den ganzen Winter auf dem See. In der warmen Frühlingssonne schmolz es dahin und damit waren die Doggenburgs von dem Fluch erlöst.

1 Beim mündlichen Nacherzählen kann man Stichwortkarten verwenden.

a Vergleicht die ersten beiden Karten mit dem Notizblatt (▸ S. 132). Welche Notizen wurden auf welcher Stichwortkarte zusammengefasst?

b Bringt die übrigen Karten in die richtige Reihenfolge.

Friederike erzählt vom fremden Mädchen, keiner glaubt ihr.

Sie wird von dem fremden Mädchen besucht.

Mit sechs Jahren setzt sich Friederike Gefahren aus.

Friederike → vom Fluch der Doggenburgs bedroht

2 a Erstellt ausgehend von dem folgenden Notizblatt eigene Stichwortkarten.

forderte Friederike auf, mit ihr zu kommen
Friederike ging widerstrebend mit.
wollte schreien, keiner hörte sie
Fremdes Mädchen lockte sie aufs Eis.
Friederike zögerte, konnte sich nicht wehren.
Eis knackte und brach.
Mädchen rief: „Jetzt ist es aus mit dir, Friederike Doggenburg! So wie es mit Genoveva, Wilhelmine, Karla, Henriette und Adelheid Doggenburg aus war, die ich alle in den Tod gelockt habe.“

b Vergleicht eure Ergebnisse.

c Fertigt Stichwortkarten für den Ausgang der Geschichte an. Geht dabei von euren eigenen Notizblättern (Aufgabe 2, ▸ S. 132) aus.

3 Übt das mündliche Nacherzählen mit den Stichwortkarten.

Methode **Stichwortkarten erstellen und nutzen**

Stichwortkarten sind beim mündlichen Erzählen nützlich. Sie helfen, dass ihr nichts Wesentliches vergesst und trotzdem fast frei und mit eigenen Worten sprechen könnt. Beachtet folgende Tipps:

- Formuliert knapp. Die Karten sollen nur Gedächtnisstützen sein und nicht zum Vorlesen verleiten.
- Beschreibt die Karten einseitig und nummeriert sie in der richtigen Reihenfolge.
- Schreibt nicht zu klein, damit ihr die Stichworte gut lesen könnt.
- Schaut beim Vortrag nicht nur auf die Kärtchen, sondern versucht, Blickkontakt mit euren Zuhörern zu halten.

Schriftlich nacherzählen

Luisa und Fred haben diese Geschichte schriftlich nacherzählt. Dafür gelten die gleichen Regeln wie beim mündlichen Nacherzählen.

Fred	Luisa
Schon seit Jahrhunderten lastete ein alter Fluch auf der Familie der Doggenburgs. Die kleine Friederike wuchs heran und wurde bald sieben. In dem Jahr vor ihrem Geburtstag änderte sie ihr Verhalten. Sie wurde waghalsig und unüberlegt.	*Friederike Doggenburg wuchs sehr behütet auf. Seit fünf Generationen überlebte nämlich kein Mädchen aus der Familie der Doggenburgs seinen siebten Geburtstag. Auch Friederike wurde plötzlich ganz anders.*

1 a Welchen Anfang für die Nacherzählung würdet ihr wählen? Begründet.
b Welche Fragen beantwortet Fred in diesem Teil seines Aufsatzes?

Fred schreibt:	Luisa schreibt:
An einem kalten Januarabend, zwei Wochen vor ihrem siebten Geburtstag, stieg ein fremdes Mädchen aus dem Wandschrank und sagte zu Friederike: „Schön, dass du noch wach bist. Ich möchte dich nämlich mitnehmen." „Ich will nicht mit dir gehen", sagte Friederike. „Warum nicht?" „Widersprich mir nicht und kommt mit!", sagte das Mädchen energisch. Ich an ihrer Stelle wäre nicht mitgekommen.	*An einem kalten Januarabend, kurz vor ihrem Geburtstag kommt plötzlich ein fremdes Mädchen aus dem Wandschrank und fordert Friederike auf, mit ihr zu kommen, um aufs Eis zu gehen. Friederike hatte Angst, konnte sich aber nicht wehren. Plötzlich stand sie mitten auf dem See und das Eis knackte gefährlich. „Jetzt ist es aus mit dir, Friederike Doggenburg!", rief das Mädchen.*

2 Vergleicht diese beiden Textstellen.
a Prüft mit Hilfe der Liste rechts, was noch nicht gelungen ist.
b Stellt dann jeweils die Stärken der beiden Texte heraus.

Inhalt	Sprache
zu viele Details	*falsche Zeitstufe*
wichtige Handlungsschritte vergessen	*Satzbau eintönig*
falsche Informationen	*Wortwiederholungen*
persönliche Meinung oder Wertung	*wörtliche Übernahmen*

Methode **Nacherzählen**

Wenn wir einen Film oder eine Geschichte für jemanden nacherzählen, der das Original nicht kennt, erzählen wir so wie in der Vorlage, z. B. eine Detektivgeschichte spannend, einen Streich lustig. Beachtet auch die folgenden Punkte:

- Erzählt die einzelnen Handlungsschritte in der gleichen Reihenfolge wie im Original.
- Gibt es im Original einen Höhepunkt, so gestaltet diesen auch in der Nacherzählung aus.
- Erfindet nichts Neues hinzu (z. B. Orte, Figuren).
- Erzählt mit eigenen Worten. Nur wichtige Kernstellen dürft ihr wörtlich wiedergeben.
- Erzählt in der Zeitstufe des Originals, meistens im Präteritum.

Stärken stärken: Eine Geschichte nacherzählen

Johann Peter Hebel

Das wohlbezahlte Gespenst

In einem gewissen Dorfe, das ich wohl nennen könnte, geht ein üblicher Fußweg über den Kirchhof[1] und von da durch den Acker eines Mannes, der an der Kirche wohnt, und es ist ein Recht. Wenn nun die Ackerwege bei nasser Witterung schlüpfrig und ungangbar sind, ging man immer tiefer in den Acker hinein und zertrat dem Eigentümer die Saat, sodass bei anhaltend feuchter Witterung der Weg immer breiter und der Acker immer schmäler wurde, und das war kein Recht.

Zum Teil wusste nun der beschädigte Mann sich wohl zu helfen. Er gab untertags[2], wenn er sonst nichts zu tun hatte, fleißig Acht, und wenn ein unverständiger Mensch diesen Weg kam, der lieber seine Schuhe als seines Nachbars Gerstensaat schonte, so lief er schnell hinzu und pfändete[3] ihn oder tat's mit ein paar Ohrfeigen kurz ab. Bei Nacht aber, wo man noch am ersten einen guten Weg braucht und sucht, war's nur desto schlimmer und die Dornenäste und Rispen[4], mit welchen er den Wandernden verständlich machen wollte, wo der Weg sei, waren allemal in wenig Nächten niedergerissen oder ausgetreten und mancher tat's vielleicht mit Fleiß.

Aber da kam dem Mann etwas anders zustatten. Es wurde auf einmal unsicher auf dem Kirchhofe, über welchen der Weg ging. Bei trockenem Wetter und etwas helleren Nächten sah man oft ein langes, weißes Gespenst über die Gräber wandeln. Wenn es regnete oder sehr finster war, hörte man im Beinhaus[5] bald ein ängstliches Stöhnen und Winseln, bald ein Klappern, als wenn alle Totenköpfe und Totengebeine darin lebendig werden wollten.

Wer das hörte, sprang bebend wieder zur nächsten Kirchhoftüre hinaus, und in kurzer Zeit sah man, sobald der Abend dämmerte und die letzte Schwalbe aus der Luft verschwunden war, gewiss keinen Menschen mehr auf dem Kirchhofwege, bis ein verständiger und herzhafter Mann aus einem benachbarten Dorfe sich an diesem Ort verspätete und den nächsten Weg nach Haus doch über diesen verschrie-

1 Kirchhof: Friedhof

2 untertags: tagsüber

3 pfänden: Schadensersatz fordern

4 Rispen: Sträucher

5 Beinhaus: Friedhofskapelle, in der ausgegrabene Knochen aufbewahrt werden

nen Platz und über den Gerstenacker nahm. Denn ob ihm gleich seine Freunde die Gefahr vorstellten und lange abwehrten, so sagte er doch am Ende: „Wenn es ein Geist ist, geh ich mit Gott als ein ehrlicher Mann den nächsten Weg zu meiner Frau und zu meinen Kindern heim, habe nichts Böses getan und ein Geist, wenn's auch der schlimmste unter allen wäre, tut mir nichts. Ist's aber Fleisch und Bein, so habe ich zwei Fäuste bei mir, die sind auch schon dabei gewesen."

Er ging. Als er aber auf den Kirchhof kam und kaum am zweiten Grab vorbei war, hörte er so hinter sich ein klägliches Ächzen und Stöhnen, und als er zurückschaute, siehe, da erhob sich hinter ihm, wie aus einem Grabe herauf, eine lange, weiße Gestalt. Der Mond schimmerte blass über die Gräber. Totenstille war ringsumher, nur ein paar Fledermäuse flatterten vorüber. Da war dem guten Mann doch nicht wohl zu Mute, wie er nachher selber gestand, und wäre gerne wieder zurückgegangen, wenn er nicht noch einmal an dem Gespenst hätte vorbeigehen müssen. Was war nun zu tun? Langsam und stille ging er seines Weges zwischen den Gräbern und an manchem schwarzen Totenkreuz vorbei. Langsam und immer ächzend folgte zu seinem Entsetzen das Gespenst ihm nach, bis an das Ende des Kirchhofs, und das war in der Ordnung, und bis vor den Kirchhof hinaus, und das war dumm.

Aber so geht es. Kein Betrüger ist so schlau, er verratet sich. Denn sobald der verfolgte Ehrenmann das Gespenst auf dem Acker erblickte, dachte er bei sich selber: Ein rechtes Gespenst muss wie eine Schildwache[6] auf seinem Pos-

ten bleiben und ein Geist, der auf den Kirchhof gehört, geht nicht aufs Ackerfeld. Daher bekam er auf einmal Mut, drehte sich schnell um, fasste die weiße Gestalt mit fester Hand und merkte bald, dass er unter einem Leintuch einen Burschen am Brusttuch habe, der noch nicht auf dem Kirchhof daheim sei. Er fing daher an, mit der andern Faust auf ihn loszutrommeln, bis er seinen Mut an ihm gekühlt hatte, und da er vor dem Leintuch selber nicht sah, wo er hinschlug, so musste das arme Gespenst die Schläge annehmen, wie sie fielen.

Damit war nun die Sache abgetan und man hat weiter nichts mehr davon erfahren, als dass der Eigentümer des Gerstenackers ein paar Wochen lang mit blauen und gelben Zierraten[7] im Gesicht herumging und von der Stunde an kein Gespenst mehr auf dem Kirchhof zu sehen war. Denn solche Leute wie unser handfester Ehrenmann, das sind allein die rechten Geisterbanner und es wäre zu wünschen, dass jeder andere Betrüger und Gaukelhans ebenso sein Recht und seinen Meister finden möchte.

6 Schildwache: Wachposten

7 Zierrat: Verzierung, hier: Flecken

1 Lest die Geschichte „Das wohlbezahlte Gespenst" zweimal aufmerksam durch. Schreibt dann eine Nacherzählung der Geschichte.

a Formuliert zunächst den Anfang der Nacherzählung. Worauf müsst ihr achten?

b Die Geschichte enthält heute nicht mehr gebräuchliche Ausdrücke. Schreibt diese heraus und ersetzt sie durch für euch geläufige Begriffe.

c Notiert in Stichwörtern die Handlung der Geschichte.

d Schreibt nun eure Nacherzählung.

Hier findet ihr Hilfestellungen zu den Teilaufgaben:

Hilfe zu Aufgabe 1a:

Ihr sollt den Anfang der Nacherzählung aufschreiben. Hier kommt es darauf an, schon die wichtigsten Fragen zum Text zu beantworten.
Formuliert daher zunächst Fragen zum Text und beantwortet diese in eurem Heft:
Wo spielt die Geschichte? Wer spielt in der Geschichte? Wann spielt die Geschichte?

Hilfe zu Aufgabe 1b:

Dies Aufgabe verlangt von euch, den Text auf heute nicht mehr gebräuchliche Ausdrücke und Formulierungen hin zu lesen.

- Lest die Geschichte noch einmal und unterstreicht (am besten auf einer Kopie) alle Wörter und Wendungen, die euch ungewohnt vorkommen.
- Schreibt die Wörter und Ausdrücke, die ihr nicht kennt, in euer Heft:

gewissen (Z. 1)
und es ist ein Recht (Z. 4–5)
und das war kein Recht (Z. 11)
der beschädigte Mann (Z. 12)
allemal (Z. 24)
kam ... zustatten (Z. 27–28)
Totengebeine (Z. 35–36)
ein herzhafter Mann (Z. 42–44)
verschrienen Platz (Z. 45–46)
ihm die Gefahr vorstellten (Z. 47–48)
am Brusttuch hatte (Z. 88)
damit war nun die Sache abgetan (Z. 95)
handfester Ehrenmann (Z. 101–102)
die rechten Geisterbanner (Z. 102–103)
Gaukelhans (Z. 104)

- Übertragt die Wörter und Ausdrücke in eure Sprache. Schlagt dazu im Wörterbuch nach.

Hilfe zu Aufgabe 1c:

Ihr sollt die Handlung der Geschichte in Stichwörtern notieren.

- Hierzu ist es hilfreich, den Text in Abschnitte zu gliedern und jeden Abschnitt kurz zusammenzufassen:

Zeile 1–11: Auf dem Acker eines Mannes, der direkt an der Kirche wohnte, wurde regelmäßig die Saat zertreten.
Zeile 12–26: ... Zeile 27–36: ... Zeile 37–77: ... Zeile 78–94: ... Zeile 95–105: ...

- Jetzt könnt ihr die einzelnen Erzählschritte – das, was nacheinander passiert – deutlicher erkennen. Haltet euch bei der Abfolge an die Reihenfolge des Ausgangstextes.
- Wo liegt der Höhepunkt der Geschichte? Unterstreicht diesen Erzählschritt.

Hilfe zu Aufgabe 1d:

Ihr könnt so beginnen:
Über den Friedhof eines unbekannten Dorfes ging ein Fußweg, der im weiteren Verlauf durch einen Acker führte. Der Acker gehörte einem Mann, der neben der Kirche wohnte. Wenn es regnete und der Weg matschig war, liefen die Leute auf dem Acker und zertraten dabei die Saat. ...

7.3 Fit in ...? – Eine Nacherzählung schreiben

1 Hier findet ihr einen Auszug aus einer Nacherzählung zu der Gespenstergeschichte auf S. 122–124.

a Prüft, nachdem ihr die Geschichte noch einmal gelesen habt, ob nichts Wesentliches weggelassen wurde.

b Überlegt, ob die Reihenfolge der Handlungsschritte eingehalten wurde.

b Kontrolliert mit Hilfe der Checkliste unten, ob auch die sprachliche Gestaltung dieser Nacherzählung gelungen ist.

VORSICHT FEHLER!

Judith widerstrebte es, ins Haus zu gehen, sie war ungern allein im Haus. Sie war gerade dabei, sich umzuziehen, als das Telefon läutete. „Der Motor hat den Geist aufgegeben. Der alte Weaver glaubt, er kann ihn in etwa einer Stunde reparieren, zeitig genug für die Rückfahrt der Martins, aber das bedeutet, dass ich dich nicht holen kann. Kannst du mit den Jones herüberkommen?"
Seit vierzehn Tagen wohnen Judith und Ken in einem geerbten Haus in Cornwall. Das Haus war früher ein Schifferhaus und befindet sich am andern Ufer des Dorfes. Judith schmückte die Veranda des Hauses mit Stechpalmen, ihr Mann Ken holte Getränke für Weihnachten. Am Abend sind sie zu einer Cocktailparty eingeladen.
Während sich Judith bei den Nachbarn nach der Mitfahrmöglichkeit erkundigt, bekommt Ken vom Wirt eine Furcht einflößende Geschichte über ihr neu bezogenes Fährhaus zu hören. Diese Geschichte besagte, dass das Fährhaus verwunschen sei. Der ursprünglichen Besitzerin Mrs. Popsey war Gewalt angetan worden, ihr Geist erscheine seither jedes Jahr an Heiligabend und räche sich an den Leuten im Ort. Der unerschrockene Ken fand die Geschichte toll. Sie war eben zu Ende, als das Telefon läutete. Es war Judith: „Hallo, Liebling, bist du das?", fragte Judith. „Hör zu, Mrs. Jones war schon weg, aber auf dem Rückweg habe ich eine komische alte Frau mit Boot getroffen, ...

2 a Setzt die Nacherzählung in eurem Heft fort.

b Überprüft auch euren eigenen Text mit Hilfe der Checkliste.

Checkliste

Aufbau und Inhalt einer Nacherzählung

- Bauen die Handlungsschritte in der gleichen Reihenfolge wie im Original aufeinander auf?
- Falls die Vorlage einen Höhepunkt hat: Habt ihr diesen lebendig ausgestaltet?
- Habt ihr Unwesentliches, das für das Verständnis der Geschichte unwichtig ist, weggelassen? **Tipp:** Eine Nacherzählung sollte kürzer als die Vorlage sein.
- Habt ihr euch inhaltlich an die Vorlage gehalten und nichts Neues hinzuerfunden (z. B. Orte, Figuren, Zeit)?

Sprache

- Erzählt ihr in eigenen Worten?
- Habt ihr die Zeitstufe des Originals übernommen? Meist ist es das Präteritum.
- Erzählt ihr abwechslungsreich, z. B. bei den Verben des Sagens?
- Habt ihr auf Satzverknüpfungen geachtet, mit denen ihr Zusammenhänge deutlich macht?

8 Hast du Töne? – Gedichte vortragen und gestalten

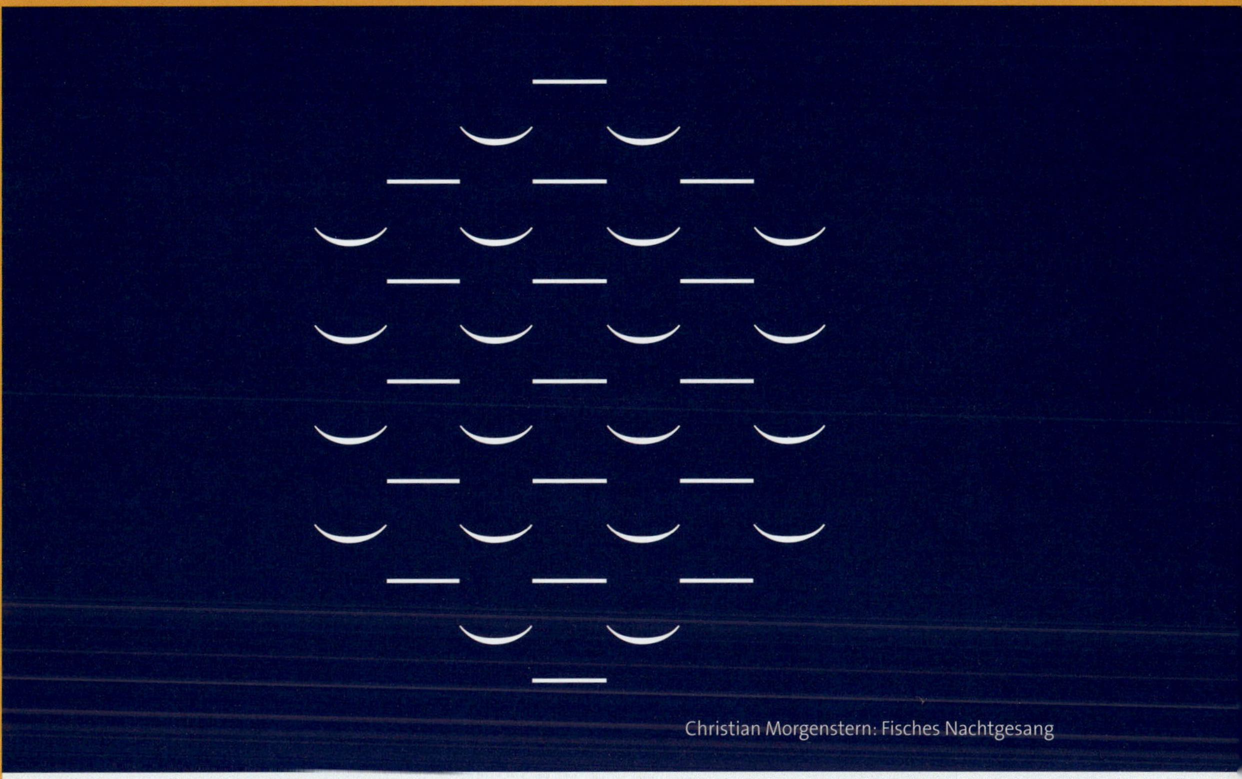

Christian Morgenstern: Fisches Nachtgesang

1 Was könnten diese rätselhaften Zeichen bedeuten? Stellt Vermutungen an.

2 Ihr dachtet vielleicht, Fische sind stumm. Dieses Gedicht behauptet: Sie können sogar singen. Wie könnte sich der Gesang anhören? Findet Möglichkeiten, das Lied hörbar zu machen:

a Wählt einen Fisch (z. B. Goldfisch, Hai) oder ein anderes Wassertier (z. B. Seepferdchen).

b Wie „spricht“ euer Tier (z. B. blobb, fletsch) oder welche Laute (z. B. klopf, zisch) macht es? Wählt für beide Zeichen ein Geräuschwort und schreibt das Gedicht in dieser „Sprache“ auf.

3 Tragt eure Gedichte einzeln oder zusammen vor. Wenn ihr euer Lied mit Klatschen, Klopfen, Stampfen ... rhythmisch begleitet, wird vielleicht ein Wasser-Rap daraus.

In diesem Kapitel ...

- lernt ihr Merkmale von Gedichten kennen,
- spielt ihr mit Wörtern und Lauten,
- tragt ihr Gedichte wirkungsvoll vor,
- erfahrt ihr, wie ihr Gedichte leicht auswendig lernt,
- schreibt und gestaltet ihr Gedichte am Computer.

8.1 Vom Singen und Sagen – Gedichte untersuchen und verstehen

Wie ein Schlosshund heult – Reime und Reimwörter

Christiane Grosz

Der Schlosshund

Wisst ihr wie ein Schlosshund heult Schnauzenwinkel stark verbeult Ohren wie Bananenblätter Haare voller Regenwetter Tränen groß wie Kokosnüsse zitternd Schwanz und Hundefüße schauerlich sein Jaulen Mut gehört zum Kraulen

Doris Rudlof-Garreis

Ein Hund beim Frisör

Wenn ich dreimal kräftig belle will ich eine Dauerwelle bell ich aber zweimal nur wünsch ich eine Föhnfrisur kurzes Bellen heißt ich bitt rasch um einen Kurzhaarschnitt!

1 a Lest laut vor. Ihr merkt: Für das Ohr sind diese beiden Texte schon richtige Gedichte – für das Auge noch nicht, denn die Zeilen brechen an der falschen Stelle ab.
b Schreibt die Hunde-Gedichte mit Punkt und Komma in euer Heft.

Der Schlosshund
Wisst ihr, wie ein Schlosshund heult,
Schnauzenwinkel …

Ein Hund beim Frisör
Wenn ich dreimal kräftig belle,
will ich …

2 Lest jetzt die beiden Gedichte noch einmal laut und ihr stellt fest, dass Reime entstanden sind.

a Versucht, den Begriff „Reim“ zu erklären.

b Findet weitere Reimwörter und schreibt sie in einer Tabelle in euer Heft, z. B.:

belle	Schnitt	Beule	Hund	...
Welle	Ritt	Keule	Mund	...

c Die beiden Hunde-Gedichte haben **Paarreime.** Erklärt auch diesen Begriff.

3 Schreibt das Gedicht „Der Schlosshund“ ab. Markiert zusammengehörige Zeilen mit gleichen Farben und gleichen Buchstaben:

Wisst ihr wie ein Schlosshund heult, a
Schnauzenwinkel stark verbeult, a
Ohren wie Bananenblätter b

Information **Reim und Reimformen**

Ein wichtiges Merkmal vieler Gedichte ist der **Reim.** Wenn zwei Wörter vom letzten betonten Vokal an gleich klingen, nennt man das Endreim, z. B.: *im Stillen – Widerwillen;*

In Gedichten könnt ihr verschiedene Reimformen erkennen.
Wenn sich zwei aufeinanderfolgende Gedichtzeilen reimen, spricht man von einem **Paarreim:**

... kräftig belle a
... Dauerwelle a
... Schlosshund heult b
... stark verbeult b

Reimen sich die 1. und 3. sowie die 2. und 4. Zeile (über Kreuz), so nennt man das **Kreuzreim:**

... kleine Maus a
... hellen Tag b
... im Mäusehaus a
... Katze lag b

Wie Nachtigallen wollten sie singen – Vers und Strophe

Margaret Klare

Katz und Maus

Es träumte eine kleine Maus
einmal am hellen ?
dass neben ihr im ?
die böse Katze ?

Doch war die Katz in ihrem ?
ein Kätzlein, klein und ?
Die Maus, die konnt es glauben ?
und freute sich im Schlaf.

Sie nahm das Kätzchen auf den Schoß;
es hat sich nicht ?
Die Maus erwacht: Der Schreck ist ?
und alles umgekehrt.

Traum	lag	brav	groß	gewehrt
kaum	Tag	Mäusehaus		

1 a In diesem Mäuse-Gedicht sind einige Reimwörter entwischt. Fangt sie wieder ein.
b Könnt ihr nachempfinden, weshalb die Maus erschrickt?

2 a Schreibt das Gedicht in euer Heft und markiert die Reimwörter farbig. Achtet darauf, dass die Reimwörter jeweils an den Enden der Zeilen stehen.
b Beachtet die Reimanordnung, die entstanden ist. Wie könnte man diese Reimform nennen?

Johann Wolfgang Goethe

Die Frösche

Ein großer Teich war zugefroren.
Die Fröschlein, in der Tiefe verloren,
Durften nicht ferner quaken noch springen.
Versprachen sich aber, im halben Traum:
Fänden sie nur da oben Raum,

Wie Nachtigallen wollten sie singen.
Der Tauwind kam, das Eis zerschmolz,
Nun ruderten sie und landeten stolz
Und saßen am Ufer weit und breit
Und quakten wie vor alter Zeit.

3 Lest das Gedicht mehrmals. Welches Verhalten mancher Menschen könnte man mit dem der Frösche vergleichen?

4 a Untersucht, aus wie vielen Versen dieses Gedicht besteht.
b Welche Verse gehören jeweils zusammen? Wie viele Strophen hat dieses Gedicht?

Information **Vers, Strophe**

Eine Gedichtzeile heißt **Vers.** Mehrere zusammengehörende Zeilen eines Gedichts bilden eine **Strophe.** Mehrere Strophen werden durch Leerzeilen voneinander getrennt.

Testet euch!

Reimwörter

1 Sucht die fehlenden Reimwörter für die „Tapire“ und tragt die Strophe in euer Heft ein.

Tapire

Leider kann man von ?
nicht träumen wie von andern ?
sie sind nicht süß, sie sind nicht ?
und fressen, sagt ein Schild, Gemöse. (= Gemüse)

2 a Die Verse der folgenden Löwen-Strophe sind durcheinandergewirbelt. Stellt die Strophe wieder her. Schreibt dazu die einzelnen Verse untereinander auf ein Blatt Papier, schneidet sie dann auseinander und findet eine sinnvolle Reihenfolge.
Achtung: Hier folgen jeweils drei Reimwörter aufeinander.

„Wach auf, wenn du ein Löwe bist!
Zupf ich ihn an der Mähne,
Im Traum sind Löwen meist allein.
bleckt er die weißen Zähne.
Sie schnurren, blinzeln, schlafen ein.
Ich will jetzt wissen, wie es ist,
„Sei still“, knurrt er, „ich gähne.“
Sie schauen in mein Zelt herein.
wenn mich ein echter Löwe frisst!“

Überschrift	*Vom Löwen, der mich nicht fressen wollte*
So beginnt das Gedicht	*Jm Traum sind Löwen meist allein.*

b Vergleicht eure Strophen mit dem Original (► S. 314).

3 Übertragt den folgenden Lückentext in euer Heft. Füllt dabei die Lücken mit den richtigen Fachbegriffen, die man zum Beschreiben von Gedichten benötigt.

Mehrere Gedichtzeilen bilden zusammen eine ?
Wenn sich zwei aufeinanderfolgende Verse reimen, nennt man das ?
Eine Gedichtzeile heißt ?
Reimen sich die 1. und 3. sowie die 2. und 4. Zeile, ist das ein ?

8.2 Der Ton macht die Musik – Gedichte vortragen

Laute(r) Tiere – Zuhören und nachmachen

Ernst Jandl

auf dem land

rininininininininDER
brüllüllüllüllüllüllüllEN

schweineineineineineineineinE
grununununununununZEN

hunununununununununDE
bellellellellellellellEN

katatatatatatatatZEN
miauiauiauiauiauiauiauEN

katatatatatatatatER
schnurrurrurrurrurrurrurrurrEN

gänänänänänänänänSE
schnattattattattattattattattERN

ziegiegiegiegiegiegiegiegEN
meckeckeckeckeckeckeckeckERN

bienienienienienienienienEN
summummummummummummummummEN

grillillillillillillillEN
ziririririririririrPEN

fröschöschöschöschöschöschöschE
quakakakakakakakakEN

hummummummummummummummummELN
brummummummummummummummummEN

vögögögögögögögögEL
zwitschitschitschitschitschitschitschitschERN

1 Schaut euch dieses Gedicht genau an. Welche Idee hat Ernst Jandl? Wie macht er daraus ein Gedicht?

2 Tragt den Text auf mehrere Weisen vor: einzeln, zu zweit, in Gruppen.
a Versucht, die verschiedenen Tierstimmen möglichst genau wiederzugeben.
b Wie klingt es, wenn sich mehrere Tiere „ins Wort fallen“?

Nuscheln, tuscheln, prusten – Lesetheater

Christa Wißkirchen

Theaterkatzen

Katz und Kater
gingen ins Theater.
In die erste Reihe
setzten sich die zweie.
Fingen an zu flüstern,
fingen an zu knistern,
fingen an zu nuscheln,
fingen an zu tuscheln,
fingen an zu husten,
fingen an zu prusten.
Ruhe da, was fällt euch ein!
Wollt ihr wohl mal stille sein?
Oh, da warn sie leise,
leise wie zwei Mäuse.
Fünf Minuten dauert's bloß,
und dann ging es wieder los:
wieder mit dem Flüstern,
wieder mit dem Knistern,
wieder mit dem Nuscheln,
wieder mit dem Tuscheln,
wieder mit dem Husten,

Franz Marc: Die drei Katzen. Öl auf Leinwand 1913

wieder mit dem Prusten.
Unverschämtes Viehzeug hier:
Fort mit euch und vor die Tür,
dann ist's mit dem Krach vorbei!
Und sehr plötzlich – eins-zwei-drei
flogen Katz und Kater
raus aus dem Theater.

1 Empfindet ihr den Schluss für Katz und Kater als ungerecht? Begründet eure Meinung.

2 Dieses Gedicht ist selbst ein kleines Theaterstück.
- a Findet heraus, welche Figuren sprechen und welche auch ohne Worte eine Rolle spielen.
- b Was tun Katz und Kater, wenn sie nuscheln, tuscheln, prusten ...? Erklärt die Wörter und probiert aus, wie sich das anhören könnte.

3
- a Schreibt das Gedicht so in euer Heft, dass jeder Vers in einer Zeile steht. Achtet beim Eintragen auf die unterschiedliche Großschreibung, z. B.: *zu husten* und *mit dem Husten.*
- b Markiert die Zischlaute z. B. in *flüstern, knistern, nuscheln* farbig und sprecht die Wörter laut. Lasst dabei *st* und *sch* richtig zischen.
- c Kennzeichnet die Sprechrollen mit verschiedenen Farben.
- d Unterstreicht mit Bleistift, was ihr leise oder laut sprechen wollt: leise Stimme laute Stimme

4 Jetzt solltet ihr euer Lesetheater in der Klasse proben. Verteilt die Rollen. Probiert verschiedene Orte für euer Spiel aus, z. B. im Treppenhaus, unter dem Tisch, auf dem Stuhl stehend, aus verschiedenen Ecken sprechend. Überlegt, ob ihr einen knisternden, flüsternden „Chor" als Begleitung braucht.

Der Wind ist los – Wortbilder

Josef Guggenmos

Der Wind

In allem Frieden
schlief abgeschieden
hinter einer Hecke
der Wind.
Da hat ihn die Spitzmaus,
wie Spitzmäuse sind,
ins Ohr gezwickt.
Der Wind erschrickt,
springt auf die Hecke,
fuchsteufelswild,
brüllt,
packt einen Raben
beim Kragen,
rast querfeldein
ins Dorf hinein,
schüttelt einen Birnbaum beim Schopf,
reißt den Leuten den Hut vom Kopf,
schlägt die Wetterfahne herum,
wirft eine Holzhütte um,
wirbelt den Staub in die Höhe:
Wehe,
der Wind ist los!
Aber wo ist die Spitzmaus?
In ihrem Kellerhaus
dreht sie die Daumen im Schoß,
zufrieden und faul,
und grinst
mit ihrem frechen Maul.

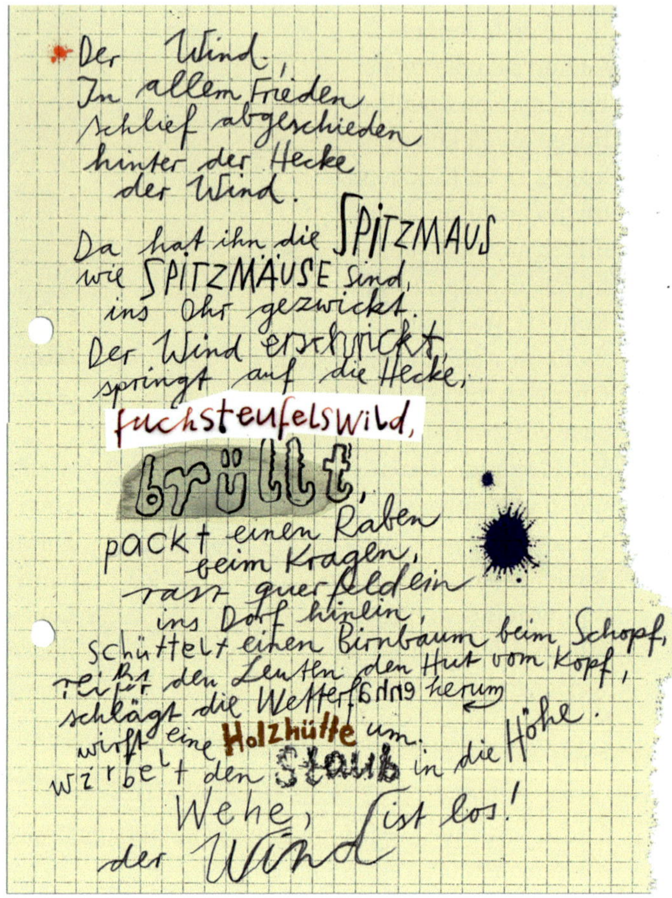

1 Lest das Gedicht still für euch und lasst es in eurem Kopf wie einen Film ablaufen. Wie wird der Wind in diesem Gedicht gesehen? Was „tut" er? Welche Rolle spielt die Maus dabei?

2 Das Gedicht ist oben rechts wie ein Bild dargestellt.

a Besprecht, wie das Schreibbild den Inhalt auszudrücken versucht, z. B.: „brüllt", „Staub" …

b Lest das Gedicht jetzt laut. Probiert aus, ob euch die Wortbilder beim Vortrag helfen.

3 Findet heraus, welche Sinne (Augen, Ohren …) besonders angesprochen werden.

a Mit welchen Wörtern geschieht das? Zählt sie auf.

b Zu welcher Wortart gehören diese Wörter? (▸ S. 210)

Wolke oder Krokodil sein – Den Vortrag üben

Mascha Kaléko

Wenn ich eine Wolke wäre

Wenn ich eine Wolke wäre,
segelt' ich nach Irgendwo
durch die weiten Himmelsmeere
von Berlin bis Mexiko.
Blickte in die Vogelnester,
rief die Katzen auf dem Dach,
winkte Brüderchen und Schwester
morgens aus dem Schlafe wach.

Wenn ich eine Wolke wäre,
zög ich mit dem Wüstenwind
zu den Inseln, wo die Menschen
gelb und mandeläugig sind
oder braun wie Schokolade
oder mandarinenrot,
wo die Kokosnüsse wachsen,
Feigen und Johannisbrot.

Wolfgang Buschmann

Manchmal, wenn ich will,
bin ich ein Krokodil.
Dann fauch ich ungeheuer.
Ich spucke sogar Feuer.
Doch manchmal, wenn ich will,
bin ich völlig still.
Und Mutter spricht: Der Klaus
war heute eine Maus.

1 Eine Wolke sein oder ein Krokodil? Was reizt euch mehr zu einem Vortrag?

a Wenn ihr euch entschieden habt, findet die besondere Stimmung eures Gedichts heraus.
Ist es lustig, traurig, nachdenklich, aufregend ...?

b Beschreibt die „Tonart" eures Gedichts. Versucht, sie beim lauten Lesen umzusetzen. Merken eure Zuhörer, ob ihr *etwas Lustiges, etwas Trauriges, etwas Nachdenkliches, etwas Aufregendes* ... zu sagen habt?

2 a Wie reimt (► S. 143) sich das Gedicht?

b Welche Wortarten (► S. 200 ff.) kommen in jeder Strophe vor?

c Sucht oder malt selbst passende Bilder und gestaltet damit den Vortrag noch interessanter, um:
- die Zuhörer auf besondere Stellen aufmerksam zu machen und
- sie als Gedächtnisstütze für euch selbst zu nutzen.

3 Übt euren Vortrag in der Klasse. Nehmt den **Beobachtungsbogen** zu Hilfe. Legt ein Blatt auf die rechte Seite und kreuzt darauf an. Bildet Gruppen und bewertet euch gegenseitig:

	immer	oft	manchmal	nie
Sprechpausen: an den richtigen Stellen?				
Lautstärke: Wird „laut“ oder „leise“ richtig eingesetzt?				
Betonung: wichtige Ausdrücke hervorgehoben?				
Mimik/Gestik: Passen sie zu dem Gedicht?				
Blickkontakt: Findet er statt? Fühlt sich das Publikum angesprochen?				

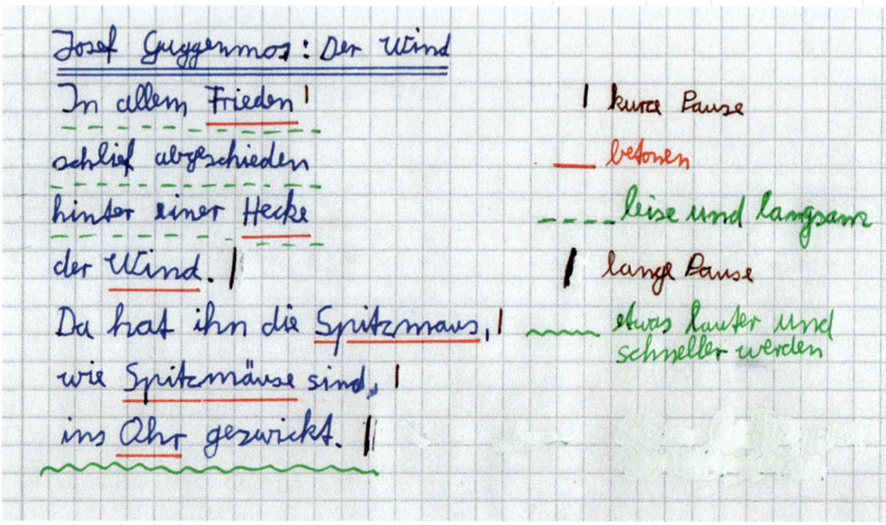

Methode **Ein Gedicht vortragen**

Achtet beim Gedichtvortrag auf Folgendes:
- **Sprecht deutlich.** Die Vokale (a, e, i, o, u) sind meistens gut zu hören. Aber auch die Konsonanten solltet ihr zum Klingen bringen.
- **Betont** wichtige Wörter.
- Arbeitet mit der **Lautstärke:** Werdet je nach Bedeutung lauter oder leiser.
- Macht wirkungsvolle **Sprechpausen,** damit die Zuhörer Zeit haben, sich das Gehörte vorzustellen. Achtet auf die Satzzeichen: kein Punkt oder Komma = keine Pause!
- Ein **Tempowechsel** bringt Schwung in euren Gedichtvortrag. Sucht Stellen, die ihr schneller oder langsamer sprechen wollt.
- Verwendet eine zum Gedichtthema passende **Gestik** und **Mimik** (► S. 156).
- Versucht, Blickkontakt zum **Publikum** zu halten.

Damit der Vortrag gut gelingt, solltet ihr ihn **vorbereiten.**
- Schreibt das Gedicht ab. Lasst dabei viel Platz zwischen den Wörtern und zwischen den Versen.
- Unterstreicht dann die Wörter, die ihr besonders betonen wollt.
- Tragt auch ein, wo ihr Pausen macht (I für eine kurze, II für eine lange Pause) oder wo ihr das Tempo oder die Lautstärke wechseln wollt.

Es war einmal ein Rabe – Gedichte auswendig lernen

Bertolt Brecht

Tierverse

Es war einmal ein Rabe
Ein schlauer alter Knabe
Dem sagte ein Kanari, der
In seinem Käfig sang: Schau her
Von Kunst
Hast du keinen Dunst.
Der Rabe sagte ärgerlich:
Wenn du nicht singen könntest
Wärst du so frei wie ich.

Wilhelm Busch

Es sitzt ein Vogel auf dem Leim

Es sitzt ein Vogel auf dem Leim.
Er flattert sehr und kann nicht heim.
Ein schwarzer Kater schleicht herzu,
Die Krallen scharf, die Augen gluh
Am Baum hinauf und immer höher

Der Vogel denkt: Weil das so ist
Und weil mich doch der Kater frisst,
So will ich keine Zeit verlieren,
Will noch ein wenig quinquilieren[1]
Und lustig pfeifen wie zuvor.
Der Vogel, scheint mir,
Hat Humor.

1 quinquilieren (aus dem Lateinischen): trällern, vor sich hin singen

1 Am besten wirkt euer Text, wenn ihr ihn auswendig vortragt. Sucht euch eins der Tier-Gedichte von diesem Kapitel aus und lernt es auswendig. Die Arbeitstechnik unten hilft euch dabei.

Methode **Tipps zum Auswendiglernen**

Ein langes Gedicht solltet ihr in **Abschnitten lernen.** Nehmt euch immer nur einen Teil vor, lest ihn genau und wiederholt ihn mehrmals laut. Ihr könnt dabei
- die Augen schließen und euch bildlich vorstellen, was ihr sprecht,
- im Raum umhergehen und sprechen,
- jemandem vorsprechen (Eltern, Hund, euch selbst im Spiegel ...).

Oder **ihr schreibt den Text auf einen Zettel**
- und nehmt ihn überall hin mit
- oder hängt ihn in eurem Zimmer, im Bad, in der Küche an die Lampe/ans Regal.

Eine andere Möglichkeit:
- **Ihr deckt die rechte Hälfte des Gedichts mit einem Blatt Papier ab,** sodass ihr nur den Anfang der Verse seht.
- Jetzt versucht ihr, die Verse im Kopf zu ergänzen.
- Probiert aus, wie es ist, wenn ihr das Blatt immer weiter nach links schiebt.
- Zuletzt deckt ihr die linke Seite des Gedichts ab, sodass ihr nur die Versenden seht.

Überlegt euch eine bestimmte **Gestik, Mimik** und **Körperhaltung** für den Gedichtvortrag. So behaltet ihr den Text besser. Ihr erinnert euch an die entsprechende Textstelle, wenn ihr die Bewegung ausführt.

2 Susanna kann bei längeren Gedichten den Überblick besser behalten, wenn sie Merkwörter an den Rand schreibt.

a Probiert das aus. Nehmt ein Blatt und deckt die rechte Hälfte dieser Seite ab. Lest das Gedicht und schreibt die Wörter, die euch für das Auswendiglernen wichtig erscheinen, neben die Strophen.

b Vergleicht eure Lösungen mit Susannas Merkwörtern und besprecht die Unterschiede.

Für einen wirkungsvollen Vortrag ist es wichtig, das Gedicht zu verstehen. Nur so könnt ihr seiner Bedeutung gerecht werden und es auch aussagekräftig vortragen.

Robert Gernhardt

Heut singt der Salamanderchor

Heut singt der Salamanderchor
die allerschönsten Lieder.
Doch da er gar nicht singen kann,
hallt es entsetzlich wider.

Salamander singen falsch
klingt entsetzlich

Rings um das Haus ist's warm und still,
drin schrein die Salamander.
Sie brüllen, lärmen, plärrn, krakeeln
und alle durcheinander.

alles ist still
Salamander schreien durcheinander

Die Katze schaut ins Zimmer rein,
da wird's auf einmal leiser.
„Ich bitt' euch", sagt sie, „schreit nicht so!
Ihr seid ja schon ganz heiser!"

Katze kommt
es wird leiser
Katze: „Schreit nicht so!"

Die Katze geht. Es ist sehr still.
Man hört die Hummeln brummen.
Ein Kuckuck ruft. Fern bellt ein Hund.
Doch dann ertönt ein Summen.

es ist still
Hummeln, Kuckuck, Hund

ein Summen

Ein Summen erst, und dann ein Schrein –
das sind die Salamander.
Schon sind sie wieder voll in Fahrt
und brüllen durcheinander:

Salamander schreien und brüllen wieder durcheinander

„Hier singt der Salamanderchor
die allerschönsten Lieder.
Auch wenn es manchem gar nicht passt:
Wir singen immer wieder."

Salamander finden ihre Lieder schön
singen immer wieder

8.3 Ein Gedichtbuch gestalten – Das Textverarbeitungsprogramm nutzen

Nachdem ihr Wörter, Reime und Laute in Gedichten auf vielerlei Weise zum Klingen gebracht habt, findet ihr in diesem Kapitel Anregungen, Gedichte auch optisch interessant zu gestalten. Das Textverarbeitungsprogramm des Computers bietet dazu viele Möglichkeiten (▸ S. 154).

Versucht, die folgenden Anregungen am Computer umzusetzen und gestaltet ein Gedichtbuch. Ihr könnt dafür eure selbst geschriebenen oder von euch gestalteten Gedichte zusammenstellen, mit Zeichnungen versehen und vervielfältigen. Wie wäre es, wenn ihr sie beim Schulfest oder an einem Elternabend für einen sozialen Zweck verkauft? Ihr könnt das Buch aber auch nur für euch selbst herstellen und behalten oder verschenken. Eine weitere Möglichkeit ist, eure Gedichte in der Schülerzeitung oder auf der Schulhomepage erscheinen zu lassen.

Elfchen schreiben

Frech!
Kleine Maus
Zwickt den Wind.
Ich bin immer brav.
Schade!

Ein **Elfchen** besteht, wie der Name schon sagt, aus elf Wörtern:
1. Vers: ein Wort (z. B. eine Farbe, eine Eigenschaft)
2. Vers: zwei Wörter (z. B. ein Gegenstand, ein Lebewesen)
3. Vers: drei Wörter (eine Aussage über Vers 2)
4. Vers: vier Wörter (eine Aussage über dich)
5. Vers: ein Wort (ein Schlusswort, das alles zusammenfasst)

Bildgedichte gestalten

R NG NA ER LA KO KREUZ TER
I EL TT SCH NGE BRA OT

S S S S S
T T T T T
K Ä F I G K Ä F I G K Ä F I G K Ä F I G K Ä F
B B B B B
E E E E E
S S S S S
T T T T T
Ä Ä Ä Ä Ä
B B B B B
H E R P A N T H E R P A N T H E R P A N T H E R P A N T H E R P A N T H E R
S S S S S
T T T T T
K Ä F I G K Ä F I G K Ä F I G K Ä F I G K Ä F

Wissen und Können **Arbeitstechniken am Computer**

Eine Textdatei anlegen

Wenn ihr am Computer Gedichte schreiben und bearbeiten wollt, sammelt ihr sie in einer Datei.

Programme *Word* — Wählt über die Menüleiste das Textprogramm aus und öffnet es. (Word, Open Office ...)

Datei *Speichern unter* — Gebt der Textdatei einen passenden Namen, z. B. Gedichte.

Texte schreiben, bearbeiten, drucken

Nun kann es losgehen mit dem Schreiben. (Das 10-Finger-System solltet ihr möglichst bald lernen!)

Schrift — Wählt in der Menüleiste die Schriftgröße und Schriftart. Wollt ihr sie verändern, dann markiert das Wort oder die Zeile und wählt die passende Größe bzw. Schriftart. 

Wenn ihr ein Wort unterstreichen, **fett** oder *kursiv* schreiben wollt, markiert es und klickt auf **U**, **F** oder ***K***.

Löschen Korrigieren — Falsch getippte Buchstaben werden mit ← oder Entf gelöscht.

Jeden Vorgang kann man mit 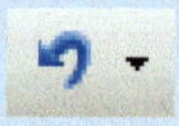 rückgängig machen.

Ein Wort könnt ihr überschreiben, indem ihr es vorher markiert.

Kopieren Einfügen — Wenn ihr ein Wort, einen Vers oder eine ganze Strophe an einer anderen Stelle einfügen wollt, dann markiert die Textstelle.

Kopiert sie mit .

Platziert den Cursor dort, wo der Text eingefügt werden soll.

Fügt ihn ein mit .

Verschieben Einfügen — Wörter, Zeilen, ganze Abschnitte kann man verschieben, indem man sie markiert und mit gedrückter Maustaste an einer gewünschten Stelle einfügt.

Speichern — Sehr wichtig ist, alles abzuspeichern, was ihr geschrieben habt.  Ihr könnt es später immer noch verändern.

Datei drucken — Drucken geht einfach mit .

Kontrolliert aber vorher die Seitenansicht der Dokumente mit .

Wörterliste ▶ S. 284

Publikum	tuscheln	dichten	Reim	Vortrag	Datei
ausprobieren	Computer	Betonung	deutlich	auswendig	merkwürdig
Strophe	lustig	lüstern	Programm	Vers	

9 Vorhang auf! – Wir spielen Theater

1 *Bei „Theater" denke ich an ...*
Sammelt eure Einfälle an der Tafel. Sprecht dann über eure Ideen.

2 Habt ihr selbst schon einmal Theater gespielt? Tauscht euch über eure Erfahrungen aus.

3 Erzählt euch gegenseitig von Theateraufführungen, die ihr besucht habt.

In diesem Kapitel ...

- werdet ihr euch eurer Körpersprache bewusst,
- stellt ihr Situationen und Handlungen mit und ohne Worte dar,
- lernt ihr, Dialoge fortzuschreiben und eigene Stücke zu entwickeln.

9.1 In kleinen Schritten auf die große Bühne

Unsere Körpersprache – Sprechen ohne Worte

Wer selbst schon einmal Theater gespielt hat, weiß: Die Schauspieler/-innen tragen nicht nur ihren Text vor. Sie gebrauchen ihren ganzen Körper, um Gefühlen und Stimmungen Ausdruck zu verleihen.
Es gibt eine Form von Theater, bei der ganz auf Worte verzichtet wird: die Pantomime. Dabei drücken die Darsteller/-innen mit **Mimik** und **Gestik** aus, was sie sagen wollen.

Information **Mimik und Gestik**

Mimik nennt man den Gesichtsausdruck eines Menschen. An der Mimik kann man erkennen, wie jemand sich gerade fühlt und was er denkt.
Um deutlicher auszudrücken, wie man sich fühlt, lassen sich auch Körperhaltung und Bewegungen einsetzen: Kopfschütteln, Schulterzucken, mit dem Fuß stampfen, Handbewegungen usw. Das nennt man **Gestik.**

1 Schaut euch das Bild auf Seite 156 an.
- a Versucht, den jeweils gezeigten Gesichtsausdruck und die Haltung nachzuahmen.
- b Beschreibt die dargestellten Gefühle mit passenden Verben, Adjektiven und Nomen.
- c Stellt euch vor, in welcher Alltagssituation sich die Kinder befinden und was sie gerade erleben könnten. Legt ihnen Sätze in den Mund, die sie vielleicht als Nächstes sagen würden.

2 Überlegt euch selbst ein bestimmtes Gefühl und versucht, es durch Mimik und Gestik auszudrücken. Euer Nachbar/Eure Nachbarin soll das Gefühl erraten.

3 Versucht, euren Gesichtsausdruck von einer Stimmung in eine andere zu verändern: Schüler/-in A spricht Schüler/-in B an, der oder die reagiert mit einem entsprechenden Gesichtsausdruck.

A: „Deine neue Frisur steht dir richtig gut."	B: strahlt.
A: „Deine Noten müssen endlich besser werden."	B: schaut betroffen.
A: „Das Essen ist dir gut gelungen."	B: lächelt zufrieden.

4 Mit den folgenden Übungen könnt ihr allein, zu zweit oder in der Gruppe eure pantomimischen Fähigkeiten trainieren:

A Sich fortbewegen:
spazieren gehen wandern
schlendern schleichen hinken
stolzieren kriechen schleichen

B Stumme Aussagen:
- Mir geht es gut. Ich habe gerade gut gegessen.
- Das möchte ich nicht! Lass mich in Ruhe!
- Lass mich mal kurz darüber nachdenken!
- Den lasse ich heute mal nicht von mir abschreiben!

C Alltagsbeschäftigungen:
- eine Banane schälen und essen
- Temperatur mit dem Fieberthermometer messen
- vor dem Computer sitzen und chatten

D Kleine Alltagsszenen spielen:
- Ihr steigt aus der Straßenbahn, es regnet in Strömen, ihr sucht euren Schirm, stellt fest, dass ihr ihn in der Bahn vergessen habt, ärgert euch, lauft hastig los, sucht durchnässt und frierend Schutz unter einem Vordach …
- Ihr bekommt eine gute/schlechte Klassenarbeit zurück.
- Ihr steht im Supermarkt an der Kasse und ärgert euch über die lange Schlange vor euch.
- Ihr quält euch durch ein völlig überfülltes Zugabteil.

E Freizeitbeschäftigungen erraten:
Bildet Zweiergruppen. Erklärt euch pantomimisch, einer nach dem andern, was ihr am kommenden Wochenende vorhabt. Klärt anschließend, ob ihr euch richtig verstanden habt.

F Magische Verwandlungen:
Bildet einen großen Sitzkreis. Eine oder einer beginnt und verwandelt wortlos einen Gegenstand, z. B. ein Federmäppchen, in einen anderen Gebrauchsgegenstand, z. B. in einen Föhn, und gibt diesen weiter. Der/die Nächste spielt pantomimisch mit dem Gegenstand und verwandelt ihn dann wieder, z. B. in einen Roller ...

G Weitere pantomimische Paar- und Gruppenübungen:

- **Paargehen:** Einer geht hinter dem anderen her und ahmt dessen Bewegungen genau nach.
- **Marionettentheater:** Einer steht auf dem Stuhl und hält als Marionettenspieler die Fäden in der Hand, der andere steht vor ihm auf dem Boden und spielt die Marionette.
- **Tauziehen:** Zwei Personen oder Gruppen stehen sich gegenüber und spielen Tauziehen ohne Seil.
- **Wechselwetter:** Ihr stellt euch vor, bei wechselndem Wetter durch die Stadt zu laufen. Macht durch eure Pantomime deutlich, ob es gerade stark regnet, heftig gewittert, eisig kalt ist, glühende Hitze oder Sonnenschein herrscht oder ein Herbststurm tobt.
- **Medizinball:** Ein unsichtbarer Medizinball wird zunächst im Kreis herum vorsichtig weitergereicht, dann immer schneller dem nächsten zugeworfen.
- **Spiegelpantomime:** Ihr steht euch zu zweit gegenüber. Einer tut so, als stünde er vor dem Spiegel, der andere spielt das Spiegelbild. Achtung: Bewegt euch zunächst nur sehr langsam.
- **Standbilder bauen:** Eine Gruppe von sechs bis acht Schülerinnen und Schülern bekommt den Auftrag, eine Alltagssituation oder eine Szene pantomimisch darzustellen. Auf ein Signal hin wird die Situation eingefroren, alle Spieler erstarren in ihrer Mimik und Gestik. Das eingefrorene Bild verdeutlicht die Stimmungen und Beziehungen der Darsteller zueinander. Tipp: Nutzt diese Übung auch als praktische Vorübung für Theateraufführungen.

Die Stimme einsetzen – Der Ton macht die Musik

Die Stimme ausprobieren

Unsere Stimme ist ein unglaublich vielseitiges Instrument. Sie kann **laut** oder **leise, hoch** oder **tief** sein, sie kann aber auch **warm** oder **kalt** klingen. Wir können **schnell** oder **langsam** sprechen und wir haben die Möglichkeit, **Sprechpausen** zu machen oder bestimmte Wörter zu **betonen.**

1 Welche Situationen kennt ihr, in denen hoch und schnell gesprochen wird? Oder tief und warm? Kennt ihr eine Situation, in der etwas leise und kalt gesagt wird?

2 Versucht, die unten genannten beiden Sätze auf verschiedene Arten zu sprechen:

im Befehlston   beruhigend   ärgerlich, zornig   schmeichelnd   lachend   ...

Achtung, alle mal herhören!

Morgen gehen wir in den Zoo.

Das Gedicht von den fünf Gefühlen

An manchen Tagen bin ich wirklich froh,
dann spring ich durch die Gegend, freu mich so.

An manchen Tagen bin ich auch mal traurig,
dann weine ich und finde alles schaurig.

An manchen Tagen krieg ich echt die Wut,
dann stampf und schrei ich laut, fühl mich nicht gut.

An manchen Tagen hab ich richtig Mut,
dann g'lingt mir alles und ich fühl mich gut.

An manchen Tagen fürchte ich mich sehr,
ich habe Angst und das Alleinsein fällt mir schwer.

3 Tragt das Gedicht so ausdrucksvoll vor, dass die genannten Gefühle durch eure Stimmlage und durch den Tonfall deutlich zum Ausdruck kommen. Lernt es am besten auswendig. (▶ S. 151)

4 Setzt nun euer Gesicht, den ganzen Körper und Bewegungen ein, um die Stimmung der einzelnen Strophen zu verdeutlichen.

5 a Verwendet Orff'sche oder andere Musikinstrumente, um die fünf Gefühle im Gedicht auszudrücken.
b Erfindet passende Melodien zu den einzelnen Strophen.

Unsinnstexte mit Gefühl

Kalima schlapft i drusi
Glan kuli menkat up flat, ennobi massa blodi.
Aklama hilo bramsa Kalima.
Estebe meffe? Estebe nägge?
Klariza dupla hinegart!

Der Text, den ihr gerade gelesen habt, ist in Grommolo verfasst, einer Unsinnssprache, bei der erfundene Wörter und Laute miteinander verbunden werden. Verständlich kann man sich seinem Publikum dennoch machen, indem man mit der eigenen Stimme spielt und sehr deutlich betont.

1 Lest euch den Text in unterschiedlichen Stimmungslagen vor:
- a Probiert z. B. folgende Varianten aus: *ärgerlich, glücklich, wütend, traurig, ängstlich, feierlich.*
- b Woran habt ihr die jeweilige Stimmung des Vortragenden erkannt?

2 Auch die folgenden Texte, die kleine Szenen wiedergeben, kommen euch vielleicht zunächst etwas seltsam vor.
- a Lest die kurzen Texte leise für euch.
- b Tragt die kleinen Szenen in der richtigen Stimmung und Tonlage vor.

Das Meerschweinchen deines Freundes/deiner Freundin ist gestorben, du tröstest ihn/sie.	Karmi Mena, sono blenda, daku trevi, trevi manast.
Du bist ein/e Nachrichtensprecher/in und trägst die rechts stehende Nachricht vor.	Ekla ni tumme. Dor nubot keil griffke sabot huschla.
Du hast Computerverbot und bist darüber sehr wütend.	Kaka dak? Plo zigstu remmi. Tronto mega klick kamme!

3 Denkt euch mit eurem Partner/eurer Partnerin kleinere Szenen aus, die ihr zu zweit spielen könnt. Hier findet ihr einige Beispiele als Anregung:

Du meldest bei der Polizei den Diebstahl deines Fahrrads.
Auf dem Weg zur Schule werden im Bus die Fahrscheine kontrolliert, du hast deinen verloren …

Information **Szene**

Eine Szene ist ein Handlungsabschnitt in einem Theaterstück. Auch Handlungen, die man im Alltagsgeschehen beobachtet, nennt man manchmal Szenen.

Aus dem Stegreif spielen

Beim Stegreifspielen wird nur ein Thema vorgegeben. Die Darsteller/-innen haben deshalb keine Zeit, sich einen Text auszudenken, den sie auswendig lernen. Sie müssen improvisieren, sich also sehr schnell in eine Rolle und Situation hineinversetzen und möglichst glaubwürdig spielen.

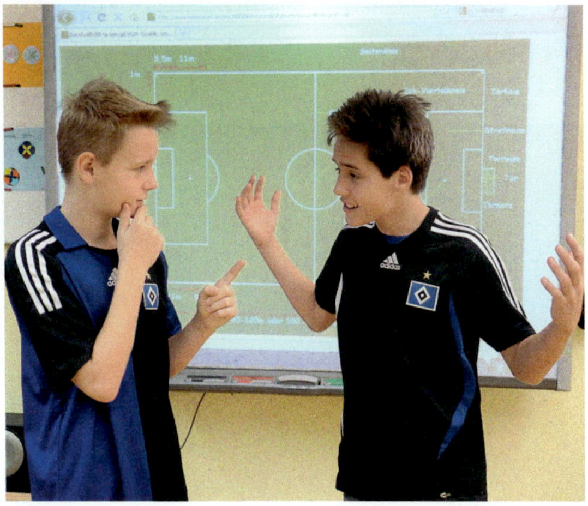

1 Stellt euch in einer Reihe diagonal im Klassenzimmer auf.

a Durch Klatschen oder Schnipsen erhält die oder der Erste in der Reihe von der Lehrerin oder dem Lehrer das Zeichen, spontan eine Geschichte zu erzählen, zum Beispiel diese:

> *Heute Morgen ist mir an der Bushaltestelle ein ganz eigenartiger Herr begegnet. Er trug einen sehr seltsamen Hut und ...*

b Die begonnene Geschichte wird so lange fortgesetzt, bis das Zeichen an die Nächste oder den Nächsten geht, die/der somit aufgefordert ist, genau an der Stelle einzusetzen und weiterzuerzählen.

c Sind alle einmal an der Reihe gewesen, ist die Geschichte beendet.
Hinweis: Achtet darauf, inhaltlich Bezug auf die Vorredner zu nehmen.

2 Bildet Dreier- oder Vierergruppen.

a Jede Gruppe zieht verdeckt einen Gegenstand aus einer Blackbox (z. B. einem Sack).

b Überlegt kurz, was euch zu dem blind gezogenen Gegenstand einfällt.

c Erzählt aus dem Stegreif eine Geschichte, in der euer Gegenstand vorkommt. Ihr dürft auch eigene Erlebnisse/Erfahrungen in die Geschichte einbeziehen.

3 Spielt ohne Vorbereitung eine der folgenden Szenen. Setzt Mimik, Gestik und Sprache so wirkungsvoll wie möglich ein. Beobachtet euch gegenseitig und tauscht euch am Ende aus, wer besonders überzeugend gespielt hat.

Du bist mit einem Freund oder einer Freundin bei einer Sportveranstaltung und ihr unterhaltet euch über das Spiel beziehungsweise über den Wettkampf.

Dein Freund oder deine Freundin kommt viel zu spät zu eurem vereinbarten Treffpunkt.

Du sprichst mit deinen Eltern über eine Taschengelderhöhung.

Du bekommst einen Werbeanruf. Der Anrufer will dir ein Abonnement für Klingeltöne aufschwätzen.

9.2 Märchen in Szene setzen

Dialoge entwerfen

Das böse Rotkäppchen und der liebe Wolf

Mutter *(elegant gekleidet, Laptop unterm Arm):* Rotkäppchen!

Rotkäppchen *(lümmelt mit Kopfhörern und Zeitschrift auf dem Sofa, reagiert nicht)*

Mutter *(lauter):* Rotkäppchen, du weißt doch, dass ich gleich einen wichtigen Termin habe. Kommst du bitte mal?

(Mutter geht zu Rotkäppchen und nimmt ihm die Kopfhörer ab.)

Rotkäppchen: Hey, kann man hier denn nicht mal mehr in Ruhe Musik hören?

Mutter: Rotkäppchen, mach jetzt bitte keinen Stress. Hör zu: Ich habe Großmutter versprochen, bei ihr vorbeizuschauen und Kuchen und Wein mitzubringen. Aber ich schaff's nicht. Bist du so lieb und erledigst das für mich? Im Schrank steht noch eine Schokobackmischung, und dann nimmst du am besten noch eine Flasche Württemberger Roten mit, den trinkt sie am liebsten ...

(Mutters Handy klingelt, Rotkäppchen setzt inzwischen wieder die Kopfhörer auf.)

MUTTER: Wolf-Rosenrot. Guten Tag, Herr Isegrimm. Ja ..., ja ..., ich denke, das geht in Ordnung. Gut, Herr Isegrimm, dann sehen wir uns um 13:00 Uhr. Ebenso. Schöne Grüße an die Gattin. Ja ..., gerne. Auf Wiederhören!
MUTTER *(nimmt Rotkäppchen erneut die Kopfhörer ab)*: Ich verlass mich auf dich, meine Große!
ROTKÄPPCHEN: Keine Lust! Und keine Zeit!
MUTTER: Bitte! Wir machen dann am Wochenende auch was Schönes zusammen, ja? Versprochen! Tschüss!
(Mutter geht.)

1 Märchen lassen sich mit einfachen Mitteln zu unterhaltsamen Theaterstücken umarbeiten.
a Überlegt: Wie könnte diese Schülerfassung von Rotkäppchen weitergehen? Erarbeitet gemeinsam einen roten Faden.
b Gliedert eure Ideen in passende Szenen.

2 Bildet Kleingruppen und gestaltet die einzelnen Szenen zu Dialogen aus.
a Überlegt euch zunächst, welche Figuren in der jeweiligen Szene beteiligt sind.
b Schreibt den Text so auf, dass der Dialog (siehe Merkkasten unten) deutlich wird. Dabei steht zunächst der Personenname, dann ein Doppelpunkt, dann folgt der Text.
c Ergänzt eure Dialoge durch sinnvolle Regieanweisungen. Sie legen fest, wie der Text gesprochen werden soll.

> **Mutter** (ungeduldig): Ach, Rotkäppchen, du weißt doch, wie viel ich zu tun habe. Bitte, unterstütze mich doch ein wenig!
> **Rotkäppchen** (schnippisch): Würde ich ja gern, muss nur einfach unbedingt den Song zu Ende hören.
> **Mutter** (leicht versöhnt): ...

3 Präsentiert eure in den Gruppen erarbeiteten Rollenspiele vor der Klasse.
a Tragt die einzelnen Szenen vor der Klasse vor und lasst euch Rückmeldungen dazu geben.
b Nehmt die Rückmeldungen eurer Mitschülerinnen und Mitschüler ernst und überarbeitet eure Dialoge entsprechend.

Information | **Dialoge und Regieanweisungen**

Wenn sich zwei oder mehrere Personen im Alltag oder auch auf der Bühne unterhalten oder gar streiten, nennt man das einen **Dialog.**
Hinweise in einem Theatertext, die angeben, wie Dialogpartner/-innen miteinander reden und sich verhalten, nennt man **Regieanweisungen.** Sie stehen in Klammern hinter der Nennung der sprechenden Person oder zwischen den Dialogbeiträgen, z. B.:
Mutter *(energisch): ...*
(Tochter reagiert gereizt und geht hinaus.)

Rollenbiografien entwickeln

Um eine Figur eindrucksvoll auf der Bühne darstellen zu können, muss die Schauspielerin oder der Schauspieler sie im Vorfeld gut kennen lernen sowie ihre Verhaltens- und Handlungsweisen verstehen.

1 Entwerft Steckbriefe (► S. 14) für die Figuren eurer Szenen: Rotkäppchen, Mutter, Großmutter, Wolf usw. Beantwortet darin alle wichtigen Fragen, die die Figur näher beschreiben:

> ***Steckbrief: Rotkäppchen***
> *Wie heißt du?* — *Ich heiße Rotkäppchen*
> *Wie alt bist du?* — *Ich bin elf Jahre alt*
> *Wie siehst du aus?*
> *Wie kleidest du dich?*
> *Welche besonderen äußeren Merkmale zeichnen dich aus?*
> *Wo und wie lebst du?*
> *In welchem Verhältnis stehst du zu den anderen? Wen magst du? Wen lehnst du ab?*
> *Wie siehst du dich selbst? Bist du glücklich und zufrieden mit dir?*
> *Wie sehen dich die anderen?*

2 Wenn ihr auf euren Steckbriefen alle Fragen für die jeweilige Figur beantwortet habt, könnt ihr als Nächstes auf dieser Grundlage eine Rollenkarte anlegen. Auf der fasst ihr die Biografie der Figur zusammen:

a Legt in Kleingruppen für jede Figur eures Märchen-Theaterstücks eine Rollenkarte an.

b Vergleicht eure Rollenkarten mit denen der anderen Gruppen und ergänzt eure Rollenbiografien um die Stichpunkte, die ihr vielleicht übersehen habt.

> ***Rollenkarte: Rotkäppchen***
> *Ich heiße Rotkäppchen und bin elf Jahre alt. Bei diesem Namen nennen mich alle, weil meine Lieblingsfarbe Rot ist und ich schon als kleines Mädchen am liebsten immer rote Haarbänder und Mützen getragen habe. Ich lebe bei meiner Mutter, mein Vater ist ...*

3 Lernt die Rollenbiografie einer Figur auswendig und tragt sie vor. Achtet beim Vortrag auf die passende Mimik und Gestik, die die Figur kennzeichnen.

4 Tragt nun die von euch erarbeiteten Dialoge wirkungsvoll und überzeugend vor.

Information **Rolle und Rollenkarte**

Rolle nennt man die Gestalt oder Figur, die ein Schauspieler oder eine Schauspielerin auf der Bühne oder vor der Kamera verkörpert, z. B.: Prinzessin, Sohn, Kommissarin ...
Um in eine Rolle hineinzufinden, eignen sich **Rollenkarten** als Hilfsmittel. Alle Informationen, die für die Figur wichtig sind, werden darin steckbriefartig festgehalten.

9.3 Projekt: Ein Theaterstück aufführen

Die Spielvorlage erstellen

Schneeputtel und die sieben Stadtzwerge

In der Märchenwelt ist so einiges durcheinandergeraten. Erst begegnen Hänsel und Gretel den vier Stadtmusikanten, und dann ...

(Es ist finstere Nacht. Mitten im Wald kauern zwei Kinder unter einem alten Baum.)
HÄNSEL: Nun hör' doch auf zu weinen, Gretel. Es ist vorbei! Die alte Hexe ist tot. Und morgen sind wir vielleicht schon wieder zu Hause.
GRETEL: Ich hab' solche Angst!
HÄNSEL: Psst! *(flüsternd)* Da war doch was!
GRETEL *(noch ängstlicher)*: Hänsel!
(Man hört Geräusche wie das Knacken von Ästen. Dann absolute Stille. Plötzlich brechen Esel, Hund, Katze und Hahn durch das Dickicht. RIESENGESCHREI auf beiden Seiten.)
HÄNSEL *(nach einigen Schrecksekunden)*: Mein Gott, habt ihr uns aber erschreckt!
HUND: Sorry, aber wir haben schlechte Erfahrungen mit Menschen gemacht.

GRETEL: Was macht ihr denn hier?
ESEL: Ach, das ist eine lange Geschichte. Ich kann sie euch gern erzählen – morgen. Jetzt muss ich erst einmal schlafen. Gute Nacht!
(Alle legen sich schlafen. Am nächsten Morgen.)
HAHN: Kikeriki, schön ist's in der Frih! ...

1 Jetzt ist eure Kreativität gefragt: Ihr schreibt euer eigenes kleines Theaterstück.
- a Welche Abenteuer könnten die Märchenfiguren zusammen erleben? Sammelt Ideen für unterhaltsame Szenen.
- b Ordnet eure Ideen in einem Cluster (▶ S. 286) an der Tafel.
- c Entscheidet euch für die besten Szenen, die ihr in euer Theaterstück einbauen möchtet.
- d Legt die Reihenfolge der Szenen fest.

2 Bildet Kleingruppen, in denen ihr die einzelnen Szenen als Dialoge ausarbeitet. Vergesst nicht die Regieanweisungen!

3
- a Tragt eure Szene zunächst in eurer Gruppe vor und überarbeitet sie.
- b Stellt die überarbeiteten Szenen der Klasse vor und stimmt sie mit den anderen Szenen genau ab.

> Manchmal passen die ausgearbeiteten Szenen nicht so recht zusammen. Dann ist es hilfreich, eine Figur einzusetzen, die in allen Szenen wiederkehrt und so einen roten Faden in eurem Stück spinnt (z. B. Hänsel und Gretel, die durch die Szenen wandeln).

Das Stück inszenieren

Um euer Stück in Szene zu setzen, zu „inszenieren“, und dann zur Aufführung zu bringen, ist noch einiges zu bedenken. Daher ist es sinnvoll, gleich zu Beginn einen Projektfahrplan zu erstellen und diesen gut sichtbar als Plakat aufzuhängen.

Projektfahrplan für die Aufführung von „Schneeputtel und die sieben Stadtzwerge“

Verantwortliche Gruppe	Aufgabe	Termine
Gruppe 1: Schauspieler/-innen	– Texte auswendig lernen – Proben Szene 1–3	...
Gruppe 2: Bühnenbild, Licht	– Mobiliar besorgen – Kulisse bauen	...
Gruppe 3: Kostüme, Requisiten	– Kostüme zusammenstellen – Stoffe besorgen	...
Gruppe 4: Plakat und Einladung	– Text für das Plakat entwerfen – Fotos besorgen – ...	...

1 Bildet die verschiedenen Arbeitsgruppen.
a Besprecht in jeder Gruppe die zu erledigenden Arbeiten und Termine dazu.
b Einigt euch in jeder Gruppe, wer welche Aufgaben übernimmt.
c Haltet eure Ergebnisse im Projektfahrplan für alle sichtbar fest.

2 Überlegt gemeinsam, welche Requisiten ihr einsetzen könnt. Stellt dafür eine Requisitenkiste in eure Klasse, die ihr mit passenden mitgebrachten Kleidungsstücken, Stoffen und Gegenständen füllt.

Information **Kostüme, Requisiten, Kulissen**

Schauspielerinnen und Schauspieler legen für ihre Rollen meistens **Kostüme** an.
Für bestimmte Szenen werden Möbel oder Gegenstände benötigt, z. B. Tassen, ein Stock, ein Stuhl ... Hier spricht man von **Requisiten.**
Oft spielen Theaterstücke nicht nur an einem, sondern an mehreren Orten. Wird der Schauplatz gewechselt, geht der Vorhang zu, die Bühne wird umgebaut. Oft wechselt dann auch die **Kulisse,** ein (gemalter) Hintergrund verdeutlicht den Schauplatz (z. B. Wald oder Wohnzimmer).

Wörterliste ▸ S. 284

Spiel	Rolle	Pantomime	Kostüm	Regieanweisung
Szene	Aufführung	Requisite	Gestik	Gefühle
Theater	Kulisse	Dialog	Mimik	betonen

10 Fernsehen, Radio, Internet – Medien bewusst nutzen

1 Das Foto wurde auf einer Medienmesse aufgenommen.

a Besprecht:
- Welche Medien erkennt ihr auf dem Bild?
- Welche weiteren Medien könnte es auf einer derartigen Messe geben?

b Gebt dem Foto eine Bildunterschrift. Vergleicht eure Vorschläge.

2 a Nennt eure Lieblingsfernsehsendungen. Erklärt, was ihr daran jeweils gut findet.

b Wie und wo informiert ihr euch am liebsten? Nennt Medien und Sendungen.

In diesem Kapitel …

- untersucht und diskutiert ihr eure Mediennutzung,
- lernt ihr, wie Wissenssendungen aufgebaut sind und wie die Kamera eure Sehweise lenkt,
- informiert ihr euch über Nachrichten.

10.1 Wissenssendungen – Lernen durch Fernsehen

Fernsehgewohnheiten diskutieren

1 Stellt euch gegenseitig eure Lieblingssendung vor. Geht so vor:

a Notiert euch Stichwörter zu eurer Lieblingssendung, z. B.:
- *Name der Lieblingssendung: ...*
- *Fernsehsender, Sendetag und -zeit: ...*
- *Jnhalt der Sendung: ...*
- *Warum ich die Sendung mag: ...*

b Stellt nun eure Lieblingssendung vor.

c Gibt es Sendungen, die eher von Mädchen oder eher von Jungen angeschaut werden? Welche Gründe könnte es hierfür geben?

2 a Man kann verschiedene Arten von Sendungen unterscheiden. Lest dazu die Informationen im unten stehenden Merkkasten.

b Oben findet ihr Beispiele für verschiedene Fernsehsendungen. Bestimmt jeweils die Art der Sendung.

c Sucht weitere Beispiele für die verschiedenen Arten von Fernsehsendungen. Ihr könnt dazu die Seite aus der Fernsehzeitschrift auf Seite 173 verwenden.

Information **Arten von Fernsehsendungen**

Bei Fernsehsendungen unterscheidet man Unterhaltungs- und Informationssendungen. Zu den **Unterhaltungssendungen** gehören z. B. Fernsehserien, die entweder täglich oder wöchentlich gesendet werden, Fernsehshows (z. B. „Wer wird Millionär?") und Fernsehfilme. Zu den **Informationssendungen** zählen z. B. Nachrichtensendungen (wie die „Tagesschau") und Dokumentationen (z. B. „Expeditionen ins Tierreich").

Wissenssendungen – Informationen für Vorträge nutzen

„Fixies" sind Fahrräder, die eigentlich für Bahnrennen entwickelt worden sind. Sie haben feststehende Naben, es gibt keinen Leerlauf, keine Gangschaltung und nicht mal Bremsen! Das verspricht den neuesten Kick. Ihren Namen verdanken sie dem Englischen: fixed gears, kurz „Fixies"!
Immer häufiger benutzen Fahrradkuriere, aber auch Freizeitstrampler die modischen Rennräder. Die Polizei sieht das mit Sorge, denn das Unfallrisiko der „Fixies" ist hoch.
Anders ist das bei den inzwischen sehr weit entwickelten Mountainbikes und den Crossrädern, die durch Scheibenbremsen und hydraulische Bremssysteme eine kurze Bremsstrecke und schnelles Stehenbleiben ermöglichen.

1 Auf dieser Seite seht ihr ein Bild, das in der Wissenssendung „Galileo" ausgestrahlt wurde, und den Text, der dazu zu hören war. Wertet den Beitrag aus.
- a Was sind „Fixies"? Beantwortet diese Frage mit eigenen Worten in ein bis zwei Sätzen.
- b Verkehrssicherheit der „Fixies": Was erfahrt ihr aus dem Text, was aus dem Bild?
- c „Fixies" sind gefährlich. Besprecht in der Klasse, ob man deshalb ihren Verkauf verbieten sollte.

2 Welche Wissenssendungen kennt ihr noch?
- a Sammelt die Namen weiterer Wissenssendungen an der Tafel.
- b Sprecht über die Sendungen. Was ist das Besondere an ihnen?

Information **Infotainment**

Neben reinen Informations- und Unterhaltungssendungen gibt es auch eine Vielzahl von Magazinen, die wissenschaftliche Themen bearbeiten. Diese Sendungen versuchen, auf spielerische Art und Weise Kindern und Jugendlichen Wissen zu vermitteln. Indem Information (engl. *information*) mit Unterhaltung (engl. *entertainment*) kombiniert wird, entsteht mit **Infotainment** (Erlebnisfernsehen) eine neue Sparte in den Medien.

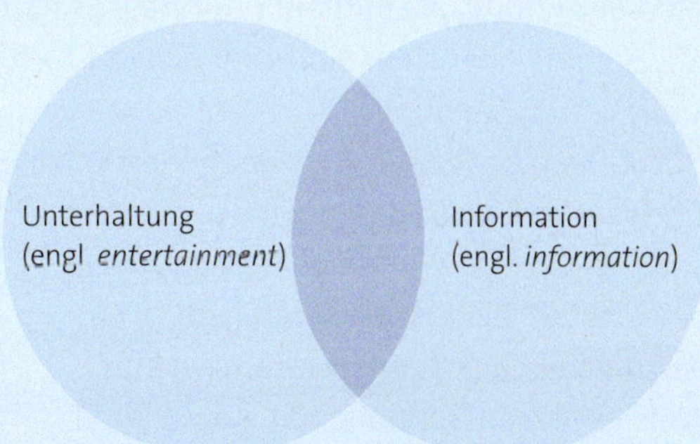

3 Bildet Gruppen und nehmt Wissenschaftssendungen genauer unter die Lupe.

a Welche Sendungen machen wirklich klüger und auch Spaß beim Anschauen?

b Erstellt einen Bewertungsbogen eurer Sendung für eure Mitschülerinnen und Mitschüler. Orientiert euch dabei an dem Beispiel unten. Ihr könnt aber auch zusätzliche Kriterien ergänzen.

Im Internet findet ihr zu eurer Sendung zusätzliche Informationen, die das Thema und die Hintergründe betreffen.

Bewertungsbogen für „Planet Wissen“

Name der Schülerinnen und Schüler (Gruppe):	*Nina, Marie, Jonas, Josip*
Sendetag und -zeit:	*Mittwoch 19.10.2013, 15.00–16.00 Uhr*
Thema der Sendung:	*geniale Erfinder*
Inhalt der Sendung:	*Rudolf Diesel, der Erfinder des Dieselmotors. Er starb auf einer Schiffsreise, als er in England und Frankreich seine Erfindung lizensieren ließ.*
Altersempfehlung:	*ab elf Jahre*
Informationswert:	*hoch*
Unterhaltungswert:	*hoch*
Verständlichkeit:	*Wir konnten der Sendung insgesamt gut folgen; aber es kamen auch viele Fremdwörter vor, wie z.B. „Lizenz“ und „Patent“, hier mussten wir in einem Wörterbuch nachschlagen.*
Bewertung:	*Wir haben viel über den Erfinder Diesel gelernt und uns dabei auch noch gut unterhalten.* ☆☆☆

Bei eurer Schlussbewertung dürft ihr Sternchen vergeben:

sehr gute Sendung ☆☆☆	gute Sendung ☆☆	mittelmäßige Sendung ☆

4 Stellt die Sendung, die ihr näher untersucht habt, in einem **Galerierundgang** vor.

a Jeweils eine oder einer aus eurer Gruppe bleibt am Platz und gibt Auskunft zu der von der Gruppe analysierten Sendung.

b Die übrigen Gruppenmitglieder gehen von Tisch zu Tisch und lassen sich die von den anderen Gruppen untersuchten und bewerteten Sendungen vorstellen.

c Versucht euch an einem Gesamturteil: Welche Wissenssendung hat euer aller Interesse geweckt? Begründet.

Wissenssendungen eignen sich prima für Kurzvorträge. Sucht mit Hilfe einer Programmzeitschrift eine passende Wissenssendung aus. Notiert in Stichpunkten Fragestellungen und wichtige Informationen. Am besten zeichnet ihr die Sendung dafür auf Video/DVD auf.

Karambolage – Aufbau einer Wissenssendung

Karambolage bedeutet „Zusammenstoß“ und ist eine Fernsehsendung auf Arte, in der wöchentlich deutsch-französische Eigenheiten und Besonderheiten in Alltag, Kultur und Sprache vorgestellt und erklärt werden.
Dies geschieht auf humorvolle und künstlerische Art und Weise, meistens durch Grafiken und animierte Bildergeschichten.
Unter dem Blickwinkel des Fremden werden so Unterschiede und Zusammenhänge der deutschen und französischen Alltagskultur untersucht und den Zuschauern nahegebracht.

Unter der Rubrik „das Wort“ geht Karambolage in einem Beitrag dem Ursprung des Begriffs „Schlaraffenland“ nach ...

1

2

3

4

1 Überlegt anhand der Fotos 1–3 aus welchen Bestandteilen dieser Beitrag besteht.
a Was könnt ihr auf den Filmausschnitten erkennen?
b Aus welchen Richtungen findet eine Annäherung an den Begriff statt?

2 Zeichnet eine Folge von Karambolage auf oder schaut sie euch als Vodcast im Internet an.
a Wie lautet das Thema der Sendung?
b Wie ist die Sendung aufgebaut? Welche Bestandteile hat sie?
c Welche Funktion hat jeweils das „Rätsel“? (Foto 4) Woraus besteht es?

Vodcast (oder: video podcasting) sind Fernsehbeiträge oder anderes Videomaterial, das ins Internet gestellt wird und als Medienbeitrag abgerufen werden kann.

Einstellungsgrößen unterscheiden

1 a Wie wirken die beiden Filmbilder auf euch?

b Beschreibt den Unterschied zwischen den Bildern. Achtet darauf, wie weit die Kamera von den Figuren und Gegenständen entfernt ist.

2 Im Informationskasten findet ihr Bildausschnitte aus dem Beitrag „der Knigge“ von Karambolage.

a Überlegt, welche Situation auf dem jeweiligen Filmbild dargestellt wird.

b Erklärt, warum jeweils diese Einstellungsgröße gewählt wurde.

Information **Die Einstellungsgrößen**

Die Einstellungsgröße legt die Größe des Bildausschnitts fest. Je kleiner der Bildausschnitt ist, desto näher scheint der Betrachter am Geschehen zu sein. Je nachdem, wie nah die Kamera an das Geschehen heranführt oder wie weit sie entfernt bleibt, entstehen unterschiedliche Wirkungen.

Totale:
Eine Einstellung, in der die Figur/die Figuren in einer größeren Umgebung gezeigt wird/werden. Man erhält einen Überblick über den gesamten Schauplatz.

Halbnah:
Die Figuren werden etwa vom Knie an aufwärts gezeigt:
Die unmittelbare Umgebung ist erkennbar.

Nah:
Man sieht Kopf und Schultern von Figuren. Die Einstellung wird häufig bei Dialogen genutzt.

Detail:
Nur ein Ausschnitt wird ganz groß dargestellt, z. B. Augen, Mund oder ein Detail eines Gegenstandes. Dadurch wird die Aufmerksamkeit auf das gezeigte Detail gelenkt.

Testet euch!

Fernsehzeitschriften

ZDF

5.40 Fleckgeflutscht! Zeichentrickserie ab 6 1-083-585
6.00 Coco, der neugierige Affe Trickserie ab 3 2-344-672
6.45 Das Dschungelbuch HD Trickserie ab 6 1-606-740
7.05 Kein Keks für Kobolde HD Trickserie ab 6 1-904-996
7.30 Bibi Blocksberg Trickserie ab 6 5-905-585
8.20 1, 2 oder 3 Rate-Show ab 6 9-542-301
8.45 Pippi Langstrumpf Kinderserie ab 6 6-088-856
9.10 H2O – Plötzlich Meerjungfrau ab 10 2-973-498
9.35 Dance Academy HD Jugendserie ab 8 2-957-450
10.00 heute Nachrichten 16-924
10.05 SPORTextra HD *live* 34-842-769
Leichtathletik-EM, u.a. Siebenkampf (2. Tag) Übertragung aus Helsinki **Moderation:** Norbert König **Kommentar:** Wolf-Dieter Poschmann, Peter Leissl **Dazwischen: ca. 14.00 heute**
15.00 Traumwohnung in der Traumstadt 63-905
Dokumentation, D 2011 – London – Shanghai – Vancouver – Ein ungewöhnliches Trio aus Deutschland möchte das beschauliche Bielefeld gegen die 8-Millionen-Metropole London eintauschen. Der Wohnungsmarkt dort ist äußerst hart umkämpft, erschwingliche Wohnungen sind Mangelware. Dr. Michael Siedentop, Top-Manager aus München, zieht mit seiner Frau Astrid ins Reich der Mitte. Der 52-Jährige wird der neue Chef von DEKRA Asien.
15.45 Lafer!Lichter!Lecker! XXL Kochshow *live* 8-833-856
Gäste: Inka Bause (Schlagersängerin), Désirée Nick (Schauspielerin), Ingolf Lück (Komiker), Joachim Llambi (Bankkaufmann)
17.00 heute Nachrichten 31-653
17.05 länderspiegel Regionalmagazin 69-285
17.35 Menschen – das magazin 5-617-363

PRO 7

5.25 Scrubs – Die Anfänger Comedyserie 9-443-975
6.05 The Big Bang Theory Comedyserie 4-556-772
7.00 How I Met Your Mother Comedyserie 9-185-807
7.55 Blockbuster TV – Making Of Magazin 3-409-994
8.05 Schlag den Star (1) Spielshow 7-858-791
10.05 Galileo Big Pictures: Weltreise 2011 – Unsere Welt in 50 Bildern Show 24-889-178
Auf 50 Fotos zeigt Aiman Abdallah Naturaufnahmen und Menschen in ungewöhnlichen Situationen.
12.50 Mr. Troop Mom – Das verrückte Feriencamp
Film ★★ Komödie, USA 2009 (Wh.) Mit George Lopez, Daniela Bobadilla, Jane Lynch 3-606-587 **77/100 Min.**
14.30 (T)Raumschiff Surprise – Periode 1 2-330-772
Film ★★★

Komödie

D 2004 (Wh.) Mit Michael Bully Herbig, Christian Tramitz
Mr. Spuck (Michael „Bully" Herbig, l.), Käpt'n Kork (Christian Tramitz, M.) und Schrotty (Rick Kavanian), die tuntige Mannschaft des (T)Raumschiffs „Surprise", wollen die Welt retten. Sie schlittern in ein aufregendes Abenteuer. **82/110 Min.**
16.20 Fantastic Movie Komödie, USA 2007 669-082
Film ★ (Wh.) Mit Kal Penn, Adam Campbell, Jennifer Coolidge, Jayma Mays – Vier Waisen geraten in ein haarsträubendes Abenteuer. **75/100 Min.**
18.00 Newstime Nachrichten 26-371
18.10 Die Simpsons Trickserie, USA 1995 ab 10 45-619
23. Die Springfield Connection (Wh.)
18.40 Die Simpsons Trickserie, USA 1995 ab 10 2-792-130
24. Auf zum Zitronenbaum! (Wh.)
19.05 Galileo Wissensmagazin 1-702-333

arte

5.30 Frühprogramm
11.45 Square Magazin 5-260-717
12.25 Reiseskizzen 153-971
12.55 360° Reportage 1-209-953
13.50 Yasmina Khadra
Doku, F 2011 *NEU* 5-371-069
14.35 Glamour des Abstellraumes HD 430-514
15.00 Joseph Haydn 836-779
15.55 Künstler 7834-446
16.25 Faszination Wolkenkratzer HD 6-323-972
16.55 Churchills größtes Spiel HD 8-575-601
Film ★★★ Dok.-Film, D 2012 **95 Min.**
18.30 Patricia Petibon singt italienische Barockarien *NEU* 459-330
19.15 Journal 8-616-717
19.30 Karambolage 634-408
19.45 Tipp **Gipfel der Genüsse** HD *NEU* 123-430
20.15 Themenabend: 9-499-330 **Summer of Rebels**

Drama

1 a Schreibt aus der Fernsehzeitschrift die Sendungen heraus, die vor allem unterhalten sollen.
b Welche Wissenssendungen kündigt die Fernsehzeitschrift an? Notiert sie.
c Bei welchen Sendungen ist eine Unterscheidung in Wissens- und Unterhaltungssendung schwierig? Schreibt sie in euer Heft und begründet.

2 Welche Nachrichtensendungen könnt ihr auf den drei Programmen erkennen? Schreibt sie in euer Heft und macht eine Anmerkung, ob sie für Kinder oder Erwachsene sind.

3 Erklärt die Programmzeitschrift:
a Wie werden Sendungen für Kinder gekennzeichnet?
b Gibt es Angaben über die Art der Sendung, z. B. ob es sich um eine Wissenssendung, eine Serie oder einen Abenteuerfilm handelt?
c Wo gibt es Altersangaben?

4 Findet mit Hilfe der Programmzeitschrift heraus, wann und auf welchen Sendern die Sendungen *Faszination Wolkenkratzer*, *die Simpsons* und *Galileo Big Pictures* laufen. Legt in eurem Heft eine Tabelle an:

Uhrzeit	Sendung	Sender
10:05–12:50 Uhr	*Galileo Big Pictures*	*Pro 7*
…	…	…

10.2 Nachrichten – Sich informieren

„neun ½“ zum Beispiel – Kindernachrichtensendungen

1 Dieses Bild stammt aus der Nachrichtensendung „neun ½“.

a Habt ihr diese Sendung schon einmal gesehen? Schildert eure Eindrücke.

b Kennt ihr noch weitere Kindernachrichtensendungen? Erstellt eine Liste, die ihr in eurem Klassenzimmer aushängen könnt.

Eine Programmverantwortliche für Kindernachrichten sagt Folgendes:

Kindernachrichten berichten aber auch über Kinderaktionen, über Umweltthemen, über Musik, Tiere und Sport sowie das Neueste aus der Welt der Promis. Es geht um den Blickwinkel der Kinder, um ihre Lebenswelt, nicht um das, von dem Erwachsene meinen: Das hat Kinder zu interessieren.

2 a Welche Merkmale von Kindernachrichten nennt die Programmverantwortliche? Schreibt sie auf.

b Nennt Unterschiede zu den Nachrichtensendungen, die sich an Erwachsene wenden.

3 Bildet Gruppen und vereinbart einen Tag, an dem jede Gruppe eine andere Kindernachrichtensendung anschaut. Macht euch Notizen und berichtet in der nächsten Deutschstunde darüber. Vergleicht die Inhalte der verschiedenen Sendungen.

4 Gute Nachricht! Erfindet eine Nachricht, die ihr gern in den Fernsehnachrichten sehen würdet. Schreibt einen kurzen Beitrag in euer Heft.

Radio, Fernsehen, Internet – Nachrichten vergleichen

Blick in das Sendestudio von KiRaKa (Kinder-Radio-Kanal)

Nachrichten gibt es in allen Medien. Ihr lest sie täglich topaktuell in den Tageszeitungen, findet sie ausführlicher recherchiert in den Wochenzeitungen, hört sie im Radio, seht sie im Fernsehen oder im Internet.

1 Welche Kindernachrichten kennt ihr, auch über das Fernsehen hinaus?
a Sammelt an der Tafel alle Sendungen, die euch einfallen (▸ Aufg. 1 b, S. 174).
b Ordnet die gesammelten Nachrichten den verschiedenen Medien zu: Radio, Fernsehen, Internet.

Nehmt eine Nachrichtensendung auf oder seht und hört sie im Internet an. So könnt ihr nacharbeiten, was ihr beim ersten Anschauen und Anhören übersehen habt.

2 Untersucht ein bestimmtes Thema in den verschiedenen Nachrichten-Medien.
a Entscheidet euch für eine Nachricht.
b Teilt eure Klasse in die Gruppen Radio, Fernsehen und Internet ein.
c Erstellt Hör- und Sehprotokolle für die Nachricht in eurem Medium.
Achtet genau auf den Inhalt der Nachricht und die Darstellungsweise:
– Was fällt euch auf? Was findet ihr wichtig?
– Werden die wichtigsten W-Fragen beantwortet? Lest hierzu den Merkkasten unten.
– Aus welchen Bestandteilen setzt sich die Nachricht zusammen?
– Fühlt ihr euch durch die Nachricht gut informiert? Vermisst ihr bestimmte Angaben?

Information **Nachricht**

Nachrichten sind Neuigkeiten. Sie informieren in den Massenmedien wie Fernsehen, Radio, Zeitungen, Zeitschriften und im Internet über aktuelle Ereignisse.
Die wichtigsten Inhalte sind Antworten auf die journalistischen W-Fragen: **Wer? Wo? Was? Wann? Wie?** Eine Nachrichtenmeldung ist so aufgebaut, dass das Wichtigste gleich zu Anfang gesagt wird.

Nachrichtenprotokoll

von:	*Luisa, Greta, Timo, Malte*
Medium:	*Radio*
Sendezeit:	*16 Uhr, 15.01.2013*
Sender:	*SWR 1*

Abfolge	**Inhalt**	**Sprecher/-in**	**Bestandteile (Filmausschnitt, Standbild, Text, Musik, Interview, Bericht eines Reporters etc.)**
1. Beitrag	*Dioxinfall*	*Sprecher/-in*	*Verlesen des Nachrichtentexts* *Interviewausschnitt mit Verbraucherschutzministerin*
2. Beitrag	*Hochwasser, Polder in Rheinland-Pfalz geschwemmt*	*Sprecher/-in*	*Wassergeräusche im Hintergrund* *Verlesen des Nachrichtentexts* *O-Ton Feuerwehrhauptmann*
3. Beitrag	…	…	…

3 Diskutiert über eure Nachrichtenprotokolle.
- Was ist euch (positiv) aufgefallen?
- Warum wurde diese Beitragsfolge gewählt?
- Was fandet ihr besonders wichtig?
- Habt ihr alle Nachrichten verstanden?
- Haben euch Nachrichten aus einer bestimmten Sparte gefehlt?
- Hat euch etwas an der Sendung gestört?

4 Vergleicht eure Ergebnisse:
a Worin unterscheiden sich Internet-Nachrichten von Nachrichten im Radio oder im Fernsehen?
b Notiert Gemeinsamkeiten auf grünen und Unterschiede auf roten Karteikarten.

In allen Medien kommt das Wichtigste immer zuerst. Die Fragen nach Personen, Ort und Ereignis werden beantwortet.

Durch die Bilder im Fernsehen kann man sich die Informationen viel besser merken und vorstellen.

Information **Podcast**

Um Videos auf dem Computer anschauen zu können, benötigt man ein Programm, den Mediaplayer. Mit diesem könnt ihr verschiedene kostenlose Videodateien abspielen. Einen **Podcast** ladet ihr herunter, indem ihr auf das Bild oder den Link klickt und diesen speichert. Öffnet anschließend die Datei mit dem Mediaplayer und schon ist der Podcast bei euch zu Hause.

5 Im Internet stoßt ihr auch auf Internetadressen der Hörfunk- und Fernsehsender. Ihr findet dort auch die Homepage der Kindernachrichten des SWR.

a Beschreibt, was das Besondere an dieser Homepage von minitz ist.

b Welche Hilfestellungen gibt es für euch als „User“ zu den einzelnen Nachrichten?

6 Worüber berichtet die Minitz-Reporterin in ihrer Nachricht?

a Gebt den Inhalt der Nachricht kurz wieder.

b Beantwortet die Nachricht die wichtigsten W-Fragen (▸ S. 175)? Begründet.

7 Ihr seid Nachrichtensprecher für euer Klassenradio.

a Wählt eine interessante Nachricht aus eurer lokalen Tageszeitung aus:
- Streicht alles Überflüssige.
- Klärt Fachbegriffe und holt Hintergrundinformationen ein.
- Ergänzt eigene Formulierungen und Erklärungen.

b Schreibt euren Text mit breitem Rand und ausreichend Platz zwischen den Zeilen auf einen DIN-A-3-Bogen.
Zeichnet Lesehilfen ein: Pausen, Betonungen ... (▸ S. 130).

8 Erweitert euer Nachrichtenprogramm durch einen Rap. Wählt eine interessante Meldung aus.

a Unterstreicht Begriffe, die für die Nachricht wichtig sind.

b Sucht passende Reimwörter zu den unterstrichenen Begriffen oder bildet Wortfamilien.

c Schreibt den Text so, dass ein Rap daraus wird. Holt euch Anregungen auf youtube.

9 a Nehmt eure Nachrichtentexte und Raps auf und produziert sie als Podcast.

b Besprecht eure verschiedenen „Klassen-Radionachrichten“ und bewertet sie.

10.3 Projekt: Mediengewohnheiten untersuchen

Ein Diagramm auswerten und erstellen

1 Welche Medien besitzt ihr? Sammelt an der Tafel.

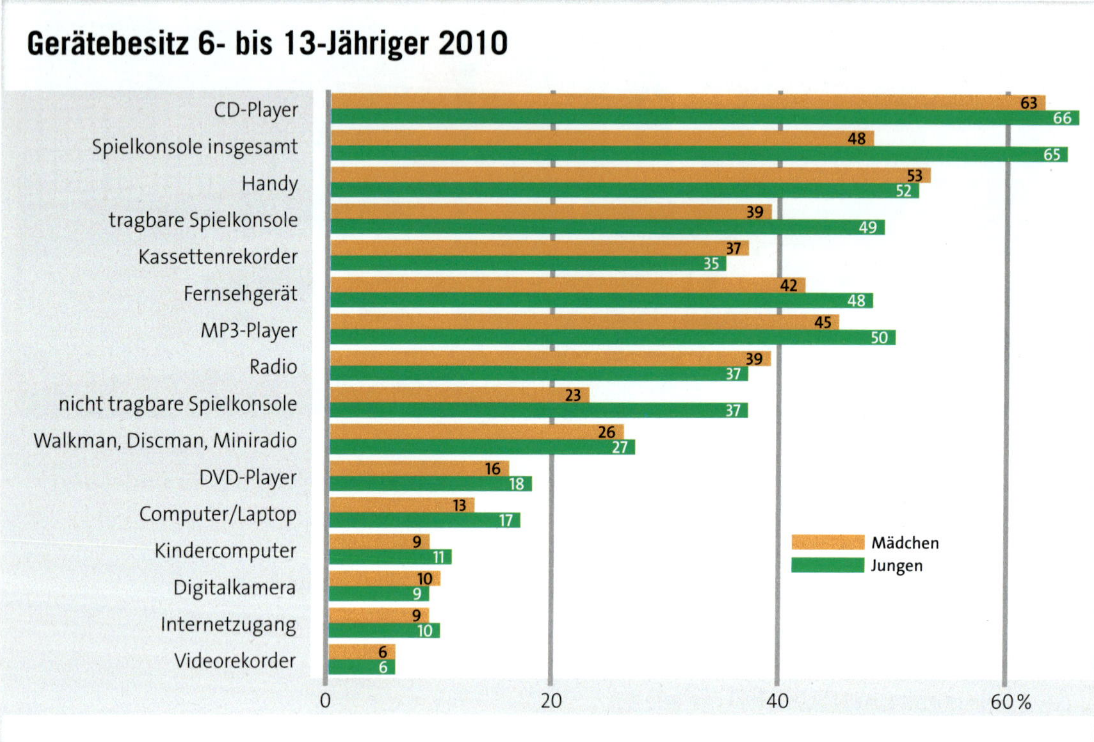

2 a Betrachtet und beschreibt das Balkendiagramm. Wozu macht es Angaben?
b Drückt die Angaben in Worten aus. Ihr könnt z. B. so beginnen:
Von 100 Kindern haben mehr als 60 einen CD-Player.
c Erklärt, welche Vorteile solche Schaubilder im Vergleich zu einem Text haben.

3 Erstellt ein solches Diagramm zum Gerätebesitz für eure Klasse.
a Findet heraus, wie viele von euch bestimmte Geräte haben. Schreibt die Zahlen auf.
b Legt nun ein Diagramm im Heft an – am besten auf Kästchenpapier und im Querformat. Auf der senkrechten Achse notiert ihr die einzelnen Geräte. Auf der waagerechten Linie tragt ihr nach jeweils 0,5 cm einen kleinen Strich ein – für jedes Kind in der Klasse einen.
c Jetzt könnt ihr mit senkrechten Strichen eure Zahlen eintragen und dann Balken malen.

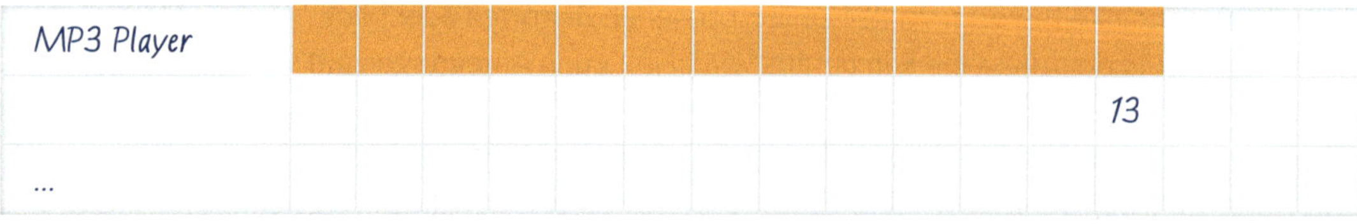

Ein Medientagebuch führen

1 Eure täglichen Mediengewohnheiten könnt ihr auch in einem Medientagebuch festhalten.

a Schreibt eine Woche lang auf, wann und wie lange ihr welches Medium genutzt habt. Ihr könnt auch dazuschreiben, was ihr gesehen oder gelesen habt. In einer weiteren Spalte könnt ihr eure Meinung oder Gedanken dazu aufschreiben oder Bilder einfügen.

Datum	Medium	Was genau?	Uhrzeit	Medienzeit gesamt
Montag, 17.10.	*Schulbücher*	*Mathe, Englisch*	*15:00–16:15*	
	Fernsehen	*Karambolage*	*20:00–20:30*	
	Jugendbuch	*Winn-Dixie*	*19:15–20:30*	*2 Stunden 35 Minuten*
Dienstag, 18.10.	*Computer*	*E-Mails*	*13:50–14:15*	
	...	...	...	...

b Überlegt, ob ihr noch weitere Punkte festhalten wollt, z. B. an welchem Ort ihr die Medien nutzt oder ob ihr sie allein oder zusammen mit Freunden oder Familienmitgliedern verwendet.

c Stellt Vergleiche innerhalb der Klasse an:
- Gibt es einen „Trend" zu einem bestimmten Medium?
- Gibt es Unterschiede in der Medienauswahl zwischen Mädchen und Jungen?
- Welche Unterschiede im Medienkonsum könnt ihr an den Tageszeiten erkennen?

2 Wertet eure Arbeitsblätter aus.

a Errechnet, wie viel Zeit jeder von euch insgesamt mit den einzelnen Medien verbracht hat.

b Teilt die einzelnen Medien unter Gruppen auf. Rechnet aus, wie lange ihr als Klasse durchschnittlich die einzelnen Medien nutzt, z. B.:

Wie viel Zeit haben die Schülerinnen und Schüler der 5 a in einer Woche ferngesehen?
- *Die Klasse 5 a hat 30 Schülerinnen und Schüler. Die Minuten, die die einzelnen Schüler insgesamt ferngesehen haben, werden addiert, z. B.:*
  223 + 300 + 60 + ... = 12 600 Minuten
- *Dann wird das Gesamtergebnis durch die Anzahl der Schüler (30) geteilt, z. B.:*
  12 600 Minuten: 30 = 420 Minuten
- *Die 5 a hat also durchschnittlich 420 Minuten vor dem Fernseher verbracht.*

c Stellt das Ergebnis vor. Prüft, ob ihr mit euren eigenen Zeiten jeweils über oder unter dem Durchschnitt liegt.

3 Veranschaulicht eure Untersuchungsergebnisse, indem ihr sie in Form eines Balkendiagramms darstellt.

4 Diskutiert, ob ihr euch vorstellen könnt, eine ganze Woche lang auf Medien zu verzichten. Wie würdet ihr die Zeit stattdessen nutzen? Was würde euch am meisten fehlen?

Eine Umfrage durchführen

1 Um das Projekt noch auszuweiten, könnt ihr eine Umfrage zur Mediennutzung in der ganzen Schule oder in einer höheren Jahrgangsstufe starten, vielleicht sogar mit einem selbst erstellten Fragebogen.

a Überlegt euch Fragen, die sich für eine Umfrage eignen, z. B.:
- Welche Medien sind euch besonderes wichtig?
- Wozu nutzt ihr Medien?
- Wozu nutzt ihr das Internet?
- Welche Medien nutzt ihr nur zusammen mit Freunden?
- Zu welchen Uhrzeiten nutzt ihr bestimmte Medien?

b Bildet Kleingruppen und führt die Umfrage durch. Ihr könnt dazu die große Pause nutzen oder ausgewählte Schülergruppen zu euch einladen.

2 Erstellt Schaubilder, in denen ihr die Ergebnisse auswertet.

a Überlegt, welche Aussagen eurer Umfrage sich in einem Diagramm zusammenfassen lassen.

b Nicht alle eingeholten Aussagen zu einem Sachverhalt können in einer Tabelle oder einem Diagramm dargestellt werden.
Stellt diese Ergebnisse auf einer Wandzeitung dar.

3 Vergleicht: Haben sich die Mediengewohnheiten eurer Klasse durch die Umfrage an eurer Schule bestätigt? In welchen Bereichen gab es Unterschiede?

Methode **Umfrage**

Wenn ihr eine Umfrage durchführt, erhaltet ihr ein Meinungsbild zu einer Fragestellung.

Stellt am besten offene Fragen, um die Befragten nicht zu beeinflussen, z. B.:
Was ist dein bevorzugtes Medium?
Formuliert die Fragen immer gleich, dann könnt ihr die Antworten hinterher gut auswerten.

Wörterliste ▶ S. 284

E-Mail	Homepage	Kamera	Nachricht	Podcast
Fernseher	Information	Moderator	Handy	Internet
Umfrage	Diagramm	Einstellungsgröße	Wissenssendung	Radio

11 Tiere beobachten – Mit Sachtexten umgehen

1 Beschreibt das Foto.

a Kennt ihr das Tier, das auf dem Foto abgebildet ist?

b Mit welchen anderen, euch vielleicht bekannteren Tieren, kann sein Aussehen verglichen werden?

c Sammelt Begriffe, die sein Äußeres beschreiben.

In diesem Kapitel ...

- erfahrt ihr viel über Zebramangusten, weiße Tiger und Kugelgürteltiere.
- lernt ihr, wie ihr Schritt für Schritt die wichtigsten Informationen aus einem Sachtext erarbeitet,
- übt ihr euch im Erstellen von Stichwortzetteln,
- stellt ihr ein Tier für eine Klassenausstellung vor.

11.1 Zebramangusten und weiße Tiger – Sachtexte lesen und verstehen

Das Thema erfassen und Fragen stellen

1 Bevor ihr den gesamten Text lest:

a Schaut euch die Überschrift und das Foto an.

b Überlegt gemeinsam, worum es in dem Text gehen könnte und was ihr schon über Zebramangusten wisst.

c Was interessiert euch an Zebramangusten? Notiert eure Fragen.

Was für eine Bande! Zebramangusten

Der Leopard lugt gespannt über die Grasbüschel. Vor ihm, nur einen kurzen Sprint entfernt, wittert er fette Beute: Eine ganze Gruppe Zebramangusten tobt dort herum – Tiere, die wie eine Kreuzung aus Marder, Ratte und Igel aussehen. Sie springen, klettern, rennen, kugeln übereinander, lausen sich gegenseitig. Die hungrige Wildkatze, so scheint es, haben sie nicht bemerkt. Beinahe lautlos pirscht die sich heran. Da zerreißen plötzlich zwei schrille Pfiffe die Stille der Savanne. Sofort zischen die Zebramangusten davon und verstecken sich zwischen Gräsern und Gebüsch. Der Leopard versucht noch, ihnen nachzustellen, beißt zwei-, dreimal ins Gras. Nichts. Mit gesenktem Kopf zieht er von dannen.

Auf Feinde wie ihn sind die Mangusten vorbereitet. Ein Ausflug ohne Wachposten? Undenkbar! Stets halten einige aus der Gruppe Ausschau nach gefräßigen Räubern und retten mit ihren Warnrufen den anderen aus ihrer Sippe das Leben!

Diese hier ist im Queen-Elizabeth-Nationalpark in Uganda zu Hause, im Herzen Afrikas. Dort, zwischen hungrigen Raubkatzen, listigen Wildhunden und gierigen Greifvögeln, kämpfen die etwa katzengroßen Tiere jeden Tag aufs Neue ums Überleben und sie gewinnen diesen Kampf nur, weil sie in ihrer Gruppe aus bis zu 40 Tieren fest zusammenhalten.

Am Abend, als die Sonne schon hinter dem Horizont versinkt, gerät die Zebramangusten-Sippe noch einmal in Hektik. Eine schwarz gebänderte Schlange hat es offenbar auf ein Junges abgesehen. Warnrufe. Gewusel. Da geschieht plötzlich Seltsames: Statt auseinanderzulaufen, rottet sich die Sippe zusammen – die Kleinsten und Schwächsten sammeln sich in der Mitte, die Größten und Stärksten am Rand. Wie ein einziges riesiges Tier gehen sie nun auf die Schlange los, stellen sich auf die Hinterbeine, schlagen mit ihren spitzen Krallen, schnappen mit ihren Zähnen. Sekunden nur, dann verzieht sich die Schlange im Gras. Gegen die „Familienbande“ hat sie keine Chance!

2 Lest nun den Text aufmerksam durch. Worum geht es?

a Wählt die richtige Antwort aus. Im Text geht es ...
... um die Verwandtschaft der Zebramangusten mit anderen Säugetieren.
... um die natürlichen Feinde der Zebramangusten.
... um den Zusammenhalt der Zebramangusten als Gruppe.
... darum, den Queen-Elizabeth-Nationalpark in Uganda kennen zu lernen.

b Schreibt eure Antwort nun in eigenen Worten in einem Satz auf.
Nutzt dabei eine der folgenden Formulierungen:

> Der Text berichtet von ... • Der Artikel informiert über ... • Der Text handelt von ...

c Würdet ihr gern Zebramangusten in freier Wildbahn beobachten? Begründet eure Antwort.

3 Habt ihr den Text gut verstanden? Entscheidet: Welche Aussagen sind richtig, welche falsch?

- Zebramangusten sind Einzelgänger.
- Zebramangusten sind äußerst angriffslustig und stellen sich jeder Gefahr.
- Zebramangusten haben kaum natürliche Feinde und leben sehr geschützt.
- Zebramangusten gewinnen den Kampf gegen ihre Feinde, weil jedes einzelne Tier sehr stark ist und sich zum Kampf auf die Hinterbeine stellt.

4 Welche eurer Fragen über Zebramangusten beantwortet der Text?
Lest den Text hierzu ein zweites Mal.

a Übertragt die nebenstehenden Fragen in euer Heft und ergänzt sie durch eure eigenen aus Aufgabe 1c.

b Beantwortet die Fragen in eurem Heft.

> Wo leben Zebramangusten?
> Wie sehen Zebramangusten aus?
> Wer sind die Feinde der Zebramangusten?

5 Nicht auf jede eurer Fragen werdet ihr im Text eine Antwort finden.

a Recherchiert die Antworten zu den offengebliebenen Fragen.
Schlagt dazu in einem (Tier-)Lexikon nach oder nutzt die Suchmaschine im Internet.

b Schreibt die Resultate in Stichwörtern heraus und vergleicht eure Ergebnisse.

> Sucht ihr im Internet Informationen zu einem Thema, gebt ihr das entsprechende Schlagwort oder eine Kombination mehrer Schlagwörter in die Suchmaske ein. Ihr erhaltet dann Links auf verschiedene Seiten. Je genauer ihr den gesuchten Begriff einkreist, desto zielgerichteter sind eure Treffer.

Methode **Das Thema benennen und Fragen an den Text stellen**

Wenn nach dem Thema eines Textes gefragt wird, ist immer **der gesamte Text** gemeint. Es geht also um das Textganze, nicht um einzelne Aussagen, die sich im Text finden. Hinweise auf das Thema geben oft die Überschrift und die Abbildungen.
Beachtet: Wenn man **über Texte** schreibt, verwendet man in der Regel das **Präsens.**
Wenn ihr den Text genau erfassen oder bestimmte Informationen finden wollt, könnt ihr die **W-Fragen** an ihn stellen. Oft sind solche Fragen schon vorgegeben.
Lest den Text noch ein zweites Mal genau, um die Fragen zu beantworten.

Schlüsselwörter erkennen und unbekannte Wörter klären

Aufzucht der Jungen

In der Regenzeit bringen vor allem die älteren Weibchen einer Gruppe zeitgleich ihre Jungen zur Welt – drei bis fünf kleine Stinker. Ja, Stinker! Denn die Neugeborenen werden von ihren Verwandten mit einem Analsekret, einer stinkenden Drüsenflüssigkeit, „getauft" – der Duftmarke der Sippe. Fast nackt und blind sind die Jungen anfangs, aber schon neugierig und sehr unternehmungslustig. Nur Stunden nach der Geburt krabbeln sie durch ihren Bau, der oft in den Tiefen eines Termitenhügels untergebracht ist.

Zum Glück gibt es für die Kleinen genügend Babysitter: ältere Schwestern und Brüder, Cousins und Cousinen, Onkel und Väter. Sie alle sehen zu, dass die Jungen nicht aus dem sicheren Unterschlupf ausbüxen – in der freien Wildbahn der Savanne wären sie verloren. So aber können die Mütter beruhigt auf Futtersuche gehen. Denn die Weibchen brauchen selbst viel und regelmäßig zu fressen, um den Nachwuchs zu säugen. Und zwar nicht nur den eigenen: Offenbar geben die Zebramangusten-Mütter jedem Jungtier Muttermilch zu trinken, das Hunger hat. Bei anderen Tieren würden die Mütter die Jungen ihrer Artgenossen eher töten, um Konkurrenten aus dem Weg zu schaffen. In einer Zebramangusten-Sippe aber gilt als oberstes Gebot: Jeder sorgt für jeden, damit die Gruppe lange überlebt.

Drei bis vier Wochen nach der Geburt dürfen die Jungen endlich aus dem Bau hinaus ins Freie. Vorsichtig lugen die rötlichen Nasen aus dem Eingangsloch, Paare dunkler Knopfaugen blinzeln in die Nachmittagssonne. Dann tippeln die Mini-Mangusten ins Freie, eine jede begleitet von einem Erwachsenen, der dem Nachwuchs nun drei Monate lang nicht von der Seite weicht. Denn jedes Zebramangusten-Kind hat einen persönlichen Begleiter – was in der Tierwelt absolut einzigartig ist. Dieser Pate zeigt seinem Schützling etwa, wie er nach Käfern sucht oder Vogeleier knackt. Und er pfeift ihm so lange etwas vor, bis auch das Jungtier die schrillen Warnsignale beherrscht. Nicht zuletzt lehrt er seinen Schüler, was dieser tun kann, um erst gar nicht in eine – Entschuldigung – Kacksituation zu gelangen: nämlich Kot erschnüffeln. Daran können die Tiere rasch erkennen, ob ein Feind in der Nähe ist und, wenn ja, welcher: Leopard oder Schlange?

1 Oft enthalten Texte Wörter, die schwer zu verstehen oder euch unbekannt sind.

a Welche Möglichkeiten kennt ihr, die Bedeutung von unbekannten Wörtern im Text zu klären?

b Klärt gemeinsam, was die folgenden Wörter in dem Text bedeuten. Lest dazu noch einmal die Textpassagen, in denen sie stehen.

Analsekret (Z. 5)   säugen (Z. 22)   Sippe (Z. 28)   Pate (Z. 41)   Kacksituation (Z. 47–48)

2 Erläutert den Begriff *Wildbahn* nach der im Kasten unten angegebenen Methode des Zerlegens.

Methode **Bedeutungen erschließen**

Um einen Text zu verstehen, müsst ihr nicht immer jedes einzelne Wort kennen. Viele Informationen werden aus dem Zusammenhang verständlich. Die Tipps helfen euch:

- Sucht nach **Hinweisen im Text:**
  Stinker (Z. 3): Der Begriff ist nicht nur lustig gemeint. Im nächsten Satz heißt es: „die Neugeborenen werden von ihren Verwandten mit einem Analsekret, einer stinkenden Drüsenflüssigkeit, ‚getauft'". Also hat der Geruch eine lebensnotwendige Bedeutung.
- **Zerlegt** das unbekannte Wort in seine Bausteine:
  Unterschlupf (Z. 17): -schlupf kommt von dem Verb *schlüpfen* und bedeutet *kriechen, sich klein machen.* Unterschlupf bedeutet also *in einen Ort hineinkriechen, sich verstecken.*

3 In dem ersten Textabschnitt sind Schlüsselwörter bereits markiert.

a Untersucht die Markierungen (Schlüsselwörter) im ersten Textabschnitt.
Notiert, auf welche W-Fragen sie eine Antwort geben, z. B.:
Wer ...?
...

b Lest den Text ein zweites Mal und schreibt die wichtigsten Schlüsselwörter aus dem Text heraus.
Tipp: Wenn ihr eine Kopie des Textes habt, könnt ihr die Schlüsselwörter auch markieren. Aber Vorsicht: Markiert nicht zu viele Wörter und Textstellen!

4 Im folgenden Textabsatz sind schon einige Wörter markiert.
Aber sind es auch Schlüsselwörter?

a Prüft, welche Markierungen eurer Meinung nach überflüssig sind und welche man ergänzen könnte.

b Vergleicht die Markierungen mit euren markierten Schlüsselwörtern in Aufgabe 2b.

Drei bis vier Wochen nach der Geburt dürfen die Jungen endlich aus dem Bau hinaus ins Freie. Vorsichtig lugen die rötlichen Nasen aus dem Eingangsloch, Paare dunkler Knopfaugen blinzeln in die Nachmittagssonne. Dann tippeln die Mini-Mangusten ins Freie, eine jede begleitet von einem Erwachsenen, der dem Nachwuchs nun drei Monate lang nicht von der Seite weicht. Denn jedes Zebramangusten-Kind hat einen persönlichen Begleiter – was in der Tierwelt absolut einzigartig ist. Dieser Pate zeigt seinem Schützling etwa, wie er nach Käfern sucht oder Vogeleier knackt. Und er pfeift ihm so lange etwas vor, bis auch das Jungtier die schrillen Warnsignale beherrscht.

Methode **Schlüsselwörter**

Schlüsselwörter sind oft Wörter, an denen ihr beim Überfliegen des Textes mit den Augen hängen bleibt. Meist geben die Schlüsselwörter Antworten auf die W-Fragen.
Die Schlüsselwörter helfen euch später dabei, einen Text gut zusammenzufassen.

Zwischenüberschriften finden, Inhalte zusammenfassen

Bis zum bitteren Ende?

Nur noch 3200 frei lebende Tiger wurden 2010 gezählt! Schuld an der stetig schrumpfenden Zahl sind Jäger und Wilderer, die es besonders auf das gestreifte Fell des Tigers abgesehen haben. Das zweite große Problem der Raubkatze ist der Verlust ihres Lebensraumes durch die Abholzung der asiatischen Wälder. Die Tiere haben nicht nur immer weniger Platz, sie finden auch nicht genügend Nahrung zum Überleben.

Fast alle weißen Tiger sind nur zum Teil Albinos. Lediglich das sonst orange Fell ist weiß. Die Tiger haben noch immer dunkle Streifen und statt der roten Augen eines echten Albinos sind ihre eisblau gefärbt. Diesen teilweisen Albinismus nennt man Leukismus. Dieser Gendefekt, bei dem ausschließlich die Farbstoffe im Fell der Tiere fehlen, ist sehr selten. So haben alle weißen Tiger mit blauen Augen einen gemeinsamen Vorfahren, den männlichen Tiger Mohan aus dem Besitz des Maharadschas Shri Martand Singh, der den Tiger 1951 entdeckt hat. Mohan ist auch der Vorfahre der weißen Tiger der berühmten Magier Siegfried und Roy.

Einige Tiger sind sogar richtig gute Schwimmer. Besonders der Sumatra-Tiger taucht seinen Pelz gerne ins kühle Nass. Um besser schwimmen zu können, hat er Schwimmhäute zwischen seinen Zehen.

Die Streifen dienen dem Tiger zur Tarnung. Wenn die Katzen durch Wiesen und Wälder streifen, sind sie durch den Wechsel von Licht und Schatten mit ihrem gestreiften Fell perfekt getarnt. Doch die Tigerstreifen reichen nicht nur von der Ohr- bis zur Schwanzspitze, auch unter dem Fell verbergen sie sich: Die große Katze hat auch eine gestreifte Haut!

Anfang des 20. Jahrhunderts durchquerten noch drei weitere Unterarten den asiatischen Kontinent. Der Bali-Tiger wurde in den 1940er Jahren das letzte Mal gesehen. Der Kaspische

Tiger und der Java-Tiger sind beide in den 1970er Jahren ausgestorben.
Ein Liger ist eine Kreuzung aus einem männlichen Löwen und einem weiblichen Tiger. In freier Wildbahn kommen diese besonders riesigen Mischlingskatzen aber nicht vor. Sie werden ausschließlich vom Menschen gezüchtet.

1 Lest den Text aufmerksam durch. Worum geht es? Formuliert einen Satz.

2 Erklärt die folgenden Formulierungen aus dem Zusammenhang (▸ S. 185). Schreibt auch die entsprechenden Fachbegriffe hinzu.

teilweise(r) Albinismus (Z. 14)
Unterarten (Z. 38) Mischlingskatzen (Z. 46)

3 a Stellt die folgenden W-Fragen an den Text, bezieht auch die Karte mit ein. Legt eine Folie auf den Text und unterstreicht die Schlüsselwörter, die die Antwort geben.

Wo leben weiße Tiger?
Warum geht die Zahl der Tiger zurück?
Wie sehen die Tiere aus?
Woher stammen weiße Tiger?
Was können Tiger besonders gut?
Welche Tigerarten gibt es?

b Stellt weitere Fragen an den Text und markiert die Antworten.

4 Teilt den Text in sinnvolle Abschnitte und findet geeignete Zwischenüberschriften, die den Inhalt des Abschnitts zusammenfassen.

Abschnitt 1: Feinde und Verlust des Lebensraums
Abschnitt 2: Nicht alle weißen Tiger sind echte Albinos
Abschnitt 3. ...

5 Fasst nun den Inhalt des Textes mit Hilfe eurer Zwischenüberschriften und Schlüsselwörter zusammen. Schreibt dafür zu jedem Abschnitt ein bis zwei Sätze. Nicht immer ist es notwendig, alle Schlüsselwörter zu verwenden. Beispiel:
Dass es nur noch wenige frei lebende Tiger gibt, liegt an Jägern und Wilderern und daran, dass ihr Lebensraum, die asiatischen Wälder, immer mehr abgeholzt wird ...

Methode **Sinnabschnitte und Zwischenüberschriften finden**

Um einen Text genau zu überblicken, könnt ihr ihn in einzelne **Sinnabschnitte** unterteilen. Ein neuer Sinnabschnitt beginnt dort, wo ein neues Unterthema angesprochen wird. In der Regel könnt ihr bei gedruckten Texten die Sinnabschnitte an den Absätzen erkennen. Fasst dann die Abschnitte in einer **Zwischenüberschrift** zusammen.
Die Zwischenüberschriften können verschieden formuliert werden:
- als Satz: *Tiger haben viele Feinde und verlieren ihren Lebensraum,*
- in Stichwörtern: *Feinde und Verlust des Lebensraums.*

Grafiken und Abbildungen entschlüsseln

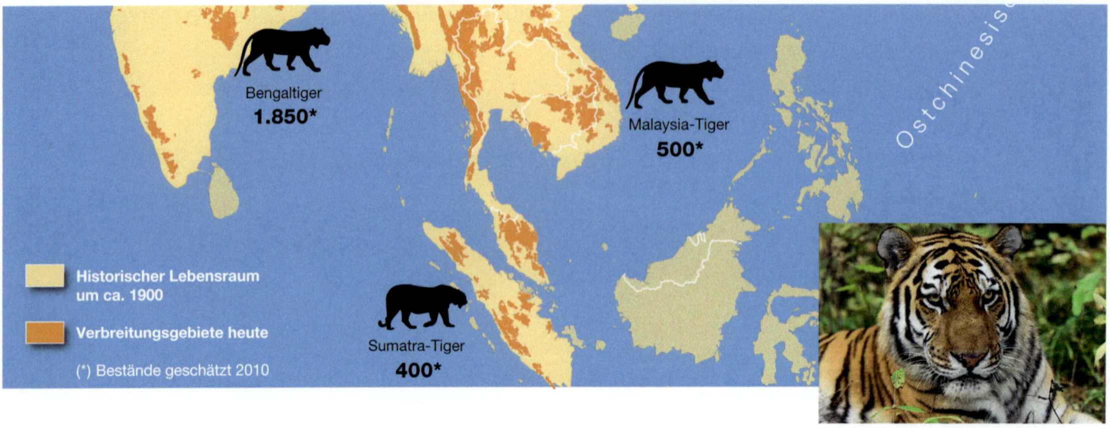

1 Der Text auf S. 186–187 enthält auch Abbildungen.

a Beschreibt, was ihr auf den beiden Abbildungen seht. Verwendet dabei die Begriffe „Fotografie“ und „Karte“.

b Überlegt, welche Textabschnitte durch die Abbildungen jeweils veranschaulicht werden. Nennt die entsprechenden Zeilenangaben.

2 Die Abbildungen zum Text haben eine ganz bestimmte Aufgabe.

a Welche Aussage trifft auf die abgebildete Grafik zu?
Die Grafik soll ...
... zeigen, wo Asien und Europa auf der Weltkarte liegen.
... den gesamten Text zusammenfassen.
... Interesse für den Text wecken.
... den Rückgang der Verbreitung von Tigern deutlich machen.
... zum Nachdenken über die Tigerarten anregen.

b Was wird auf der Karte vor allem veranschaulicht: ein Vorgang, eine Lage, ein Größenverhältnis?

c Benennt die Funktionen, die die Abbildungen haben.

d Formuliert jeweils einen Satz zu Grafik und Fotos. Greift dabei auf folgende Verben zurück:

darstellen zeigen angeben liegen beschreiben verdeutlichen

Methode **Karten und Grafiken entschlüsseln**

Eine **Grafik** stellt Zahlen (z. B. Größenverhältnisse, Zeitangaben), Vorgänge (wie etwas funktioniert) oder Orts- bzw. Lageangaben (z. B. die Lage von Orten, die Verbreitung von Tieren) bildlich dar. Beim Entschlüsseln einer Grafik könnt ihr so vorgehen:

- Stellt fest, worum es in der Grafik geht. Hierbei hilft euch die Überschrift, wenn es eine gibt.
- Untersucht, was in der Grafik dargestellt wird: Erklärt sie einen Vorgang, gibt sie ein Größenverhältnis an oder verdeutlicht sie eine Lage, wie z. B. eine Landkarte?
- Prüft, ob die Grafik Farben Beschriftungen oder Symbole enthält, die erklärt werden.
- Schreibt auf, worüber die Grafik informiert.

Einen Stichwortzettel anlegen

Wenn ihr Sachtexte lest und auswertet, geschieht dies oft mit Blick auf einen Kurzvortrag, den ihr – auch in anderen Fächern – in der Schule halten sollt.
In den Aufgaben 3 und 4 auf Seite 187 habt ihr zu dem Text „Bis zum bitteren Ende?" Schlüsselwörter gesucht und Zwischenüberschriften festgehalten. Diese bilden die Grundlage für einen Stichwortzettel.

Bis zum bitteren Ende der Tiger?
Bedrohungslage der Tiger
- 2010: 3200 frei lebende Tiger
- Gefährdungsgründe:
  - Jäger
  - Verlust des Lebensraums
  - Abholzung
  - Nahrungsmangel

...

Bis zum bitteren Ende?
Kaum noch Tiger
- 2010 gab es noch 3200 frei lebende Tiger. Schuld daran waren Jäger.
- Ein großes Problem der Raubkatze ist der Verlust ihres Lebensraumes durch die Abholzung der Wälder.
- Eine weitere Folge davon ist: Es gibt nicht mehr genügend Nahrung zum Überleben.

1 Vergleicht die beiden Stichwortzettel, die von Schülern zum ersten Textabsatz erstellt wurden.
a Worin unterscheiden sie sich?
b Welcher Stichwortzettel eignet sich besser als Stütze für einen Vortrag? Begründet.

2 Ergänzt den Stichwortzettel mit Stichwörtern zu den anderen Absätzen. Greift dabei auf eure Vorarbeiten aus den Aufgaben 3 und 4 auf S. 187 zurück.

3 Habt ihr Fragen zu den weißen Tigern, die der Text „Bis zum bitteren Ende?" nicht beantwortet? Recherchiert dazu im Internet. Denkt daran, genaue Suchbegriffe einzugeben. Oft lohnt es sich, zwei Suchwörter zu verbinden.

4 Haltet einen Kurzvortrag zu weißen Tigern. Berücksichtigt dabei insbesondere ihre bedrohte Lebenssituation, ihre Verbreitung und ihr Aussehen. Nutzt dazu eure Stichwortzettel.

Methode **Einen Stichwortzettel anlegen**

Ein Stichwortzettel eignet sich gut als **Grundlage für einen Kurzvortrag,** da er nur die wesentlichen Informationen festhält.

- Beachtet beim Erstellen, dass ihr nur die wichtigsten Schlüsselbegriffe aufschreibt.
- Notiert diese übersichtlich untereinander und schreibt sie ausreichend groß.
- Orientiert euch an den Abschnittsüberschriften, die ihr zuvor in eurem Sachtext unterstrichen habt.
- Denkt daran: Auf einem Stichwortzettel dürfen keine ganzen Sätze stehen.

Testet euch!

Sachtexte

1 Wenn ihr einen Sachtext lest, solltet ihr die Schlüsselwörter markieren.

a In der folgenden Liste ist nur ein Satz richtig. Schreibt diese Aussage in euer Heft.

Was sind Schlüsselwörter?

A Schlüsselwörter sind immer Wörter, die ein neues Unterthema einleiten. Sie stehen meistens am Anfang eines neuen Textabschnitts.

B Schlüsselwörter sind Wörter, die für die Aussage des Textes besonders wichtig sind.

C Schlüsselwörter sind immer Nomen oder besonders schwierige Wörter, z. B. Fremdwörter.

b Vergleicht eure Lösung mit dem Lösungsteil auf Seite 314.

2 Wenn ihr einen Text in Sinnabschnitte gliedert, könnt ihr ihn leichter zusammenfassen.

a Prüft, welche der folgenden Aussagen (A, B oder C) richtig ist, und schreibt diese in euer Heft.

Wo beginnt ein neuer Sinnabschnitt?

A Ein neuer Sinnabschnitt beginnt dort, wo im Text ein neues Unterthema behandelt wird.

B Ein neuer Sinnabschnitt beginnt immer dort, wo im Text ein Bild oder eine Grafik stehen.

C Ein neuer Sinnabschnitt beginnt immer dort, wo es im Text einen neuen Absatz gibt.

b Vergleicht eure Lösung mit dem Lösungsteil auf Seite 314.

3 a Um welche Art der Abbildung handelt es sich jeweils? Ordnet die Begriffe „ Foto“ und „Grafik“ richtig zu, z. B. *Abbildung 1 = …, Abbildung 2 = …, Abbildung 3 = …*

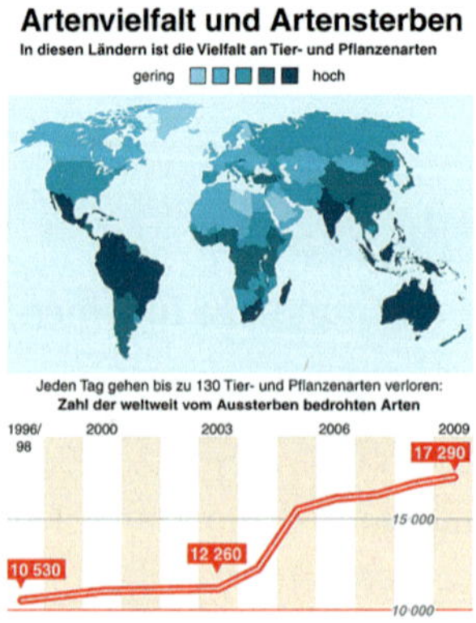

b Notiert knapp, was auf der jeweiligen Abbildung dargestellt wird.

c Vergleicht eure Ergebnisse aus den Aufgaben 3a und b in Partnerarbeit.

11.2 Der kleine Gepanzerte – Ein Tier vorstellen, Informationen auswerten

1 Auf dem Foto seht ihr ein Kugelgürteltier, dessen spanischer Name Armadillo „kleiner Gepanzerter" bedeutet. Findet ihr, dass der Name zu diesem Tier passt? Begründet eure Antwort.

Das Armadillo (Kugelgürteltier)

Das Armadillo ist wirklich putzig. Seinem Namen macht es auch alle Ehre, denn „der kleine Gepanzerte" (so lautet die Übersetzung aus dem Spanischen) wird fast vollständig von einem Panzer geschützt. Besonders lustig sieht das Armadillo aus, wenn es sich bei Gefahr zu einer Kugel zusammenrollt. Diese Kugelform bietet ihm aber guten Schutz vor Fressfeinden. Hier einige Informationen über das Dreibinden-Kugelgürteltier.

- Kugelverschluss: Kopfschild und Schwanz, Beine im Kugelinneren
- Panzer aus Horn- und Knochenplatten
- scharfe Krallen zum Abreißen von Baumrinde oder Aufreißen von Termitenbauten
- geht auf Krallenspitzen der Vorderfüße, Hinterfüße flach auf Boden gedrückt
- lange und klebrige Zunge
- Körperlänge. bis ca. 35 cm
- Gewicht: bis ca. 1,6 kg, Männchen schwerer
- ernährt sich von Insekten: Ameisen, Termiten, Käferlarven
- bringt ein Junges nach 120 Tagen Tragezeit zur Welt (zwischen November und Januar)
- meist nachtaktiv und Einzelgänger
- beheimatet in Südamerika
- bevorzugt offenes Grasland, Savannen, Wälder
- bedroht durch die Menschen (schmackhaftes Fleisch)

2 a Lest die Informationen über das Armadillo (Kugelgürteltier) aufmerksam durch.

b Beantwortet dann die folgenden Fragen:
Wann nimmt das Armadillo seine Kugelgestalt an?
– Wie bewegt sich das Tier fort?
– Wie kommt es an die schmackhaften Insekten?
– Wo ist das Tier beheimatet?

c Welche Aussagen gehören nicht in eine Tierbeschreibung? Gebt die Zeilenzahl an.

3 Jetzt seid ihr gefordert: Für eine Ausstellung über bedrohte Tierarten in eurem Klassenraum sollt ihr einen Beitrag über das Kugelgürteltier für eine Wandzeitung anfertigen, in dem ihr das Tier vorstellt und sein Aussehen beschreibt.

a Ordnet die Informationen aus dem Text über das Kugelgürteltier in einer Tabelle den folgenden Oberbegriffen zu:

Name (Rasse)	Lebensraum	Aussehen und Körperbau	Nahrung	Fortpflanzung	Besonderheiten
Armadillo oder: Kugelgürteltier	*Südamerika, offenes Grasland, Savannen, Wälder*	...	...	...	...

b Überlegt, zu welchem Punkt ihr noch weitere Stichwörter sammeln müsst, um das Kugelgürteltier genau zu beschreiben.

4 Dieser Text beschreibt das Aussehen des Kugelgürteltiers. Er ist aber unvollständig und sprachlich noch nicht gelungen.

VORSICHT FEHLER!

Der Kopf des Kugelgürteltiers ist klein. Das Tier hat einen gepanzerten Körper und kann sich zusammenrollen. Es hat Krallen und Ohren. Der Bauch sieht anders aus als die Körperoberseite. Die Nase ist ganz putzig, die Augen sind rund.

a Erklärt, warum diese Beschreibung nicht gut gelungen ist. Notiert die Mängel in Stichwörtern.

b Wählt aus der folgenden Liste Wörter aus, die ihr in einer Beschreibung der Augen, Ohren, Nase und Körper des Kugeltiers verwenden könnt.

Merkmale	Angaben
Kopfform	rund, spitz, klein, breit, schmal
Schnauze	gepanzert, ledrig, glatt, schwarz, braun
Augen	rund, klein, groß, hervorstehend, mandelförmig, eng beieinanderliegend, weit auseinanderliegend, tief liegend
Ohren	klein, groß, abstehend, anliegend, spitz, rund, hängend
Nase	lang, kurz, dick, spitz, rundlich, platt, schuppig, ledrig, gepanzert, behaart
Körperoberseite	kleine Knochenplatten, große Knochenplatten, gepanzert, wirken wie Rückenschilder, in Körpermitte bewegliche und durch Hautfalten verbundene Ringe, gürtelartig
Körperunterseite	Pelz, feine dichte Haare, längere borstige Haare, dünn behaart, dicht behaart

c Ergänzt Wörter (z. B. Adjektive) zur Beschreibung der Füße.

d Entscheidet, welches der folgenden Verben die Körperhaltung des Kugelgürteltiers am genauesten trifft. Unterscheidet dabei, ob sich das Armadillo ganz entspannt fortbewegt oder sich in einer Gefahrensituation zusammenrollt. Notiert für beides einen Satz in eurem Heft. *Das Armadillo ...*

> befindet sich • stützt sich auf • ruht • sitzt • hockt • geht • kugelt sich zusammen • steht • kauert • liegt • thront • springt • läuft • rollt sich ein • klappt sich zusammen • macht sich klein

5 Schreibt nun euren Beitrag über das Armadillo für eure Ausstellung. Nutzt dazu eure Vorarbeiten und Notizen aus den vorangegangenen Aufgaben.
- Macht zuerst Angaben zu Name (Rasse), Lebensraum und Besonderheiten.
- Beschreibt dann das Aussehen des Gürteltiers: Beginnt mit dem Gesamteindruck (ungefähre Größe und Gewicht, Körperhaltung, vorherrschende Farbe und Beschaffenheit der Haut).
- Beschreibt dann von oben nach unten die einzelnen Teile des Körpers (Ohren, Augen ...). Geht dabei auch auf die Farben ein.

> **Farben genau beschreiben:**
> Oft könnt ihr einen Farbton genauer beschreiben, wenn ihr zu der Farbe ein Nomen ergänzt, das einen Vergleich ermöglicht, z. B.:
> Rabe + schwarz = rabenschwarz (schwarz wie ein Rabe).

6 Gestaltet ein Plakat (▸ S. 289).
a Klebt euren Beitrag auf ein großes Blatt Papier oder Pappkarton.
b Recherchiert Fotos des Armadillos und am besten auch eine Karte Südamerikas. Ihr könnt das Gürteltier auch zeichnen. Beschriftet die besonderen Körperteile. Schreibt ausreichend groß.

7 Gibt es unter euch Experten, die über ein Tier besonders viel wissen? – Nein? – Macht euch zu Expertinnen und Experten und stellt in der Klasse weitere bedrohte Tierarten vor. Fertigt von diesen ebenfalls ein Plakat an.

Methode **Ein Tier vorstellen**

- **Sucht** euch ein interessantes **Tier aus.**
- Schreibt mit **W-Fragen** auf, was ihr über das Tier herausfinden wollt, z. B.: Wo lebt es? ...
- **Besorgt euch Informationen** zu eurem Tier, z. B. in einer Bücherei oder im Internet. Sammelt das Material in einer Mappe.
- **Lest euer Material** und schreibt wichtige Informationen zu euren W-Fragen auf.
- Überlegt euch eine **sinnvolle Gliederung:** Rasse, Lebensraum, Aussehen ...
- Schreibt zu jedem Gliederungspunkt **Stichpunkte auf Karteikarten.**
- **Gestaltet ein Plakat,** das ihr bei eurem Vortrag in der Klasse zeigen könnt. Schreibt das Wichtigste groß und gut lesbar auf das Plakat. Wählt Fotos und Abbildungen aus (▸ S. 289).
- Ihr könnt auch einen **kleinen Vortrag** über euer Tier halten. Sprecht dabei laut und deutlich und nicht zu schnell. Schaut die Zuhörenden an und redet möglichst frei. Nutzt eure Karteikarten als Gedankenstütze. Zeigt während des Vortrags auf dem Plakat, worüber ihr gerade sprecht.

Stärken stärken: Ein Tier beschreiben

Der Große Panda (auch: Pandabär)

- bedroht durch Rodung der Bambuswälder, Verlust des Nahrungsangebots
- Raubtier, gehört zur Familie der Bären
- Länge: bis zu 150 cm
- Gewicht: bis zu 160 kg
- Westen Chinas, subtropisches Bergland, dichte Wälder
- Schwanz: 12 cm lang
- nachtaktiv, tagsüber in Schlafhöhle
- Einzelgänger
- große Mahlzähne
- frisst täglich 20 kg Bambus
- greift Nahrung mit Vorderpfoten
- verbringt 14 Stunden mit Nahrungsaufnahme
- Paarungszeit: März bis Mai
- August/September: Geburt von ein oder zwei Jungen
- Junge bei Geburt weiß, Fellzeichnung nach vier Wochen sichtbar

●●● 1 Auch der Große Panda ist in Gefahr. Fertigt für eure Ausstellung über bedrohte Tiere einen Beitrag über den Großen Panda an.

a Formuliert zunächst einen einleitenden Satz, in dem ihr ausführt, warum das Tier bedroht ist.
b Macht dann Angaben zur Rasse, zum Lebensraum, zur Fortpflanzung und zu Besonderheiten.
c Beschreibt das Aussehen des Großen Pandas. Nutzt dazu das Foto und die Informationen oben.
d Stellt nun den Großen Panda in einem schriftlichen Beitrag vor.

Hinweis: Ihr könnt eure Beschreibung durch Fotos und Zeichnungen ergänzen und zu einem Plakat gestalten.

Hier findet ihr Hilfestellungen zu den Teilaufgaben:

●●○ **Hilfe zu Aufgabe 1 a:**

Euren Einleitungssatz könnt ihr z. B. so beginnen:

Das Tier, das ich euch vorstellen möchte, ist ebenfalls gefährdet. Die Ursache dafür ist die Rodung der Bambuswälder. Da sich Pandabären fast ausschließlich von Bambus ernähren, sind sie gezwungen, neuen Lebensraum mit ausreichend Futter zu suchen.

Hilfe zu Aufgabe 1b:

Für die Angaben zu Rasse, Lebensraum, Fortpflanzung und Besonderheiten lest ihr am besten noch einmal die Informationen neben dem Foto.
Übertragt dann die Tabelle unten in euer Heft und füllt sie mit den Angaben aus dem Informationskasten aus.

Name (Rasse)	Lebensraum	Fortpflanzung	Besonderheiten
...	*Westen Chinas, subtropisches Bergland, dichte Wälder*	...	...

Hilfe zu Aufgabe 1c:

Geht zur Beschreibung des Großen Pandas systematisch vor: Fangt mit dem Gesamteindruck an und beschreibt dann die einzelnen Körperteile.
Sammelt die Angaben in einer weiteren Tabelle. Im Wortspeicher unten findet ihr Material:

Merkmale	Angaben
Kopf	*rund, breit, groß,*
Augen	...
...	...

pummelig • mächtig • breit • leuchtend weiß • Augenringe • rund • abstehend • dicht • drahtig • auffällige Zeichnung • schwarz gefärbt • knopfartig • dunkle Schatten

Hilfe zu Aufgabe 1d:

Schreibt eure Tiervorstellung im Präsens und achtet auf abwechslungsreiche Verben und Satzanfänge.

Information **Ein Tier beschreiben**

Aufbau:

- Schreibt einen **Einleitungssatz,** in dem ihr sagt, um was es geht, z. B.: Warum ist das Tier vom Aussterben bedroht?
- **Beschreibt** dann das Tier möglichst genau. Achtet hierbei auf eine Ordnung:
  - Beginnt mit dem Gesamteindruck des Tieres (z. B. Tierart, Name, ungefähre Größe und Gewicht).
  - Beschreibt dann **die besonderen Merkmale** (z. B.: Farbe und Länge des Fells, Kopfform, Form der Ohren, Augenfarbe ...) von oben nach unten, also vom Kopf zu den Beinen.
  - Formuliert einen **Schlusssatz,** z. B. einen Appell, warum das Tier nicht aussterben darf.

Sprachliche Mittel:

- Verwendet **passende Adjektive,** mit denen ihr das Tier anschaulich und genau beschreiben könnt, z. B.: schneeweiß, klein, winzig, kugelrund.
- Verwendet an Stelle der Wörter „ist", „sind" und „haben" **genau beschreibende Verben,** z. B.: tragen, besitzen, aufweisen.
- Formuliert eure Beschreibung im **Präsens.**

11.3 Fit in ...? – Die Fünf-Schritt-Lesemethode

Stellt euch vor, ihr bekommt in der nächsten Klassenarbeit folgende Aufgabenstellung:

1 Wähle eine der drei Abbildungen für den Text „Tierische Stars“ aus. Notiere die Nummer und begründe deine Entscheidung.
2 Beantworte die folgenden Fragen:
 – Womit verdient die Tiertrainerin Kirstin McMillan ihren Lebensunterhalt?
 – Warum wälzen sich Schweine im Schlamm?
3 Erkläre die im Text hervorgehobenen Begriffe aus dem Textzusammenhang.
4 Fasse den Inhalt des Textes in eigenen Worten zusammen.

Tierische Stars

Tiertrainerin Kirstin McMillan verrät ihre Tricks

1 Schweine können nicht schwitzen. Wenn es Schweinen zu heiß wird, dann suhlen sie sich im Schlamm. Das kühlt sie ab, macht sie aber leider auch dreckig. Und das kann zu Problemen führen.
Wenn zum Beispiel ein Werbefilm entsteht, in dem ein Glücksschwein mit Zylinderhut auftauchen soll, dann wollen die Filmleute ein hübsches rosa Schweinchen sehen – und keins, das gerade aus der Schlammgrube kommt. In so einem Fall muss Kirstin McMillan sich etwas einfallen lassen. Für den Werbespot hat sie das Ferkel immer wieder mit Wasser übergossen, damit es gar nicht erst anfängt, sich irgendwo herumzuwälzen.

2 Kirstin ist 35 Jahre alt und Tiertrainerin in der Nähe von Hollywood in den USA. Wenn in einem Film ein zahmer Tiger gebraucht wird, eine Babygiraffe, ein Elefant oder ein Tukan (das ist ein Vogel mit großem krummem Schnabel), dann rufen die Filmstudios bei Kirstin an. Sie hat alle möglichen Tiere im Angebot: Spinnen, Mäuse, Hunde, Katzen, Pferde, Affen, zwei Elefanten, einen Tiger und ein Nashorn – und wenn es sein muss, dann schafft sie auch ein sauberes Ferkel herbei, das bereit ist, einen Zylinder und ein mit Diamanten besetztes Halsband zu tragen.
Kirstin McMillan lebt mit ihren Tieren auf einer großen Farm. Auch ihre Eltern waren schon Tiertrainer, bei ihnen kann sich Kirstin Leoparden und Bären ausborgen. Zur Farm gehören die Ställe und vor allem ein riesiges Freigehege.

3 Kirstin sagt, dass man für ihren Beruf vor allem viel Geduld braucht. „Tiere lernen, wenn man sie belohnt, nicht wenn man sie bestraft“, sagt sie. Damit ein Leopard zum Beispiel genau dahin läuft, wo man ihn haben will, muss man ihn von klein auf trainieren. Man konditioniert die Wildkatze, indem man einen Napf an einer langen Stange befestigt, ihn mit rohem Fleisch füllt und ihn ein bis zwei Meter vom Leoparden entfernt auf den Boden stellt. Dann lässt man ein Glöckchen erklingen und zieht gleichzeitig den Napf ein wenig weiter weg. Wenn der kleine Leopard dann hinterherrennt, verbindet er in seinem Kopf das Klingeln mit der Botschaft: „Dort ist Futter."

Beim nächsten Mal steht der Napf schon weiter weg, und irgendwann läuft der Leopard immer direkt dahin, wo er die Klingel hört.

4 Mittlerweile lässt Kirstin Tiere nicht nur in Filmen und Fernsehserien auftreten. Viele Prominente finden es schick, wenn Kirstin mit einer Babygiraffe zu Besuch kommt oder eine Schlange zur Party mitbringt, die sich jeder mal um den Hals legen darf.

Andere Prominente fragen Kirstin um Rat, wenn sie mit ihren Hunden nicht zurechtkommen. Der Sänger Justin Timberlake zum Beispiel ließ seinen Hund von Kirstin trainieren – er selber hat wenig Zeit, und sein Hund gehorcht nicht sehr gut. „Eigentlich müsste ich den Menschen etwas beibringen und nicht den Tieren", sagt Kirstin.

Nicole Nagel

Den Text lesen und verstehen

1 a Verschafft euch einen ersten Überblick über den Text. Lest die große Hauptüberschrift und die Unterüberschrift und schaut euch die Fotos an.

b Überlegt, worum es in dem Text geht und was ihr schon zu dem Thema wisst.

2 Lest den Text ein erstes Mal durch und notiert die W-Fragen, auf die ihr Antworten im Text erhaltet:

Wer sind die Stars?

Was macht eine Tiertrainerin?

3 Welche der folgenden Aussagen zum Text sind richtig? Lest dazu den Text ein zweites Mal. Schreibt die zutreffenden Sätze ab und notiert dahinter die Nummer des Textabschnitts, in dem die entsprechenden Informationen stehen.

- Kirstin McMillan ist die erste Tiertrainerin in ihrer Familie.
- Wenn man Tieren etwas beibringen möchte, muss man sie bestrafen.
- Kirsten lässt ihre Tiere nur in Filmen und im Fernsehen auftreten.
- Selbst Wildkatzen können auf bestimmte Abläufe konditioniert werden.
- Schweine suhlen im Schlamm, um sich abzukühlen.

Die Aufgaben zum Text bearbeiten

4 Bearbeitet nun nacheinander die Aufgaben 1–4 von Seite 196. Geht Schritt für Schritt vor:

a **Aufgabe 1:** Überlegt, welche der drei Abbildungen ihr für den Text auswählen würdet. Beachtet, dass die Abbildung zu dem gesamten Text passen soll. Begründet eure Entscheidung, z. B.:

Ich finde das Bild ... besonders passend, weil ...

b **Aufgabe 2:** Die Fragen, die ihr an den Text gestellt hattet, haben euch zu einer genauen Lektüre geführt. Lest jetzt noch einmal eure Lösungen zu Aufgabe 3 von S. 196 im Heft nach, dann habt ihr auch schon die Antworten zu dieser Aufgabe. Schreibt sie in ganzen Sätzen in euer Heft.

c **Aufgabe 3:** Übertragt die im Text hervorgehobenen Begriffe in euer Heft und klärt ihre Bedeutung, indem ihr Hinweisen im Text nachgeht oder das Wort in seine Bausteine zerlegt. Wenn euch der Textzusammenhang nicht weiterhilft, müsst ihr in einem Wörterbuch nachschlagen.

Ferkel (Z. 26):	*Jm ersten Textabschnitt ist die Rede von Schweinen, die für die Aufnahmen sauber gehalten werden müssen. Der Hinweis „sauber" (Z. 26) im Zusammenhang mit „Ferkel" legt daher nahe, dass …*
Zylinder (Z. 27):	*…*
konditioniert (Z. 39–40):	*Lest noch einmal genau im fünften Textabschnitt nach. Der Vorgang wird dort gut beschrieben.*
Prominente (Z. 53–54):	*hier gibt es eher keine Anhaltspunkte im Text, daher …*

d **Aufgabe 4:** Schreibt zunächst die wichtigsten Schlüsselwörter heraus und findet für die vier Textabschnitte Teilüberschriften, dann könnt ihr den Inhalt gut wiedergeben.
Schlüsselwörter geben oft Antworten auf die W-Fragen, z. B.:

Frage	Antwort mit Schlüsselwort
Wer sind die Stars?	*Ein Glücksschwein mit Zylinderhut, zahmer Tiger, Babygiraffe*
Was macht eine Tiertrainerin?	*Für Werbefilm (…) Schweinchen mit Wasser übergossen (Z. 6)* *Leoparden trainieren (vgl. Z. 39)* *lässt Tiere nicht nur in Filmen und Fernsehen auftreten (Z. 52–53)*

Beschränkt euch bei den **Zwischenüberschriften,** die die Textabschnitte zusammenfassen, auf die wichtigsten Informationen:
Erster Textabschnitt: Für Werbefilme müssen Schweine sauber bleiben.
Zweiter Textabschnitt: …

Checkliste

Einen Sachtext lesen und verstehen (Fünf-Schritt-Lesemethode)

- Habe ich die **Überschrift** und die ersten drei bis fünf Zeilen des Textes in Bezug zu den **Bildern** gesetzt und mir dabei überlegt, worum es in dem Text gehen könnte?
- Habe ich dann den **gesamten Text sorgfältig gelesen** und mir dabei das Thema und den Inhalt des Textes klargemacht, indem ich **W-Fragen** formuliert habe?
- Habe ich **unbekannte oder schwierige Wörter** aus dem Textzusammenhang oder durch Nachschlagen in einem Wörterbuch geklärt und die wesentlichen **Schlüsselwörter** markiert?
- Habe ich den Text in **Sinnabschnitte** gegliedert und für die einzelnen Abschnitte **Überschriften** formuliert?
- Habe ich die wichtigsten **Informationen** des Textes in wenigen Sätzen **zusammengefasst?**

Wörterliste ▸ S. 284

beobachten	Grafik	Größenverhältnis	Merkmal
beschreiben	Körperhaltung	Aussehen	Lebensraum
sachlich	abwechslungsreich	entschlüsseln	erläutern

12 Grammatiktraining – Wörter und Wortarten

1 Kennt ihr Bilbo Beutlin und die Hobbits? Erzählt darüber.

2 Die Schatztruhe enthält unterschiedliche Wortarten.

a Welche Wortarten kennt ihr bereits?

b Ordnet die Wörter aus der Schatztruhe den Wortarten zu.

In diesem Kapitel ...

- erfahrt ihr mehr über den Hobbit Bilbo Beutlin und über Piraten,
- lernt ihr die wichtigsten Wortarten und ihre Funktionen kennen,
- unterscheidet ihr Nomen und ihre Ersatzwörter (Pronomen) und ihre begleitenden Wörter (Artikel und Adjektive),
- untersucht ihr, welche Aufgaben Verben haben und wann ihr welche Zeitform verwendet.

12.1 Bilbos Schatz – Rund ums Nomen

Aus dem Zauberhut – Das Nomen

Zwerge, Hexe, Angst und Besen
Kugel, Pulver, dunkle Wesen
Bücher, Hut und Zauberturm
Eulen, Raben, Regenwurm
Frösche, Mut und Magierkammer
schwarze Katzen und Gejammer

1 In diesem Zauberspruch fehlt etwas.
a Könnt ihr sagen was?
b Ordnet die Nomen in die Tabelle ein.

Lebewesen	Gegenstände	Gedanken, Gefühle
Hexe ...	...	...

2 Fallen euch noch weitere, ähnliche Zaubersprüche ein? Einer könnte so beginnen:
Lärm, Getöse, Blitz und Rauch ...

3 Auch das gehört in das Reich der Magier. Ergänzt die Tabelle oben mit den nebenstehenden Nomen.

Umhang • Hut • Macht • Zauberlehrling • Merlin • Furcht • Aberglaube • Bart • Druide • Stab • Stärke • Miraculix

4 Kennt ihr das Spiel „Nomenkette“? Ihr solltet dazu mindestens zu dritt sein. Es geht so:
– Der Startspieler nennt ein Lebewesen.
– Der nächste Spieler überlegt sich einen Gegenstand, der mit dem letzten Buchstaben des *vorhergehenden* Wortes beginnt.
– Der dritte Spieler benennt ein Gefühl oder einen Gedanken. Wieder soll der letzte Buchstabe des letzten Wortes der *erste* des neuen Wortes sein.

Wie lang wird eure Nomenkette?
Beispiel: *Hund – Dach – Heiterkeit ...*

Information **Nomen**

Die meisten Wörter unserer Sprache sind **Nomen** (Hauptwörter, Substantive). Sie bezeichnen
- **Lebewesen,** z. B.: *Bilbo, Gandalf, Eule, Zwerg,*
- **Gegenstände,** z. B.: *Schatz, Stadt* und
- **Begriffe** (Gedanken, Gefühle, Zustände ...), z. B.: *Idee, Freude, Freundschaft.*

Nomen werden großgeschrieben.

Hexe und Hexenmädchen – Nomen haben ein Genus (ein grammatisches Geschlecht)

der Zauberer

der Zauberlehrling

die Hexe

das Hexenmädchen

1 Betrachtet die Bilder und lest die darüberstehenden Artikel (Begleiter). Welche Besonderheit könnt ihr feststellen?

2 Lest die Bezeichnungen der Körperteile.
a Nennt die dazugehörigen Artikel.
b Was fällt euch auf?

Lippe • Mund • Nase • Bein • Fuß • Ohr • Hand • Gesicht • Finger

3 Sucht mit Hilfe eines Wörterbuches möglichst viele Nomen aus der Zauberwelt. Stimmen natürliches und grammatisches Geschlecht (▶ Merkkasten) jeweils überein? Schreibt sie in euer Heft.

Lernt die Nomen mit Artikel. Bei manchen stimmen natürliches und grammatisches Geschlecht nicht überein, z. B.: *das Küken, der Mensch.*

Information **Nomen: das Genus** (das grammatische Geschlecht; Plural: die Genera)

Jedes Nomen hat ein Genus (ein grammatisches Geschlecht), das man an seinem **Artikel** erkennen kann. Ein Nomen ist entweder

- ein **Maskulinum** (männliches Nomen), z. B.: *der Zwerg, der Schatz,*
- ein **Femininum** (weibliches Nomen), z. B.: *die Hexe, die Unterwelt,*
- ein **Neutrum** (sächliches Nomen), z. B.: *das Ungeheuer, das Hexenhaus.*

Bilbo und die Zwerge – Nomen haben einen Numerus (eine grammatische Zahl)

Der kleine Hobbit

Der Hobbit Bilbo Beutlin aus dem Auenland lebt, wie die meisten Leute dort, friedlich und gemütlich in seiner Höhle. Dies ändert sich an dem Tag, als er durch den Zauberer Gandalf und dreizehn Zwerge unter der Führung von Thorin Eichenschild in seiner Ruhe gestört wird. Gandalf und die Zwerge überreden Bilbo aufzubrechen und mit ihnen eine lange verlorene Stadt zu suchen, in der sich ein riesiger Schatz befinden soll, bewacht vom Drachen Smaug. Aus seinen Klauen muss der Schatz befreit werden. Durch Glück und Zufall hatte Gandalf einen Plan mit einem geheimen Zugang zu dieser unterirdischen Stadt erhalten. Doch um dort eindringen zu können, bedarf es eines „Meisterdiebs“, klein genug, überall hindurchzukommen und der zudem die Kunst des Anschleichens beherrscht. Obwohl Bilbo keineswegs ein Dieb, geschweige denn ein „Meisterdieb“ ist, schmeichelt es ihm, dass Gandalf ihn vor den Zwergen als solchen anpreist. Mit etwas Ausdauer gelingt es Gandalf tatsächlich, den widerspenstigen Hobbit für dieses Abenteuer zu gewinnen. Und schneller als es Bilbo lieb ist, zieht er mit den Zwergen in Richtung Osten dem Berg entgegen. Von Anfang an gilt es, große Gefahren zu bestehen und die Bösen zu besiegen.

1 Ob Bilbo am Ende den Drachen überlisten kann? Stellt Vermutungen an.

2 Kennzeichnet alle Nomen im Text.
- **a** Ordnet dann die Nomen in eine Tabelle wie die unten abgebildete ein.
- **b** Ergänzt jeweils die entsprechende Form im Singular oder im Plural.

> Achtung: Bei einem Wort gibt es nur eine Pluralform, bei drei Wörtern gibt es nur eine Singularform.

Nomen im Singular (Einzahl)	Nomen im Plural (Mehrzahl)
Höhle	…
…	*Zwerge*

Information **Nomen: der Numerus** (die grammatische Zahl; Plural: die Numeri)

Nomen haben einen Numerus, d. h. eine Anzahl. Sie stehen entweder im
- **Singular** (Einzahl), z. B.: *der Wald, die Hexe, das Einhorn,* oder im
- **Plural** (Mehrzahl), z. B.: *die Wälder, die Hexen, die Einhörner.*

Nur bei wenigen Nomen ist entweder nur eine Singularform oder nur eine Pluralform möglich, z. B.: *der Regen, die Ferien.*

Nomen kann man in vier Kasus (Fällen) gebrauchen

Hallo Waleria,

du glaubst nicht, welches Missgeschick mir passiert ist! Während meiner täglichen Übungen stand im Garten meines Meisters plötzlich ? . Obwohl es sehr heiß war, schmolz ? nicht. Die Spitze ? überragte sogar die hohen Bäume des Gartens. Man konnte ? schon von Weitem sehen. ? leuchtete in strahlendem Weiß. Und auf ? saß ein kleiner Pinguin. Kannst du mir bitte einen hilfreichen Spruch sagen?

Liebe Grüße
Haselbasel

1 Der Zauberlehrling Haselbasel berichtet seiner Freundin Waleria in einem Brief von seinem Missgeschick. Was hat er wohl versehentlich gezaubert?

2 Schreibt den Brief ab und ersetzt ? durch das gesuchte Wort.
Ermittelt anhand des Merkkastens auf S. 204, in welchem Kasus (Fall) das gesuchte Nomen im Text jeweils stehen muss. Macht dazu die Fragenprobe, z. B.:

Frage: *Während meiner täglichen Übungen stand im Garten meines Meisters plötzlich wer oder was?*
Antwort: *Während meiner täglichen Übungen stand im Garten meines Meisters plötzlich ein Eisberg.*
→ 1. Fall, Nominativ

3 Legt eine Tabelle mit vier Spalten an, in die ihr jeweils den Nominativ, den Genitiv, den Dativ und den Akkusativ (▶ Merkkasten) folgender Nomen eintragt:

Fee • Kelch • Zauberschloss • Drache

Wenn der Zauberer Kotzmotz tobt und wütet, halten alle Tiere im Wald ? an und verstecken sich. Selbst ? zittern vor Angst. Nur ein kleiner, unbekümmerter, zerzauster Hase lässt sich nicht beirren und landet unversehens direkt vor dem Haus ? . Kotzmotz ist über ? des Hasen so überrascht, dass er ihn eintreten lässt. Nun entdeckt ? auch ? für die wütenden Worte von Kotzmotz. Und er beschließt, ? zu helfen.

4 a Schreibt den Text ab und setzt die nebenstehenden Nomen ein.
b Bestimmt mit Hilfe des Merkkastens den Kasus, in dem das eingesetzte Wort steht.

den Atem • des Zauberers • die Bäume • den Mut • den Grund • dem Zauberer • der Hase

Viele Menschen sind fasziniert von (die Zauberei). Doch (das Zaubern) zu lernen, ist gar nicht so leicht. Zunächst muss man (das Geheimnis) der unzähligen Tricks kennen. Aber (der Magier) ist hier nicht zu trauen! Er verrät (der Trick) nur sehr ungern. Für Anfänger eignet sich ein Zauberkasten aus (der Spielwarenhandel). (Der Zauberkasten) muss man gründlich durcharbeiten, um die nötige Übung zu erhalten. Beim (das Üben) ist höchste Konzentration erforderlich.
(Der Anfänger) kann auch in einer Zauberschule geholfen werden. Ein Meister unterstützt (der Schüler) beim Training seiner verblüffenden Kunststücke. Und durch die Erfahrung (der Meister) lassen sich viele Fehler vermeiden. Vielleicht klappt es ja mit der Zauberei auf (die Bühnen) dieser Welt.

5 a Schreibt den Text ab und setzt dabei die Wörter in Klammern richtig ein.
b Bestimmt auch hier den jeweiligen Kasus.

Information **Nomen: der Kasus** (der Fall; Plural: die Kasus, mit langem *u* gesprochen)

In Sätzen erscheinen Nomen immer in einem bestimmten Kasus, d. h. in einem grammatischen Fall. **Im Deutschen gibt es vier Kasus.** Nach dem Kasus richten sich die Form des Artikels (▶ S. 206) und die Endung des Nomens. Man kann den **Kasus** eines Nomens **durch Fragen ermitteln.**

Kasus	Kasusfrage	Beispiele
1. Fall: **Nominativ**	Wer oder was ...?	*Der Zauberer liest ein Buch.* *Die Hexe reitet auf dem Besen.* *Das Einhorn spielt mit einem Reh.*
2. Fall: **Genitiv**	Wessen ...?	*Das Buch des Zauberers ist spannend.* *Der Besen der Hexe ist schnell.* *Der Spielgefährte des Einhorns ist scheu.*
3. Fall: **Dativ**	Wem ...?	*Der Knabe schaut dem Zauberer zu.* *Der Rabe gehorcht der Hexe.* *Das Reh leistet dem Einhorn Gesellschaft.*
4. Fall: **Akkusativ**	Wen oder was ...?	*Die Kinder beobachten den Zauberer.* *Die Mäuse lieben die Hexe.* *Die Tiere des Waldes ehren das Einhorn.*

Meist ist der Kasus am veränderten Artikel des Nomens erkennbar, manchmal auch an der Endung des Nomens, z. B.: *des Mannes, des Mädchens, den Kindern.*
Wenn man ein Nomen in einen Kasus setzt, nennt man das **deklinieren** (beugen).

Stärken stärken: Das Nomen

1 Schreibt die folgenden Nomen untereinander in euer Heft.
- Notiert hinter den Nomen ihr grammatisches Geschlecht.
- Welche Nomen kommen nur im Singular vor, welche nur im Plural?
- Welche der Nomen drücken Gefühle oder Gedanken aus?

Ferien • Ereignis • Schlaf • Teile • Lichter • Datum • Getränk • Freude • Stunde • Liegestuhl • Obst • Durst • Nacht • August • Himmel • Traum • Leute

2 Entdeckt ihr in dieser Wörterschlange die Nomen? Schreibt sie deutlich getrennt in euer Heft.
Wie viele Nomen habt ihr gefunden?

3 Im folgenden Text sind alle Wörter klein- und zusammengeschrieben.
Übertragt ihn in der richtigen Groß- und Kleinschreibung in euer Heft.

gutentag,herrsailer!
herzlichendankfürihrinteresseanunsererzaubershow.gernewürdenwirbeidemgeburtstagihres sohneseinekleineaufführungpräsentieren.leideristeineunsererassistentinnenerkrankt,sodass wirdenvereinbartenterminabsagenmüssen.alsvertretungkönntenwirunserekollegenvonder zauberschule“simsalabim“empfehlen.wirhoffenaufihrverständnis.herzlichegrüßemagictom

4 In welchem Kasus stehen die unterstrichenen Nomen in den folgenden Sätzen?
Macht dazu die Fragenprobe:
Satz: Des schlechten Wetters wegen machen Bilbo und die Zwerge einen Umweg.
Fragenprobe: Weswegen machen Bilbo und die Zwerge einen Umweg? → 2. Fall, Genitiv

- Des schlechten Wetters wegen machen Bilbo und die Zwerge einen Umweg.
- „Bitte verwenden Sie den Zauberstab mit Vorsicht!“
- Ohne einen Zauberkasten kann man nur schwer üben.
- Trotz des Regens folgen sie dem Pfad.
- Bilbo findet die Zwerge lustig.
- Der Hobbit nimmt Gollum den Ring ab.
- Die Gemeinschaft ist sich ihres Sieges über den Drachen sicher.

Der Artikel

An einem Sommermorgen saß ein Schneiderlein auf seinem Tisch am Fenster, war guter Dinge und nähte aus Leibeskräften. Da kam eine Bauersfrau die Straße herab und rief: „Gut Mus feil! Gut Mus feil!“ Das klang dem Schneiderlein lieblich in den Ohren, er streckte sein zartes Haupt aus dem Fenster hinaus und ...

Auf einem Dorf lebten ein Mann und eine Frau und die Frau war so faul, dass sie immer nichts arbeiten wollte, und was ihr der Mann zu spinnen gab, das spann sie nicht fertig ...

1 Kennt ihr diese Märchen?

a Lest die Märchentitel.

b Ordnet den Märchenauszügen den richtigen Titel zu.

Die faule Spinnerin • Die zwei Brüder • Das tapfere Schneiderlein • Die kluge Bauerstochter

2 Schreibt die unterstrichenen Sätze aus den Märchenauszügen mit den Titeln in euer Heft.

a Unterstreicht jeweils die Nomen und ihre Artikel (▶ Merkkasten).

b Vergleicht eure Unterstreichungen in den Titeln und in den Märchensätzen. Worin unterscheiden sie sich?

c Setzt statt der unbestimmten Artikel *ein, eine, ein* die bestimmten Artikel (▶ Merkkasten) in die markierten Sätze. Wie wirkt das?

3 Prüft, von welchem Artikel die Nomen in den weiteren Märchensätzen begleitet werden. Habt ihr eine Erklärung dafür?

4 a Weshalb stehen in den Märchentiteln wohl die bestimmten Artikel?

b Verwendet in den Märchentiteln die unbestimmten Artikel. Macht das einen Unterschied?

Information **Der Artikel** (Plural: die Artikel)

Das Nomen tritt selten allein auf, sondern wird häufig von einem Artikel begleitet.
Man unterscheidet zwischen dem bestimmten Artikel *(der, die, das)* und dem unbestimmten Artikel *(ein, eine, ein)*, z. B.:

	bestimmter Artikel	**unbestimmter Artikel**
männlich	*der Schneider*	*ein Schneider*
weiblich	*die Bauerstochter*	*eine Bauerstochter*
sächlich	*das Dorf*	*ein Dorf*

Der unbestimmte Artikel wird meist verwendet, wenn etwas unbekannt ist oder zum ersten Mal genannt wird; der bestimmte Artikel, wenn etwas bereits bekannt ist.

Die Pronomen

Freibeuter der Meere – Das Personalpronomen

Piraten üben ein uraltes Geschäft aus. Seit es die Seefahrt gibt, gibt es Piraten, also schon seit über 3400 Jahren. Piraten sind nichts anderes als Räuber, die vorwiegend vom Schiff aus ein anderes Schiff angreifen. In Filmen, Literatur und Spielen werden Piraten oft als Helden beschrieben. In Wirklichkeit sind Piraten brutale Angreifer und kapern Frachtschiffe. Bis vor wenigen Jahren wurden Schiffe meist beraubt und die Ware wurde zu Geld gemacht.

Heute stellen moderne Piraten oft Lösegeldforderungen: „Wenn ihr wollt, dass eure Besatzung freikommt, übergebt uns eure Handelsware, sonst sind wir gezwungen, Gewalt gegen euch anzuwenden."

1 a Im ersten Abschnitt des Textes taucht ein Nomen immer wieder auf. Welches ist das?
b Beschreibt, wie sich der Text durch die Wiederholung anhört.
c Erläutert, wer mit den unterstrichenen Wörtern im zweiten Absatz jeweils gemeint ist.
d Erklärt, welche Aufgabe die Wörter wie *ich, er, wir, ihr, sie* haben.
e Verändert den ersten Absatz so, dass ihr die Wiederholungen vermeidet.

2 a Lest den Merkkasten unten.
b Wie könnte man die Nomen rechts ersetzen? Schreibt sie mit ihren Artikeln im Nominativ und im Akkusativ auf und notiert jeweils das passende Personalpronomen, z. B.:
Nominativ: der Räuber – er   Akkusativ: den Räuber – ihn

Räuber • Seefahrt • Ware • Schiff • Helden • Besatzung

Information **Das Personalpronomen** (das persönliche Fürwort; Pl.: die Personalpronomen)

Es gibt verschiedene Arten von Pronomen. Mit den **Personalpronomen** *(ich, du, er, sie, es, wir, ihr, sie)* kann man **Nomen ersetzen,** z. B.:

Die Piraten planen den Überfall. Sie bereiten sich vor. Sofort wehrt das Frachtschiff sie ab.

Störtebeker hat keine Angst. Er ist mutig und weiß, dass keiner ihn fängt.

Personalpronomen werden wie die Nomen **dekliniert** (gebeugt). Die wichtigsten Formen sind:

	Singular			**Plural**		
Kasus	**1. Pers.**	**2. Pers.**	**3. Pers.**	**1. Pers.**	**2. Pers.**	**3. Pers.**
Nominativ	*ich*	*du*	*er/sie/es*	*wir*	*ihr*	*sie*
Dativ	*mir*	*dir*	*ihm/ihr/ihm*	*uns*	*euch*	*ihnen*
Akkusativ	*mich*	*dich*	*ihn/sie/es*	*uns*	*euch*	*sie*

Alles hört auf mein Kommando! – Das Possessivpronomen

1 a Beschreibt, welche Aufgabe die markierten Wörter in den Sprechblasen haben.
b Lest den Merkkasten unten auf der Seite.
c Schreibt alle Possessivpronomen mit dem zugehörigen Nomen aus den Sprechblasen heraus, z. B.: *euer Kapitän.*
d Bestimmt jeweils den Kasus, in dem die Possessivpronomen (und dazugehörigen Nomen) im Text verwendet werden.

2 Schreibt die folgenden Sätze ab und ergänzt dabei die fehlenden Possessivpronomen. Achtet darauf, in welchem Kasus (Fall) das Possessivpronomen stehen muss.

- Fragst du deinen Nebenmann, ob er ? Säbel mitgenommen hat?
- Ich werde dafür sorgen, dass ? Schild mich an der richtigen Stelle schützt.
- Habt ihr daran gedacht, ? Helme aufzusetzen? Wir müssen mit allem rechnen!
- Bei ? letzten Überfall haben wir unsere Beute vergessen mitzunehmen.

Information **Das Possessivpronomen** (das besitzanzeigende Fürwort)

Possessivpronomen *(mein/meine – dein/deine – sein/seine, ihr/ihre – unser/unsere – euer/eure – ihr/ihre)* **geben an, zu wem etwas gehört,** z. B.:
meine Flagge, deine Tasche, unser Schiff.
Possessivpronomen begleiten meist Nomen und stehen dann in dem gleichen Kasus (Fall) wie das dazugehörige Nomen, z. B.:
Ich gebe meiner Mannschaft das Kommando! (Wem ...? → Dativ)

Stärken stärken: Die Pronomen

1 Schreibt die Sätze in euer Heft und setzt dabei die passenden Personalpronomen ein.

- Ich rufe ?, wenn es so weit ist. (dich, mich, uns)
- Dein Geschenk hat ? sehr gefreut. (mich, mir, dir)
- Beeilt euch, sonst verpassen ? den Bus. (wir, ihnen, ihr)
- ? ist das rätselhaft. (mir, mich dich)
- Wir haben ? um drei verabredet. (uns, euch, Ihnen)
- „Pass auf ? auf!“ (mir, dir, dich)

Kapitän Joe trifft sich heute mit seinem alten Steuermann. Kapitän Joe hat seinen alten Steuermann schon lange nicht mehr gesehen, deshalb hat er seinem alten Steuermann als Geschenk eine Flasche Grog mitgebracht. „Es ist schön, meinen alten Steuermann zu sehen“, wird sein alter Steuermann von Kapitän Joe begrüßt. Danach besuchen Kapitän Joe und sein alter Steuermann ihre früheren Kameraden. Damit machen sie ihren früheren Kameraden eine große Freude. „Wir haben Kapitän Joe und seinen alten Steuermann schon lange nicht mehr gesehen“, tadeln seine früheren Kameraden Kapitän Joe und seinen alten Steuermann, als diese das Schiff betreten und freuen sich aber dennoch.

2 Im Text oben finden sich zahlreiche Wiederholungen.

a Unterstreicht die Namen und Nomen, die sich wiederholen, jeweils mit unterschiedlichen Farben.

b Schreibt den Text in euer Heft und ersetzt dabei die unterstrichenen Nomen durch passende Personalpronomen.

c Markiert in eurem Text die Possessivpronomen und die dazugehörigen Nomen.

Die Klasse 5b führt ein Theaterstück mit dem Titel „Kapitän Schwarzbart, Freibeuter der Meere“ auf. Kurz vor der Aufführung ruft Corina erschrocken: „Mein Säbel ist weg!“ Auch Tom, ihr Dialogpartner, ist nicht zu finden. Alle Schülerinnen und Schüler sind aufgeregt. „Wo wurde er denn das letzte Mal gesehen?“, fragt sie Herr Dinter. „Er befand sich hinter der Tür, als wir uns geschminkt haben.“ „Dann kann er ja nicht weit weg sein!“, tröstet Herr Dinter. „Jetzt heißt es suchen, vielleicht entdecken wir ihn ja!“, ruft er laut. „Vielleicht hat Corina ihren Säbel ja zu Hause vergessen“, meint Emre an die Klasse gewandt. Sie ist ganz schön durcheinander. Wenig später sind alle erleichtert: „Nein, hier ist er!“ Tom hält den Säbel in der Hand und übt seine Rolle.

3 Im obigen Text ist bei einigen Pronomen unklar, auf welches Nomen sie sich beziehen. Überarbeitet die Sätze so, dass sie eindeutig sind. Geht so vor:

a Schreibt den Text ab und unterstreicht dabei alle Personal- und Possessivpronomen.

b Verbindet die Personal- und Possessivpronomen mit den Nomen, auf die sie sich beziehen, z. B. durch einen Pfeil. Wo bezieht sich ein Pronomen auf mehrere Nomen, sodass Unklarheiten entstehen?

c Überarbeitet die Sätze, in denen sich ein Pronomen auf mehrere Nomen bezieht.

Das Adjektiv

Jana ist bei einem Spaziergang an einem seltsamen Haus vorbeigekommen. Sie erzählt ihrer Freundin Lisa davon:

Also das Haus sah ganz anders aus als unseres! Die Fassade ist alt und wirkt sehr finster. Der Garten ist trocken und karg. Das Dach aus Holz ist morsch, beinahe brüchig. Ein düsterer Himmel lag über dem Haus. Dies machte die ganze Umgebung grau und unheimlich. Auf der Terrasse standen schmutzige Möbel, sie wirkt daher unfreundlich und ungemütlich. Da möchte ich nachts nicht sein!

1 Worin unterscheidet sich das seltsame Haus von dem Janas? Ergänzt die Tabelle im Heft.

	seltsames Haus	Janas Haus
Fassade:	*alt*	*neu, modern*
Garten:	…	…

Eines Nachts drangen aus dem ? Haus am See ? Geräusche. Sie klangen wie das ? Rufen einer ? Frau. An einem ? Sommerabend entschied sich eine ? Gruppe von Pfadfindern, das ? Geheimnis des ? Hauses zu erkunden. Sie schlichen durch den ? Garten, hin zu der ? Eichentür. Durch die ? Tür gelangten sie in einen ? Flur. Mit ? Schritten schlichen sie voran. Nach ? Minuten sahen sie eine ? Gestalt.

2 Lisa hat sich durch Janas Beschreibung zum Schreiben einer Geschichte anregen lassen.

a Wie findet ihr ihre Geschichte?

b Überarbeitet Lisas Geschichte, indem ihr für die Lücken geeignete Adjektive auswählt. Ihr könnt die folgenden Adjektive verwenden oder selbst passende suchen.

uralt • endlos • düster • seltsam • laut • schrill • hilflos • schwach • alt • lau • schön • warm • klein • mutig • wild • ungelöst • ungepflegt • groß • schwer • dick • breit • weit • dunkel • leise • eilig • tapfer • endlos • hager • wuchtig

Information **Das Adjektiv** (das Eigenschaftswort; Plural: die Adjektive)

Adjektive drücken aus, **wie** etwas ist. Mit Adjektiven können wir die **Eigenschaften** von Lebewesen, Dingen, Vorgängen, Gefühlen und Vorstellungen **genauer beschreiben,** z. B.: *der dunkle Himmel, der helle Himmel, der stockdunkle Himmel.*

Adjektive werden **kleingeschrieben.** Adjektive, die vor einem Nomen stehen, haben den gleichen Kasus wie das Nomen: *der kalte See, die kalten Seen, des kalten Sees.*

Mit Adjektiven vergleichen

So hoch ist:

das seltsame Haus:	8 Meter
Janas Haus:	10 Meter
der Fernsehturm:	100 Meter

So lang ist die Terrasse von:

dem seltsamen Haus:	6 Meter
Janas Haus:	9 Meter
dem Schlossgarten:	30 Meter

So alt ist die Fassade von:

dem seltsamen Haus:	70 Jahre
Janas Haus:	10 Jahre
dem historischen Haus:	150 Jahre

1 a Schaut euch die Abbildungen oben an. Vergleicht die Merkmale der Häuser miteinander. Verwendet in euren Sätzen treffende Adjektive und unterstreicht diese, z. B.:

Janas Haus ist höher als das seltsame Haus.
Der Fernsehturm ist am höchsten.

b Ordnet die Adjektive rechts in eine Tabelle wie die folgende ein:

Grundform	Komparativ	Superlativ
klein	...	...

klein • ruhig • am morschesten • neu • stärker • am schwächsten • dicker • weit

c Ergänzt die fehlenden Steigerungsstufen (▶ Merkkasten).

2 Es gibt Adjektive, bei denen der Komparativ und der Superlativ anders gebildet werden als üblich. Überlegt, wie ihr die Adjektive *gut* und *viel* steigern würdet.

Information **Steigerung der Adjektive**

Die meisten Adjektive kann man steigern (z. B.: *schön – schöner – am schönsten*). So kann man z. B. Dinge und Lebewesen miteinander vergleichen.
Es gibt drei Steigerungsstufen:

Positiv (Grundform)	Komparativ (Höherstufe)	Superlativ (Höchststufe)
Jan ist groß.	*Leonhard ist größer.*	*Christian ist am größten.*

Manche Adjektive wie *tot* oder *rund* lassen sich nicht sinnvoll steigern.

Stärken stärken: Das Adjektiv

WARTEN • LIEBEN • GEFÄHRLICH • HOFFNUNG • SCHWACH • WISSEN • HAARE • LANGWEILIG • SELTSAM • PFLEGEN • STEINE • RUHIG • KÜMMERN • ZEUGNIS • FRECH • SCHMELZEN • TRÄUME • WINKEN • FROH • STREITEN • NAH • UND • GUT • SEHEN • ARM

1 Die Wörter oben sind alle großgeschrieben. Sucht die Adjektive heraus und schreibt sie in euer Heft.

2 a Lest die nebenstehenden Adjektive und versucht, sie sinnvoll zu steigern.
b Übertragt die Tabelle in euer Heft und sortiert die Adjektive nach steigerbaren und nicht steigerbaren Adjektiven.
c Erklärt, warum man die Adjektive in der zweiten Gruppe nicht steigern kann.

schwach • bunt • blind • dreieckig • glatt • tot • außergewöhnlich • schief • leer • täglich • schwach

steigerbare Adjektive	nicht steigerbare Adjektive
schwach	…
…	…

3 Betrachtet das Bild.
a Welche Adjektive fallen euch ein? Sammelt möglichst viele Adjektive.
b Bildet Sätze mit den gesammelten Adjektiven, die das Bild beschreiben.

Wir gehören zusammen – Die Wortfamilie

Gefährliche Gewitter

Du kennst das sicherlich: Ein heißer, schwüler Sommertag, dunkle Wolken ziehen auf, der Wind nimmt zu, Blitze zucken vom Himmel und der Donner wird stärker. Ein schweres Gewitter droht. Jetzt kann es gefährlich werden. Früher dachten die Menschen, bedrohliche Blitze und unheimlicher Donner seien Drohungen und Angriffe von Göttern. Heute weiß man, dass Blitze komplizierte Naturerscheinungen sind. Gefahr droht dennoch! Vor Blitzen kann man fast nirgends sicher sein. Überrascht einen ein Gewitter, sollte man sich nicht unnötig gefährden und einige Verhaltensregeln beachten:

- Suche keinen Schutz unter Bäumen, in Hütten oder in Scheunen.
- In einem Gebäude aus Stein, Beton oder Stahl bist du besser geschützt.
- Seid ihr mit einer Gruppe unterwegs, müsst ihr zur Sicherheit drei bis fünf Meter Abstand voneinander halten, um euch zu schützen.
- Auch im Wasser ist es unsicher und nicht ungefährlich. Verlasse es sofort!
- Ein Gebäude mit Blitzableiter beschützt euch am besten!

1 Wart ihr auch schon mal einem Gewitter ausgesetzt? Wie habt ihr euch verhalten?

2 In dem Gewitter-Text sind einige Wörter hervorgehoben. Habt ihr eine Idee warum?

a Findet heraus, was die hervorgehobenen Wörter gemeinsam haben.

b Sucht im Text oben weitere Wörter, die zusammengehören. Schreibt sie in euer Heft.

3 **a** Ordnet die Wörter rechts in drei Wortfamilien.

b Unterstreicht jeweils den Wortstamm.

c Beschreibt, was euch auffällt.

d Sammelt weitere Beispiele dafür, wie sich ein Wortstamm in einer Wortfamilie ändern kann.

Helferin • helfen • singen • backen • geholfen • gebacken • Bäcker • Gesang • sie half • Gehilfe • gesungen • Sänger • hilfsbereit

Information **Wortfamilie**

In verschiedenen Wörtern kommen oft gleiche Wortbausteine vor. Der Grundbaustein eines Wortes heißt **Wortstamm.** Wörter mit dem gleichen Wortstamm bilden eine Wortfamilie.

Vorsilbe	Wortstamm	Endungen
	geb	*en*
er	***geb***	*nis*
ver	***geb***	*en*

Testet euch!

Nomen, Pronomen, Artikel, Adjektive

Fürsorgliche Katzen

In den ersten Wochen verlässt ? ihre Kinder nur, wenn sie schlafen. Bei der Aufzucht ? will sie von der Familie, bei der sie lebt, nicht gestört werden. Wird sie dann von ?, der unbedingt die Kätzchen sehen will, nicht in Ruhe gelassen, nimmt sie ? mit dem Nackenbiss und versteckt sie an einer anderen Stelle. Eines Tages sucht die Katze dann wieder die Nähe ? und zeigt ? die Katzenkinder. Von diesem Zeitpunkt an dürfen ? die Kätzchen streicheln und mit ihnen spielen.

1 a Schreibt den Text ab. Setzt die Nomen rechts mit ihren Begleitern ein.
b Ordnet die eingesetzten Nomen aus Aufgabe a in eine solche Tabelle ein:

Nominativ	Genitiv	Dativ	Akkusativ
die Katzenmutter	...	...	...
...	...	...	...

der Familie
einem Menschen
ihrer Jungen
die Kleinen
die Katzenmutter
die Menschen
den Menschen

c Unterstreicht die Pronomen im Text: die Personalpronomen blau, Possessivpronomen grün.

Tierfreunde

Vor Ostern und im Sommer mit Beginn (die Urlaubszeit) werden besonders viele Tiere, vor allem Hunde, gefunden. Gerade (das Tierheim) in der Nähe (die Autobahn), die in (das Urlaubsland) führen, sind dann überfüllt. Denn viele Menschen setzen (der Hund) auf dem Weg in den Urlaub aus. (Der Tierschutzverein) kontrollieren mit ihren Tierhilfewagen (die Urlaubsstrecke). Denn (das Tier) sollte so schnell wie möglich geholfen werden.

Einen Ausweg bietet die Aktion „Nimmst du mein Tier, nehm ich dein Tier“. Hier betreuen Tierfreunde (das Tier) gegenseitig. Bei der Vermittlung von Urlaubsplätzen für (das Haustier) helfen (der Tierschutzverein).

2 a Schreibt den Text ab und setzt die in Klammern stehenden Nomen und Artikel im richtigen Numerus und Kasus ein.
b Bestimmt den Kasus der eingesetzten Nomen und Artikel, z. B.: *der Urlaubszeit – Genitiv*.

3 Bildet aus den Silben im Kasten rechts die folgenden Wörter:
– Superlativ von *traurig, viel*
– anderes Wort für *behutsam* (Komparativ)
– Komparativ von *klug, gut*
– Gegenteil von *behaglich* (Positiv)

ten bes ti ge
ger trau sten
müt ger ser am
meis vor lich klü
sich un am rig

12.2 Rund ums Verb

Infinitiv und Personalform

Sie läuft dann zum Haus und springt die Verandatreppe hinauf. Schnell ? sie eine Leiter hoch, ? auf das Dach der Villa Kunterbunt, ? den Dachfirst entlang, ? auf den Schornstein, ? sich mit dem Kopf voran in einen Baum an der Giebelwand, ? auf die Erde hinunter, ? in den Holzschuppen, ? durch einen schmalen Spalt in den Garten hinaus, ? auf den Zaun, ? fünfzig Meter darauf entlang, ? in eine Eiche und ? in ihren höchsten Wipfel.

1 a Habt ihr erkannt, von wem hier die Rede ist?

b Schreibt den Text ab und füllt die Lücken, indem ihr Verben aus dem folgenden Kasten auswählt und sie in der richtigen Form einsetzt:

springen rennen laufen steigen klettern balancieren stürzen gleiten hüpfen kriechen

c Die oben genannten Verben verändern sich beim Einsetzen. Erklärt, wie und warum.

Information **Das Verb** (das Tätigkeitswort; Plural: die Verben)

Mit Verben gibt man an, **was jemand tut** (z. B. *laufen, reden, lachen*), **was geschieht** (z. B. *regnen, brennen*) oder **was ist** (z. B. *haben, sein, bleiben*).

- Der **Infinitiv** (die Grundform) eines Verbs endet auf *-en* oder *-n*, z. B.: *rennen, sagen, antworten, rudern, lächeln.*
- Wenn man ein Verb in einem Satz verwendet, bildet man **die Personalform des Verbs.** Das nennt man **konjugieren (beugen),** z. B.: *such-en (Infinitiv) → Ich such-e den Schlüssel* (1. Person Singular). In welcher Person und in welchem Numerus ein Verb verwendet wird, bestimmt das Subjekt, z. B.: *Das Kind renn-t* (3. Person Singular). *Die Kinder renn-en* (3. Person Plural).

Tempus (Zeitform) des Verbs

Präsens und Futur

Heute besucht Svenja ihren Freund Linus Findig. Er ist ein Bastler und Tüftler. Svenja mag seine unordentliche Werkstatt, in der er an seiner neuen Zeitmaschine bastelt. Linus erklärt seiner Freundin, wie die Maschine funktioniert: „Zuerst setzt man den Steuercomputer in Gang. Er überprüft dann alle Systeme, damit sie auch funktionieren. Anschließend lädt er mein neues Zeitreise-Programm Chronos 2020. Nun identifiziert man sich mit einem Fingerabdruck und wählt die Zeit, in die man reist."

1 a Schreibt alle Verben aus dem Text heraus und bestimmt ihre Zeitform.
b Erklärt für jeden Satz des Textes, warum diese Zeitform verwendet wird.

Svenja will morgen mit Linus die Zeitmaschine ausprobieren. Ihr gehen viele Fragen durch den Kopf: „Was wird da auf mich zukommen? Werde ich mich in der anderen Zeit zurechtfinden? Sehe ich meine Familie schon morgen Abend wieder? Was ist, wenn Linus morgen eine falsche Zeit eingibt?"

2 a Vergangenheit – Gegenwart – Zukunft? Auf welchen Zeitraum beziehen sich Svenjas Fragen?
b Beschreibt anhand von Svenjas Fragen zwei verschiedene Möglichkeiten, wie man ausdrücken kann, dass man sich auf die Zukunft bezieht.

Information **Die Zeitformen Präsens und Futur**

Verben kann man in verschiedenen Zeitformen (Tempora; Singular: das Tempus) verwenden, z. B. im Präsens oder im Futur. Die Zeitformen der Verben sagen uns, wann etwas passiert, z. B. in der Gegenwart, in der Vergangenheit oder in der Zukunft.

Das Präsens (die Gegenwartsform)

1 Das Präsens wird verwendet, wenn etwas in der **Gegenwart** (in diesem Augenblick) geschieht, z. B.: *Er startet gerade den Computer.*
2 Im Präsens stehen auch **Aussagen, die immer gelten,** z. B.: *Die Zukunft ist nicht vorhersehbar.*
3 Man kann das Präsens auch einsetzen, um etwas **Zukünftiges** auszudrücken. Meist verwendet man dann eine Zeitangabe, die auf die Zukunft verweist, z. B.: *Morgen besuche ich Linus.*

Das Futur (die Zukunftsform)

Das Futur wird verwendet, um ein zukünftiges Geschehen auszudrücken, z. B.:
Ich werde Linus in seiner Werkstatt besuchen.
Das Futur wird gebildet durch: Personalform von *werden* im Präsens + Infinitiv des Verbs, z. B.:
ich werde gehen, du wirst gehen ...

Präteritum und Perfekt

Linus programmiert die Zeitmaschine auf das Jahr 3000. Svenja und Linus staunen nicht schlecht:

Zeitreise ins Jahr 3000 (Erzählung 1)

Wir trauten unseren Augen nicht. Vor uns schwebten elegante Fahrzeuge in der Luft, die wie Flugzeuge ohne Flügel auf unsichtbaren Luftstraßen flogen. Die Gebäude waren meist hohe Türme mit Einflugschneisen für die Flugautos, die in allen möglichen Farben in der Sonne glitzerten.

Zeitreise ins Jahr 3000 (Erzählung 2)

Wir haben unseren Augen nicht getraut. Vor uns sind elegante Fahrzeuge in der Luft geschwebt, die wie Flugzeuge ohne Flügel auf unsichtbaren Luftstraßen geflogen sind. Die Gebäude sind meist hohe Türme mit Einflugschneisen für die Flugautos gewesen, die in allen möglichen Farben in der Sonne geglitzert haben.

1 a Welche der beiden Erzählweisen (Erzählung 1 oder Erzählung 2) würdet ihr für eine mündliche Darstellung der Erlebnisse wählen, welche für eine schriftliche?

b Schreibt aus beiden Texten die Verben heraus und stellt sie in einer Tabelle wie der rechts abgebildeten einander gegenüber. Beschreibt, was euch bei der Bildung der Zeitformen auffällt.

trauten	haben getraut
schwebten	...

2 a Lest den Merkkasten auf S. 218.

b Übertragt die Tabelle unten in euer Heft. Bildet von den Verben im Kasten jeweils die 3. Person Singular Präteritum und die 3. Person Singular Perfekt und tragt sie in die Tabelle ein.

c Unterstreicht die regelmäßigen (schwachen) Verben blau und die unregelmäßigen (starken) Verben rot.

basteln • staunen • sehen • glauben • kommen • erzählen • rennen

Infinitiv	Präteritum	Perfekt
basteln	er bastelte	er hat gebastelt

Linus erzählt Svenja von einer anderen Zeitreise, die er unternommen hat:

Ich ? ins Jahr 1356 ? (reisen). Es war der 17. Oktober, als ich in einem Wald ? ? (aufwachen), wo mich sofort ein Reitertrupp gefangen ? ? (nehmen). Die Reiter ? mich ? (verdächtigen), ein feindlicher Spion zu sein. Als ich im Kerker ? ? (liegen), ? mir eine Idee ? (kommen):
Ich habe mich an das große Erdbeben vom 18. Oktober 1356 erinnert. (Ich lese gerade ein Buch, das davon handelt.) Falls sie mich nicht sofort freilassen würden, so habe ich ihnen gedroht, würde ich morgen die Erde beben lassen, denn ich sei ein großer Zauberer. Als am 18. dann wirklich die Erde bebte, hat man mich tatsächlich sofort freigelassen, denn die Menschen hatten Angst, dass ich sonst weiteres Unheil anrichte. Ich habe mich mit der Zeitmaschine so schnell wie möglich wieder in unsere Gegenwart zurückversetzt.

3

a Schreibt den ersten Absatz des Textes ab. Füllt dabei die Lücken, indem ihr die in Klammern im Infinitiv angegebenen Verben in der passenden Perfektform einsetzt:
Ich bin ins Jahr 1356 gereist ...

b Schreibt aus dem zweiten Absatz des Textes (ab Z. 9) alle Perfektformen heraus, z. B.:
habe erinnert, ...

c Übertragt alle Perfektformen aus dem Text ins Präteritum: *Ich reiste, ...*

d Lest den Text vor und setzt dabei die Präteritumformen aus Aufgabe c ein.

Information **Die Zeitformen Präteritum und Perfekt**

Das Präteritum

Das Präteritum ist eine **einfache Zeitform der Vergangenheit.** Diese Zeitform wird vor allem in schriftlichen Erzählungen (z. B. in Märchen oder in Geschichten) verwendet, z. B.:
Wir gingen in ein Restaurant und lasen die Speisekarte.
Man unterscheidet:

- **regelmäßige** (schwache) **Verben:** Bei den regelmäßigen Verben ändert sich der Vokal *(a, e, i, o, u)* im Verbstamm nicht, wenn das Verb ins Präteritum gesetzt wird, z. B.: *ich reise* (Präsens) → *ich reiste* (Präteritum).
- **unregelmäßige** (starke) **Verben:** Bei den unregelmäßigen Verben ändert sich im Präteritum der Vokal *(a, e, i, o, u)* im Verbstamm, z. B.: *ich fahre* (Präsens) → *ich fuhr* (Präteritum); *ich laufe* (Präsens) → *ich lief* (Präteritum)

Das Perfekt

Wenn man mündlich von etwas Vergangenem erzählt oder berichtet, verwendet man häufig das Perfekt, z. B.: *Ich habe heute schlecht geträumt.*
Das Perfekt ist eine **zusammengesetzte Vergangenheitsform,** weil es mit einer Form von **haben** oder **sein** im Präsens (z. B. *hast, sind*) und dem **Partizip II des Verbs** (z. B. *geträumt, gefahren*) gebildet wird.
Das Partizip II beginnt meist mit *ge-*, z. B.:
gehen → gegangen; reisen → gereist

Plusquamperfekt

Hier ein Ausschnitt aus Linus' Aufzeichnungen zu seiner Zeitreise ins Jahr 1356:

> Nachdem die Männer mich gefangen genommen hatten, bekam ich große Angst. Ich hatte ihren Gesprächen entnommen, dass sie mich für einen Spion hielten. Weil die Männer bei meiner Festnahme ständig Beschwörungsformeln gemurmelt hatten, hielt ich sie für ziemlich abergläubisch. Tatsächlich hatten sie dann riesige Angst vor mir, nachdem meine Vorhersage eingetroffen war.

1 a Schreibt die vier Sätze in euer Heft. Lasst nach einer beschriebenen Zeile immer eine Zeile frei.

b Unterstreicht in den Sätzen jeweils den Teil rot, der die vorausgegangene Handlung erzählt, den anderen grün. Bestimmt die jeweilige Zeitform der unterstrichenen Stelle (▶ Merkkasten).

Beispiel: *Nachdem die Männer mich gefangen genommen hatten*, *bekam ich große Angst*.
(Plusquamperfekt) *(Präteritum)*

2 Schreibt die folgenden Sätze in euer Heft und setzt dabei die eingeklammerten Verben passend ins Präteritum oder ins Plusquamperfekt. Überlegt, in welcher Reihenfolge die Handlung geschieht.

Nachdem ich das Zeitreiseprogramm ? (starten), ? (wählen) ich eine Reise in das Jahr 3000.

Als wir uns an das merkwürdige „Deutsch 3000" ? (gewöhnen), ? (fallen) uns die Verständigung leicht.

Weil wir unsere altmodische Kleidung noch nicht durch neue ? (ersetzen), ? (betrachten) uns die Menschen auf der Straße neugierig.

Wir ? (besuchen) alle Städte, die uns der „Zeitreiseführer Chronos 2020" ? (empfehlen).

Nachdem ich das Leben im Jahr 3000 ? (kennen lernen), ? (sehnen) ich mich in meine eigene Gegenwart zurück.

Information **Die Zeitform Plusquamperfekt**

Wenn etwas vor dem passiert, wovon im Präteritum erzählt wird, verwendet man das Plusquamperfekt. Das Plusquamperfekt wird deshalb auch **Vorvergangenheit** genannt, z. B.:
Nachdem sie den Computer gestartet hatten, wählten sie das Zeitreiseprogramm.
Das Plusquamperfekt ist wie das Perfekt (▶ S. 218) eine **zusammengesetzte Vergangenheitsform,** weil es mit einer Form von **haben** oder **sein** im Präteritum (z. B. *hatte, war*) und dem **Partizip II des Verbs** (z. B. *gelesen, aufgebrochen*) gebildet wird, z. B.:
Nachdem sie gefrühstückt hatte, fuhr Svenja zu Linus.
Nachdem sie von ihrer Reise zurückgekehrt waren, verabschiedeten sich Linus und Svenja.
Tipp: Die Konjunktion *nachdem* leitet oft einen Satz im Plusquamperfekt ein.

Stärken stärken: Das Verb

Sicherheitsgebot fürs Drachenfliegen

Einen Drachen lässt man am besten über einem offenen Gelände fliegen, weil jedes Hindernis zu einer Verwirbelung der Luftströmung führen kann. Niemals in die Nähe von Hochspannungsmasten gehen. Bis zum nächsten Flugplatz muss es mindestens eine Entfernung von 5 km sein. Einen Drachen niemals während eines Gewitters benutzen, weil er als Blitzableiter wirken kann. Bei stärkeren Winden Schutzhandschuhe tragen, da man sonst Verbrennungen an den Händen bekommt. Auf Menschen und Tiere besonders achten!

1 Lest den Text.

a Sucht die Infinitive heraus und schreibt sie untereinander in euer Heft.

b Bildet anschließend die Personalformen in der 3. Person Singular. Schreibt sie neben die Infinitive.
Beispiel: *fliegen: er/sie/es fliegt*

2 Untersucht nun die Personalformen der Verben im Text.
Notiert, in welcher Person und in welchem Numerus sie stehen.
Beispiel: *singe → 1. Person Singular*

3 **a** Bildet zu den folgenden Präsensformen die Formen im Präteritum und Perfekt und schreibt sie auf.

ich steige • er pfeift • wir gießen • sie erzählen • ich gehe • wir streichen

b Formuliert mit jedem Verb einen Satz im Präteritum und einen im Perfekt.
Beispiel:

Am Bahnhof stieg ich in den Zug.
Am Bahnhof bin ich in den Zug gestiegen.

Testet euch!

Zeitformen des Verbs

Jeff Kinney

Gregs Tagebuch (Auszug)

Dank meines großen Bruders Rodrick haben meine Sommerferien diesmal nicht so toll angefangen. Am dritten Tag der Ferien hat Rodrick mich nämlich mitten in der Nacht geweckt und mir erzählt, ich hätte die ganzen Ferien verschlafen. Doch zum Glück sei ich pünktlich zum ersten Schultag wieder aufgewacht.
Nun haltet ihr mich vielleicht für ziemlich bescheuert, dass ich auf so einen dämlichen Trick reingefallen bin. Aber Rodrick hat sich seine Schulsachen angezogen und meinen Wecker vorgestellt, damit es aussieht wie sieben Uhr morgens. Und er hatte meine Vorhänge zugezogen, damit ich nicht sehen konnte, dass es draußen noch total dunkel war.
Nachdem Rodrick mich geweckt hatte, habe ich mich also angezogen und bin zum Frühstück runtergegangen – wie an jedem anderen Schultag auch.
Allerdings habe ich wohl einen ziemlichen Lärm gemacht. Denn ehe ich mich versah, stand mein Vater in der Küche und hat mich zur Schnecke gemacht, warum ich denn ausgerechnet um 3 Uhr in der Früh Cornflakes essen müsse.
Ich habe erst nach einer Minute kapiert, was los war. Dann habe ich Vater erklärt, dass Rodrick mir einen Streich gespielt hat und dass er doch bitte *ihn* anbrüllen soll.

1 a Gregs Tagebucheintrag wirkt wie eine mündliche Erzählung. Beschreibt, woran das liegt.
b In einigen Sätzen des Textes sind Verben markiert. Schreibt die Verben in euer Heft und bestimmt jeweils Person, Numerus und Tempus, z. B.: *haben angefangen – 3. Person Plural, Perfekt.*

2 Setzt die folgenden Verben in die Formen, die in der Tabelle unten angegeben sind. Unterstreicht die regelmäßigen (schwachen) Verben blau, die unregelmäßigen (starken) Verben rot.

tragen • essen • fassen • schreiben • machen

Infinitiv	1. Person Singular Präteritum	2. Person Plural Perfekt	3. Person Plural Plusquamperfekt
tragen	*ich trug*	…	…

3 Die folgenden Sätze enthalten Vermutungen über die Zukunft. Übertragt sie in die Zeitform Futur.

Im Jahr 3000 fahren vielleicht keine Autos mit Benzinmotor mehr. Zur Energieversorgung gibt es viel mehr Windräder und Solaranlagen als heute. Flüge sind sehr teuer, weil der Treibstoff knapp ist. Im Jahr 3000 isoliert man die Häuser viel besser gegen Kälte. Man verfügt wahrscheinlich über neue Techniken zur Energiegewinnung.

12.3 Fit in ...? – Wörter und Wortarten

In diesem Kapitel könnt ihr mit verschiedenen Arten von Aufgaben für die Grammatik-Klassenarbeit üben.

1 Sucht zu den deutschen Begriffen im linken Kasten aus den Wörtern im rechten Kasten jeweils den passenden lateinischen Fachbegriff. Schreibt die Wörter in der richtigen Zuordnung in euer Heft, z. B.: *Hauptwort – Nomen.*

Hauptwort • Begleiter • Tätigkeitswort • persönliches Fürwort • Eigenschaftswort • besitzanzeigendes Fürwort

Personalpronomen • Nomen • Adjektiv • Artikel • Verb • Possessivpronomen

Bluejeans

Angefangen hat alles 1848, als der 18-jährige Levi Strauss von Deutschland nach Amerika auswanderte. Amerika war damals im Goldrausch und auch Levi zog es nach Westen in die Goldgräbercamps. Auf der Suche nach einer neuen Geschäftsidee entdeckte Levi, dass die Goldsucher strapazierfähige Hosen brauchten. Aus Segeltuch, das Levi eigentlich als Zelt- oder Wagenplane verkaufen wollte, ließ er von einem Schneider Hosen nähen. „Levi's Hosen" wurden ein voller Erfolg.

Etwa 20 Jahre später brachte der Schneider Jacob Davis an Nähten und Taschen der Hosen Nieten zur Verstärkung an. Er ging mit seiner Idee zu Levi Strauss.

Am 20. Mai 1873 meldete Levi die stabilen Nietenhosen zum Patent an. Dieser Tag gilt als Geburtsstunde der Jeans.

2 Ordnet die hervorgehobenen Wörter den in Aufgabe 1 genannten lateinischen Fachbegriffen zu.

3 Bestimmt den Kasus folgender im Text oben enthaltener Nomen:

die Goldsucher (Z. 7) • einem Schneider (Z. 10) • der Schneider (Z. 12) • der Hosen (Z. 13) • Nieten (Z. 14) • die Nietenhosen (Z. 17) • der Jeans (Z. 18)

4 Tragt die Adjektive rechts in den richtigen Formen in eine Tabelle wie die folgende ein:

neu • strapazierfähig • voll • spät • stabil

Positiv	Komparativ (Höherstufe)	Superlativ (Höchststufe)
neu	...	...

Achtung: Überlegt genau, ob ihr jedes der Adjektive steigern könnt.

Der Reißverschluss

Leonard Judson war es leid, sich immer umständlich mit Schnürsenkeln die Schuhe zuzuschließen. Deshalb entwickelte Judson am 29. August 1893 einen „Klemmöffner und Klemmschließer für Schuhe“. Das waren Metallketten mit Schiebeverschluss. Aber diese Verschlüsse, die dann auch an Kleidern angebracht wurden, sorgten für ziemlich unangenehme Situationen:
Frauen brauchten schon mal eine Zange, um sich aus ihrem Rock zu befreien, oder Männer standen mit rutschenden Hosen auf der Straße.
Dann kam der Schwede Gideon Sundback in die USA. Er heiratete Judsons Tochter und rätselte ein Jahr lang, wie er die Erfindung seines Schwiegervaters verbessern könnte.
Das Ergebnis: Er erfand den Reißverschluss, den wir heute noch benutzen.

5 a Schreibt den zweiten Satz des Textes ab und ersetzt dabei ein Nomen durch ein Personalpronomen. Der Text muss dabei verständlich bleiben.
b Schreibt das Possessivpronomen aus dem zweiten Absatz heraus und bestimmt seinen Kasus.
c Im Text findet ihr einige Wörter zu einer Wortfamilie, der auch die Überschrift angehört. Schreibt sie in euer Heft.

6 Zeichnet den „Zug der Zeit“ in euer Heft und beschriftet die einzelnen Waggons mit neuen Beispielen, indem ihr die Sätze *„Er geht.“* und *„Sie singt.“* in die entsprechenden Zeitformen setzt.

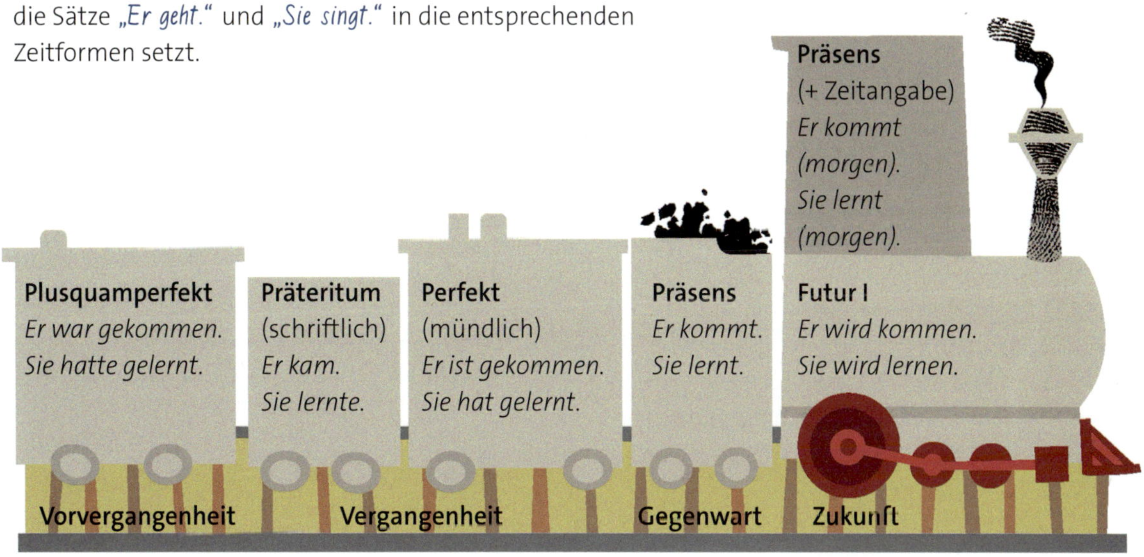

Der Einkaufswagen

Weltweit rollen sie millionenfach durch die Supermärkte: Einkaufswagen in vielen Formen und Farben. Den Einkaufswagen hat vor über 70 Jahren Sylvan Goldman erfunden, der Besitzer einer amerikanischen Supermarktkette. Ihm war aufgefallen, dass seine Kunden immer dann zur Kasse gingen, wenn nichts mehr in ihren Einkaufskorb passte.
„Wir brauchen einen größeren Einkaufskorb", dachte sich der clevere Geschäftsmann und erfand 1937 den doppelten Einkaufskorb auf Rädern mit zwei übereinandergestapelten Drahtkörben.
Aus den sperrigen Urmodellen haben sich in den letzten Jahrzehnten moderne Gitterwagen entwickelt, die sich platzsparend ineinanderschieben lassen.
Wie wohl der Einkaufswagen der Zukunft aussehen wird? „Warenkörbe" im Internet gibt es ja heute schon. Vielleicht surfen wir dann mit elektronischen „Einkaufswagen" durch Onlinesupermärkte und ziehen uns die Waren per Mausklick hinein. Anschließend zahlen wir elektronisch im Internet und lassen uns die Waren nach Hause schicken.

7 **a** In welcher Form wird das Verb im ersten Satz des Textes verwendet?
- im Infinitiv
- in der 1. Person Plural Präsens
- in der 3. Person Plural Präsens
- in der 3. Person Plural Präteritum

b In welcher Zeitform wird das Verb im zweiten Satz des Textes verwendet?
- Präsens
- Präteritum
- Perfekt
- Plusquamperfekt

c Schreibt aus dem dritten Satz des Textes das Personalpronomen und die zugehörige Plusquamperfekt-Form heraus.

d Schreibt die drei Verben aus dem zweiten Absatz heraus und setzt sie jeweils in die drei in der Tabelle angegebenen Zeitformen. Verwendet die 3. Person Singular.

	Tempus	*Infinitiv: brauchen*	*Infinitiv: ...*	*Infinitiv: ...*
3. Person Singular	Präsens	*braucht*	...	...
	Präteritum	...	...	...
	Plusquamperfekt	...	...	...

e Welche der folgenden Aussagen ist richtig?

1 Im letzten Absatz wird die Zeitform Präsens falsch verwendet.
2 Im letzten Absatz wird vorwiegend die Zeitform Futur verwendet.
3 Im letzten Absatz wird die Zeitform Präsens ausschließlich dazu verwendet, um zukünftiges Geschehen auszudrücken.
4 Im letzten Absatz wird die Zeitform Präsens vorwiegend dazu verwendet, um zukünftiges Geschehen auszudrücken.

13 Grammatiktraining – Sätze und Satzglieder

1 a Welche Geheimnisse verbergen sich wohl hinter diesem Bild?
b Formuliert mit den folgenden Fragewörtern Fragen, die sich euch stellen, z. B.:
Wer ist der geheimnisvolle Mann?

Wer?	Wo?	Wann?
Wem?	Wen?	Warum?

2 Kennt ihr andere Detektivgeschichten? Berichtet davon in eurer Klasse.

In diesem Kapitel ...

- geht ihr mit Inspektor Marlybone von Scotland Yard auf Verbrecherjagd,
- lernt ihr verschiedene Satzglieder und ihr Funktionen kennen,
- überarbeitet ihr Texte mit Hilfe der Umstell-, Weglass-, Erweiterungs- und Ersatzprobe,
- nutzt ihr Satzarten, um unterschiedliche Absichten auszudrücken.

13.1 Ein Fall für Inspektor Marlybone – Satzglieder bestimmen

Satzglieder erkennen – Die Umstellprobe anwenden

Inspektor Marlybone gibt sich die Ehre (1)

London, 1895: John Marlybone arbeitet seit 25 Jahren als Inspektor bei Scotland Yard. Er zählt zu den angesehensten und erfolgreichsten Polizisten in ganz England. Er hat in diesen 25 Jahren schon unzählige Verbrechen aufgeklärt. Er löste seinen bislang schwierigsten Fall im Jahr 1893. Er brachte damals den berüchtigten Londoner Eisenbahnräuber „Smokey Jim" hinter Gitter. Er bekam dafür von Königin Victoria den Hosenbandorden verliehen.

1 a Was erfahrt ihr über Inspektor Marlybone? Berichtet.
b Wie wirkt der Text auf euch?
c Bringt durch Umstellungen Abwechslung in den Satzbau der Sätze. Was stellt ihr fest?

Die „Schattenhand" hält ganz London in Atem (2)

London, 1895: Seit Jahren halten die unglaublichen Verbrechen der „Schattenhand" ganz London in Atem. Im Jahre 1892 hatte diese Verbrechensserie begonnen. Damals meldeten wohlhabende Bewohner Londons Diebstähle von wertvollen Kunstgegenständen. Seitdem geht in London die Angst vor diesem Meisterdieb um. Der geniale Verbrecher hinterlässt keine Spuren. Ihn nennen daher die Bewohner Londons ehrfurchtsvoll die „Schattenhand".

2 a Vergleicht die beiden Sätze unten. Was wird im ersten Satz besonders betont und was im zweiten?
b Probiert weitere Umstellungen aus. Denkt daran: Satzanfänge schreibt man groß.
c Umrahmt in euren Sätzen die Wörter, die bei allen Umstellungen zusammenbleiben.
d Stellt weitere Sätze aus dem Zeitungsbericht um. Verändert dabei nicht den Sinn.

Den brisanten Fall	übernimmt	Inspektor Marlybone	nun.
Inspektor Marlybone	übernimmt	nun	den brisanten Fall.

Information **Umstellprobe und Satzglieder**

Ein Satz besteht aus verschiedenen Bausteinen, die man **Satzglieder** nennt. Ein Satzglied kann aus **einem Wort** oder aus **mehreren Wörtern** bestehen.
Mit der **Umstellprobe** kann man feststellen, welche Wörter gemeinsam ein Satzglied bilden: Sie bleiben bei den Umstellungen zusammen.
Will man ein Satzglied besonders betonen, kann man es an den Anfang oder an den Schluss eines Satzes stellen.

Das Geheimnis von Darlington Hall – Das Prädikat

Inspektor Marlybone macht sich ein Bild (3)

Marlybones Assistenten Theodorus Bumbridge und Philoneous Monk berichten ihm von folgenden Verbrechen: Die „Schattenhand" stahl ein Goldamulett von Baron Langley. Eine wertvolle Perlenkette entwendete die „Schattenhand" aus dem Schloss Lady Winterbottoms. Aus dem Britischen Museum raubte dieser hinterlistige Dieb ein smaragdbesetztes Diadem.

1 a Ermittelt mit Hilfe der Umstellprobe die Satzglieder in den Sätzen oben.
b Übertragt die Tabelle in euer Heft und ordnet die ermittelten Satzglieder ein.
c Welche Wortart steht immer an der zweiten Satzgliedstelle?

1. Stelle	2. Stelle	3. Stelle	4. Stelle
Die „Schattenhand"	*stahl*	*ein Goldamulett*	*von Baron Langley.*

Das Geheimnis von Darlington Hall (4)

August 1895: Lord Darlington veranstaltet auf seinem Landsitz Darlington Hall eine Dinnerparty. Nach dem Essen betrachtet er in seinem Arbeitszimmer die „Schwarze Sphinx". Sie ist sein wertvollster Schatz. Er hält diese kleine Statue stets im Tresor verschlossen. Er fürchtet Diebe ebenso wie den Fluch der Sphinx: Unrechtmäßige Besitzer fallen in einen ewigen Schlaf. Butler Holden will um ein Uhr nachts dem Lord seinen Whisky bringen. Die Tür ist jedoch verschlossen. Drinnen ist es totenstill. Holden alarmiert sofort die Polizei: Der Lord liegt bewusstlos am Boden, der Tresor steht offen. Von der „Schwarzen Sphinx" fehlt jede Spur! Der Lord wird in sein Schlafzimmer gebracht. Verwundert bemerken die Polizisten: Auch die Fenster sind von innen verschlossen! Die Gäste fürchten nun den Fluch der Sphinx. Die Polizisten vermuten jedoch ein neues Verbrechen der „Schattenhand". Eines verwundert die Polizisten dabei sehr: Darlington Hall ist hochgesichert. Niemand kann hier unbemerkt eindringen. Der Täter muss noch im Haus sein! Inspektor Marlybone wird nach Darlington Hall gerufen.

2 Legt eine Folie über den Text und unterstreicht die Prädikate. Was fällt euch auf?

Information **Satzglieder: das Prädikat; mehrteilige Prädikate**

Der **Kern des Satzes** ist das Prädikat. Prädikate werden durch Verben gebildet.
In einem Aussagesatz steht die Personalform des Verbs (▶ S. 215) **immer an zweiter Satzgliedstelle,** z. B.: *Der Detektiv jagt den Dieb.*
Prädikate können aus mehreren Teilen bestehen, z. B.:
- **ein mehrteiliges Verb:** *Auf Darlington Hall fiel Seltsames vor. (vorfallen)*
- **Personalform** (▶ S. 215) und **Partizip** (▶ S. 218): *Der Dieb ist plötzlich geflüchtet.*
- **zwei Verben:** *Die Polizisten kamen ins Zimmer gestürmt.*

  Die zwei Teile des Prädikats bilden eine Prädikatsklammer. Sie klammern andere Satzglieder ein.

WER war's? – Das Subjekt

1 Lest den Text „Das Geheimnis von Darlington Hall" nochmals aufmerksam.

a Vervollständigt dann in eurem Heft die folgende Liste mit allen Informationen, die ihr über den Vorgang und die Beteiligten herausfinden könnt.

b Tragt eure Ergebnisse an der Tafel zusammen.

Lord Darlington lud zu einer Dinnerparty ein. *Butler Holden kam …*	*Die Schwarze Sphinx war …* *Darlington Hall ist …*

2 Marlybones schusslige Assistenten Theodorus Bumbridge und Philoneous Monk haben ihre gesamten Unterlagen durcheinandergebracht. Helft den beiden, ihre Notizen wieder in Ordnung zu bringen.

a Lest zunächst den Merkkasten unten.

b Ersetzt alle Subjekte in den Sätzen links durch die Namen in der rechten Spalte. Zwei Subjekte sind bereits unterstrichen. Beispiel:

Über die unangenehme Kälte im Haus klagt die Autorin mit dem Notizbuch.
Wer klagt über die unangenehme Kälte?
→ *Eudora Fletcher klagt über die unangenehme Kälte.*

Über die unangenehme Kälte im Haus klagt die Autorin mit dem Notizbuch. Mit Miss Pennycake gerät sie deswegen in Streit.	Lord Alfred Darlington
Das erste Mal auf Darlington Hall ist der Offizier mit dem Silberdegen.	Lady Beth Sedgewick
Die adlige Dame mit weißen Haaren begleitet ihn.	Prof. Basil Ratcliffe
Viele Jahre verbrachte dieser Mediziner mit braunem Schnurrbart im indischen Dschungel.	Eudora Fletcher, eine amerik. Schriftstellerin
Über die defekten Kamine im Haus informierte diese Hausangestellte die Gäste. Die Handwerker hat sie bereits verständigt.	Oberst Horatio Humblebee
Vor vier Jahren raubte der adlige Hobbyarchäologe die „Schwarze Sphinx" aus einem Pharaonengrab in Luxor.	Holden, der Butler
Auf jener Expedition begleitete dieser Hausangestellte den Lord.	Miss Edna Pennycake, die Hauswirtschafterin

Information **Satzglieder: das Subjekt** (Plural: die Subjekte)

Das Satzglied, das man mit **„Wer/Was** tut etwas?" erfragen kann, heißt **Subjekt.**
Zwischen Subjekt und Prädikat besteht eine besondere Beziehung:
Die Form des Prädikats richtet sich immer nach dem Subjekt.
Marlybone lauscht. – Die Polizisten lauschen. *Der Gast antwortet. – Die Gäste antworten.*

Wer verdächtigt WEN? – Die Objekte

Marlybones Ermittlungen (5)

Der Fall wird immer verzwickter. Lord Darlington liegt bereits seit 24 Stunden in einem tiefen, geheimnisvollen Schlaf. Die „Schwarze Sphinx" scheint wie vom Erdboden verschluckt. Da das Haus bewacht wird, ist sich Marlybone sicher, dass sich der Täter noch im Haus befindet – und mit ihm seine Beute. Rätsel über Rätsel auf Darlington Hall! Für Marlybone sieht alles nach einem neuen Meisterstück der gefürchteten „Schattenhand" aus. Oder ist hier doch der Fluch der „Schwarzen Sphinx" am Werk? Möglicherweise bringen die Aussagen aller Beteiligten Licht ins Dunkel. Der Inspektor beauftragt seine Assistenten Bumbridge und Monk mit der Befragung ...

Miss Pennycake? Wie lange arbeitet sie schon für Lord Darlington? Woher kommt sie?

Lady Sedgewick

Hat Lady Sedgewick nicht Geldprobleme? Ich glaube auch, sie um Mitternacht vor Lord Darlingtons Arbeitszimmer gesehen zu haben.

Miss Pennycake

Wer hinter dem geheimnisvollen Schlaf des Lords steckt? Fragen Sie mal den Professor – Männer, die ihr Gesicht hinter einem Bart verstecken, haben doch immer etwas zu verbergen!

Eudora Fletcher

Holden, der Butler

Der Täter kann doch nur durch das Fenster ins Zimmer gekommen sein. Der Oberst scheint mir sportlich genug dafür zu sein ...

Prof. Ratcliffe

Die Sache mit den verschlossenen Türen und Fenstern lässt nur einen Schluss zu: Das ist der Fluch der Sphinx!

Oberst Humblebee

Diese seltsame Mrs. Fletcher lebte ja früher einmal in Ägypten – da kennt man sich mit Giftkräutern gut aus ...

1 a Wer misstraut hier wem?
Theodorus Bumbridge notiert: *Lady Sedgewick misstraut ...*
Ergänzt seine Notizen so genau wie möglich. Schreibt in euer Heft.
b Man kann natürlich auch fragen: Wer verdächtigt wen?
Philoneous Monk hält fest: *Eudora Fletcher verdächtigt ...*
Führt auch Monks Aufzeichnungen entsprechend fort.

2 Worin unterscheiden sich die Fragen von Bumbridge und Monk in Aufgabe 1?
Überlegt, welche Objekte ihr jeweils ergänzen müsst.

Information **Satzglieder: die Objekte** (Singular: das Objekt)

Manche Sätze bestehen nur aus Subjekt und Prädikat, z. B.: *Inspektor Marlybone ermittelt.*
Die meisten Sätze brauchen aber weitere Satzglieder, damit sie vollständig sind:
Butler Holden misstraut Oberst Humblebee. Wem?
Satzglieder, die man mit **Wem ...?** erfragt, sind **Dativobjekte.**
Oberst Humblebee verdächtigt Eudora Fletcher. Wen/Was?
Satzglieder, die man mit **Wen ...?** oder **Was ...?** erfragt, sind **Akkusativobjekte.**

Das Geheimnis wird gelüftet – Satzglieder benennen

Eine wichtige Entdeckung (6)

(1) Konzentriert schreitet Marlybone das Arbeitszimmer ab. (2) Im Nebenraum hört der Inspektor seine Assistenten miteinander reden. Marlybone fröstelt, da der prächtige Kamin mit den ägyptischen Verzierungen noch immer defekt ist. *(3) Zum Schutz vor der Kälte schließt er die Fenster. (4) Miss Pennycake gab ihm bereits eine Wolldecke für seine Füße.* In Gedanken geht er nun die Tatnacht und die Verhöre noch einmal durch. *(5) Zur besseren Konzentration verriegelt er die Arbeitszimmertür. (6)* Dieser seltsame Fall verwirrt den Inspektor immer mehr. *(7) Gedankenversunken schreitet er das Arbeitszimmer ab. (8) Der geheimnisvolle Schlaf kommt allen Anwesenden seltsam vor. (9) Keiner hatte eine solche Krankheit jemals gesehen. (10) Prof. Ratcliffe weiß auch keinen Rat. (11) Über den Verbleib der Sphinx wissen Bumbridge, Monk und er noch nichts.* Oder doch?

1 Inspektor Marlybone hat auf einmal begriffen. Ihr auch?

a Schreibt die hervorgehobenen Sätze ab. Benennt die Subjekte, Prädikate und Objekte.

b Jetzt erhaltet ihr Gewissheit. Ergänzt den Notizzettel unten mit Hilfe von Aufgabe 1a.

Warum hatte [Subjekt Satz 1] *das nicht schon längst bemerkt?*
Im Verhör durch [Akkusativobjekt Satz 2] *gab* [Subjekt Satz 3] *an, dass*
[Akkusativobjekt Satz 3] *im Zimmer des Lords* [Prädikat Satz 5] *waren.*
Diese Aussage verwunderte [Akkusativobjekt Satz 6] *sehr, da*
ja kein Gast [Akkusativobjekt Satz 7] *jemals* [Prädikat Satz 9] .
[Subjekt Satz 10] *konnte davon also überhaupt nichts* [Prädikat Satz 11] *!*

Die große Enthüllung (7)

Den Täter hat Marlybone nun, aber als letzten Beweis braucht er die „Schwarze Sphinx“. Auch da hat er schon eine klare Idee, die er nur zu überprüfen braucht. Er geht auf die Knie und sieht sich das Arbeitszimmer des Lords genauer an. Plötzlich fügt sich ein Puzzleteil ins nächste … „Hah!“, entfährt es ihm, „nun ist alles klar!“ Er stürmt aus dem Arbeitszimmer und beauftragt Bumbridge und Monk, alle Verdächtigen dorthin zu bringen.

2 Habt ihr schon einen Verdacht, was mit der Sphinx geschehen ist und wie der Kriminalfall ausgeht? Denkt euch einen passenden Schluss aus …

WO ist die „Schwarze Sphinx"? – Die adverbialen Bestimmungen

Ihre Aussage, Prof. Ratcliffe, hat Sie überführt. Sie sind die „Schattenhand"! Die Frage nach der Sphinx ist nun einfach. Das Haus war <u>am Tatabend</u> so gut bewacht, dass keiner hinauskommen konnte. <u>Im Haus</u> aber fanden wir nichts. Wo also ist die Sphinx? Ganz einfach: Sie wurde <u>am Tatort</u> versteckt! Niemand kam doch auf die Idee, dass sie überhaupt nicht gestohlen wurde, sondern <u>hier im Zimmer des Lords</u> versteckt ist. Es heißt, die Kamine funktionierten <u>seit zwei Tagen</u> nicht. Aber wer sagt das? MISS PENNYCAKE! Und warum? Nun, <u>damit sie in dieser Zeit niemand entzündete</u>. Sehr schlau!
Miss Pennycake, Sie stecken mit Professor Ratcliffe unter einer Decke! Betrachten wir gemeinsam den Kamin. <u>Ganz unverdächtig</u> liegt unter dem Schürhaken als Halterung die Schwarze Sphinx. Die Diebe wussten, dass jeder Gast <u>beim Verlassen des Hauses</u> durchsucht wird, deshalb haben sie sich einen feinen Plan ausgedacht. Nur spätere, unverdächtige „Gäste" des Hauses würden nicht durchsucht werden. Und diese „Gäste" hat die liebe Miss Pennycake bereits <u>vor der Tat</u> <u>ganz offiziell</u> angemeldet!!!

1 Formuliert Fragen, auf die die unterstrichenen Angaben Antworten geben:
Wann war das Haus so gut bewacht, dass keiner hinauskommen konnte?
Wo ...?

Information **Satzglieder: die adverbialen Bestimmungen**

Um ein Geschehen genau wiederzugeben, müssen die Umstände näher beschrieben werden. Dies geschieht mit **den adverbialen Bestimmungen** (Umstandsbestimmungen).
Adverbiale Bestimmungen informieren z. B. über **Ort** und **Zeit, Art und Weise** und **Grund** eines Geschehens.
Die adverbiale Bestimmung (die Umstandsbestimmung) ist ein **Satzglied** und kann aus einem Wort oder aus mehreren Wörtern bestehen.
Man unterscheidet:

- die **lokale adverbiale Bestimmung** (die Umstandsbestimmung des Ortes):
  <u>Im Haus</u> wurde nichts gefunden. Alle Gäste waren <u>in ihren Zimmern</u>.
  Frageprobe: **Wo ...? Wohin ...?**
- die **temporale adverbiale Bestimmung** (die Umstandsbestimmung der Zeit):
  <u>Am Tatabend</u> war das Haus bewacht. <u>Seit Stunden</u> wurde niemand gesehen.
  Frageprobe: **Wann ...? Wie lange ...? Seit wann ...?**
- die **kausale adverbiale Bestimmung** (die Umstandsbestimmung des Grundes):
  <u>Wegen seiner Falschaussage</u> kam man dem Dieb auf die Schliche.
  Frageprobe: **Warum ...? Weshalb ...?**
- die **modale adverbiale Bestimmung** (die Umstandsbestimmung der Art und Weise):
  <u>Heimlich</u> schlich seine Komplizin ins Arbeitszimmer. <u>Durch ihre Hilfe</u> glückte der Raub.
  Frageprobe: **Wie ...? Auf welche Art und Weise ...?**

Warum war der Kamin der sicherste Ort zur Aufbewahrung der gestohlenen Sphinx?	?	wegen der Feuerfestigkeit der Sphinx (NI) aufgrund seines „Defekts" (RET) aufgrund seiner reichen Verzierungen (SE)
Wie sollte die Sphinx aus Darlington Hall fortgeschafft werden?	?	versteckt im Koffer eines Gastes (GH) durch die bereits bestellten Handwerker (WH) durch Theodorus Bumbridge (DNU)
Wann sollte die Sphinx aus Darlington Hall fortgeschafft werden?	?	nie (EL) am Tag der Kaminreparatur (CS) während der Polizeiermittlungen (ERF)

2 Versucht nun, die letzten Rätsel selbst zu lösen.
a Wählt dazu die richtige Antwort oben aus. **Achtung:** Es können auch mehrere richtig sein.
b Bestimmt bei den richtigen Antworten die Art der adverbialen Bestimmung.
c Lest die Buchstaben hinter eurer Lösung rückwärts und von unten nach oben. Ihr erhaltet so einen Hinweis, warum Miss Pennycake der „Schattenhand" half. Sie war nämlich seine ....

Abschlussprotokoll
Miss Pennycake verabreichte dem Lord ? Samen des roten Schlafmohns.
Diese geheimnisvollen Samen brachte Prof. Ratcliffe ? mit.
Der Lord fiel ? in einen mysteriösen Tiefschlaf.
Professor Ratcliffe, der Bruder von Miss Pennycake, ging ? in das Zimmer des bewusstlosen Lords.
Er versteckte die Schwarze Sphinx geschickt ? .
Miss Pennycake verschloss ? die Fenster und die Tür ? .
Das Verbrechen schien ? .
Niemand vermutete nämlich das Diebesgut noch ? .
Die bestellten „Handwerker" waren Komplizen der „Schattenhand".
Lord Darlington konnte ? aus seinem Tiefschlaf befreit werden.

3 Assistent Bumbridge erhält von Marlybone empört sein Abschlussprotokoll zurück.
a Ersetzt Marlybones Fragezeichen durch die passenden Angaben unten.
b Schreibt die adverbialen Bestimmungen in eine Tabelle wie die folgende:

adv. Best. der Zeit	des Ortes	der Art und Weise	des Grundes
in der Tatnacht	...	...	...

in der Tatnacht • aus Indien • wegen dieses Betäubungsmittels • heimlich • am Kamin • während des Festessens • perfekt • im Haus • im Krankenhaus • mit Spezialschlüsseln

Neues von Inspektor Marlybone – Grammatische Proben

Die Flucht der „Schattenhand" – Die Umstellprobe

Ich bin Inspektor John Marlybone. Ich habe in den letzten Jahren viele Kriminalfälle gelöst. Ich enthüllte mit meinen Assistenten Theodorus Bumbridge und Philoneous Monk auch das Geheimnis von Darlington Hall. Ich habe die Identität der „Schattenhand" gelüftet. Ich habe diesen Meisterverbrecher leider in letzter Sekunde entwischen lassen. Ich drehte mich nur einen kleinen Augenblick zu dessen Komplizin um. Schon war er verschwunden. Ich weiß nun, dass Prof. Ratcliffe hinter der Maske der „Schattenhand" steckt. Ich bin auf seine nächsten Pläne sehr gespannt ...

1 a Was haltet ihr von Marlybones Aussage? Wie wirkt sie auf euch?

b Verbessert den Text mit Hilfe der Umstellprobe. Vergleicht eure Ergebnisse. Geht so vor:
Ich bin Inspektor John Marlybone. In den letzten Jahren habe ich ...

c Achtet beim Umstellen der Satzglieder darauf, dass die für euch wichtigste Aussage des Satzes hervorgehoben wird. Wo muss dieses Satzglied dann stehen?

2 Kurz vor seiner Flucht hinterlässt Professor Ratcliffe noch eilig eine sehr missverständliche Botschaft an der Hausmauer von Darlington Hall.

a Wie lautet diese Botschaft?

b Unterstützt Philoneous Monk bei der Umstellung der Satzglieder, sodass die Botschaft eindeutig zu verstehen ist. Schreibt in euer Heft.

Die Schattenhand hat Inspektor Marlybone dieses Mal besiegt. Marlybone, Bumbridge und Monk werden meine Verbrecherkollegen zur Strecke bringen. Die drei Polizisten verfolgen meine Handlanger ab sofort für immer. Die Königin und der König werden nun meine Verbrecherkollegen aus Rache berauben. Marlybone wird die Königin in Schimpf und Schande entlassen. Marlybone wird die Schattenhand besiegen. Das Spiel beginnt...! R.

Methode | **Texte überarbeiten: Umstellprobe**

Durch die Umstellprobe könnt ihr eure Texte abwechslungsreich gestalten. Ihr stellt z. B. die Satzglieder so um, dass die Satzanfänge nicht immer gleich sind:
Wieder einmal musste Inspektor Marlybone neulich einen Verbrecher fangen.
Neulich musste Inspektor Marlybone wieder einmal einen Verbrecher fangen.

Das Geheimnis des „doppelten Lords“ – Die Ersatzprobe

Lord Halifax war ein enger Vertrauter der englischen Königin Victoria. Die Königin hatte stets vollstes Vertrauen zu Lord Halifax. So war Lord Halifax auch für die Sicherheit der Juwelen der Königin zuständig. Die Königin befolgte deshalb den Rat von Lord Halifax, die Juwelen der Königin aus der königlichen Schatzkammer in das Schloss der Königin nach Schottland bringen zu lassen. Im Schloss der Königin sollten die Juwelen vor möglichen Diebstählen sicher sein. Auf der geheim gehaltenen Zugfahrt von London nach Schottland wurde der Zug jedoch von Dieben überfallen. Niemand konnte sich vorstellen, woher die Diebe von der geheimen Zugfahrt erfahren hatten. Eine nebensächliche Beobachtung von Inspektor Marlybone klärte den Fall jedoch auf ...

1 a Bumbridge, der etwas schusselige Assistent Inspektor Marlybones, ist verzweifelt. In seinem Protokoll zum letzten Kriminalfall sind viele Wörter unterstrichen. Erklärt warum.
b Überarbeitet Bumbridges Text. Ersetzt dabei unnötige Wiederholungen durch Pronomen (▶ S. 207).

Ich entdeckte bei meinen Befragungen, dass der Lord mit der linken Hand schrieb – Lord Halifax aber war Rechtshänder, wie ich zuvor schon entdeckt hatte. So entdeckte ich schnell, dass der echte Lord von Betrügern entführt und durch einen Doppelgänger ersetzt worden war. Niemand bei Hofe hatte diese Täuschung entdecken können. Der Doppelgänger wusste so über alle Pläne der Königin Bescheid. Der Doppelgänger konnte die Königin sogar von seinen eigenen Plänen überzeugen. Leider entdeckte der Doppelgänger unseren Verdacht und dem Doppelgänger gelang die Flucht. Ich entdeckte sofort, dass hinter diesem Verbrechen nur mein Erzfeind Professor Ratcliffe stecken konnte ...

2 Lest Inspektor Marlybones Aussage zu dem Fall und übertragt sie in euer Heft.
a Schreibt die Sätze jeweils untereinander und unterstreicht Wörter, die sich wiederholen.
b Ersetzt anschließend die von euch unterstrichenen Satzglieder.

Ersetzt auch das Prädikat *entdecken* durch Verben mit ähnlicher Bedeutung wie *erkennen, enthüllen, bemerken ...*

Methode **Texte überarbeiten: Ersatzprobe**

Mit der Ersatzprobe könnt ihr Satzglieder, die sich in eurem Text häufig wiederholen, durch andere Wörter ersetzen, z. B.:
Marlybone befreite Lord Halifax. Marlybone (→ Er) brachte Lord Halifax (→ ihn) zurück in den Buckingham Palace.
Dort wurde er verhört. Nachdem er verhört (→ befragt) wurde, begann die Ermittlung.

Eine rätselhafte Botschaft – Die Weglassprobe

An alle Mitglieder des „Clubs der Freunde der Königin“

Alle Mitglieder unseres Clubs treffen sich am 31. Dezember diesen Jahres im Londoner Hotel „Tower“. Nach einem Spaziergang am 31. Dezember werden wir gemeinsam im „Tower“ das Frühstück einnehmen. Danach wird unser Vorsitzender, Dr. Shadow, die Eröffnungsrede halten. Gegen Mittag nehmen wir im „Tower“ den Lunch ein. Gegen Abend veranstalten wir eine Themsefahrt auf dem Raddampfer „Krone der Königin“. Auch Freunde unseres Clubs sind auf die „Krone der Königin“ eingeladen. Am Abend gibt es ein Feuerwerk. Wir werden während des Feuerwerks an Bord bleiben. So können wir uns während des Feuerwerks von einem anstrengenden Tag erholen. Alle interessierten Clubmitglieder melden sich bitte bei unserem Vorsitzenden an. Wir hoffen auf eine rege Beteiligung! R.

1 In dem Artikel der London Times vom 27. Oktober 1897 werden einige Satzglieder mehrmals verwendet.
- **a** Streicht die überflüssigen Wörter. Achtet darauf, dass der Text verständlich bleibt.
  Hinweis: Wenn ihr die gestrichenen Wörter richtig anordnet, erhaltet ihr eine geheime Botschaft.
- **b** Bestimmt die herausgestrichenen Satzglieder so genau wie möglich.
- **c** Welche Angaben fehlen, damit die Nachricht eindeutig ist? Ergänzt diese Satzglieder.

Also, wir waren wirklich sehr überrascht über diesen Plan, dieser Plan war wirklich der Gipfel an Unverschämtheit. Dieser Gauner wollte tatsächlich versuchen, die Krone der Königin zu stehlen? So schien die Botschaft doch zu lauten. Unglaublich, wir konnten das nicht glauben, die Krone der Königin war der wertvollste Schatz Englands! Das wäre ein unglaublicher Skandal, wenn man die Krone der Königin stehlen würde. Und dann diese Unverschämtheit von Ratcliffe, seine Komplizen ganz unverschämt über eine Nachricht in der größten Zeitung Englands zu informieren. Wir müssen alles versuchen, damit wir diesen Raub der Krone verhindern können.

2 Leider ist Philoneous Monks Zusammenfassung der weiteren Ereignisse sehr umständlich geworden.
- **a** Legt eine Folie auf den Text und wendet die Weglassprobe an.
- **b** Schreibt eine überarbeitete Fassung. Vergleicht eure Lösungen.

Methode **Text überarbeiten: Weglassprobe**

Mit der Weglassprobe könnt ihr prüfen, welche Wörter in einem Text gestrichen werden sollten, weil sie überflüssig sind oder umständlich klingen, z. B.:
Professor Ratcliffe plant einen Anschlag auf den Tower. Diesen Anschlag ~~auf den Tower~~ will Inspektor Marlybone verhindern.

Die Falle schnappt zu – Die Erweiterungsprobe

1 Inspektor Marlybone gibt einem Reporter der „London Times“ Auskunft über die Ereignisse der Silvesternacht. Immer wieder muss der Reporter nachfragen.

a Formuliert in eurem Heft die Fragen des Reporters.

b Welche Angaben unten sind zur Erweiterung der Auskunft sinnvoll? Überarbeitet den Text.

in der Falle	in die Schatzkammer der Königin	die Krone der Königin
um Mitternacht	die Geheimbotschaften der „Schattenhand“	mit einer Bombe
die Ganoven	durch eine Vielzahl von Polizisten	am 31. Dezember 1897
von Insp. Marlybone	die Polizisten von Scotland Yard	mit seinen Komplizen
auf der Themse	wegen des Silvesterfeuerwerks	im Tower von London

Beispiel:

Frage: Von wem wurde die „Schattenhand“ gefasst?

Antwort: Die „Schattenhand“ wurde von den Polizisten von Scotland Yard gefasst.

Methode **Texte überarbeiten: Erweiterungsprobe**

Mit der Erweiterungsprobe könnt ihr prüfen, ob eine Aussage genau genug oder anschaulich genug ist oder ob ihr noch etwas ergänzen solltet, z. B.:

V Inspektor Marlybone erhält V einen Orden V

Wann? Von wem? Warum?

→ *An Silvester erhält Inspektor Marlybone von der Königin einen Orden wegen seiner Verdienste.*

Stärken stärken: Die Satzglieder

Meisterdetektiv Sherlock Holmes

Der britische Arzt Arthur Conan Doyle erfand Sherlock Holmes im Jahre 1887. Sherlock Holmes lebte mit seinem Freund Dr. Watson in der Baker Street 221 b in London. Sehr oft musste er seinen Erzfeind Prof. Moriarty jagen. Das Verfassen der Detektivromane beanspruchte viel Zeit. Deswegen ließ Conan Doyle seinen Meisterdetektiv 1893 während eines Kampfes mit Prof. Moriarty sterben. Beide stürzten einen Wasserfall in der Schweiz hinunter. Die verwitterte Gebirgslandschaft machte das Auffinden der beiden Verunglückten unmöglich.

●○○ **1** Im Jahr 1893 ließ Arthur Conan Doyle seinen Romanhelden Sherlock Holmes auf dramatische Weise sterben.

a Stellt fest, aus wie vielen Satzgliedern die ersten beiden Sätze des Textes oben bestehen. Führt dazu die Umstellprobe durch.

b Schreibt die Sätze in euer Heft, trennt dabei die einzelnen Satzglieder mit Trennstrichen voneinander ab.

c Bestimmt die Satzglieder in diesen Sätzen.

d In zwei der folgenden Sätze ist die Unterteilung nach Satzgliedern falsch. Schreibt diese Sätze mit der richtigen Unterteilung in euer Heft. Wendet die Umstellprobe an.

> Der französische Detektiv Auguste Dupin/gilt/als erster Detektiv der Literaturgeschichte. Dieser wurde/vom amerikanischen Schriftsteller/Edgar Allan Poe/im Jahre 1841 erfunden. In drei Kriminalgeschichten Poes/spielt/Auguste Dupin die Hauptrolle. Vierzig Jahre später/erfand/der Arzt Arthur Conan Doyle/Sherlock Holmes. Mit Holmes/schuf/Conan Doyle/den wohl berühmtesten Detektiv der Welt.

●●○ **2** Der Satzbau des Textes „Meisterdetektiv Sherlock Holmes" ist noch sehr eintönig. Wendet die Umstellprobe an und schreibt eine verbesserte Fassung in euer Heft.

●●● **3** Bevor der Text „Meisterdetektiv Sherlock Holmes" geschrieben werden konnte, musste ein Interview mit Conan Doyle geführt werden.

a Formuliert W-Fragen, die an ihn gestellt worden sein könnten.

b Führt nun dieses Interview. Schreibt dazu die passenden Antworten wortgetreu aus dem Text zu euren Fragen. Bestimmt im Anschluss, um welches Satzglied es sich bei eurer Antwort jeweils handelt. Geht so vor:

Frage: Wann erfanden Sie Ihren Romanhelden?
Antwort: Im Jahr 1887
→ adverbiale Bestimmung der Zeit

Testet euch!

Satzglieder bestimmen

1 Detektivgeschichten (sein) schon immer sehr beliebt. **2** Weltweit (verschlingen) Leser die unglaublichen Abenteuer des Londoner Meisterdetektivs Sherlock Holmes. **3** Dabei (geben) es noch andere berühmte Kriminalisten in der Literatur. **4** Die Britin Agatha Christie (zählen zu) den fleißigsten und beliebtesten Kriminalautorinnen der Welt. **5** Sie (erfinden) die schrullige alte Dame Miss Marple. **6** Mit großmütterlichem Witz (aufdecken) die Hobbydetektivin jedes Verbrechen. **7** Nicht selten (aufgeben) die Täter freiwillig, um ihrer Verfolgung zu entkommen. **8** Viele Krimiautoren (vergessen) aber auch ihre jüngeren Leser nicht. **9** Anfang der 1960er Jahre (erobern) drei Jugenddetektive die Kinderzimmer der Welt. **10** Justus Jonas, Peter Shaw und Bob Andrews in „Die drei ???“ kennen alle. Oder?

1 a Schreibt den Text ab. Setzt dabei die Verben in Klammern so ein, dass sie zum Subjekt passen.
- Verwendet die Zeitform des Präteritums (► S. 218) und
- achtet auf die Mehrteiligkeit der Prädikate (► S. 227 Prädikatsklammer).

b Unterstreicht die Subjekte rot, die Prädikate grün und alle Objekte blau.

c Welche der Aussagen zum Text oben sind richtig? Schreibt die entsprechenden Buchstaben in euer Heft.

A Der zweite Satz des Textes besteht aus fünf Satzgliedern.
B Der dritte Satz enthält ein Akkusativobjekt.
C Im fünften Satz steht das Subjekt an dritter Satzgliedstelle.
D Der sechste Satz enthält eine adverbiale Bestimmung der Art und Weise.
E Im achten Satz steht das Subjekt an dritter, das Akkusativobjekt an erster Stelle.
F Der gesamte Text enthält zwei Prädikatsklammern.

(Adverbiale Bestimmung der Zeit) erhielt Arthur Conan Doyle (Akkusativobjekt) von empörten Lesern. Aufgrund (adverbiale Bestimmung des Grundes) ließ er Holmes wiederauferstehen. (Subjekt) entkam Moriartys Griff (adverbiale Bestimmung der Zeit). (Subjekt) stürzte also allein in (adverbiale Bestimmung des Ortes). (Subjekt) glaubte aufgrund Holmes spurlosen Verschwindens an dessen Tod. (Adverbiale Bestimmung der Art und Weise) konnte Holmes (Dativobjekt) das Handwerk legen. Die letzte Holmes-Geschichte erschien (adverbiale Bestimmung der Zeit).

2 Ergänzt die Sätze oben sinnvoll. Greift dazu auf die Satzglieder im Wortspeicher zurück.
Achtung: Ihr müsst die Satzglieder an den richtigen Kasus (► S. 204) anpassen.

im Jahr 1901 • viele Briefe • der Protest seiner Leser • im Jahr 1927 • Holmes • jeder • die letzte Sekunde • Moriarty • der Wasserfall • so getarnt • Moriartys Verbrecherkollegen

13.2 Die Rückkehr der „Schattenhand" – Sätze untersuchen

Auf den Punkt gebracht – Satzarten

1 Inspektor Marlybones Assistent Monk hatte in der Nacht zwei Verbrecher an der Themse belauscht.

a Lest die Sätze. Was planen die Verbrecher?

b Schreibt die Sätze in den Sprechblasen so ab, dass sie ein Gespräch ergeben. Setzt dabei die passenden Satzschlusszeichen.

c Vergleicht eure Ergebnisse. Sind bei manchen Sätzen mehrere Lösungen möglich?

d Spielt das Gespräch mit verteilten Rollen. Achtet dabei auf die richtige Stimmführung.

Satzarten:
Aussagesatz: **.**
Fragesatz: **?**
Ausrufesatz/Aufforderungssatz: **!**

Sie sind sich sicher, dass es sich bei den Verbrechern um Smitty und Snake handelt aber ganz sicher, ich kenne diese Typen, Sir, und es gibt keinen Zweifel, dass diese zwielichtigen Gestalten zur „Schattenhand“ gehören, auf jeden Fall, Sir, Snake gilt als der geschickteste Einbrecher Englands und was hat es mit diesem Smitty Malone auf sich er gilt als absoluter Sprengstoffexperte und arbeitet seit Jahren für Ratcliffe dann müssen wir also mit dem Schlimmsten rechnen davon können Sie ausgehen, Sir, dann schreiben Sie sofort einen Bericht an den Chefinspektor, die Zeit läuft ...

2 Monk hat große Schwierigkeiten, das Gehörte in einen sinnvollen Zusammenhang zu bringen. Er bitte seinen Kollegen Bumbridge um Hilfe.

a Lest den Text laut. Klärt, um welche Satzart es sich jeweils handelt.

b Schreibt das Gespräch anschließend mit den richtigen Satzzeichen in euer Heft.
Monk: Sind Sie sicher, dass es sich bei den Verbrechern um Smitty und Snake handelt?
Bumbridge: Aber ganz sicher! ...

c Vergleicht eure Gespräche. Bei welchen Sätzen habt ihr unterschiedliche Satzzeichen gesetzt? Welche Sätze können, obgleich ihr sie mit einem Fragezeichen versehen habt, auch als Ausruf oder Aufforderung verstanden werden?

Information **Satzarten: Aussagesatz, Fragesatz, Aufforderungssatz**

Je nachdem, ob wir etwas aussagen, fragen oder jemanden auffordern wollen, verwenden wir unterschiedliche Satzarten: Aussagesatz, Fragesatz oder Aufforderungssatz.
In der gesprochenen Sprache erkennen wir die verschiedenen Satzarten oft an der Stimmführung, in der geschriebenen Sprache an den unterschiedlichen Satzschlusszeichen: Punkt, Fragezeichen und Ausrufezeichen.

1 Nach einem **Aussagesatz** steht ein **Punkt,** z. B.: *Scotland Yard ist die Londoner Polizei.*
In einem Aussagesatz wird etwas mitgeteilt oder festgestellt. Wenn man den Satz spricht, senkt sich die Stimme.

2 Nach einem **Fragesatz** steht ein **Fragezeichen,** z. B.: *Wo hat Scotland Yard seinen Sitz?*
In einem Fragesatz wird nach etwas gefragt. Die Stimme hebt sich zum Ende des Satzes.

3 Nach einem **Ausrufe-** oder **Aufforderungssatz** steht meist ein **Ausrufezeichen,** z. B: *Haltet den Dieb!*
In einem Aufforderungssatz wird eine Bitte, ein Wunsch oder eine Anweisung ausgedrückt, z. B.: *Lasst ihn nicht entkommen!*
In einem Ausrufesatz wird etwas gefühlsbetont und kurz geäußert. Dabei wird die Stimme oft lauter, z. B.: *Ich habe ihn erwischt!*

Die Satzart muss nicht immer mit der Absicht des Sprechers oder der Sprecherin übereinstimmen. Aufforderungen können z. B. mit einem Aufforderungssatz, aber auch mit einem Fragesatz oder einem Aussagesatz ausgedrückt werden. Wie die Sätze gemeint sind, erschließen wir aus dem Tonfall oder aus dem Zusammenhang.

Beispiel	Satzart	Absicht/Bedeutung
Muss denn jedes Mal gesagt werden, dass die Gesetze gelten?	Fragesatz	Aufforderung: Haltet euch an die Gesetze!

Die Puzzleteile fügen sich zusammen – Die Satzreihe

Bericht von Constabler Philoneous Monk

TOP SECRET

Gestern Nacht lief ich Streife am Ufer der Themse. Ich bemerkte zufällig zwei stadtbekannte Ganoven. Erst war nichts auffällig. Dann wirkte ihr Verhalten sehr verdächtig. Ich schlich mich in ihre Nähe. Ich verstand nur Bruchstücke ihres Gesprächs. Ich erkannte aber sofort ihre verbrecherische Absicht. Sie planen für nächsten Samstag einen Bombenanschlag auf ein Londoner Gefängnis. Sie wollen ihren „Boss“ befreien. Dieser sitze nämlich dort in Haft. Sie planen den Anschlag auf drei Uhr in der Nacht. Sie sagten, dass dann die meisten schlafen würden. Der eine Verbrecher hieß Snake. Der andere Verbrecher hieß Smitty. Mehr konnte ich nicht erfahren. Sie verschwanden plötzlich in der Nacht.

1 Monk, der das Gespräch an der Themse belauscht hat, schreibt einen Bericht an Marlybone.
- a Könnt ihr mit seinen Informationen etwas anfangen? Führt seine Beobachtung weiter?
- b Wie wirkt der Satzbau in Monks Bericht auf euch? Begründet.
- c Überarbeitet den Text, indem ihr einige der Hauptsätze (▸ Merkkasten unten) sinnvoll miteinander verknüpft. Verwendet dazu passende Konjunktionen (Bindewörter) aus dem oben stehenden Tippkasten. Achtet auf die Kommasetzung.

Nebenordnende Konjunktionen
zur Verbindung von Hauptsätzen:

... und ...	..., aber ...	..., denn ...
... oder ...	..., doch	

2 Vergleicht eure überarbeiteten Texte mit dem vorliegenden Text oben. Beschreibt, was sich durch die Verknüpfung der Hauptsätze verändert hat.

3 In Scotland Yard ist bekannt, dass die Einbrecher Snake und Smitty Malone zur Bande der „Schattenhand“ gehören. Werden sie ihren Boss aus dem Gefängnis befreien können? Hat Marlybone bereits einen Plan? Schreibt eine Geschichte dazu.

Information **Die Satzreihe: Hauptsatz + Hauptsatz**

- Ein **Hauptsatz** ist ein selbstständiger Satz. Er enthält mindestens zwei Satzglieder, nämlich Subjekt und Prädikat, z. B.: *Der Dieb flieht.*
  Die Personalform des Verbs (das gebeugte Verb, ▸ S. 215) steht im Hauptsatz in der Regel an zweiter Satzgliedstelle, z. B.: *Der Dieb flieht vor der Polizei.*
- Ein **Satz,** der aus **zwei oder mehr Hauptsätzen** besteht, wird **Satzreihe** genannt.
  Die einzelnen Hauptsätze einer Satzreihe werden **durch ein Komma voneinander getrennt,** z. B.: *Der Dieb flieht vor der Polizei, der Kommissar ermittelt.*
- Häufig werden die Hauptsätze durch nebenordnende **Konjunktionen** (Bindewörter) wie *und, oder, aber, denn, doch* verbunden, z. B.:
  Der Dieb flieht vor der Polizei, denn er hat gestohlen.
  Nur vor den Konjunktionen *und* bzw. *oder* darf das Komma wegfallen, z. B.:
  Der Dieb flieht vor der Polizei und der Kommissar ermittelt.

Ein Plan geht auf – Das Satzgefüge

A Nach seiner Verhaftung wurde Ratcliffe offiziell ins Highgrove-Gefängnis überführt.

B Monk brachte den Verbrecherkönig aber heimlich ins Dartmoor-Gefängnis.

C Marlybone ahnte es.

D Im Dartmoor-Gefängnis war der Verbrecherkönig nun absolut sicher.

E Jeder glaubte diesen Schwindel.

F Dieser Plan war besonders clever.

damit

bevor

?

1 Er und seine Komplizen glaubten dies.

2 Im Gefängnis von Highgrove spielte ein Doppelgänger die Rolle des Professors.

3 Jemand bekam etwas davon mit.

4 Ein Ausbruchsversuch sollte stattfinden.

5 Die Ganoven gingen sozusagen „freiwillig" ins Gefängnis.

6 Seine Verbrecherkollegen vermuteten ihn dort nicht.

1 Geht wie folgt vor, dann erfahrt ihr von Marlybones Plan.

a Verbindet je einen Hauptsatz auf der linken Seite mit einem Hauptsatz auf der rechten Seite. Verwendet dabei Konjunktionen (Bindewörter) aus dem Tippkasten. Die Hauptsätze rechts werden zu Nebensätzen. Schreibt die so entstehenden Satzgefüge (▶ Merkkasten unten) in euer Heft.

b Umkreist in jedem Nebensatz die Konjunktion und unterstreicht die Personalform des Verbs.

c Vergleicht die Satzgliedstelle des Prädikats in den Hauptsätzen und in den Nebensätzen.
Beispiel: *Nach seiner Verhaftung wurde Ratcliffe offiziell ins Highgrove-Gefängnis überführt, damit er und seine Komplizen dies glaubten.*

Unterordnende Konjunktionen
zur Verbindung von Haupt- und Nebensätzen:

..., weil	..., da	..., dass
..., damit	..., wenn	..., bevor

Information **Satzgefüge: Hauptsatz + Nebensatz**

Einen Satz, der aus mindestens einem **Hauptsatz** und mindestens einem **Nebensatz** besteht, nennt man **Satzgefüge.** Zwischen Hauptsatz und Nebensatz muss **ein Komma** stehen, z. B.:

Hauptsatz		Nebensatz	
Keiner bemerkte Marlybones Schwindel	,	*weil im Gefängnis ein Doppelgänger saß*	.

Nebensätze haben folgende Kennzeichen:

- Ein Nebensatz kann **nicht ohne** einen **Hauptsatz** stehen.
- Der Nebensatz ist **dem Hauptsatz untergeordnet** und wird durch eine unterordnende Konjunktion (Bindewort) eingeleitet, z. B.: *weil, da, obwohl, damit, dass, nachdem, während.*
- Die **Personalform des Verbs** (das gebeugte Verb) steht im Nebensatz immer an letzter Satzgliedstelle.

Stärken stärken: Sätze und Satzarten

Haltet den Dieb • Hilfe • Gab es Verletzte • Die Bank wurde ausgeraubt • Ich glaube nicht • Aber da ist sie doch schon • Was ist denn passiert • Ob die Polizei den Dieb fasst

●○○ **1** In den Sätzen oben fehlen die Satzschlusszeichen.
- a Ordnet die Sätze sinnvoll, sodass ein zusammenhängendes Gespräch entsteht.
- b Entscheidet jeweils, um welche Satzart es sich handelt und setzt die richtigen Satzschlusszeichen. Schreibt in euer Heft.

1 „Scotland Yard“ bezeichnet die Londoner Kriminalpolizei, es ist auch ein Brettspiel.
2 Seit 1984 begeben sich Hobbydetektive auf diese berühmte Gangsterjagd.
3 Das Spiel „Scotland Yard“ ist beendet, wenn der geheimnisvolle Mr. X enttarnt wurde.
4 Seitdem es das Spiel gibt, begeben sich weltweit Hobbydetektive auf Gangsterjagd.

A Der erste Satz ist eine Satzreihe.
B Satz 2 beginnt mit einem Nebensatz.
C Satz 3 enthält eine nebenordnende Konjunktion und besteht aus zwei Hauptsätzen.
D Der vierte Satz ist eine Satzreihe.

●●○ **2**
- a Lest zunächst die Sätze oben, die das Spiel „Scotland Yard“ vorstellen.
- b Prüft, ob die Aussagen A–D richtig oder falsch sind. Begründet in eurem Heft.
  Beispiel: *Aussage A ist richtig, denn Satz 1 besteht aus zwei Hauptsätzen, die durch die nebenordnende Konjunktion „und“ verbunden sind.*

Hauptsatz	Konjunktion	Hauptsatz
1 Basil Ratcliffe wuchs bei seinem Onkel Randolph Twinkle auf.	denn	Er wollte seinem Neffen Basil eine Polizeikarriere ermöglichen.
2 Der Onkel fälschte Geld in seinem Keller.	nachdem	Seine Eltern starben kurz nach seiner Geburt.
3 1870 wurde sein Onkel von Scotland Yard verhaftet.	weil	Er wollte das Schicksal seines Onkels auf ewig rächen.
4 Sein Onkel kam lebenslang ins Gefängnis.	sodass	Ein Lehrling seines Onkels verriet ihn an die Polizei.
5 Basil erklärte die Polizei nun zu seinem Erzfeind.	damit	Basil und seine Schwester Edna waren nun völlig allein und mittellos.

●●● **3** Verbindet je zwei Hauptsätze und ihr erfahrt Wissenswertes über Ratcliffes Vergangenheit. Bildet Satzgefüge oder Satzreihen. Wählt die passenden unter- oder nebenordnenden Konjunktionen aus.

Testet euch!

Sätze und Satzarten

1 Unterschiedliche Absichten werden durch verschiedene Satzarten ausgedrückt. Übernehmt die Tabelle in euer Heft und ordnet die unten stehenden Absichten ein.

Aussagesatz	Fragesatz	Ausruf/Aufforderung
…	*etwas wissen wollen*	…

etwas wissen wollen • etwas befehlen • Freude ausdrücken • eine Mitteilung machen • Ärger ausdrücken • etwas behaupten • einen Wunsch formulieren • etwas erzählen • etwas erfragen • Überraschung ausdrücken

2 Damit Ratcliffe dieses Mal ganz sicher im Gefängnis bleibt, beabsichtigt Marlybone, einen Brief an den Gefängnisdirektor zu schreiben. Hier ist sein Entwurf:

An den Direktor des Gefängnisses von Newgate
- *bisheriges Verhalten des Gefangenen im Gefängnis*
- *alle Sicherheitsmaßnahmen bedacht*
- *wöchentliche Berichte an Scotland Yard schreiben*
- *Personal auf Verschwiegenheit überprüft*
- *keine Komplizen Ratcliffes unter dem Personal*
- *kein Kontakt zur Außenwelt durch den Gefangenen*
- *sofortige Meldung bei Auffälligkeiten*

a Untersucht Marlybones Notizen. Entsprechen die aufgeführten Punkte einer Aussage, einer Frage oder einer Aufforderung? Ordnet entsprechend zu.

b Schreibt den Brief an den Direktor. Formuliert auf Grundlage der Notizen ganze Sätze und setzt die entsprechenden Satzzeichen. Vergleicht eure Ergebnisse.

Bericht Dr. Horace Pringles über den Häftling Basil Ratcliffe

Der Häftling sitzt jeden Tag in seiner Zelle und schreibt in seinen Tagebüchern. Die Mahlzeiten nimmt der Professor in seiner Zelle ein, damit er mit anderen Häftlingen nicht in Kontakt kommt. Seine Wärter lassen ihn keine Minute aus den Augen, da Ratcliffe jederzeit einen Ausbruchsversuch starten könnte. In seinen Notizen fand sich folgender Hinweis: „Ich werde nicht ewig im Gefängnis sitzen, meine Zeit ist noch nicht vorbei, meine Rache an Marlybone wird kommen!“

3 a Im ersten Wochenbericht des Gefängnisdirektors kommen Satzreihen und Satzgefüge vor. Legt eine Folie über den Text. Unterstreicht die Prädikate. Achtet auf ihre Stellung im Satz.

b Unterstreicht die Hauptsätze rot, die Nebensätze grün und umkringelt die Konjunktionen.

13.3 Fit in ...? Satzglieder und Sätze

Satzglieder bestimmen

In diesem Kapitel könnt ihr mit verschiedenen Arten von Aufgabenstellungen für die Klassenarbeit üben und ihr erfahrt noch mehr über Detektive und ihre Geschichten.

Subjekt	Prädikat	Akkusativobjekt	Adv. Bestimmung
Den englischen Königen Der Innenminister Den Bewohnern Londons	gründete **(E)**	Scotland Yard **(L)** der Kriminalpolizei **(F)** den Polizisten **(G)**	dem Jahr 1829 **(J)** Scotland Yard **(N)** im Jahre 1829 **(P)**
Die meisten Engländer **(R)** Dem Premierminister **(J)** Der Königin **(W)**	verwenden **(A)**	die berühmtesten Verbrecher **(B)** die Abkürzung „The Yard" **(M)** dem Chef von „Scotland Yard" **(F)**	
Den Hauptsitz **(F)** Scotland Yard **(S)** In der Nähe von Big Ben **(V)**	hat **(S)**	Scotland Yard **(M)** der Hauptsitz **(N)** seinen Hauptsitz **(I)**	seinen Hauptsitz **(U)** Scotland Yard **(B)** in der Nähe Big Bens **(M)**

1 Der Satzglied-Automat verrät euch einiges über Scotland Yard.

a Wählt die gesuchten Satzglieder aus, indem ihr sie mit der entsprechenden Hilfsfrage in Verbindung mit dem Prädikat erfragt, z. B.: *Wer gründete wen oder was?*

b Das Lösungswort erfahrt ihr, wenn ihr die Buchstaben hinter den richtigen Satzgliedern rückwärts lest. Es ist der Name einer berühmten englischen Hobbydetektivin.

2 **a** In diesem Suchrätsel sind senkrecht, waagerecht und rückwärts gelesen 13 Begriffe aus den Grammatikkapiteln versteckt. Findet diese heraus!

b Schreibt zu fünf Begriffen eine kurze Erklärung.

A	K	N	X	U	Z	D	A	D	V	E	R	B	I	A	L	E
O	P	F	S	A	T	Z	G	L	I	E	D	N	N	F	S	B
D	K	J	H	T	K	G	Y	T	K	E	J	B	U	S	G	E
W	E	G	L	A	S	S	P	R	O	B	E	G	R	C	T	S
D	U	T	N	O	I	T	K	N	U	J	N	O	K	Z	K	T
X	E	T	E	B	O	R	P	Z	T	A	S	R	E	N	H	I
R	E	M	M	A	L	K	S	T	A	K	I	D	Ä	R	P	M
F	T	A	R	X	G	U	P	A	M	H	R	P	H	Q	G	M
U	M	S	T	E	L	L	P	R	O	B	E	Ü	T	F	R	U
Ö	L	R	D	A	O	H	W	Y	D	J	F	E	K	P	S	N
A	Y	R	H	V	K	G	Q	K	A	R	C	H	P	I	M	G
S	B	A	F	D	A	U	S	C	L	D	U	O	M	A	T	S
N	J	D	K	R	L	D	A	T	I	V	O	B	J	E	K	T
Ö	P	T	K	E	J	B	O	V	I	T	A	S	U	K	K	A
E	R	W	E	I	T	E	R	U	N	G	S	P	R	O	B	E

Satzgefüge formulieren

Archie Brumble, ein Reporter der London Times, befragt Chefinspektor Marlybone zu den Anfängen seiner Karriere. Während des Interviews macht er sich folgende Notizen:

- *Karriere begann schon in frühester Kindheit.*
- *In seinem Heimatort Summerhill ereigneten sich mehrere ungelöste Diebstähle.*
- *Der Dorfpolizist war mit dem Fall völlig überfordert.*
- *Der Zwölfjährige nahm deshalb eigene Ermittlungen auf. Anfangs hatte er wenig Erfolg.*
- *Mit seinem Schulfreund arbeitete er erfolgreich zusammen.*
- *lernte dadurch, wie wichtig Teamarbeit ist*
- *1870 – Beginn einer Buchdruckerlehre bei „Twinkle & Twinkle" in London; Entlassung nach kürzester Zeit*
- *Der junge Marlybone überführte den Buchdrucker als Geldfälscher.*
- *scheint Verbrechen wie ein Magnet anzuziehen*
- *Nach seiner Entlassung war der Weg zu Scotland Yard schnell gefunden.*

1 Rekonstruiert das Interview, das Brumble mit Marlybone führte, anhand der Notizen. Wandelt dazu die mit einem Fleck gekennzeichneten Angaben in Nebensätze um und setzt die unten begonnnen Sätze in eurem Heft fort.

Marlybone enthüllt hier eine interessante Verbindung zwischen ihm und Prof. Ratcliffe. Erinnert ihr euch? Wenn nicht, lest noch einmal in Aufgabe 3 auf Seite 243 nach.

Brumble: *Inspektor Marlybone, war es schon immer Ihr Wunsch gewesen, Polizist zu werden?*
Marlybone: *Nein, dieser Wunsch kam erst in mir auf,* ***als …***
Brumble: *Nun, aber deswegen wird man ja nicht sofort Polizist.*
Marlybone: *Ich war regelrecht gezwungen, eigene Nachforschungen anzustellen,* ***weil …***
Brumble: *Und gelang es Ihnen, den Dieb zu fassen?*
Marlybone: *Allein auf mich gestellt war es schwierig. Ich hatte erst wirkliche Erfolge,* ***nachdem …*** *Da bemerkte ich zum ersten Mal,* ***dass …***
Brumble: *Und wie kamen Sie dann zu Scotland Yard?*
Marlybone: *Nun, ich ging im Jahr 1870 eigentlich nach London,* ***um …*** *Aber ich verlor bald meine Stelle,* ***weil …***
Brumble: *Man könnte ja fast meinen,* ***dass …***
Marlybone: *Das glaube ich nicht. Ich war einfach schon immer zu neugierig, was die Geheimnisse der Welt betraf. Da war der Weg zu Scotland Yard nicht allzu weit,* ***nachdem …***

14 Rechtschreibtraining – Strategien erarbeiten

1 Betrachtet das Bild und besprecht, was euch auffällt.

2 Mit welcher Absicht hat jemand dieses Wort in den Sand geschrieben? Sammelt eure Vermutungen.

3 a Sollte man auf die Rechtschreibung achten, auch wenn man nur für sich alleine und zum eigenen Vergnügen schreibt? Begründet eure Meinungen.
b Bei welchen Gelegenheiten ist es besonders wichtig, die Rechtschreibregeln einzuhalten? Nennt Gründe für eure Ansichten.

4 Kennt ihr Tricks, die euch helfen, Fehler zu vermeiden? Sprecht über eure Erfahrungen.

In diesem Kapitel ...

- lernt ihr wichtige Rechtschreibstrategien und ihre Symbole,
- findet ihr mit Hilfe der Strategien Regeln zur Rechtschreibung,
- nutzt ihr die Strategien, um die Schreibweisen von Wörtern zu erklären,
- wendet ihr die Strategien an, um Fehler zu vermeiden.

14.1 Silben schwingen und verlängern – Rechtschreibstrategien

Strategie Schwingen – Wörter in Silben sprechen

Lange Wörter richtig lesen und schreiben

Winterwolkenhimmel • Sommersonnenhitze • Regenbogenforelle • Körnerkissenfüllung • Osterferienreise • Piratenaugenklappe • Lederhosengürtel • Lesesesselkissen • Wanderfalkenflüge

1 Schreibt die Wörter richtig in euer Heft.

2 Nennt die Schwierigkeiten, die ihr vielleicht hattet, als ihr die Wörter abgeschrieben habt, z. B.: Buchstaben verwechselt, Buchstaben vergessen, zu viele Buchstaben geschrieben …

Durch Schwingen besser schreiben

Ameisenhaufen Zettelkastendurcheinander Sonnenblumenkerne Hundeschlittenrennen Regenwassertonnendeckel Unwetterwarnung Wörterkarteikasten Unterwasserabenteuer Krötenwanderwege Wunderkerzenfunken Bananenschalengröße Kamelkarawane

1 Bereitet die zwölf Wörter für ein Partnerdiktat vor. Nutzt das Schwingen (▸ Methode):
- a Sprecht die Wörter deutlich in Silben. Gleichzeitig zieht ihr mit eurer Schreibhand einen Bogen durch die Luft. Dabei geht ihr einen Schritt nach rechts, z. B.: Win ter wol ken him mel
- b Diktiert euch in Partnerarbeit die Wörter. Prüft gegenseitig eure Schreibungen.

2 Arbeitet mit einem Partner oder einer Gruppe.
- a Sucht 5 lange Wörter aus und diktiert sie den anderen. Nutzt die Wörter auf dieser Seite.
- b Wechselt anschließend die Rollen im Uhrzeigersinn.
- c Tauscht eure Hefte und kontrolliert, ob alle Wörter richtig geschrieben sind.
- d Begründet, warum ihr gerade diese 5 Wörter ausgewählt habt.

Methode **Wörter schwingen**

- **Vor** dem Schreiben: Sprecht die Wörter deutlich in Silben. Zeichnet Silbenbögen in die Luft.
- **Beim** Schreiben: Sprecht die Silben leise mit. Sprecht nicht schneller, als ihr schreibt.
- **Nach** dem Schreiben: Prüft, ob ihr richtig geschrieben habt. Zeichnet dazu Silbenbögen unter jede Silbe und sprecht dabei leise mit.

Lauten Buchstaben zuordnen, aus Silben Wörter zaubern

A E I O U
BCD FGH JKLMN PQRST VWXYZ

1 a Lest die Buchstaben deutlich vor.
b Nennt Gemeinsamkeiten und Unterschiede. Wie klingen die Buchstaben in Reihe eins und zwei?
c Haltet euer Ergebnis als Regel fest. Schreibt folgende Sätze in euer Heft und ergänzt sie richtig durch die Begriffe: *Selbstlaute* und *Mitlaute*.
A, E, I, O, U sind Vokale oder ... Die anderen Buchstaben heißen Konsonanten oder ...

2 a Hilfe! Die Vokale sind verschwunden! Schreibt die Wörter vollständig in euer Heft.
Tipp: Zu den Vokalen zählen auch: *ä, ö, ü*.

die K ? n ? nch ? nst ? ll ? • die B ? t ? lr ? tt ?
der H ? mst ? rk ? f ? g • der ? l ? f ? nt ? nr ? ss ? l

b Vergleicht eure Ergebnisse. Um welches Thema drehen sich die Wörter?

3 Hier müssen die Vokale *a, e* oder *o* jeweils doppelt verwendet werden, also: *aa, ee, oo*.
a Bildet sinnvolle Wörter und schreibt sie in euer Heft.
b Verfasst mit all diesen Wörtern einen lustigen Text, z. B: *Im Meer blüht der Kl..., wenn ...*

das M ? r • der Z ?
der Schn ? • die W ? ge
der Kl ? • das B ? t
der T ? r • das M ? r

4 a Bringt Ordnung in dieses Silbendurcheinander. Schreibt die Wörter mit Silbenbögen ins Heft.

sa Sil ben lat • frö sche ter Wet • ten de Schlit hun sit be zer •
gen bo rel gen fo le Re • sen A mei bein mes ser durch •
sa er Feu la der man • brot do But ter se

b Gibt es Wörter, die ihr nicht versteht? Wer kann sie erklären?
c Die Wörter haben unterschiedlich viele Silben. Ordnet sie im Heft in eine Tabelle wie folgt:

Wörter mit 4 Silben	Wörter mit 5 Silben	Wörter mit 6 Silben	Wörter mit 7 Silben
...	...	...	...

Information **Der Zusammenhang von Lauten, Silben und Wörtern**

- Es gibt **Vokale:** *a/ä, e, i, o/ö, u/ü* und Doppelvokale: *au, äu, ei, eu*.
- Alle anderen Buchstaben sind **Konsonanten,** z. B.: *b, c, d, f, g* ...
- Aus Lauten bilden wir **Silben,** aus Silben bilden wir **Wörter.**

Offene und geschlossene Silben unterscheiden

die Silbenbögen • die Konsonanten • die Vokale • die Schlangenwörter • die Schokolade • der Gummireifen • die Zuckerwatte • die Kürbiskerne

1 a Schreibt die Wörter ins Heft und zeichnet die Silbenbögen: die Sil ben bö gen.

b Enden Silben mit einem Vokal, so nennt man sie **offen.** Markiert diese Silben rot.
Enden Silben mit einem Konsonanten, so nennt man sie **geschlossen.** Markiert sie grün.

der Ofen   offen   die Bude   die Betten   die Schweine   der Kessel   die Schule   die Feder
die Mappe   mitten   der Marder   die Eulen   die Ratten   die Vögel   die Natter   die Berge
die Welten   die Wellen   die Bücher   die Räder   der Magen   das Muster   der Himmel

2 Wie wird der Vokal in der ersten Silbe dieser Wörter gesprochen: offen oder geschlossen?

3 Entscheidet, welche Aussage richtig ist, und schreibt das Ergebnis ins Heft.

A Ist die erste Silbe offen, spricht man den Vokal kurz.

B Ist die erste Silbe offen, spricht man den Vokal lang.

4 a Legt im Heft eine Tabelle an und ordnet die Wörter aus Aufgabe 2 richtig ein.

erste Silbe offen	erste Silbe geschlossen
der Ofen, ...	*offen, ...*

b In dem Wortgitter sind 12 Verben: 7 mal ist die erste Silbe offen, 5 mal ist sie geschlossen.
Findet die waagerecht versteckten Verben. Tragt sie in eine Tabelle wie in Aufgabe 4a ein.

J	Ä	R	G	R	E	N	N	E	N	W	L
K	A	U	F	E	N	I	A	E	Ä	Y	J
Y	V	C	P	W	Z	E	I	G	E	N	O
N	C	Ö	F	I	N	D	E	N	B	M	K
Q	E	W	E	I	N	E	N	Ö	Ä	Ö	X
B	A	U	E	N	D	Z	E	L	T	E	N
Y	V	M	U	Ö	L	A	U	F	E	N	O
P	Ä	H	M	E	I	N	E	N	K	M	J
R	X	H	K	T	U	R	N	E	N	C	A
D	E	N	K	E	N	X	L	E	B	E	N

Information **Offene und geschlossene Silben unterscheiden**

- Enden Silben mit einem **Vokal,** nennt man sie **offen,** z. B.: Blu se.
- Enden Silben mit einem **Konsonanten,** nennt man sie **geschlossen,** z. B.: Klas sen.

Richtig abschreiben

Hans Adolf Halbey

Pampelmusensalat

Bei der Picknickpause in Pappelhusen
aß Papa mit Paul zwei Pampelmusen,
doch bei dem Pampelmusengebabbel
purzelte plötzlich Paul von der Pappel
mit dem Popo in Papas Picknickplatte,
wo Papa die Pampelmusen hatte.

„O Paul", schrie Papa, „du bist ein Trampel!
Plumpst mitten in meine Musepampel –
Ich wollte sagen: in die Mampelpuse –
Nein: Pumpelmase – nein: Pampelmuse!!"

Das gab vielleicht ein Hallo!
Die Pappeln, der Papa, der Paul und sein Po,
das Picknick, die Platte (um die war es schad) –
das war ein Pampelmusensalat.

1 a Erläutert, was in dem Gedicht passiert. Wer fällt da eigentlich wohin?
b Lest das Gedicht möglichst ausdrucksvoll vor (▶ S. 124, 150).

2 Schreibt das Gedicht richtig ab. Beachtet die Methode zum richtigen Abschreiben.

3 Kontrolliert, ob ihr den Text richtig abgeschrieben habt:
a Lest den Text in Silben. Zeichnet die Silbenbögen unter jede Silbe.
b Prüft jede Silbe: Lest das, was im Silbenbogen steht.
c Streicht falsch geschriebene Wörter durch. Schreibt sie richtig über das Fehlerwort, z. B.:
~~Papelhusen~~ → *Pappelhusen*

4 Lest den Text noch einmal. Prüft, welche Stellen unklar bleiben, auch wenn man sie deutlich in Silben spricht. Markiert diese unklaren Stellen.

Methode **Richtig abschreiben**

- **Lest** den Text **mehrmals,** bevor ihr ihn abschreibt. Ihr solltet seinen Inhalt gut kennen.
- **Schwingt:** Sprecht schwierige Wörter in Silben (laut oder in Gedanken).
- Merkt euch **jeweils eine Zeile** und schreibt sie auf. Schreibt nur in jede zweite Zeile.
- **Sprecht leise mit,** während ihr schreibt. Sprecht nicht schneller, als ihr schreibt.
- Kontrolliert am Ende jeden Satzes die **Satzschlusszeichen.**
- **Schreibt sauber** und lesbar.

Strategie Verlängern – Einsilber

der Tag der Rand der Wind der Stab der Weg der Steg die Welt
der Mond der Pfiff der Biss das Schiff der Wall das Bett
der Schwamm der Ball das Reh der Zeh weht der Schuh die Kuh
steht geht krumm schnell dünn nett glatt dumm satt matt rot
fett schwimmt rennt nennt webt klebt nagt sagt klagt sorgt

1 Sprecht die Wörter deutlich.
- a Benennt die Stelle, an der man Fehler macht, wenn man so schreibt, wie man spricht.
- b Erklärt euch gegenseitig, welches Problem genau auftreten kann.
- c Prüft, ob ihr mit der Strategie der Verlängerung (▶ Methode unten) das Rechtschreibproblem lösen könnt.

2 Schreibt die Wörter oben auf der Seite in euer Heft.
- a Sprecht deutlich mit und markiert die unklare Stelle im Wort mit dem Strategiezeichen.
- b Beweist die Schreibweise durch ein Verlängerungswort.
- c Wer fertig ist, steht auf und vergleicht seine Ergebnisse mit dem Nächsten, der aufsteht.

3
- a Legt im Heft Spalten wie folgt an.
- b Ordnet den Spalten die Wörter aus Aufgabe 1 zu.

b/g/d	doppelte Konsonanten	Wörter mit h
der Tag – die Ta ge	*der Pfiff – die Pfif fe*	*das Reh – die Re he*

4
- a Sucht euch fünf Wörter aus Aufgabe 1 aus.
  Diktiert sie euch gegenseitig und begründet die Schreibweise, indem ihr verlängert.
- b Findet fünf eigene Einsilber und schreibt sie auf Zettel.
  Zieht sie abwechselnd und begründet die Schreibweise durch ein Verlängerungswort.

5
- a Bereitet einen Kurzvortrag zum Thema vor:
  „Welche Probleme können bei Einsilbern auftreten und wie kann man sie lösen?"
- b Haltet den Kurzvortrag vor eurer Klasse.

Methode **Verlängern und schwingen**

- Bei Einsilbern kann man Buchstaben verwechseln oder nicht immer sicher zuordnen.
- Beim Schwingen jedoch kann man jeden Buchstaben deutlich hören, z. B.: *der Mor gen.*
- Damit man einen Einsilber schwingen kann, muss man eine Silbe anfügen: Man **verlängert** sie.

Beispiele für **Einsilber:**	*der Berg*	*still*	*rennt*
Verlängerte Einsilber:	*die Ber ge*	*stil ler als*	*wir ren nen*

Strategie Verlängern – Zweisilber

der Anpfiff • belebt • erlaubt • verklebt • beliebt • der Abend • der Verband • die Gegend • der Erfolg • der Betrug • lustig • wichtig • ständig • der Gewinn • das Gebrumm • das Gestell • das Versteck • der Beschluss • kaputt • der Bussard • der Anzug • der Leopard • der Anfang • fleißig • gesund • traurig

1 Lest die Wörter deutlich in Silben.

a Benennt die Stelle, an der man Fehler macht, wenn man schreibt, wie man spricht.

b Erklärt euch gegenseitig, welches Problem genau auftreten kann.

2 Prüft, ob auch bei Zweisilbern am Wortende das Verlängern hilft.
Schreibt die Wörter oben auf der Seite ins Heft und ordnet sie in zwei Spalten.

a Markiert die unklare Stelle mit dem Strategiezeichen.

b Schreibt das Verlängerungswort als Beweiswort dazu.

Wörter mit b/g/d	Wörter mit doppelten Konsonanten
belebt – beleben	*der Anpfiff – die Anpfiffe*

3 In dem Wortgitter sind waagerecht und senkrecht 22 Wörter versteckt.
10 Wörter schreibt man, wie man sie spricht.
12 Wörter muss man zusätzlich verlängern.
Legt eine Tabelle wie folgt an und tragt die gefundenen Wörter so ein:

a Markiert bei den Wörtern, die man verlängern muss, die unklare Stelle.

b Schreibt das Verlängerungswort als Beweis dazu.

S	Z	G	E	S	P	A	N	N	N	R	M	V	D
S	U	Z	C	A	U	G	E	N	B	L	I	C	K
H	G	V	N	I	X	B	B	Z	Z	R	I	S	A
V	R	E	F	G	Ä	E	R	K	G	E	T	T	B
W	I	N	T	E	R	S	E	K	F	G	A	U	E
Ä	Y	K	T	W	V	C	M	J	Q	E	G	N	N
E	A	F	Y	I	E	H	S	Ö	Ä	N	Ö	D	D
M	K	A	E	T	Y	E	E	S	O	M	M	E	R
B	L	D	W	T	K	I	Ü	B	R	I	G	V	N
N	V	Ö	A	E	B	D	H	Z	J	Y	E	V	E
O	Y	Y	G	R	T	A	U	S	E	N	D	Y	B
W	B	J	T	E	P	P	I	C	H	X	S	P	E
F	F	R	E	S	S	E	N	W	O	C	H	E	L
Z	I	M	M	E	R	U	R	L	A	U	B	G	Y

Wörter, die man nur schwingen muss	Wörter, die man verlängern muss
der Teppich	*der Bescheid – die Bescheide*

Strategie Zerlegen – Zusammengesetzte Wörter

die Elefantentanten • die Bergwanderung • die Ananastorte
das Hundefell • die Melonensuppe • der Kugelschreiber
das Zufallsprodukt • die Drosselstimme • der Wandschrank

1 a Lest die Wörter. Prüft, ob man jeden Laut/Buchstaben hört.
b Benennt die unklaren Stellen.

2 a Ordnet die Wörter aus Aufgabe 1 wie unten in eurem Heft.
b Wer fertig ist, steht auf und vergleicht seine Ergebnisse mit dem Nächsten, der aufsteht.

Wörter, die man nur schwingen muss	**Wörter, die man zerlegen und dann verlängern muss**
die Elefantentanten	*die Berg wanderung – die Berge*

3 a Ergänzt die fehlenden Buchstaben. Schreibt die Wörter mit ihrem Beweiswort auf einzelne Zettel.

***d* oder *t*?**	***g* oder *k*?**	***b* oder *p*?**
die Ra ? kappe	der Freita ?	das Pie ? signal
das Ro ? käppchen	das Wer ? zeu ?	der Hu ? schrauber
der Aben ? himmel	die Schran ? wand	der Die ? stahl

b Deckt die Zettel abwechselnd auf.
Fragt den Lernpartner nach der Schreibweise und lasst sie euch begründen.

4 Bei diesen Wörtern muss man Wortbausteine abtrennen, um verlängern zu können.
Schreibt die Wörter nach dem folgenden Beispiel in euer Heft: *das Lämm chen – die Lämmer*

***d* oder *t*?**	***b* oder *p*?**	***l* oder *ll*?**	***p* oder *pp*?**
das Kin ? chen	das Täu ? chen	das Bä ? chen	das Kä ? chen
das Hän ? chen	das Bü ? chen	das Mäu ? chen	das Pü ? chen
das Hef ? chen	das Wei ? chen	das Schä ? chen	das Grü ? chen

Methode **Zusammengesetzte Wörter zerlegen und verlängern**

- In zusammengesetzten Wörtern können sich Verlängerungsstellen verstecken.
- Die unklaren Auslaute und Einsilber findet man, indem man die Wörter zerlegt und dann verlängert, z. B.: *Hand ball – die Hände; die Bälle.*

Strategie Ableiten – Wörter mit *ä* und *äu*

die Bäume • die Zäune • die Plätze • die Länder • die Mäuse • die Läuse •
ängstlich • gefährlich • äußerlich • schädlich • säuerlich •
häuten • wärmen • schwärmen • zähmen • schälen • säubern

1 a Lest die Wörter. Benennt die Stelle, an der man Fehler machen könnte, wenn man schreibt, wie man spricht.
b Schreibt die Wörter ins Heft. Markiert die unklare Stelle mit dem Strategiezeichen.
c Begründet die Schreibweise durch ein Beweiswort, z. B.:

die Bäume, denn es heißt: der Baum

2 Schreibt die folgenden Wörter ab und setzt ein: *e* oder *ä*, *eu* oder *äu*.
Begründet die richtige Schreibweise durch ein Beweiswort.

die R ?? me • f ? rben • die H ?? ser • die Kr ?? ter • das F ? rkel •
die R ? der • der Tr ? ger • die F ? lder • erh ? ltlich • erb ? rmlich •
die N ? he • erfr ?? lich • gr ?? lich • die Schn ? cke • uns ? glich •
l ? cherlich • die Fl ? che • der Schl ? fer • l ?? chten • die M ?? se

3 a Lest diese Wörter von hinten nach vorn. Schreibt sie ins Heft.

HCILHÄMLLA	MRÄL	HCILNHÄ	DNERHÄW
GNUREMMÄD	NENHÄG	ESÄK	HCILMÄN
RETÄPS	GIFÄK	URUGNÄK	

b Zu diesen Wörtern gibt es kein Wort, das man ableiten kann. Lernt sie als Merkwörter.

4 Legt eine Liste mit Wörtern an, die man ableiten muss.
Durchsucht dazu das Buch nach Wörtern mit *ä* und *äu* und findet Beweiswörter.

Methode **Ableitungsprobe: Wörter mit *ä* und *äu* ableiten**

- Die Vokale *e* und *eu* sind leicht mit *ä* und *äu* zu verwechseln. Man spricht sie ähnlich aus.
- **Normalerweise** schreibt man ***e* oder *eu*.**
- Wenn es aber **verwandte Wörter mit *a* oder *au*** gibt, dann schreibt man ***ä* oder *äu*,** z. B.:

die Welt – aber: er hält, denn es heißt: halten

die Leute – aber: er läutet, denn es heißt: laut

Stärken stärken: Die Strategien anwenden

Übungen zum Schwingen

das Auto – die Türen – die Griffe	die Bananen – die Schale – die Farbe
der Griffel – der Kasten – der Inhalt	die Kirschen – die Kerne – die Größe
das Öl – die Sardine – die Dose	der Füller – der Halter – die Feder

●○○ **1** Setzt die Wörter sinnvoll zusammen und schreibt sie richtig auf, z. B.: *die Autotürengriffe.*

●●○ **2** Findet lange Wörter zum Krokodil: Setzt die folgenden Wörter sinnvoll zusammen, z. B.: *das Krokodil → der Krokodilrachen.*

der Rachen • das Leder • die Tasche • die Arten • der Lebensraum • die Fütterung • der Angriff • die Haut • der Kreislauf • die Fortbewegung

●●● **3** Schlagt eine beliebige Seite im Wörterbuch auf.
Findet zehn Wörter, die man durch Schwingen richtig schreiben kann.

Übungen zum Verlängern

●○○ **1** Notiert folgende Einsilber und beweist ihre Schreibweise durch ein Verlängerungswort.

Beispiel: *sie gibt – wir geben*

lebt • siebt • lobt • siegt • biegt • tobt • sorgt • bellt • nennt • rennt • kommt • weckt • lockt

●●○ **2** Findet Verlängerungswörter, indem ihr die folgenden Wörter reimt und dann verlängert, z. B.: *der Dieb – das Sieb – er blieb → die Diebe – die Siebe – sie blieben*

der Gang das Band zog wagt

●●● **3** Sucht aus den Texten auf Seite 276 Verlängerungswörter für
a Wörter mit *b* am Ende,
b Wörter mit *d* am Ende,
c Wörter mit *g* am Ende,
d Wörter mit doppelten Konsonanten am Wortende.

Übungen zum Zerlegen

die Landratte • der Strandurlauber • der Bergwanderer • das Ballgefühl • der Kammmolch • das Erdferkel • die Waldohreule • die Flugzeuge

1 a Schreibt diese Wörter ab und markiert die Stelle, die ihr verlängern könnt, um die richtige Schreibweise zu beweisen, z. B.: *der Waldmensch*

b Zerlegt das Wort an der Verlängerungsstelle und notiert das Beweiswort, z. B.: *der Wald | mensch – die Wälder*

2 Sucht auf Seite 276 in den Texten fünf zusammengesetzte Wörter, in denen sich Verlängerungsstellen finden lassen. Zerlegt diese Wörter sinnvoll.

3 a Bildet lustige zusammengesetzte Wörter, z. B.: *der Knallstrand, die Siebwand …* Verwendet folgende Wörter.

der Strand • der Korb • der Dieb • das Sieb • die Wand • der Schwamm • der Kamm • das Lamm • der Wall • der Knall

b Bildet Unsinnssätze, in denen eure Wörter vorkommen.

Übungen zum Ableiten

die Zäune • die Bänke • rätseln • die Gesänge • die Räume • glänzen • schälen • die Häuser • die Kräuter • die Tränke • das Gemäuer • klären • die Kälte • die Hände • die Schwäche • schädlich • hässlich • die Träume • die Bäume

1 Bildet Unsinnssätze, in denen mindestens drei Ableitungswörter vorkommen.

2 a Ordnet die Wörter alphabetisch auf zwei Heftseiten ein: *Wörter mit ä Wörter mit äu*

b Schreibt die Ableitungswörter mit dem Beweiswort und einer Wortzusammensetzung auf, z. B.:

Zäune – der Zaun → umzäunen, der Zaunpfahl

3 Erstellt selbst Material zum Üben und stellt es euren Lernpartnern für Strategien zur Verfügung. Hier einige Ideen:
- eine Wortschlange mit zusammengesetzten Wörtern bilden
- Wörter bilden, in denen sich Verlängerungsstellen befinden
- Ableitungswörter in einem Wortgitter unterbringen
- zu Merkwörtern mit *ä* Bilder zeichnen und die Wörter raten lassen, z. B. für: *Bär, hängen …*

Nomen erkennen

Dieser Text informiert über das Buch „Gespensterjäger auf eisiger Spur" von Cornelia Funke:

In dem ? lernt ? ein kleines ? kennen. Nicht, dass er begeistert davon ist. Aber dieser kleine ? hat sein ganzes ? . Es ist nämlich so: Es gibt zwei ? von ? , die MUG und die UEG. Während die MUGs zwar ekelig, aber dennoch liebenswerte ? sind, sind die anderen (UEGs) echte ? .
Nun findet ? das kleine ? bei sich. Es erzählt ihm, dass es aus seiner bisherigen ? vertrieben worden ist. Dort sitzt jetzt ein kleines ? , nämlich ein UEG. ? beschließt, seinem ? zu helfen, damit es wieder nach ? kann. Er plant die ? . Dazu muss er die ? und ? der MUGs in einem ? studieren. Er bekommt ? durch eine ? mit Namen ? , die sich mit den ? der unterschiedlichen ? gut auskennt. Sie weiß, dass die ? mit den UEGs ? bedeutet.

1 Stellt Vermutungen darüber an, worum es in dem Buch gehen könnte.

2
a Was passiert, wenn ein Text keine Nomen (▶ S. 201) hat? Tauscht euch aus.
b So wird eine Geschichte daraus, die man richtig versteht:
Schreibt den Text ab und ergänzt seine Lücken sinnvoll durch die folgenden Nomen.

Buch • Tom • Kerl • Mitgefühl • Arten • Gespenstern • Lebewesen • Ekelpakete • Tom • Gespenst • Unterkunft • Miststück • Tom • Gespensterfreund • Hause • Vertreibung • Eigenarten • Vorlieben • Buch • Hilfe • Frau • Kümmelsaft • Besonderheiten • Gespensterarten • Beschäftigung • Lebensgefahr • Gespenst

3 Nomen können in Texten verschiedene Begleiter haben.
Nutzt die Methode unten, um zu beweisen, dass ihr den Text durch Nomen ergänzt habt.
a Führt zu zehn Nomen die Artikelprobe durch. Notiert in euer Heft, z. B.: *das Buch*.
b Führt zu zehn Nomen die Adjektivprobe durch. Notiert in euer Heft, z. B.: *das gute Buch*.
c Führt zu zehn Nomen die Zählprobe durch. Notiert ins Heft, z. B.: *zwei Bücher, viele Bücher*.
d Führt zu einem Nomen die Pronomenprobe durch. Notiert ins Heft, z. B.: *ihr Buch*.
e Findet im Text die zwei Beispiele für Nomen mit der Endung *-ung*.

4 Diese Wörter passen zu den MUGs: *gemein, gefährlich, düster, dunkel, frech*.
Bildet Nomen, indem ihr an diese Wörter eine Endung anhängt, z. B.: *gemein → die Gemeinheit*.

Methode **Nomen durch Proben erkennen**

- **Artikelprobe:** Vor Nomen kann man einen Artikel setzen, z. B.: *das Haus*.
- **Adjektivprobe:** Nomen kann man durch Adjektive genauer beschreiben, z. B.: *das hohe Haus*.
- **Pronomenprobe:** Nomen können Pronomen vorausgehen, z. B. *unser Haus, dieses Haus*.
- **Zählprobe:** Nomen kann man zählen, z. B.: *drei Häuser, viele Häuser*.
- **Endungsprobe:** Nomen können z. B. enden auf: *-heit, -keit, -ung, -nis, -schaft*, z. B.: *Gesundheit, Heiterkeit, Umgebung, Ereignis, Mannschaft*.

Nomen werden großgeschrieben

Hier findet ihr wichtige Informationen zu den MUGs und den UEGs.
MUGs und UEGs sind zwei Gespensterarten aus dem Buch „Gespensterjäger auf eisiger Spur" von Cornelia Funke.
Leider sind alle Nomen kleingeschrieben.

VORSICHT FEHLER!

A

MUG

mittelmäßig unheimliches *gespenst*
geht durch einen halben *meter* dicke *wände*
fliegt so schnell wie eine *krähe*
verursacht *gänsehaut* und *zähneklappern*

verursacht mit *eisfingern* leichtes *kälteschlottern*
bewirkt *gänsehaut* erzeugende *geräusche*

lässt kleine küchengeräte *(telefone, küchenmaschinen, bügeleisen)* durchdrehen
sondert unangenehmen *modergeruch* ab

sondert schneckigen *klebschleim* ab

B

UEG

unglaublich ekelhaftes gespenst
geht durch beliebig dicke wände
nicht nur durch spiegel

rast mit düsenjetgeschwindigkeit auf sein opfer zu (▸ MUG)
lässt außerdem die haare zu berge stehen
verursacht ein zittern am ganzen körper
friert durch eisatem menschen ein

erzeugt zähneklapper-gliederschlotter-herzschlagstopp-geräusche
schaltet gern radios und fernseher ab und lässt größere maschinen, wie baufahrzeuge, kräne, eisenbahnen und karussells, durchdrehen

verströmt entsetzlichen geruch, der zu hautausschlag führt
hinterlässt eine glitzerspur, die besser klebt als der beste spezialklebstoff

1 a Prüft mit Hilfe der Nomenproben (▸ S. 258), ob alle markierten Wörter im Text A Nomen sind.
b Schreibt Text A ab. Markiert die Nomen mit dem Strategiezeichen ⓧⓧ.
c Vergleicht eure Ergebnisse mit einem Lernpartner.

2 a Findet mit Hilfe der Nomenproben heraus, welche Wörter im Text B Nomen sind.
b Schreibt den Text ab. Markiert die Nomen mit dem Strategiezeichen ⓧⓧ.

3 Schreibt über eines der Gespenster eine Geschichte.
Eure Mitschüler müssen herausfinden, ob euer Text von einem MUG oder UEG handelt.

Stärken stärken: Nomen erkennen

1 Entscheidet bei den folgenden Wörtern, ob sie groß- oder kleingeschrieben werden. Schreibt sie richtig in euer Heft und ergänzt bei den Nomen den Artikel.
Hinweis: Achtet auf die Endungen.

VORSICHT FEHLER!

Erzählung/erzählung • Freundschaft/freundschaft • Mündlich/mündlich • Schädlich/schädlich • Furchtbar/furchtbar • Traurigkeit/traurigkeit

2 Prüft, welche Wörter in den Schlagzeilen Nomen sind, indem ihr Begleitwörter, z. B. Artikel vor den Nomen, ergänzt, z. B.:
(der) Dieb wurde ...
Schreibt die Schlagzeilen in der richtigen Groß- und Kleinschreibung in euer Heft.

DIEB WURDE AUF FLUCHT GEFASST
BLITZEIS VERURSACHTE STAU AUF AUTOBAHN
VULKAN SPUCKTE ASCHEWOLKE AUS
MANNSCHAFT GEWANN GOLDPOKAL

Pflanzen in der Wüste?

Die Pflanzen nehmen über ihre Wurzeln lebensnotwendiges Wasser auf. Doch was ist, wenn der Boden diese Flüssigkeit gar nicht oder kaum bietet? Auch in den Wüsten dieser Erde, wo es wenig regnet, gedeihen grüne Pflanzen. Einige verfügen über ein vielschichtiges Wurzelnetz, das sich direkt unter der Bodenoberfläche ausbreitet. Auf diese Weise können die Pflanzen den wenigen Regen, der auf den Boden fällt, sofort aufnehmen. Es gibt auch zahlreiche Pflanzen, die sich in die Tiefe orientieren. Sie können mit ihren Pfahlwurzeln so tief in den Boden eindringen, dass sie das Grundwasser in dem Wüstenboden erreichen.

Daneben leben in der Wüste auch genügsame Pflanzenarten, die über ihre Blätter die Feuchtigkeit aus dem Nebel aufnehmen können oder mit ihren Dornen oder ihren Härchen die Tautropfen auffangen.

3 Ermittelt im Text „Pflanzen in der Wüste?" alle Nomen.
a Führt dazu die euch bekannten Nomenproben durch.
b Übertragt die Tabelle in euer Heft.
c Tragt die Nomen mit ihren Begleitwörtern ein. Unterscheidet die jeweiligen Begleiter.

Nomenprobe

Artikel	Adjektiv	Pronomen	Zahlenangabe	Endung
die Pflanzen	...	*ihre Wurzeln*	...	...

Im Wörterbuch nachschlagen

Wörter, die man nicht kennt und deren Schreibweise man mit den Strategien nicht knacken kann, sollte man im Wörterbuch nachschlagen.

Das Alphabet trainieren

1 Erstellt einen Vornamenbaum:

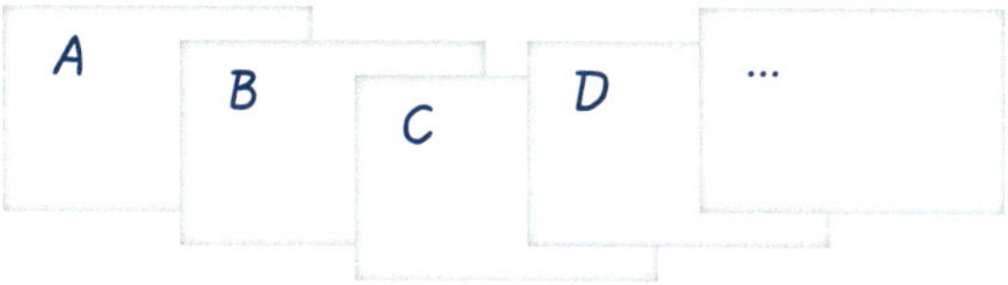

a Schreibt die Buchstaben A bis Z auf Kärtchen.
b Legt die Kärtchen in alphabetischer Ordnung auf den Boden. Das ist der Baumstamm.
c Schreibt auf andere Kärtchen eure Vornamen.
d Stellt euch um den Baumstamm aus Buchstaben und ordnet ihnen eure Vornamen nach den Anfangsbuchstaben zu. Legt sie so aneinander, dass der Baum Äste bekommt.
e Zählt, zu welchem Buchstaben es in der Klasse die meisten Namen gibt.
f Gibt es Buchstaben ohne Vornamenkärtchen? Findet Namen mit diesen Buchstaben.

2 Schreibt die Liste der Schülerinnen und Schüler dieser Klasse alphabetisch geordnet auf.

Hanna • Jonas • Maximilian • Lukas • David • Aylin • Taha • Kaya • Carlotta • Joel • Linda • Franziska • Ronja • Abud • Anouk • Linus • Malte • Jasper • Melin • Jakob • Madita • Aliyar • Gabriela • Melinda • Norba • Abnorba

3 In dieser Liste beginnen alle Namen mit *L*. Um sie in eine alphabetische Reihenfolge zu bringen, müsst ihr auf den 2., 3., 4., ... Buchstaben achten. Sortiert die Namen im Heft. Markiert den Buchstaben, der die Reihenfolge bestimmt.

Leon • Lukas • Luca • Linus • Lennart
Lennard • Lena • Leonie • Lara • Laura
Liam • Lucia • Lorena • Leona • Leticia
Lorenz • Lenja • Lotte • Levin • Lisa

4 Spielt: Schreibt möglichst viele Vornamen auf Karten und legt sie gemischt in die Mitte.
– Jede/r zieht eine Karte. Gemeinsam ordnet ihr sie möglichst schnell nach dem ABC.
– Jede/r zieht verdeckt fünf Karten. Auf Kommando werden sie sortiert. Wer ist zuerst fertig?

5 Arbeitet zu zweit mit einem Wörterbuch. Der/die Schnellste gewinnt.
a Wie heißt das erste Wort mit *d, p, qu* ...? Legt weitere Buchstaben fest.
b Welches Wort steht vor und nach: *Abenteuer, Schule, Marmor?* Legt weitere Wörter fest.

Methode **Im Wörterbuch nachschlagen**

Die Wörter im Wörterbuch sind **alphabetisch** nach Anfangsbuchstaben **geordnet.**
Wörter mit demselben Anfangsbuchstaben werden nach dem zweiten Buchstaben geordnet.
Sind die ersten beiden Buchstaben gleich, wird nach dem dritten geordnet usw., z. B.:
die Kasse, die Klasse, die Klemme, die Klette ...

Einzelne Verben, Adjektive und Nomen im Wörterbuch finden

Ich habe die Verbform „gibt“ im Wörterbuch gesucht, kann das Verb aber so nicht finden.

Ich habe nach „am nettesten“ gesucht. Wo steht das Adjektiv bloß im Wörterbuch?

1 a Wie können der Schüler und die Schülerin die gesuchten Wörter finden? Entscheidet euch für die richtige Antwort:

A Sie müssen ein anderes Wörterbuch nehmen. Da steht es bestimmt drin.

B Sie müssen nach der Grundform suchen, also: *gibt → geben; am nettesten → nett.*

b Bildet die Grundform für folgende Verben und Adjektive. Schreibt ins Heft:
er nutzt; sie sitzt; es passt   lästiger; am klügsten; bequemer

2 Im Wörterbuch erhaltet ihr für jedes Nomen Informationen über die Schreibung, die Silbentrennung, den Artikel und die Bedeutung des Nomens.
Schlagt nach: Welche Artikel haben die Wörter rechts? Welche Bedeutung haben sie?

Ka | ker | lak, *der:* Küchenschabe

Patentante • Fragebogen • Jägerschnitzel • Apfelsinenschale • Pantoffelblume • Paukenfell

3 a Wortzusammensetzungen müsst ihr zerlegen, wenn ihr sie nachschlagt, z. B.:
Mississippi | alligator → Mississipi auf Seite ...
Alligator auf Seite ...
Bearbeitet die nebenstehenden Wörter nach dem Beispiel.

Mississippialligator • Nilkrokodil • Waschbärrevier • Gespenstheuschrecke • Klapperschlangengeräusch • Kammmuschelschale • Wasserschildkröte

b Prüft, auf welcher Seite eures Wörterbuchs man diese Wortzusammensetzungen findet. Schreibt die Wörter mit der Seitenzahl ins Heft. Notiert auch die Artikel.
Achtung: Je nach Ausgabe des Wörterbuchs können die Seitenzahlen unterschiedlich sein.

4 Wettspiel: Schlagt im Wörterbuch nach. Die oder der Schnellste in der Gruppe gewinnt.

a Aus welcher Sprache stammen die Wörter: *Brimborium, Piazza, Portemonnaie?*

b Wie kann man diese Wörter auch schreiben: *Spaghetti, Delfin, Joghurt, Ketchup?*

Methode **Wörter im Wörterbuch finden**

- Bei **Verbformen** sucht ihr den **Infinitiv** (die Grundform), z. B.: *geht → gehen.*
- Bei **Adjektiven** sucht ihr den **Positiv** (die Grundform), z. B.: *netter → nett.*
- Bei **Nomen** sucht ihr den **Singular** (die Einzahl), z. B.: *die Wände → die Wand.*
- **Zusammengesetzte Wörter** solltet ihr zerlegen und **getrennt nachschlagen.**

Texte überarbeiten – Die Strategien anwenden

VORSICHT FEHLER!

Viele *Kindr/Kinder* wünschen sich als Haustier ein *Kanninchen/Kaninchen,* denn es ist ein *friedlicher/Friedlicher* und gemütlicher Mitbewohner.
Hauskaninchen *stamen/stammen* von den Wildkaninchen ab, die sich ziemlich in der Natur ausgebreitet haben und *überal/überall* vorkommen, sogar in *Gerten/Gärten.*
Viele Menschen *könen/können* in der Natur *Hasen/hasen* und Kaninchen nicht unterscheiden. Das ist auch nicht *verwunnderlich/verwunderlich,* denn auf den ersten *Blik/Blick* haben sie wirklich große Ähnlichkeiten: Beide haben ein braunes *Fel/Fell,* beide haben lange Ohren und beide sind *Pflazenfresser/Pflanzenfresser.*
Aber wer ein Hauskaninchen hat oder *kent/kennt,* dem *falen/fallen* die Unterschiede auf, und er *kann/kan* die beiden Tiere gut auseinanderhalten.

1 Findet für den Text eine passende Überschrift. Worum geht es in dem Text?

2
a Wendet die Strategien an. Entscheidet, welche Schreibweise die richtige ist.
b Schreibt den Text ins Heft. Lasst zwischen den Zeilen eine Zeile frei.
c Setzt über die von euch ausgewählte Schreibweise das Zeichen für die Strategie, die ihr ausgewählt habt, z. B.: *Kinder*.

Schwingen: Sprecht deutlich in Silben, dann findet ihr Buchstabenfehler (▸ S. 248–251).
Verlängern: Prüft Einsilber und unklare Wortenden; verlängert sie (▸ S. 252–253).
Ableiten: Prüft, ob es ein verwandtes Wort mit *a* oder *au* gibt (▸ S. 255).

VORSICHT FEHLER!

Hasen sind in der Regel *deudlich* größer als Kaninchen. Auch sind die Ohren des Hasen viel *lenger* als die der Kaninchen. Diese Ohren werden *Löfel genant* und haben schwarze Spitzen. Die *kan* zwar nur ein geübter *beobachter* aus der *Entfenung erkenen,* aber man sieht leicht, dass die Löffel mindestens so lang sind wie der Kopf des Tieres. So *auffällik* lang sind die Ohren des Kaninchens nicht.
Ebenso *aufellig* ist, dass die Hinterbeine des Hasen viel länger sind als die Vorderbeine. Dadurch kann sich das Tier *kraftvol* abstoßen. Außerdem *schlegt* der Hase so seine berühmten *haken,* wenn es *gefehrlich wirt.* Auch leben die Hasen in *Fäldern* und kommen nicht in die Gärten.

3 Formuliert mit eigenen Worten: Woran kann man Hasen und Kaninchen unterscheiden?

4
a Findet die Fehler in den markierten Wörtern.
b Schreibt die korrigierten Wörter ins Heft.
c Markiert die verbesserte Stelle mit dem Zeichen für die Strategie, die ihr angewendet habt, z. B.:

größer.

Testet euch!

Rechtschreibstrategien anwenden

die Bananenschale • die Abenteuerromane • die Lesesesselkissen •
der Ameisenhaufen • die Mofareparatur • die Sonnenfinsternis

1 a Merkt euch die Wörter, schlagt das Buch zu und schreibt sie richtig in euer Heft.
b Vergleicht, ob ihr die Wörter richtig geschrieben habt.
Tipp: Wendet die Strategie des Schwingens an (► S. 248).

2 a In diesen Wörtern gibt es Fehler. Findet sie, indem ihr die Silben deutlich sprecht.
b Schreibt die Wörter richtig ins Heft.

das Kaugumi • der Lederkoffr •
die Hunteflöhe • die Klettrerosensorten •
die Tintenfüllerpatronne • das Düngemittle

3 a Lest die Wörter deutlich in Silben.
b Schreibt die Wörter ins Heft, die ihr verlängern müsst.
c Markiert die unklare Stelle mit dem Strategiezeichen und notiert ein Beweiswort.
Tipp: Strategie des Verlängerns, S. 254.

die Schule • die Schuld • die Ferne •
der Zug • die Weite • das Blatt •
der Strand • das Band • das Lob •
der Kamm • der Schüler • die Puppe •
das Lamm • der Verband

4 Diese Wörter muss man zerlegen, um die Fehler zu finden. Korrigiert sie und schreibt sie mit dem Beweiswort in euer Heft.
Tipp: Strategie des Zerlegens, S. 254.

die Brantschutzmauer •
die Montfinsternis • das Berkweg •
das Schwimbad • die Wekgabelung •

kr ? chzen • der B ? sen • die Z ? hne • die L ? ber die H ? schen
die Kr ?? ter • die M ?? te • l ?? ten bed ?? ten s ?? bern

5 Setzt ein: *e* oder *ä*, *eu* oder *äu*? Schreibt die Wörter mit Beweiswort in euer Heft.
Tipp: Strategie des Ableitens, S. 255.

VORSICHT FEHLER!

Weshalb erscheinen gegenstände unter wasser größer?
Hast du dir schon mal einen strohhalm angesehen, der in einem glas wasser steckt? Er sieht an der stelle, an der er ins wasser taucht, wie durchgebrochen aus. Das liegt daran, dass das licht an der grenze zum wasser zur luft gebrochen wird. Die lichtgeschwindigkeit in den verschiedenen stoffen ist nämlich unterschiedlich groß: In der luft bewegt sich licht schneller als im wasser.

6 a Schreibt den Text richtig in euer Heft. Markiert die Wörter, die großgeschrieben werden.
Tipp: Hinweise, wie ihr Nomen erkennt, findet ihr auf Seite 258.
b Vergleicht eure Ergebnisse mit einem Lernpartner.

14.2 Rechtschreibung erforschen – Regeln finden

Wann schreibt man doppelte Konsonanten?

1 a Übertragt die Tabelle mit den Wörtern in eure Hefte. Nutzt eine ganze Seite und lasst zwischen jedem Wort eine Zeile frei.
b Sprecht die Wörter deutlich in Silben und zeichnet die Silbenbögen dazu, z. B.: die *Da me.*
c Markiert den letzten Buchstaben der ersten Silbe.
d Vervollständigt die beiden Sätze, die unter den Wörtern in der Tabelle stehen (▶ S. 250). Ergänzt die Sätze durch die Begriffe: *lang, kurz, Vokal, Konsonant.*

erste Silbe offen	erste Silbe geschlossen
die Dame	*die Dämme*
beten	*die Betten*
die Schale	*schallen*
die Robe	*die Robbe*
die Hüte	*die Hütte*
raten	*die Ratte*
Die erste Silbe endet mit einem ... *Den Vokal spricht man ...*	*Die erste Silbe endet mit einem ...* *Den Vokal spricht man ...*

die Rose die Butter der Vogel der Vater
die Mutter die Klappe die Oma
die Hose die Klasse die Risse die Schafe
die Schiffe die Kleider der Keller

e Untersucht die Wörter oben links wie in Aufgabe 1b und c. Ordnet sie in die Tabelle in eurem Heft ein.
f Wann schreibt man doppelte Konsonanten? Prüft eure Tabelle und schreibt die folgende Regel richtig in euer Heft:
Regel: Doppelte Konsonanten schreibt man nur, wenn die erste Silbe offen/geschlossen ist.

2 Wenn ihr die Regel bei Einsilbern anwenden wollt, müsst ihr die Wörter verlängern (▶ S. 252). Tragt die Verlängerungswörter zu den nebenstehenden Wörtern in eure Tabelle aus Aufgabe 1 ein, z. B.: *brummt – brummen.*

es brummt • es knallt •
es tobt • er hofft • er lobt •
er weint • sie rennt • sie meint •
er kommt • satt • still • er lebt •
schön • das Grün • das Rot • er bellt

l oder *ll?*	*n* oder *nn?*	*m* oder *mm?*	*t* oder *tt?*
die Ba ? spiele	der Bre ? ofen	der Bru ? kreisel	der Ra ? geber
die Wa ? gesänge	der Re ? begi ?	die U ? wege	das Gla ? eis
der Schutzwa ?	der Blödsi ?	das Su ? geräusch	die Bla ? laus
der Notfa ?	der Pi ? sel	das Schwi ? bad	das Gänsefe ?

3 a Zerlegt die zusammengesetzten Wörter, bevor ihr sie verlängert (▶ S. 254), z. B.:
die Ba ? | spiele: der Ball, weil: die Bälle.
b Setzt die Buchstaben richtig ein. Schreibt in euer Heft.

Doppelte Konsonanten: zwei gleiche und zwei verschiedene

erste Silbe geschlossen	
zwei verschiedene Konsonanten zwischen der ersten und zweiten Silbe	**zwei gleiche Konsonanten** zwischen der ersten und zweiten Silbe
die Schwär me	*die Schwäm me*

1 a Übertragt die Tabelle in euer Heft. Nutzt eine ganze Seite.
b Ordnet die folgenden Wörter in die Tabelle ein.
Zeichnet die Silbenbögen und markiert die beiden Konsonanten zwischen den Silben.

die Birne • die Butter • der Apfel • die Motte • die Kirsche • die Welle • die Murmel • der Dumme • der Sattel • trinken • essen • tanzen • trennen • die Pferde

Rudyard Kipling

Der Wal und der Seemann

Der Wal riss das Maul so weit auf, dass das Maul fast seine Schwanzflosse berührte, und schluckte den schiffbrüchigen Matrosen und das Floß, auf dem er saß.
Doch sobald der einfallsreiche und kluge Matrose feststellte, dass er in der warmen, dunklen, inneren Speisekammer des Wals war, da fing er an zu hüpfen und zu springen, zu stampfen und zu singen, zu steigen und zu fallen, zu kratzen und zu krallen, zu jammern und zu beten, zu zerren und zu reißen, zu zetern und zu keifen, zu brummen und zu pfeifen.
Und dann tanzte er einen Seemannstanz, bis der Wal sich ganz unwohl fühlte.

2 a Wie könnte die Geschichte weitergehen? Stellt Vermutungen darüber an.
b Schreibt die Geschichte ab. Ergänzt einen Schlusssatz.
c Markiert alle Wörter mit doppelten Konsonanten zwischen den ersten beiden Silben.
d Ordnet die Wörter, die ihr markiert habt, in eure Tabelle aus Aufgabe 1 ein.
e Sucht euch Lernpartner und vergleicht eure Ergebnisse.

3 Wann verdoppelt man den Konsonanten nicht, obwohl die erste Silbe geschlossen ist?
Prüft eure Tabelle und ergänzt eure Regel für doppelte Konsonanten in eurem Heft:
Regel: Doppelte Konsonanten schreibt man nur, wenn die erste Silbe geschlossen ist.
Wenn an der Silbengrenze zwei verschiedene Konsonanten stehen, verdoppelt man nicht.
Um die Regel anzuwenden, muss man Einsilber verlängern und zusammengesetzte Wörter zerlegen.

Stärken stärken: Rechtschreibregeln anwenden

Doppelte Konsonanten oder nicht?

r oder *rr?*	*n* oder *nn?*	*l* oder *ll?*	*m* oder *mm?*
klä ? en	die Si ? e	die Ke ? e	die Schwä ? e
schwi ? en	die Ki ? der	der Ke ? er	schwi ? en
die Wi ? te	ke ? en	die Kä ? te	die He ? den
der Ka ? en	ne ? en	fä ? en	ko ? en
die Ka ? ten	die Ri ? e	die He ? den	der So ? er

1 Sprecht die Wörter deutlich in Silben und schreibt die Wörter richtig ins Heft.

2 a Schreibt die folgenden Wörter richtig auf Kärtchen.

still • blass • dumm • schnell • der Schnellimbiss • die Vollglatze • kaputt • die Auster • dünn • matt • der Fettgehalt • wetten • kommt • backen • toll • der Schlapphut • der Irrtum • der Schwimmreifen • das Wolltuch • die Vollmilch

b Markiert die unklaren Stellen und setzt, wo nötig, die Strategiezeichen und .
Hinweis: Nur drei Wörter brauchen kein Strategiezeichen.

3 Arbeitet mit einem Lernpartner.
a Legt die Kärtchen aus Aufgabe 2 verdeckt auf und spielt zu zweit Memory.
b Wer ein Pärchen Wortkarten hat, begründet die Schreibweise des Wortes.

Wann schreibt man *i* oder *ie*?

Wortbaukasten für *i*

w ? ckeln	bl ? cken
w ? ssen	sch ? mpfen
f ? nden	h ? ndern
b ? lden	f ? lmen
b ? nden	d ? chten

Wortbaukasten für *ie*

b, s, l, d, kr, w → *ie* → gen, nen, chen, ben

1 Um herauszufinden, wann man Wörter mit *ie* schreibt, vergleicht ihr sie am besten mit Wörtern, die man nur mit *i* schreibt. Geht so vor:

a Übertragt die folgende Tabelle ins Heft.

b Bildet mit Hilfe der beiden Wortbaukästen Wörter mit *i* und *ie*. Ordnet sie in die Tabelle ein.

c Sprecht die Wörter deutlich in Silben und zeichnet die Silbenbögen.

Wörter mit *i*	Wörter mit *ie*
wic keln	*bie gen*

d Achtet bei jedem Wort auf den letzten Buchstaben der ersten Silbe. Markiert ihn.

e Formuliert den Unterschied: In welcher Spalte enden sie (nicht) mit einem Vokal?

2 Haltet das Ergebnis aus Aufgabe 1 als Regel in eurem Heft fest.
Ergänzt die Regel durch die Begriffe: *Vokal, Konsonant, offen, geschlossen.*
Regel: Wenn die erste Silbe ? ist und mit einem ? endet, dann schreibt man ie.
Wenn die erste Silbe ? ist und mit einem ? endet, dann schreibt man i.

3 a *i* oder *ie*? Legt zwei Spalten in eurem Heft an:
Wörter mit i *Wörter mit ie*

b Begründet die richtige Schreibweise, verlängert die Einsilber. Schreibt ins Heft, z. B.:
er spielt – wir spie len *der Film – die Fil me*

der D ? b	l ? b	st ? ll
das S ? b	t ? f	das R ? nd
das Z ? l	es fl ? ßt	das B ? ld
das L ? d	bl ? nd	sch ? f
m ? ld	f ? s	der F ? lm
der F ? nk	er s ? ngt	es kl ? ngt

4 Die Personalpronomen ***ihr, ihnen, ihm, ihn, ihre*** sind wichtige Merkwörter.

a Warum muss man sie sich merken?

b Merkt sie euch: Schreibt sie auf einen Zettel und hängt ihn über euren Schreibtisch.

Information **Wörter mit *ie***

Man schreibt Wörter in der Regel nur dann mit *ie*, wenn die **erste Silbe offen ist** und der **Vokal lang** gesprochen wird. **Achtung:** Diese **Regel** gilt **nur für zweisilbige Wörter.**

i oder *ie* in zusammengesetzten Wörtern

der G ? ftzahn die Br ? fmarke das Sch ? ßeisen die G ? ßkanne
das H ? tzefrei der Bl ? ckkontakt die Kr ? chspur der D ? bstahl
das Schl ? ßfach das Bl ? tzl ? cht

5 *i* oder *ie* in zusammengesetzten Wörtern?

a Zerlegt und verlängert die zusammengesetzten Wörter, um die richtige Schreibung mit *i* oder *ie* zu begründen, z. B.:

die Gieß | kanne – Begründung: gie ßen

b Schreibt die Wörter mit dem Beweiswort in euer Heft.

c Erfindet eine Geschichte, in der die Wörter alle vorkommen.

d **Für Profis:** Notiert eigene Wortzusammensetzungen mit *ie* und begründet die Schreibung.

6 a Diese Verben werden häufig falsch geschrieben. Schreibt sie in euer Heft.

b Bildet Sätze, in denen diese Verben vorkommen, z. B.: *Wir blieben lange im Bad.*

bleiben – er blieb – wir blieben ...
schreiben – er schrieb – wir ...
fallen – er fiel – wir ...
schlafen – er schlief – wir ...

Fit in der *ie*-Schreibung

7 a Sucht fünf Wörter mit *ie* aus.

b Bildet Dreiergruppen und diktiert euch gegenseitig die fünf Wörter. Lasst euch die Schreibweise durch das Beweiswort begründen.

c **Für Profis:** Bereitet einen Vortrag vor, in dem ihr die Regel für die *ie*-Schreibung erklärt.

Sonnenl ? cht fl ? tze über Millionen von Blättern und tr ? b w ? nzige Schatten über die Gehsteige. Es w ? mmelte geradezu von Leuten, v ? le saßen draußen vor den Kneipen und Restaurants, und aus den geöffneten Fenstern in den Häusern plumpste Musik runter auf die Gehsteige. Ich war sehr froh in d ? sem Moment. Ich fühlte mich s ? cher.

In der langen Dieffe gibt es alles, was man braucht. Den Edeka und einen Spätkauf, zwei Gemüsehändler, einen Getränkemarkt, Bäcker, Metzger und so weiter. Man muss n ? abb ? gen, und genau aus dem Grund hat Mama sich für mich eine so lange, gerade Straße ausgesucht: weil ich mir lange Wege nicht gut behalten kann, schon gar keine mit Ecken dr ? n. Ich hab ein Orient ? rungsvermögen wie eine besoffene Br ? ftaube in einem Schneesturm bei W ? ndstärke 12.

8 Rico aus dem Buch „Rico, Oskar und die Tieferschatten" habt ihr im Jugendbuchkapitel vielleicht schon kennen gelernt. Im Textauszug oben fehlen viele *i* oder *ie*. Wendet die Regel zur *ie*-Schreibung für zweisilbige Wörter an.

a Setzt *i* oder *ie* ein und schreibt den Text richtig in euer Heft.

b Tauscht die Hefte mit einem Partner/einer Partnerin und kontrolliert eure Ergebnisse.

Stärken stärken: Rechtschreibregeln anwenden

i oder *ie*?

1 Auf dem Bild haben sich vier Lebewesen und sechs Dinge versteckt, die mit **ie** geschrieben werden. Findet sie und schreibt sie mit ihren Artikeln auf (▶ Hilfen im Buch, S. 206, 268).

die F ? nger die D ? be die W ? rbel die T ? re die Z ? ge die W ? ge
l ? ben s ? gen s ? ngen spr ? ngen w ? gen z ? len

2 a Sprecht die Wörter deutlich in Silben.
b Ordnet die Wörter in eine Tabelle wie die unten stehende ein. Schreibt in euer Heft.

Wörter mit *i*	Wörter mit *ie*
die Finger	…

c Diktiert euch die Wörter und begründet die Schreibweise.

3 a Lest diese 13 Wörter von hinten nach vorne. Ihr findet Tierbezeichnungen, die alle ein offenes, langes *i* haben.
b Schreibt die Wörter richtig herum ins Heft.
c Wiederholt, für welche Wörter die *ie*-Regel gilt (▶ S. 268).
d Formuliert eine Begründung, warum diese Wörter nicht mit *ie* geschrieben werden.
Diese Wörter schreibt man nicht mit ie, weil …

ELIDOKORK NEROTAGILLA NEPOLITNA
ENIFLED NEFFARIG SUBIRAK
ENAKILEP ENIUGNIP NETAMIRP
ENOIPROKS ERIPAT NETIMRET NEILITPER

4 Für Spezialisten: Verwendet die Wörter in Beispielsätzen und erklärt ihre Bedeutung.

das Lied – das Lid • die Miene – die Mine •
der Stiel – der Stil • wieder – wider

Merkwörter mit einfachem **i**: *die Bibel, der Biber, die Brise, der Igel, das Klima, das Kino, die Krise, der Tiger*

Wann schreibt man *ß* und wann *ss*?

die Flöße • die Flosse • die Soße • die Blässe • die Klöße • die Rasse • äußern • passen • die Maße • die Kasse • die Größe • außer • die Klasse • beißen • die Bisse • küssen • grüßen • wissen • stoßen • lassen • ließen • die Flüsse • fließen

1 a Lest die Wörter deutlich in Silben.
b Legt im Heft eine Tabelle wie folgt an. Nutzt eine ganze Seite.
c Ordnet die Wörter richtig ein.
d Zieht die Silbenbögen. Markiert den letzten Buchstaben der ersten Silbe, z. B.:

Wörter mit *ß*	Wörter mit *ss*
die Flö ße	*die Flos se*
Die erste Silbe endet mit einem ? und ist ?. Den s-Laut spricht man ?.	*Die erste Silbe endet mit einem ? und ist ?. Den s-Laut spricht man ?.*

2 Vervollständigt in eurem Heft die beiden Sätze, die unter den Wörtern in der Tabelle stehen.
Ergänzt die Sätze durch die folgenden Begriffe:
offen, geschlossen, Vokal, Konsonant, stimmhaft (summend), stimmlos (zischend).

ihr wisst • sie küsst • er misst • er reißt • der Fluss • er stößt • es fließt • er gießt • der Riss • sie heißt • er fasst • das Schloss • der Schoß • er schließt • das Maß • der Guss

3 a Lest die Einsilber und prüft, welche Aussage zutrifft:
A Die *s*-Laute klingen völlig gleich.
B Die *s*-Laute kann man deutlich unterscheiden.
b Verlängert die Wörter, um ihre Schreibweise zu beweisen, z. B.: *wisst – wis sen.*
Prüft, ob die Regel aus dem Merkkasten zutrifft.
Hinweise, wie ihr Wörter richtig verlängert, findet ihr auf Seite 252.

4 a Ordnet in eure Tabelle aus Aufgabe 1 die zweisilbigen Wörter aus Aufgabe 3 ein.
b Lest den Text auf Seite 269. Findet Wörter mit *ß* oder *ss* und tragt sie in die Tabelle ein.

5 Prüft, ob die folgende Information auf die Wörter eurer Tabelle zutrifft:

Information **Wörter mit *ß* oder *ss***

Der Buchstabe ***ß*** steht für einen **zischend** gesprochenen *s*-Laut.
- Man schreibt ***ß*,** wenn die **erste Silbe offen** ist.
- Ist die **erste Silbe geschlossen**, schreibt man ***ss*.**

ß und *ss* in zusammengesetzten Wörtern

die Flie ? geschwindigkeit das Flu ? krokodil die Bi ? wunde
die Gie ? kanne der Regengu ? der Fa ? deckel
der Rei ? verschlu ? die Abri ? birne der Hei ? luftballon
die Bei ? zähne das Hundegebi ? die Sto ? zähne

1 Schreibt die Wörter richtig auf kleine Zettel. Schreibt das Verlängerungswort als Beweiswort dazu. Ihr findet das Beweiswort, indem ihr das Ursprungswort vorher zerlegt, z. B.:

der Zecken | biss – denn es heißt: die Bis se

2 a **Dosendiktat:** Legt die Zettel aus Aufgabe 1 in eine Dose.
b Zieht die Zettel einzeln wieder aus der Dose heraus und diktiert euch die Wörter. Kontrolliert gegenseitig, ob ihr die Wörter richtig geschrieben habt.

3 Notiert als Merkhilfe in euer Heft, was ihr über Wörter mit *ß* und *ss* herausgefunden habt.

Georg Bydlinski

Ausreden in der Schule

Anna:
Frau Lehrerin, ich kann nichts dafür.
Es war verflixt – glauben Sie mir:
Mein Wecker hat verschlafen!
Ich werde ihn bestrafen.

Paul:
Beim Warten auf die Stra ? enbahn
bi ? mich ein wilder Löwenzahn.
Das hat vielleicht weh getan!
De ? halb bin ich später dran.

Ida:
An der Haltestelle vom Bus
trat mir ein Hydrant auf den Fu ? .
Der Knöchel ist gleich angeschwollen.
Wie hätt' ich schneller gehen sollen?

Peter:
Im Stadtpark flog mir ein Geier ins Ohr
und ri ? mich zwanzig Meter empor,
sodass ich beide Schuhe verlor.
Ich verspreche, es kommt nicht mehr vor.

Lehrerin:
Liebe Kinder, ich glaub euch zwar nicht,
aber nun zum Sachunterricht.
Wer kann mir sagen: Wie gro ? und wie schwer
ist ein aufgebundener Bär?

4 Erklärt, was die Lehrerin meint. Was heißt „jemandem einen Bären aufbinden?"

5 a In dem Gedicht fehlen die Buchstaben *ß* oder *ss*. Notiert diese Wörter ins Heft.
b Markiert die Wörter, die man verlängern muss, mit dem Strategiezeichen.
c Notiert die Beweiswörter für die richtige *s*-Schreibung. Vergleicht zu zweit eure Ergebnisse.

Stärken stärken: Rechtschreibregeln anwenden

ß oder *ss*?

fließen g ?	außen dr ?	die Straße die M ?	heißen b ?	die Soße der Gr ?
küssen m ?	hassen l ? f ?	essen m ? fr ?	wissen verm ? das K ?	

●○○ **1** Findet zu den Wörtern oben Reimwörter mit *ß* und *ss*. Schreibt sie richtig ins Heft.

●●○ **2** **a** Im Wortgitter sind waagerecht zwölf Wörter mit *ss* versteckt.
Findet sie und schreibt sie in euer Heft.

b Begründet die Schreibweise der Wörter.
Hinweis: Achtet darauf, wie die erste Silbe endet (► S. 250).

X	X	J	R	F	A	S	S	E	N	S
K	A	S	S	E	F	Ä	S	S	E	R
Ä	O	G	F	F	K	Ü	S	S	E	N
Z	X	X	W	I	S	S	E	N	S	X
Ö	W	O	D	N	K	L	A	S	S	E
Z	C	M	P	P	A	G	A	S	S	E
D	W	R	K	I	S	S	E	N	Y	H
D	B	Z	M	A	S	S	E	W	Q	N
Y	A	C	T	A	S	S	E	A	F	Ä
R	E	J	H	M	Ü	S	S	E	N	J
N	P	K	V	M	I	S	S	E	N	I

●●● **3** **a** Bildet mit Hilfe der Buchstabenkästen einsilbige Verben mit *ss* oder *ß*, z. B.: *passt* …
Schreibt sie geordnet in euer Heft:
Wörter mit ß *Wörter mit ss*

b Prüft, ob ihr die Wörter richtig geschrieben und zugeordnet habt.
Bildet die Verlängerungswörter und schreibt sie als Beweiswörter dazu, z. B.:
es passt – wir passen
Hinweis: Verben könnt ihr mit den Personalformen „wir" oder „sie" verlängern.

pa
hei
bei
fa
kü
nä
rei
gie
flie
mi

→ ß / ss → t

Testet euch!

Doppelkonsonanten, *ie*, *ß*

1 Schreibt die nebenstehenden Wörter richtig in euer Heft.
▶ Hilfen zur Schreibung findet ihr auf S. 265–266.

2 Schätzt euch ein: Was trifft auf euch zu?
A Ich setze die Buchstaben nach Gefühl.
B Ich kann die fehlenden Konsonanten richtig einsetzen.
C Ich kenne die Regeln, wende sie an und kann sie anderen erklären.

***n* oder *nn*?**
ne ? en
wei ? en
re ? en
mei ? en
ke ? en
die Wa ? e

***p* oder *pp*?**
hu ? en
die Pu ? en
ho ? eln
die Pa ? eln
die Su ? e
wi ? en

***l* oder *ll*?**
be ? en
die We ? ten
die We ? en
gesta ? ten
ste ? en
steh ? en

3 Schreibt die nebenstehenden Wörter richtig in euer Heft. ▶ Hilfen, S. 268

4 Schätzt euch ein: Was trifft auf euch zu?
A Ich setze die Buchstaben nach Gefühl.
B Ich kann *i* oder *ie* richtig einsetzen.
C Ich kenne die Regeln, wende sie an und kann sie anderen erklären.

***ie* oder *i*?**
s ? ngen s ? ben l ? ben
der Z ? gel die G ? ßkanne
der L ? bling der K ? dergeburtstag

5 Schreibt die nebenstehenden Wörter richtig in euer Heft. ▶ Hilfen, S. 271

6 Schätzt euch ein: Was trifft auf euch zu?
A Ich setze die Buchstaben nach Gefühl.
B Ich kann *ß* oder *ss* richtig einsetzen.
C Ich kenne die Regeln, wende sie an und kann sie anderen erklären.

***ß* oder *ss*?**
drau ? en au ? en die Ma ? e
die Kla ? e er mi ? t sie kü ? t
sie hei ? t er bei ? t

7 Schreibt nur die richtigen Aussagen als Merkhilfen in euer Heft:

- Doppelte Konsonanten schreibt man, wenn die erste Silbe offen ist.
- Doppelte Konsonanten schreibt man, wenn die erste Silbe geschlossen ist.
- Man schreibt *ie*, wenn in einem zweisilbigen Wort die erste Silbe offen ist.
- Man schreibt *ie*, wenn in einem zweisilbigen Wort die erste Silbe geschlossen ist.
- Man schreibt *ß*, wenn die erste Silbe offen ist.
- Man schreibt *ß*, wenn die erste Silbe geschlossen ist.

8 Vergleicht eure Ergebnisse zur Testet-euch-Seite mit einem Lernpartner.

14.3 Fit in ...? – Rechtschreiben

An persönlichen Fehlerschwerpunkten arbeiten

Lieber Herr Käge, *Heidenheim, den 16.10.2013*

jetzt habe ich Sie schon drei monate nicht mehr gesehen.
Hofentlich geht es Jhnen gut!
Jch bin jetzt in der 5a. Meine neue Klassenlehrerin heist Frau Nolte.
Sie scheint sehr net zu sein. Wir haben bei ihr Deutsch, Englisch und Ert-kunde.
Mit meinen neuen Mitschülern gibt es viel Spas
und mein neuer Freund Moritz ist echt cool.
Er macht die Tollsten Sprüche.
Sind Sie mit Jhren neuen Schülern auch
zufriden?
Bite schreiben Sie mir balt!

Vile Grüse
Ole

VORSICHT FEHLER!

Oles früherer Lehrer hat sich über den Gruß gefreut – aber nicht über die zwölf Rechtschreibfehler!

Groß- und Kleinschreibung	doppelte Konsonanten	langes i	s-Laute	gleich oder ähnlich klingende Laute
2 Fehler	*3 Fehler*	*2 Fehler*	*3 Fehler*	*2 Fehler*
...	...	...	...	...

1 **a** Übertragt die Tabelle in euer Heft und schreibt Oles Fehlerwörter berichtigt in die entsprechenden Spalten.
b Erklärt, welche Strategie oder welche Regel euch geholfen hat, die richtige Schreibung zu finden.

2 Erstellt eine ähnliche Tabelle mit euren eigenen Fehlerwörtern. Es können auch weitere Spalten nötig sein, z. B. „*b* oder *p* am Wortende“ oder „Wörter mit *ä* oder *äu*“. Tragt eure Wörter berichtigt ein.
- Fehlerwörter findet ihr z. B. in eurem letzten korrigierten Aufsatz, in kurzen Texten, die ihr euch diktieren lasst, in euren Hausaufgaben ...
- Wiederholt die Strategien und Regeln aus Kapitel 14, die euch bei der Korrektur eurer Fehlerwörter helfen.

Diktate vorbereiten und schreiben

Muscheln

Muscheln gehören zu den Weichtieren, die in einem Gehäuse leben. Es besteht aus zwei kalkhaltigen Schalen. Muscheln ernähren sich von kleinsten Teilchen, dem Plankton, das sie mit ihren Kiemen aus dem Wasser filtern.
Der Mensch interessiert sich aus verschiedenen Gründen für die Muscheln. Die Schalen werden gerne für die Herstellung von Schmuck genommen.
Früher hat man aus den Schalen auch Kalk für den Häuserbau gebrannt.
Auch Strandgänger freuen sich, wenn sie besonders schöne Muschelschalen finden. Man kann sie sammeln und mit ihnen wunderschöne Strandgemälde machen.

Perlen

Besonders wertvoll sind Perlen, die sich in manchen Muscheln bilden. Ausgangspunkt für die Perlenbildung ist meistens ein Fremdkörper, der in die Muschel gelangt ist. Dann will das Tier sich schützen und umhüllt den Fremdkörper mit mehreren Lagen aus Perlmutt. Je nach Dicke der Umhüllung entstehen kleine oder große Naturperlen.
Es war früher eine mühsame Angelegenheit, Perlen zu finden. Dazu musste man viele Muscheln sammeln und durchsuchen. Es lohnte sich aber, denn sie waren als Schmuck sehr beliebt. Die wenigen gefundenen Perlen waren sehr kostbar und teuer. Sie waren so einzigartig, dass man ihnen sogar Namen gab, mit denen sie berühmt wurden.

1 Notiert: Was wusstet ihr bereits über Muscheln und Perlen? Was ist euch neu?

2 Entscheidet euch in einer Vierergruppe für Möglichkeit A oder B:

Diktate in der Gruppe vorbereiten – Möglichkeit A

a Schreibt aus dem Text „Muscheln“ Folgendes richtig heraus:
- fünf Wörter, die man durch Schwingen richtig schreiben kann
- fünf Wörter, die man ableiten muss; schreibt auch das Beweiswort hinzu
- zwei Wörter, die man zerlegen muss, um die Schreibweise zu erklären

b Schreibt den Text als Gruppendiktat. Vergleicht und korrigiert ihn.

Diktate in der Gruppe vorbereiten – Möglichkeit B

a Jeder schreibt aus dem Text „Perlen“ zwei Sätze auf einen Zettel. Einigt euch, wer welche Sätze schreibt. Unterlegt die Sätze mit Silbenbögen.

b Markiert die Stellen, an denen man anders schreibt, als man spricht. Fügt das Strategiezeichen hinzu, mit der ihr die richtige Schreibung beweisen könnt.

c Legt die Zettel verdeckt in die Mitte. Zieht sie nacheinander. Diktiert und vergleicht sie.

Texte überarbeiten – Strategien und Regeln anwenden

VORSICHT FEHLER!

?

In allen Ländern der Erde gibt es Menschen, die leidenschaftlich gerne Muscheln *esen/essen.* Zu den *belibten/beliebten* Speisemuscheln gehören die Miesmuscheln, die Venusmuscheln, die *Messermuscheln/Mesermuscheln* und vor *alem/allem* die Austern.

Muscheln *stelen/stellen* aber auch in Küstenorten und auf Inseln eine wichtige Nahrungsquelle dar. Weil sie gerne *gesamelt/gesammelt* werden, sind *vile/viele* Arten schon vom *aussterben/Aussterben* bedroht.

Die *Großen/großen Muscheln/muscheln* sind so *beliept/beliebt,* dass man angefangen hat, sie auf *Austernbänken/Austernbenken* zu züchten. Austern brauchen einen festen *Untergrunt/Untergrund,* an dem sie sich festhalten können. Sind die Austern ausgewachsen, *kan/kann* man sie einfach aus dem Wasser ziehen und abernten.

1 Gebt dem Text eine Überschrift. Worüber berichtet er?

2 a Beachtet die im Text markierten Wörter. Entscheidet, welche Schreibweise richtig ist.
b Schreibt den Text richtig ab.
c Kennzeichnet alle korrigierten Wörter, die man verlängern muss, mit dem Zeichen .
d Vergleicht in Partnerarbeit eure Lösungen.

VORSICHT FEHLER!

Perlenzucht

Perlen zur *Herstelung* für Schmuck waren immer schon sehr *belibt.* Weil man aber in der Natur nur wenige Perlen findet, *kamm* man im 19. Jahrhundert auf die Idee, Perlen zu züchten.

Heute passiert das in großen *Betriben* in China und Japan.

Ihr *frakt* euch, wie das gehen *kan?*

Ganz einfach: Man züchtet die Muscheln auf großen *Muschelbenken,* wie man das auch mit den *esbaren* Muscheln macht. Aber bevor die Muscheln in das *wasser* gesetzt werden, ritzt man sie an und setzt *inen* einen *Fremtkörper* ein. Dann wehren sich die Muscheln dagegen, indem sie ihn mit Perlmutt umgeben. So entsteht die Perle. Das *gute* daran ist, dass die Ernte einfach ist, und man *kan* manche Muscheln an mehreren Stellen mit Fremdkörpern versehen. Dann entstehen bis zu 50 Perlen in einer Muschel. Das Problem: Nicht alle Perlen werden schön *runt* und *glat.*

3 Stellt euch vor, ein Freund/eine Freundin möchte von euch wissen, wie man Perlen züchtet. Lest den Text und antwortet ihm/ihr.

4 a Findet die Fehler in den markierten Wörtern.
b Schreibt den Text richtig ab.
c Markiert die korrigierten Wörter, die man verlängern , zerlegen , ableiten oder großschreiben muss, mit dem passenden Strategiezeichen.
d Vergleicht zu zweit eure Lösungen.

Schnecken und Muscheln

Was haben Muscheln und *Schneken* gemeinsam? Sie alle haben einen *wabeligen*, weichen Körper und gehören zu den Mollusken. *Lant-* und Seeschnecken gehören zu den Gastropoden. Das bedeutet *Bauchfüssler*, weil *dise* Mollusken auf dem Bauch zu gleiten scheinen.
Das sieht aber nur so aus. In Wirklichkeit handelt es sich um einen muskulösen *Fuss*, dessen Muskeln sich *welenartig* vor- und zurückbewegen.
Dabei sondern sie eine *Schleimspurr* ab und *komen* dadurch leichter vorwärts.
Gertner *kenen* vor allem die Gartenschnecke. Nach einem schweren Regenschauer tauchen die Schnecken wie aus dem Nichts in der feuchten Umgebung auf und bahnen sich ihren *Wek* durch die Pflanzen im Garten und *fresen* sie kahl.

5 Notiert: Was wusstet ihr bereits über Muscheln und Schnecken? Was ist euch neu?

6 Nutzt die Strategiezeichen und korrigiert die Fehler. Schreibt den Text richtig ins Heft.

VORSICHT
FEHLER!

Wissenswertes über Schnecken

Schnecken bauen und öffnen Türen

Schnecken *komen* in allen Teilen der Meere und in fast *alen* Lebens*reumen* des Festlandes vor. Sie brauchen *vil* Feuchtigkeit, um überleben zu *könen.* Wenn das Wetter im Sommer zu trocken ist, dichten die Schnecken ihr Haus mit Schleim ab, der sich zu einer Tür *verhertet.*
Bei feuchterem Wetter brechen sie die Tür *wider* auf. Auf *dise* Weise kommen *vile* Schnecken auch durch den Winter. Sie überwintern und übersommern also.

Nacktschnecken sind Schleimer

Nacktschnecken sehen aus, als hätten sie ihr schützendes Haus verloren. Sie erzeugen *grosse* Mengen eines sehr klebrigen Schleims. Der Schleim *helt* viele *Tire* ab, sie zu verspeisen. Der Schleim schützt die Schnecken auch vor dem Austrocknen.
Einiegen Vögeln macht der Schleim aber nichts aus, sie *freßen* trotzdem *libend* gerne *grosse* Mengen *diser* Schnecken.
Drosseln knacken auch Schnecken mit *Geheuse.* Sie schlagen sie gegen einen harten *Gegenstant,* bis die Schale zerbricht. Dann *futern* sie die schutzlosen Schnecken mit *Genuß* auf.

7 Erklärt den Satz: Die Schnecken „überwintern und übersommern also“ (Z. 10 f.).

8 Schreibt den Text richtig ins Heft. Lasst jeweils eine Zeile frei und setzt über die korrigierten Wörter das Zeichen für die Strategie, die ihr angewendet habt.

15 Lernen mit Methode

1 Betrachtet das Foto:
- Was fällt euch auf?
- Beschreibt die Lernumgebung.

2 Welche Tipps würdet ihr der Klasse geben?
Erstellt gemeinsam eine Liste:
Wo und wie kann man am besten lernen?

In diesem Kapitel ...

- erfahrt ihr, wie ihr euren Arbeitsplatz gut einrichten könnt,
- bekommt ihr Tipps für eure Heftführung,
- erhaltet ihr wichtige Hinweise, um euer Lernen zu verbessern,
- lernt ihr Texte schneller und leichter zu verstehen,
- übt ihr, mit dem Schreibprogramm des Computers umzugehen.

15.1 Alles im Griff? – Ordnen, planen, organisieren

Den Arbeitsplatz ordnen

1 a Beschreibt, was ihr auf diesem Arbeitsplatz entdecken könnt.
b Beurteilt, ob man an diesem Schreibtisch gut arbeiten kann. Begründet eure Meinung.
c Mal Hand aufs Herz: Was stand oder lag heute Morgen auf eurem Schreibtisch? Beschreibt.

2 a Sammelt Ideen, wie euer Arbeitsplatz aussehen sollte.
b Tauscht euch über eure Ideen aus. Vergleicht anschließend mit der Checkliste unten, ob ihr alles berücksichtigt habt.

3 a Prüft nun euren Arbeitsplatz und ändert gegebenenfalls etwas an ihm.
b Fertigt eine Skizze eures nun optimal eingerichteten Arbeitsplatzes und bringt diese mit in den Unterricht. Ihr könnt auch ein Digitalfoto davon machen und es ausgedruckt mitbringen.

Checkliste

Ein guter Arbeitsplatz
- Könnt ihr an eurem Arbeitsplatz ungestört arbeiten?
- Befindet sich euer Arbeitsplatz an einem hellen Ort?
- Ist euer Schreibtisch gut beleuchtet?
- Gibt es ein Regal, in dem ihr Bücher und Arbeitsmaterial aufbewahren könnt?
- Befinden sich Gegenstände auf dem Tisch, die ihr nicht zum Lernen benötigt?
- Gibt es weitere Störquellen? Versucht, diese zu vermeiden.

Arbeitsmaterialien und Mäppchen sichten

Einen gut eingerichteten Arbeitsplatz zeichnet aus, dass ihr dort die benötigten Arbeitsmaterialien schnell greifbar habt.

1 Überlegt, was an eurem Arbeitsplatz immer in eurer Nähe sein sollte.
a Fertigt hierzu eine Checkliste wie die unten begonnene an und ergänzt sie in eurem Heft.
b Schreibt hinter jeden Begriff das Wort in der Sprache auf, die ihr kennt.

Checkliste: Arbeitsmaterialien
- Schulbuch school book, livre de classe
- Wörterbuch …
- …

Wenn ihr die fremdsprachlichen Begriffe auf Klebezettel schreibt und an die jeweiligen Gegenstände heftet, könnt ihr euch die Vokabeln gut einprägen. Probiert es aus!

2 In allen Unterrichtsstunden benötigt ihr ein richtig ausgestattetes Mäppchen.
a Legt in eurem Heft die Checkliste „Mein Mäppchen“ an.
b Prüft mit der Checkliste den Inhalt eures Mäppchens und entscheidet, was zu tun ist.
c Kontrolliert zu zweit einmal im Monat eure Mäppchen.

Checkliste: Mein Mäppchen

Jnhalt	fehlt	vorhanden	Zustand	Was tun?
Bleistift		X	ungespitzt	spitzen
Lineal				
Radiergummi				
Buntstifte				
Spitzer				
Füller				
Ersatzpatrone				
Schere				
Klebestift				
…				

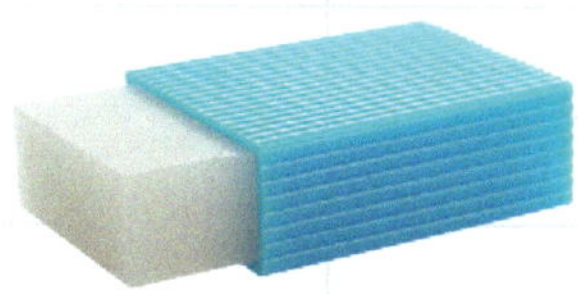
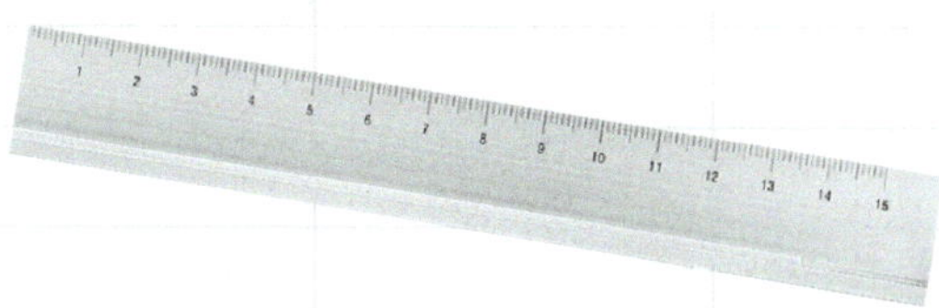

Das Heft ordentlich führen

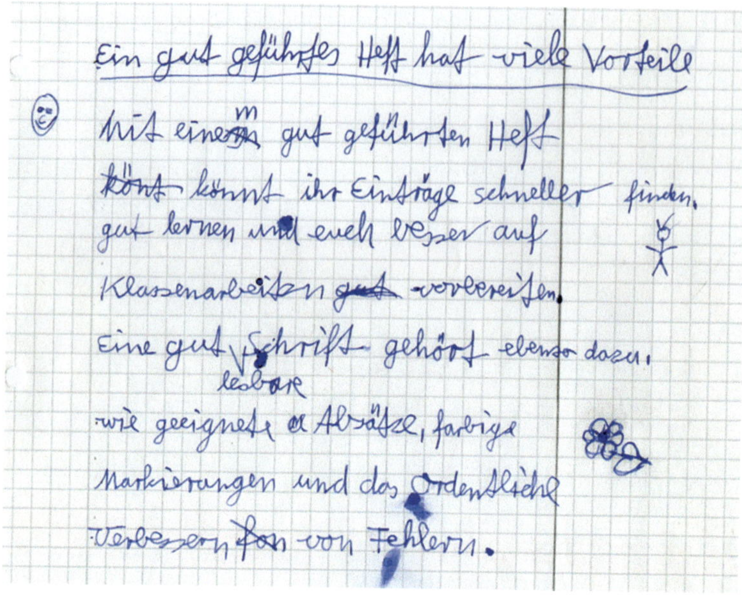
Ein gut geführtes Heft hat viele Vorteile
Mit einem gut geführten Heft
könnt ihr Einträge schneller finden,
gut lernen und euch besser auf
Klassenarbeiten vorbereiten.
Eine lesbare Schrift gehört ebenso dazu,
wie geeignete Absätze, farbige
Markierungen und das ordentliche
Verbessern von Fehlern.

1 a Seht euch den Hefteintrag eines Schülers genau an. Was fällt euch auf?
b Sprecht darüber, was ihr bei diesem Hefteintrag verbessern könnt.
c Schreibt den Text in euer Heft und ergänzt ihn.

2 Wie sehen eure eigenen Hefte aus?
a Prüft mit Hilfe der Checkliste eure Hefteinträge.
b Was berücksichtigt ihr schon jetzt und was könnt ihr noch verbessern?
c Lasst eine Lernpartnerin oder einen Lernpartner die Checkliste ausfüllen. Vergleicht ihre oder seine Bewertung mit eurer eigenen.

3 Berücksichtigt bei euren nächsten Hefteinträgen die einzelnen Punkte in der Checkliste.

Checkliste

Die Heftführung prüfen

- Das Heft sieht von außen sauber aus und ist auf dem Umschlag beschriftet.
- Die Seiten sind übersichtlich gestaltet.
- Die Einträge haben alle ein Datum.
- Jeder Hefteintrag hat eine Überschrift und ist in Absätze gegliedert.
- Die Überschriften sind mit Lineal unterstrichen.
- Es wurde leserlich geschrieben und Fehler wurden ordentlich durchgestrichen und verbessert.
- Über den Heftrand wurde nicht hinausgeschrieben.
- Wichtiges ist farblich hervorgehoben.
- Arbeitsblätter sind an der richtigen Stelle einsortiert.

Hausaufgaben mit Verstand erledigen

Ich setze mich immer gleich nach dem Essen an die Hausaufgaben.

Wenn ich aus der Schule komme, muss ich mich erst mal eine Zeit lang ausruhen.

Nach dem Essen will ich erst mal zum Spielen rausgehen. Deshalb mache ich die Hausaufgaben erst später am Abend.

1 Jasper, Mia und Till unterhalten sich über ihre Hausaufgaben.
- **a** Lest ihre Aussagen. Wem würdet ihr am ehesten zustimmen?
- **b** Erzählt von euren Erfahrungen beim Hausaufgabenmachen. Wie geht ihr vor?
- **c** Tauscht euch auch über mögliche Schwierigkeiten aus.

Leistungsfähigkeit

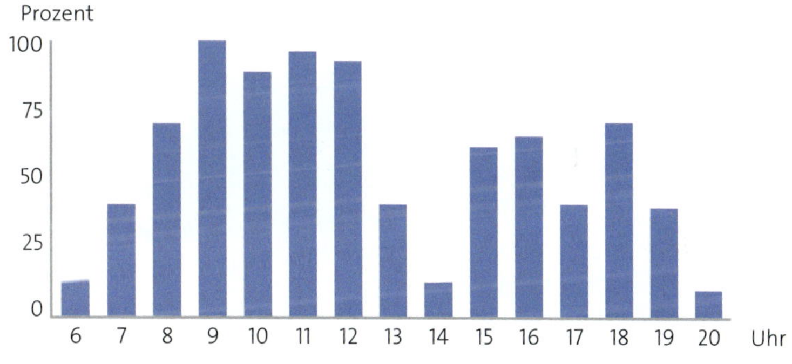

2 Wertet das Schaubild aus.
- **a** Wann solltet ihr am besten eure Hausaufgaben erledigen?
- **b** Entsprechen die Angaben in dem Schaubild euren Gewohnheiten? Begründet.

Methode **Tipps zum Erledigen der Hausaufgaben**

- Notiert am Ende der jeweiligen Unterrichtsstunde die Hausaufgaben.
- Arbeitet immer am gleichen Platz, denn dort habt ihr eure Arbeitsmaterialien.
- Erledigt zuerst das, was für den nächsten Tag fertig sein muss, danach die Aufgaben für die folgenden Tage.
- Ihr könnt Aufgaben nach der Schwierigkeit sortieren: Ihr macht zuerst das, was euch schwerfällt, dann die leichten Aufgaben oder umgekehrt.
- Wechselt zwischen mündlichen und schriftlichen Aufgaben ab, damit das Lernen nicht eintönig wird.
- Legt eine kleine Pause ein, wenn ihr die Hausaufgaben für ein Fach beendet habt.
- Hakt im Hausaufgabenheft die erledigten Aufgaben ab, so seht ihr, was ihr schon alles geschafft habt.
- Packt zum Schluss die Schultasche für den nächsten Tag.

Mit den Wörterlisten üben

Im „Deutschbuch“ findet ihr am Ende der meisten Kapitel Wörterlisten. Die Schreibung dieser Wörter könnt ihr insbesondere mit Hilfe der Strategien einüben.

Methode **Rechtschreibung mit einem Faltblatt üben**

- Faltet ein Blatt der Länge nach zweimal, sodass vier Spalten entstehen.
- Schreibt die Wörter, die ihr üben möchtet, untereinander in die 1. Spalte.
- Prägt euch drei Wörter ein, klappt die 1. Spalte um und schreibt die Wörter in die 3. Spalte.
- Deckt auf und vergleicht die Wörter.
- Richtig geschriebene Wörter könnt ihr abhaken. Falsch geschriebene Wörter müsst ihr durchstreichen und richtig in die 2. Spalte schreiben.
- Übt, die Wörter aus Spalte 2 richtig zu schreiben. Tragt sie in die Spalte 4 ein. Wendet die Strategien an (▸ Aufgabe 1–4).

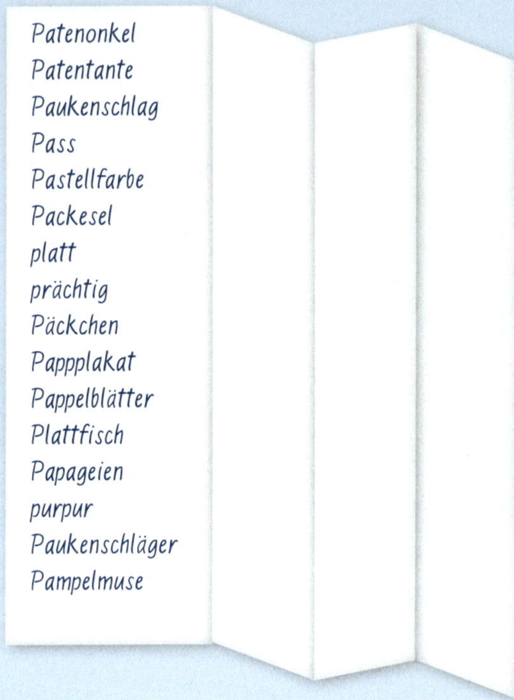

1 Lest die Wörter eurer Liste laut in Silben.
Achtet darauf, wo man anders schreibt, als man spricht.

2 Legt in eurem Heft vier Spalten mit den vier Strategiezeichen an: .
Tragt euer Problemwort in die Spalte ein, mit der man die Schreibung beweisen kann.
Tipp: Manche Wörter muss man in mehrere Spalten einordnen.

3 Ordnet die Wörter in der 4. Spalte eures Faltblatts entweder nach dem Alphabet *oder* ordnet die Wörter nach der Zahl ihrer Silben.

4 Bei falsch geschriebenen Wörtern könnt ihr die richtige Schreibweise auch wie folgt üben:
– bildet die Mehrzahl,
– bildet Wortfamilien, z. B.: *Plattfisch, platt, Platten, Plattdeutsch, plätten ...*
– findet Reimwörter, z. B.: *die Paten – der Spaten – der Braten – ...*
– bildet mit den Wörtern vollständige Sätze,
– diktiert euch eure Problemwörter im Partnerdiktat und kontrolliert euch gegenseitig.

Testet euch!

Bin ich ein Ordnungsgenie? – Ein Fragebogen

		☺	😐	☹
1	Ich habe zur Unterrichtsstunde nur die Sachen auf dem Tisch, die ich für dieses Fach brauche.			
2	Ich schalte den Fernseher und das Radio aus, wenn ich für die Schule arbeite.			
3	Ich sorge regelmäßig für Ordnung in meinem Mäppchen.			
4	Ich habe immer Ersatzpatronen in meinem Mäppchen.			
5	Ich befolge die Regeln zur Heftführung.			
6	Ich führe mein Hausaufgabenheft regelmäßig.			
7	Ich erledige Wichtiges vor Unwichtigem.			
8	Ich achte stets auf einen aufgeräumten und übersichtlichen Arbeitsplatz.			
9	Ich mache regelmäßig Pausen, wenn ich mich an meine Hausaufgaben setze.			
10	Ich plane genau, wann ich meinen Hobbys nachgehe und wann ich für die Schule arbeite.			

1 a Übertragt den Fragebogen auf ein DIN-A4-Blatt. Oder legt eine Folie über den Fragebogen.
b Füllt den Fragebogen aus.

2 a Wertet euren Fragebogen mit Hilfe der folgenden Checkliste aus. Für jedes Kreuzchen in der ersten Spalte erhaltet ihr einen Punkt. Zählt beim Auswerten die Punkte zusammen.
b Vergleicht eure Ergebnisse mit einem Lernpartner.

Checkliste

Den Fragebogen auswerten

8–10 ☺: Glückwunsch! Du bist ein Ordnungsgenie!
Chaos und Unordnung sind Fremdwörter für dich.

5–8 😐: Schon ganz gut – du kannst dich aber noch verbessern!
Obwohl du genau weißt, dass dir die Unordnung deine Arbeit erschwert, handelst du nicht immer danach.
Lass dich nicht entmutigen und kontrolliere dich selbst strenger.

0–5 ☹: Oh je! Du bist noch sehr unordentlich und chaotisch!
Die Tipps des Fragebogens solltest du viel strenger befolgen.
Lies auf den Seiten 280–283 noch einmal nach.

15.2 Themen erschließen und Texte auswerten

Einen Cluster anlegen

Ein Cluster (engl.= Haufen, Menge) ist eine geordnete Menge von Stichwörtern zu einem Thema.

1 a Schreibt in die Mitte eines Blattes z. B. das Wort „Film“ und kreist es ein.
b Was fällt euch zum Begriff Film ein? Schreibt alle Stichwörter, die euch dazu einfallen, in lockerem Abstand um den Mittelpunkt herum auf und kreist sie ebenfalls ein.
c Verdeutlicht die Beziehungen der ergänzten Begriffe durch Verbindungslinien.
Wie hängen sie mit dem Ausgangswort Film zusammen?
Welche der Begriffe stehen untereinander in Zusammenhang, sind z. B. ein Beispiel?

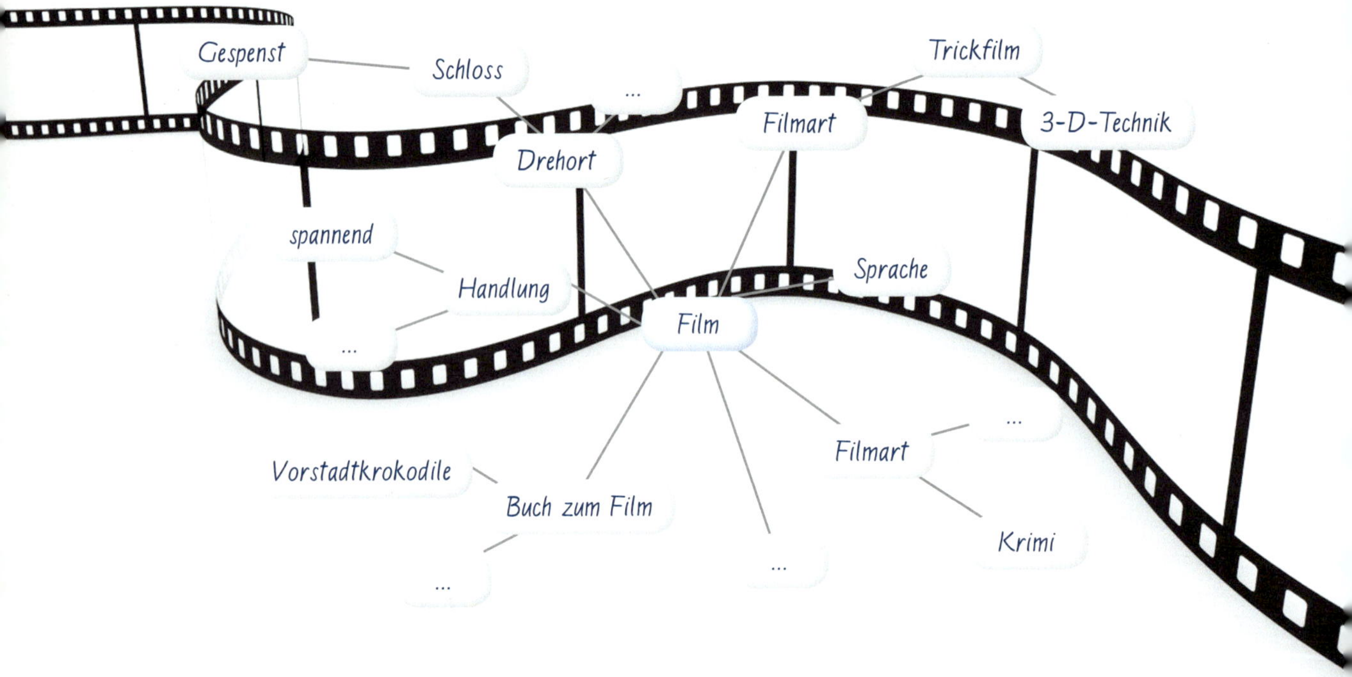

2 Vergleicht eure Cluster.
– Welche Stichwörter haben mehrere von euch gefunden?
– Inwiefern unterscheiden sich die Verbindungslinien? Ergänzt fehlende Gedanken.

Methode **Einen Cluster anlegen**

Die Cluster-Technik könnt ihr anwenden,
- wenn ihr Ideen zu einem Thema sammelt, z. B. für einen Aufsatz oder ein Projekt,
- wenn ihr erste Eindrücke aus einem Text herausschreibt,
- wenn ihr euch auf Klassenarbeiten oder Tests vorbereitet.

Die Fünf-Schritt-Lesemethode

3-D-Kino – Wie funktioniert das?

Für 3-D-Filme muss man eine Spezialbrille aufsetzen und hat dann das Gefühl, man sitzt mitten im Geschehen: Häuser, Autos und die Schauspieler scheinen zum Greifen nahe. 3-D ist die Abkürzung für dreidimensional und bedeutet „räumlich". Ein 3-D-Film wird – anders als normale Filme – mit zwei Kameras gleichzeitig aufgenommen. Die Kameras stehen beim Dreh nebeneinander, ähnlich wie dein rechtes und dein linkes Auge. Das ist nämlich das Geheimnis: 3-D-Filme versuchen, das räumliche Sehen des Menschen nachzuahmen.

Das linke Auge befindet sich weiter links am Kopf als das rechte. Deshalb sieht es alles aus einem anderen Blickwinkel als das rechte. Das könnt ihr ganz einfach nachprüfen: Streckt euren rechten Arm aus, macht den Daumen hoch und fixiert mit dem Daumen einen Gegenstand im Raum. Jetzt kneift ihr das rechte Auge zu und schaut nur mit dem linken Auge auf den Daumen. Wenn ihr jetzt das linke Auge zukneift und mit dem rechten auf den Daumen schaut, dann seht ihr den angepeilten Gegenstand mal links neben dem Daumen und mal rechts.

Da ihr ja meistens mit beiden Augen gleichzeitig schaut, seht ihr eigentlich immer zwei verschiedene Bilder zur gleichen Zeit. Das Sehzentrum im Gehirn wandelt die beiden Bilder zu einem einzigen um, und das ist dreidimensional und somit räumlich. Räumlich Sehen heißt, du erkennst, was weiter hinten und was weiter vorne ist.

Eine Filmszene wird mit zwei Kameras aus unterschiedlichen Positionen aufgenommen und bearbeitet. Im Kino werden dann beide Filme von zwei Projektoren auf die Leinwand projiziert. Projizieren bedeutet, ein spezieller Apparat (der „Projektor") wirft die Bilder mit Hilfe von Licht auf die Leinwand. Auf der Leinwand erscheinen die beiden Filme nun leicht versetzt nebeneinander. Wenn man mit bloßem Auge auf die Leinwand schaut, sieht der Film einfach nur unscharf aus. Um den 3-D-Effekt zu erzielen, muss man einen Trick anwenden. Und dafür braucht man eine Spezialbrille.

Im 3-D-Kino bekommt jeder Zuschauer mit der Eintrittskarte so eine Spezialbrille. Diese Brille hat ganz spezielle Gläser, die dafür sorgen, dass man mit dem linken Auge auch nur den Film sieht, der mit dem linken Projektor gezeigt wird. Und mit dem rechten Auge sieht man den Film, der mit dem rechten Projektor gezeigt wird. Unser Gehirn setzt die Bilder im Kopf dann wieder zu einem Bild zusammen. So entsteht ein Raum, der wirkt, als würde das Auto aus der Leinwand herausfahren und im Kinosaal schweben.

1 Informiert andere über die Technik des 3-D-Films:

a Erschließt dafür den Text mit der Fünf-Schritt-Lesemethode. Wendet jeden einzelnen Schritt an.

b Vergleicht anschließend eure Ergebnisse.

c Versucht nun eine mündliche Zusammenfassung des Textes zu geben.

Methode **Die Fünf-Schritt-Lesemethode**

1. Schritt: Einen ersten Überblick verschaffen

- Lest die Überschrift.
- Achtet auch auf Hervorhebungen, einzelne Abschnitte, Satzanfänge.
- Bezieht Bilder, Diagramme und Skizzen ein.
- Verschafft euch so einen ersten Eindruck von Inhalt und Aufbau des Textes.

2. Schritt: Fragen stellen

- Was wisst ihr schon über das Thema?
- Was möchtet ihr noch wissen?
- Stellt die W-Fragen an den Text. (Wer? Wo? Wann? Was?)
- Lest dann den ganzen Text.

3. Schritt: Schlüsselwörter unterstreichen und Unklarheiten klären

- Lest nun den Text ein zweites Mal und versucht, Antworten auf eure Fragen zu bekommen.
- Klärt unbekannte oder schwierige Wörter aus dem Textzusammenhang, durch Nachdenken oder durch das Nachschlagen in einem Wörterbuch.
- Markiert sparsam die wichtigsten Schlüsselwörter im Text. Das sind meist Wörter, an denen ihr beim Überfliegen mit euren Augen hängen bleibt. Meist geben die Schlüsselwörter die Antworten auf die W-Fragen.

4. Schritt: Wichtiges zusammenfassen

- Findet Überschriften in eigenen Worten für die einzelnen Abschnitte, die den Inhalt knapp zusammenfassen.
- Verwendet dazu die unterstrichenen Schlüsselwörter.

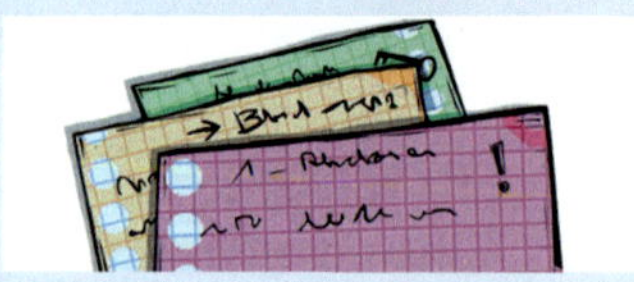

5. Schritt: Stichwortzettel anlegen

- Wiederholt den Inhalt noch einmal mit Hilfe eurer Notizen. Denkt dabei auch an eure Fragen aus Schritt 2.
- Erstellt einen Stichwortzettel aus den Zwischenüberschriften und den von euch markierten Schlüsselwörtern.
- Ihr könnt euren Stichwortzettel auch in Form eines Clusters anlegen. (▶ S. 286)

Ein Plakat gestalten

Mit einem gut gestalteten Plakat könnt ihr eure Arbeitsergebnisse anschaulich darstellen und damit auch euren Vortrag unterstützen.

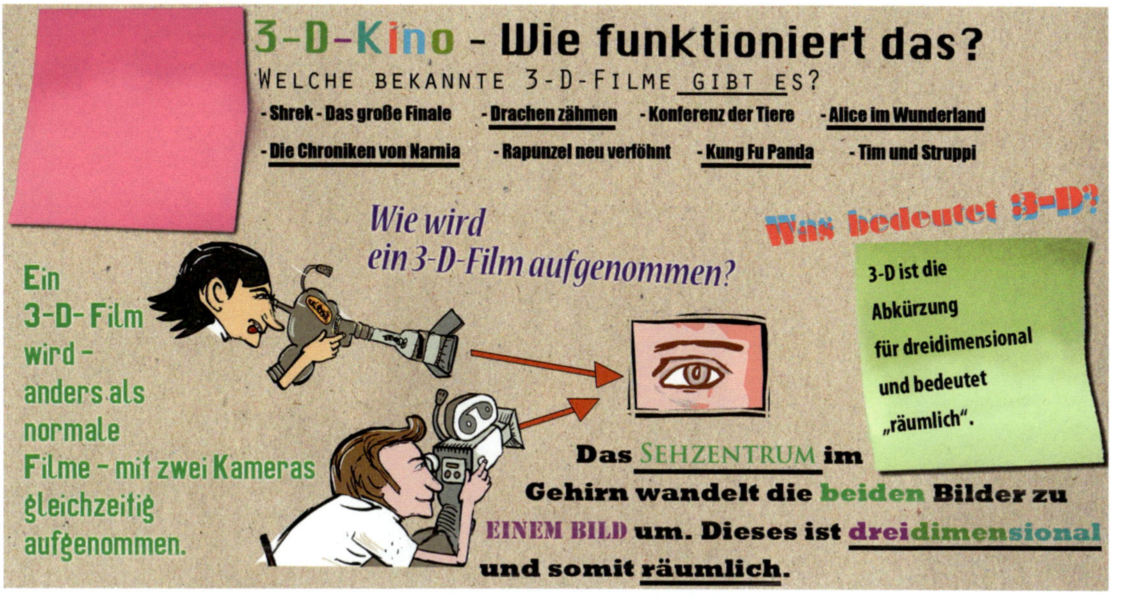

1 Betrachtet das Plakat.

a Was ist gelungen? Begründet.

b Wo habt ihr Verbesserungsvorschläge? Nennt diese.

2 Lest den Methodenkasten unten auf der Seite und seht euch daraufhin noch einmal das Plakat genau an. Sind alle wichtigen Punkte umgesetzt?

3 Gestaltet ein eigenes Plakat zum Thema eures nächsten Vortrags, z. B.: *mein Lieblingsfilm*.

Methode **Ein Plakat gestalten**

Ein Plakat ist gut geeignet, um Fotos, Tabellen und gut gegliederte Texte zu zeigen.

- Gestaltet das Plakat übersichtlich.
- Nutzt die unterschiedlichen Wirkungen von Farben.
- Schreibt sauber und so groß, dass man den Text aus 10 Meter Entfernung lesen kann.
- Notiert Stichwörter oder kurze Sätze.
- Greift auf geeignete Bilder, Diagramme und Skizzen zurück.
- Verseht die Schaubilder mit einem Titel.
- Texte, Schaubilder usw. könnt ihr auch selbst am PC erstellen.
- Plakate könnt ihr auch so gestalten, dass ihr sie erst während des Vortrags fertig stellt, indem ihr z. B. im Zuge des Erklärens Bilder aufklebt, Pfeile einzeichnet oder einen Teil des Plakats aufklappt.

Einen Kurzvortrag halten

Die wichtigste Voraussetzung für einen guten Vortrag ist die Recherche. Sammelt daher geeignete Informationen zu dem von euch gewählten Thema. Hierfür könnt ihr Experten befragen, in Büchern und Zeitschriften nachlesen oder im Internet recherchieren.

1 Gina hat in der Wissenschaftssendung Galileo einen Beitrag über 3-D-Filme gesehen und sich dabei Notizen gemacht, über die sie die Klasse in einem Kurzvortrag informieren möchte.
Bringt ihre Notizen zu dem von ihr ausgewählten Film in eine sinnvolle Reihenfolge.

Daten zum Film
- *Titel*
- *Filmtitel*
- *Produktionsjahr*

Jnformationen zu den Darstellern
- *Hauptrollen*
- *Nebenrollen*
- *Sprecher/-innen*

Themen/Motive
- *zentrale Handlung*
- *Hintergrundgeschehen*

Persönliche Einschätzung
- *gut gelungene technische Umsetzung*
- *Story etwas künstlich, unwirklich*

Entstehungsgeschichte des Films
- *Vorlage*
- *Drehbuch*

2 Bereitet einen Kurzvortrag zu eurem Lieblingsfilm vor. Geht in der Vorbereitung so vor:
a Wendet bei der Auswertung der Informationstexte die Fünf-Schritt-Lesemethode an.
b Haltet die wichtigsten Informationen in einem Cluster fest.
c Wählt geeignete Schaubilder und Fotos und gestaltet mit ihnen ein Plakat.

Information **Einen Kurzvortrag halten**

- Notiert Stichwörter und die wichtigsten Punkte auf Karteikärtchen.
- Geht erst nach vorne und redet nicht schon während des Gehens.
- Stellt euch gerade hin und schaut euer Publikum an.
- Zur Sicherheit könnt ihr immer wieder auf eure Karteikärtchen schauen.
- Bezieht euer Plakat in den Vortrag ein, indem ihr an gegebener Stelle darauf zeigt.
- Sprecht laut, deutlich und nicht zu schnell.

15.3 Den Computer nutzen

Die Rechtschreibprüfung am Computer nutzen

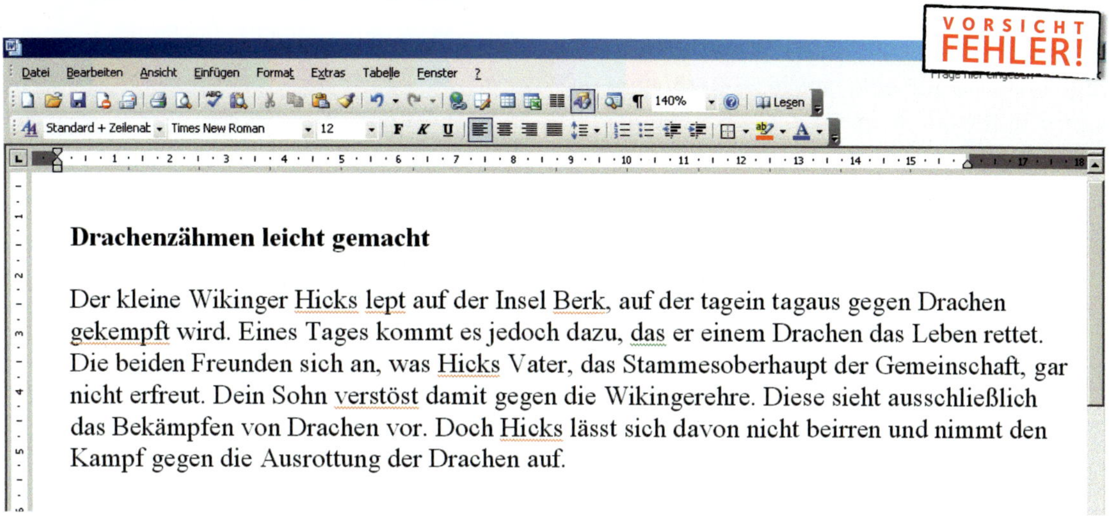

Drachenzähmen leicht gemacht

Der kleine Wikinger Hicks lept auf der Insel Berk, auf der tagein tagaus gegen Drachen gekempft wird. Eines Tages kommt es jedoch dazu, das er einem Drachen das Leben rettet. Die beiden Freunden sich an, was Hicks Vater, das Stammesoberhaupt der Gemeinschaft, gar nicht erfreut. Dein Sohn verstöst damit gegen die Wikingerehre. Diese sieht ausschließlich das Bekämpfen von Drachen vor. Doch Hicks lässt sich davon nicht beirren und nimmt den Kampf gegen die Ausrottung der Drachen auf.

Die Rechtschreibprüfung am Computer hilft euch, bei einem Text falsch geschriebene Wörter zu finden und zu korrigieren. Aber: Das Programm ist nicht immer zuverlässig.

1 a Prüft bei jedem rot unterschlängelten Wort, ob es sich wirklich um einen Fehler handelt.
b Das Programm findet nicht alle Fehler. Welche Wörter sind falsch geschrieben und wurden nicht als Fehlerwörter angezeigt?

2 a Tippt einen eigenen Text am Computer, z. B. die Inhaltsangabe eures Lieblingsfilms.
b Probiert die automatische Rechtschreibprüfung des Computers aus. Die folgenden Hinweise helfen euch dabei:

> Auf Seite 154 findet ihr Hinweise, wie ihr euren Text am Computer gestalten könnt, z. B. durch Schriftgrößen, Schriftarten und Fettdruck.

Methode **Die Rechtschreibprüfung am Computer nutzen**

- Aktiviert das Rechtschreibprogramm des Computers. Wählt hierzu im Menü *Extras* das Werkzeug *Rechtschreibung und Grammatik* aus. Das Programm markiert nun mögliche Rechtschreibfehler rot und mögliche Grammatikfehler grün.
- Prüft bei den rot und grün markierten Wörtern, ob diese tatsächlich falsch geschrieben wurden. Wählt dann aus dem Fenster *Vorschläge* das richtige Wort aus und klickt auf *Ändern*. Das Wort wird korrigiert und das Programm springt automatisch zum nächsten falsch geschriebenen Wort.

Beachtet: Das Programm kann nicht alle Fehler finden und ist nicht immer zuverlässig. Zeichensetzungsfehler sind z. B. mit dem Programm nicht aufzuspüren. Schlagt in Zweifelsfällen in einem Wörterbuch nach.

Tabellen mit dem Computer anlegen

In einer Tabelle könnt ihr Informationen knapp und übersichtlich darstellen. So habt ihr alles Wichtige im Blick.

Der Aufbau einer Tabelle:
Eine Spalte verläuft von oben nach unten.
Eine Zeile verläuft von links nach rechts.

	Spalte ↓
Zeile →	

1 Legt am Computer eine Tabelle (▶ Methodenkasten unten) an. Ihr könnt aus den folgenden Vorschlägen auswählen.

A Ein Steckbrief zu einer Filmfigur
Film: „Drachenzähmen leicht gemacht"

Name	Hicks
Herkunft	Wikinger
Aussehen	braune Haare, mittelgroß
Besonderheiten	tollpatschig, freundlich
Freunde	...

B Ein Steckbrief über mich

Vorname	Tobias
Name	Lehmann
Aussehen	Sommersprossen
geboren am	...
...	...

C Mein Stundenplan

Stunde	**Montag**	**Dienstag**	**Mittwoch**	**...**
1	Englisch	Musik	Deutsch	...
2	Englisch	Musik	Deutsch	...
3	Kunst	...	...	

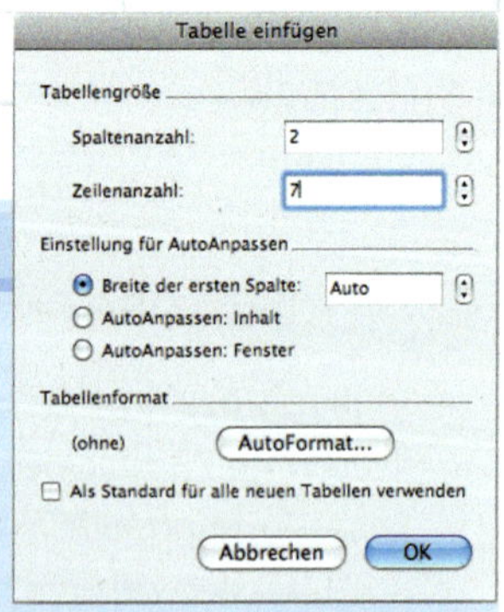

Methode **Tabellen mit dem Computer anlegen**

- Klickt mit der Maustaste an die Stelle in eurem Textdokument, an der die Tabelle stehen soll.
- Klickt dann in der Menüleiste auf *Tabelle*, danach auf *Einfügen*, zuletzt auf *Tabelle*. Wählt jetzt aus, wie viele Spalten und Zeilen eure Tabelle haben soll.
- Nachträglich eine Spalte oder eine Zeile hinzufügen: Klickt in eurer Tabelle an die Stelle, an der ihr eine Spalte oder eine Zeile einfügen wollt. Klickt dann in der Menüleiste auf *Tabelle*, danach auf *Einfügen*. Wählt nun aus, was ihr einfügen wollt, z. B. *Spalte nach links, Spalte nach rechts, Zeile oberhalb, Zeile unterhalb*.

Hinweis: Ihr könnt jede Aktion wieder rückgängig machen, indem ihr auf diesen Pfeil ↶ klickt.

Orientierungswissen

Sprechen und schreiben

Gesprächsregeln

► S. 28

Gespräche, in denen verschiedene Meinungen oder Wortbeiträge ausgetauscht werden, sollten nach bestimmten Regeln ablaufen, damit die Verständigung erleichtert wird.
Die wichtigsten Gesprächsregeln sind:

- Jede/Jeder äußert sich nur zu dem Thema, um das es geht.
- Wir melden uns zu Wort und reden nicht einfach los.
- Wir hören den anderen Gesprächsteilnehmern aufmerksam zu.
- Wir fallen den anderen Gesprächsteilnehmern nicht ins Wort.
- Niemand wird wegen seiner Äußerungen beleidigt, verspottet oder ausgelacht.
- Wir befolgen die Hinweise des Gesprächsleiters oder der Gesprächsleiterin.

Meinungen begründen

► S. 31 f.

Gut ist es, wenn man seine Meinung klar und sachlich äußert: *Ich finde das richtig!*
Besser ist es aber, seine **Meinung auch zu begründen:** *Ich bin dagegen, weil ...*
Sprachlich drückt man diese Begründung oft in einem Nebensatz (► S. 308) aus, der mit einem Verknüpfungswort wie *weil, denn, da* eingeleitet wird.

Diskutieren

► S. 31–35

In einer Diskussion tauschen sich mehrere Personen zu einer Frage aus. Sie können dabei unterschiedliche Meinungen vertreten.
Diskussionsfrage, z. B.: *Sollen wir eine Klassenkasse anschaffen?*

- **Bildet euch eine Meinung** und drückt sie in einem Satz aus, z. B.: *Ich bin für die Anschaffung einer Klassenkasse.*
- **Begründet eure Meinung** durch Argumente, z. B.: *Ich bin für die Anschaffung einer Klassenkasse, weil wir mit dem Geld etwas gemeinsam unternehmen können.*
- **Geht** in der Diskussion **auf die Meinung der anderen ein,** z. B.: *Was Tobias gesagt hat, finde ich gut, weil ...*

Persönliche Briefe schreiben

► S. 24

Einen Brief schreiben wir an eine Person oder an eine Gruppe, der wir etwas mitteilen oder von der wir etwas wissen möchten. Man nennt sie Adressat oder Empfänger.
Inhalt und Wortwahl des Schreibens hängen vom Empfänger ab. Einen Brief an euren Opa könnt ihr anders formulieren als den an eure Lehrerin oder euren Lehrer.

Briefkopf
Ort und Datum

Großkuchen, den 1. Oktober 20XX

Anrede
Nach der Anrede setzt ihr entweder ein Ausrufezeichen und beginnt danach groß oder ihr setzt ein Komma und schreibt klein weiter. Wenn ihr jemanden siezt, schreibt ihr die Anredepronomen groß, z. B.: *Sie, Ihnen, Ihr* usw. Sonst könnt ihr sie kleinschreiben, z. B.: *dir, dein, euch, euer.*

Sehr geehrte Frau Aigner,	*Lieber Rudi!*
sicher wollen Sie wissen, wie es mir geht.	*sicher bist du neugierig, wie es bei mir so läuft.*

Brieftext
- Im **Einleitungsteil** sprecht ihr den Empfänger direkt an und nennt den Anlass des Schreibens.
- Der **Hauptteil** ist der eigentliche Kern des Briefes. Hier steht oft ein besonderes Erlebnis im Mittelpunkt.
- Im **Schlussteil** könnt ihr den Empfänger durch Fragen oder Aufforderungen zum Antworten anregen.
- Wenn ihr einen **Brief beantwortet,** ist es wichtig, dass ihr auf Fragen des Briefpartners eingeht.

Vielen Dank für …
Zu deinem Geburtstag …
Ich habe mich so über … gefreut

Die letzten Wochen waren …
Mir gefällt …

Wie war die erste Woche bei dir?
Du wolltest wissen, ob …
Deine Frage nach …
Ich hoffe, du meldest dich bald.

Grußformel und Unterschrift
Die Grußformel und die Unterschrift stehen jeweils in einer eigenen Zeile. Am Ende setzt man weder Punkt noch Ausrufezeichen.

Herzliche Grüße	*Liebe Grüße*
Viele Grüße	*Bis bald*
Ihre Marie	*dein Manuel*

Beschreiben

In einer Beschreibung wird ein Tier, eine Person oder ein Vorgang (z. B. Bastelanleitung, Rezepte, Spielanleitung) so dargestellt, dass jemand, der das Beschriebene nicht kennt, eine genaue Vorstellung davon bekommt. Eine Beschreibung muss **anschaulich, genau** und **frei von persönlichen Wertungen** sein. Beschreibungen stehen im **Präsens.**

Wege beschreiben

▶ S. 16–17

Wege beschreiben wir für jemanden, der den Weg nicht kennt, ihn aber leicht finden soll.
Beschreibt deshalb den Weg **in der Reihenfolge, in der man ihn geht:**
Beginnt am Ausgangspunkt und listet Schritt für Schritt den weiteren Weg genau auf.
Denkt daran, auf markante, auffällige Stellen hinzuweisen, z. B.: das Treppenhaus oder die Turnhalle der Schule, draußen z. B. Kreuzungen, besondere Gebäude oder Bäume. Diese markanten Stellen müssen unbeweglich sein, also: *der Parkplatz vor dem Supermarkt,* nicht *der große rote Lieferwagen,* denn der Lieferwagen ist vielleicht schon längst weitergefahren.

Ein Tier beschreiben

▶ S. 194–195

Das Ziel einer Tierbeschreibung ist, dass sich andere, die das Tier nicht vor Augen haben, das beschriebene Tier genau vorstellen können. Achtet bei eurer Beschreibung auf eine Ordnung:

- Beginnt mit dem **Gesamteindruck** (z. B. Tierart, Name, ungefähre Größe und Gewicht, evtl. Alter).
- Beschreibt dann die **besonderen Merkmale** (z. B. Farbe und Länge des Fells, Kopfform, Augenfarbe ...) von oben nach unten, also vom Kopf bis zu den Beinen.

Sprachliche Mittel:

- Verwendet passende Adjektive, z. B.: *schneeweiß, klein, winzig, kugelrund.*
- Verwendet an Stelle der Wörter „ist“, „sind“ und „haben“ treffende Verben, z. B.: *tragen, besitzen.*
- Formuliert eure Beschreibung im Präsens (Gegenwartsform).

Erzählen

Von Erlebnissen spannend erzählen

▶ S. 43–60

Das Erlebnis, von dem ihr erzählt, sollte sich so ereignet haben.
Wenn ihr euch das Erlebnis ausdenkt, muss es wahrscheinlich sein, so als hätte es tatsächlich stattgefunden.

Aufbau einer Erlebniserzählung

▶ S. 45–46

- Die **Einleitung** führt in das Erlebnis ein und gibt Antwort auf die wichtigsten W-Fragen: **Wer** sind die Hauptfiguren? **Wann** hat sich das Erlebnis ereignet? **Wo** spielt es? Ein **Köder** macht neugierig auf den Hauptteil.
- Der **Hauptteil** besteht aus mindestens drei oder vier Erzählschritten, die logisch aufeinander aufbauen **(Spannungskurve).** Besonders interessant wird eure Erzählung, wenn sie einen anschaulich ausgestalteten **Höhepunkt** hat. Manchmal gibt es auch mehrere Höhepunkte.
- Der **Schluss** rundet die Geschichte ab. Hier kann man noch einmal auf den Anfang der Geschichte zurückkommen oder auch eine Frage offenlassen.

Anschaulich erzählen

▶ S. 48–49

- Verwendet **abwechslungsreiche Verben:** nicht *sagte,* sondern *jammerte.*
- Sucht **treffende Adjektive.** Oft sind zusammengesetzte Adjektive ausdrucksstark, z. B. nicht *kalt,* sondern *eisig* oder *eiskalt.*
- Achtet auf **unterschiedliche Satzanfänge:** nicht *dann ... dann, als ... als* verwenden.
- Denkt daran, auch **Sinneseindrücke** der Beteiligten wiederzugeben: Was sehen, hören, riechen, schmecken oder fühlen sie?
- Ihr könnt in der **Ich-Form schreiben:** Hier gelingt es euch leichter, euch in die Geschichte hineinzuversetzen. Bei der **Er- oder Sie-Form** habt ihr die Möglichkeit, die Gefühle mehrerer Personen zu schildern.

Wörtliche Rede verwenden

▶ S. 68

Wörtliche Rede lässt den Leser die Ereignisse hautnah miterleben. Sie muss aber so eingesetzt sein, dass sie auch für die Handlung von Interesse ist.
Die Regeln zur Zeichensetzung bei wörtlicher Rede findet ihr auf S. 309.

Die Tempusformen beim schriftlichen Erzählen

▶ S. 47

Beim schriftlichen Erzählen verwendet man in der Regel das **Präteritum** (▶ S. 218):
Emil und ich machten die Judo-Übungen gemeinsam.
Wenn man deutlich machen möchte, dass ein Ereignis bereits vor dem erzählten Geschehen stattgefunden hat, verwendet man das **Plusquamperfekt** (▶ S. 219).
Weil mir Emil ein Bein gestellt hatte, fiel ich unsanft auf die Matte.

Zu Bildern erzählen

▶ S. 62–70

Die vorgegebenen Bilder zeigen nur die wichtigsten Momente im Ablauf der Handlung, also einzelne Handlungsschritte. Macht euch klar, was auf den einzelnen Bildern geschieht. Achtet vor allem auf die Mimik (Gesichtsausdruck) und Gestik (Körpersprache) der Figuren. Sie geben Hinweise auf deren Gedanken und Gefühle.
Damit eine Geschichte entsteht, müsst ihr weitere Handlungsschritte oder Überleitungen sinnvoll ergänzen – wie bei einem Puzzle. Überlegt genau, in welchem Bild der Höhepunkt liegt. Entscheidet, ob ihr die Geschichte in der Er- oder Ich-Form verfasst.
Die Regeln für die sprachliche Gestaltung entsprechen der Erlebniserzählung (▶ S. 296).

Nach Reizwörtern erzählen

▶ S. 71–75

Beim Schreiben einer Reizwortgeschichte müsst ihr Folgendes beachten:

- Alle Reizwörter müssen in eurer Geschichte sinnvoll verwendet werden und für die Handlung eine wichtige Rolle spielen; in der Einleitung müssen sie noch nicht vollständig angeführt sein.
- Die Reihenfolge der Reizwörter darf umgestellt werden.
- Die Überschrift muss die Reizwörter nicht unbedingt enthalten, sie muss jedoch einen echten Bezug zu der erzählten Geschichte haben.
- Der Aufbau und die Regeln für die sprachliche Gestaltung entsprechen der Erlebniserzählung (▶ S. 296).

Nacherzählen

▶ S. 121–140

Oft erzählen wir einen Film oder eine Geschichte für jemanden, der das Original nicht kennt. Dabei erzählen wir so wie in der Vorlage, z. B. stellen wir eine Detektivgeschichte spannend dar, einen Streich lustig. Beachtet auch die folgenden Punkte:

- Erzählt die einzelnen **Handlungsschritte** in der gleichen **Reihenfolge** wie im Original.
- Wenn es im Original einen **Höhepunkt** gibt, wird dieser auch in der Nacherzählung besonders ausgestaltet.
- Erfindet **nichts Neues** hinzu (z. B. Orte, Figuren).
- Erzählt **mit eigenen Worten.** Nur wichtige Kernstellen dürft ihr wörtlich wiedergeben. Solche Kernstellen sind z. B. lustige Wortspiele oder wörtliche Reden, die missverstanden werden.
- Erzählt in der **Zeitstufe des Originals,** meistens im Präteritum.

Mit Texten und Medien umgehen

Literarische Texte erschließen

▶ S. 51–56, 80–91, 122–140

Erzählschritte in einer Geschichte

▶ S. 95–97

Jede Geschichte besteht in der Regel aus mehreren Erzählschritten, die man auch Handlungsschritte nennt. Ein neuer Erzählschritt beginnt häufig dann, wenn z. B.:
- der Ort der Handlung wechselt, z. B.: *Bei Lisa angekommen ...*
- ein Zeitsprung stattfindet, z. B.: *Am nächsten Morgen ...*
- eine neue Figur auftaucht, z. B.: *„Tag!", sagte jemand, als Frieda gerade verschwinden wollte.*
- die Handlung eine Wendung erfährt, z. B.: *Auf einmal ...*

Die Figuren

▶ S. 84–87

Die Personen, die in einer Geschichte vorkommen bzw. handeln, nennt man Figuren. Sie haben bestimmte Eigenschaften und Absichten. In vielen Geschichten gibt es eine Hauptfigur, über die der Leser besonders viel erfährt. Um eine Geschichte zu verstehen, solltet ihr euch ein klares Bild von den einzelnen Figuren machen.

Ich-Erzähler oder Er-/Sie-Erzähler

- Ein Ich-Erzähler ist selbst als handelnde Figur in das Geschehen verwickelt und schildert die Ereignisse aus seiner persönlichen Sicht, z. B.: *Meine Schwester hatte ...*
- Der Er-/Sie-Erzähler ist nicht am Geschehen beteiligt. Er/Sie erzählt von allen Figuren in der Er-Form bzw. in der Sie-Form, z. B.: *An diesem Tag geschah etwas, dass David nie für möglich gehalten hätte. Seine Schwester hatte ...*

Erzählweisen erkennen

▶ S. 124–130

Spannend wird erzählt, wenn z. B.:
- Zeit und/oder Ort unheimlich wirken.
- von einer gefährlichen Situation erzählt wird.
- Rätselhaftes geschieht oder der Ausgang eines Geschehens ungewiss bleibt.
- spannungssteigernde Wörter und Wendungen verwendet werden, z. B.: *schlagartig, unheimlich.*

Texte ausgestalten und weitererzählen

▶ S. 51–56, 88–90, 97, 113–117

Um **einen Text stimmig fortsetzen** zu können, muss man ihn gut verstanden haben:
- **Wo** spielt die Geschichte und **wann?**
- **Aus der Sicht welcher Figur** wird erzählt? Oder gibt es einen **Er-/Sie-Erzähler?**
- Was erfährt man über die Stimmung oder Eigenschaften der Hauptfigur?
- Gibt es andere **wichtige Figuren?**

Gehört der Text einer bestimmten **Textsorte** an? Ist er z. B. ein Märchen, müssen in eurer Fortsetzung natürlich auch **typische Merkmale** der Textsorte vorkommen (s. oben).

Texte überarbeiten

▶ S. 57, 71–73

Wenn man gemeinsam an Texten arbeiten will, bietet sich dafür die **Textlupe** an (▶ S. 57).
Es geht aber auch allein, wenn man weiß, worauf man achten muss.

Umstellen, Weglassen, Ersetzen

▶ S. 71–73

Ein eintöniger Satzbau lässt sich durch **Umstellen** vermeiden. Man kann zum Beispiel die wichtigste Aussage an den Satzanfang stellen:
***Uns** gefiel der Nachmittag bis dahin. Uns durchfuhr jedoch ein großer Schreck …*
→ ***Uns** gefiel der Nachmittag bis dahin. Ein großer Schreck durchfuhr uns jedoch …*
Durch das **Weglassen** unpassender und überflüssiger Wörter kann ein Text verbessert werden:
~~Also~~, wir mussten ~~tatsächlich~~ die Feuerwehr rufen, ~~und wir~~ mussten aber nur ~~voll~~ kurz auf sie warten.
Wörter, die sich wiederholen, kann man durch ähnliche Begriffe oder durch Pronomen **ersetzen:**
Wie aus dem Nichts tauchte ein großer Hund auf. Der Hund wollte sich auf Tiffy stürzen.
→ *Wie aus dem Nichts tauchte ein großer Hund auf. Er/Das Tier wollte sich auf Tiffy stürzen.*

Märchen

▶ S. 99–119

Märchen haben immer wiederkehrende Merkmale, an denen man sie gut erkennen kann.
Dabei sind natürlich nicht in jedem Märchen alle diese Merkmale zu finden.

Ort und Zeit
- Ort und Zeitpunkt der Handlung sind nicht durch genaue Angaben festgelegt, z. B.: *hinter den sieben Bergen, vor langer Zeit.*

Figuren
- Es treten typische Figuren auf, z. B. *König und Königin, Prinz und Prinzessin, Handwerker und Bauern, die böse Stiefmutter,* aber auch fantastische Figuren, z. B. *sprechende Tiere, Feen, Hexen, Riesen, Zwerge, Zauberer, Drachen* usw.
- Die Figuren sind häufig auf wenige Eigenschaften festgelegt, z. B.: *die gute Fee, die böse Hexe, die schöne Königstochter.*

Handlung
- Meist siegt am Ende das Gute und das Böse wird bestraft.
- Der Held/Die Heldin muss Prüfungen bestehen oder Aufgaben erfüllen (häufig drei).
- Im Märchen geschehen wunderbare Dinge: Tiere können sprechen, es gibt magische Gegenstände (z. B. *einen Wundertisch, ein Zauberkästchen*) und Zauberei.

Erzählweise
- Oft enthalten Märchen feste sprachliche Formeln, z. B.: *Es war einmal, Und wenn sie nicht gestorben sind …*
- Die Zahlen Drei, Sieben, Zwölf spielen häufig eine besondere Rolle, z. B. *drei Wünsche, sieben Zwerge, zwölf Gesellen.*
- Oft gibt es Reime oder Zaubersprüche, z. B.: *Ach wie gut, dass niemand weiß, dass ich Rumpelstilzchen heiß!*

Gedichte

▶ S. 141–154

- Ein wichtiges Merkmal in vielen Gedichten ist der Reim. Wenn zwei Wörter vom letzten betonten Vokal an gleich klingen, nennt man das Endreim, z. B. in *im Stillen – Widerwillen*. In Gedichten könnt ihr verschiedene Reimformen erkennen.
  - Wenn zwei aufeinanderfolgende Verse sich reimen, spricht man von einem **Paarreim:** *aabb*.
  - Reimen sich der 1. und 3. sowie der 2. und 4. Vers (über Kreuz), so nennt man das **Kreuzreim:** *abab*.
- Eine Gedichtzeile heißt **Vers.**
- Mehrere zusammengehörige Verse bilden eine **Strophe.** Mehrere Strophen werden durch Leerzeilen voneinander getrennt.

Fernsehen, Radio, Internet

▶ S. 167–180

Bei Fernsehsendungen unterscheidet man Unterhaltungs- und Informationssendungen. Zu den **Unterhaltungssendungen** gehören z. B. Fernsehserien, die entweder täglich oder wöchentlich gesendet werden, Fernsehshows (z. B. *Wer wird Millionär?*) und Fernsehfilme. Zu den **Informationssendungen** zählen z. B. Nachrichtensendungen (wie die *Tagesschau*) und Dokumentationen (z. B. *Expeditionen ins Tierreich*).

Infotainment: Es gibt auch eine Vielzahl von Magazinen, die versuchen, auf spielerische Art und Weise Kindern und Jugendlichen Wissen zu vermitteln. Indem Information (engl. *information*) mit Unterhaltung (engl. *entertainment*) kombiniert wird, entsteht mit **Infotainment** (Erlebnisfernsehen) eine neue Sparte in den Medien.

Nachrichten sind Neuigkeiten. Sie informieren in den Massenmedien wie Fernsehen, Radio, Zeitungen, Zeitschriften und im Internet über aktuelle Ereignisse.

Die wichtigsten Inhalte sind Antworten auf die journalistischen W-Fragen: **Wer? Wo? Was? Wann? Wie?** Eine Nachrichtenmeldung ist so aufgebaut, dass das Wichtigste gleich zu Anfang gesagt wird.

Theater

▶ S. 173–184

In einem Theaterstück wird die **Handlung durch** die **Gespräche** zwischen den Personen auf der Bühne (Dialoge) **ausgedrückt**. Im Theater sprechen die Schauspieler aber nicht nur ihren Text, sie gebrauchen auch ihre **Stimme** (Sprechweise und Betonung), ihre **Körpersprache** (Gestik) und ihren **Gesichtsausdruck** (Mimik), um Gefühle und Stimmungen auszudrücken.

Wichtige Theaterbegriffe:

- **Rolle:** Rolle nennt man die **Figur, die eine Schauspielerin oder ein Schauspieler in einem Theaterstück verkörpert,** z. B. die Rolle des Löwen, die Rolle des Ritters usw.
- **Szene:** Eine Szene ist ein kurzer, abgeschlossener Teil eines Theaterstücks. Eine Szene endet, wenn neue Figuren auftreten und/oder Figuren abtreten. Meistens erlischt am Ende einer Szene auch die Bühnenbeleuchtung.
- **Regieanweisungen:** Regieanweisungen geben Hinweise darauf, wie die Figuren reden und sich verhalten sollen. Sie stehen oft in Klammern und/oder sind kursiv (schräg) gedruckt.
- **Requisiten:** Gegenstände, die für die Handlung von Bedeutung sind.
- **Kulisse:** Gestalteter Hintergrund einer Theaterbühne.

Sachtexte

▶ S. 181–198, 288

Sachtexte finden wir in unterschiedlichen Bereichen. So zählen folgende Beispiele zur Gruppe der Sachtexte: Texte in Sachbüchern, journalistische Sachtexte (z. B. Zeitungsberichte), Lexikonartikel, Kochrezepte, Bastel- und Spielanleitungen, Schaubilder und Diagramme (z. B. Klimadiagramm in Erdkunde).
Sachtexte informieren über bestimmte Themen. Manche Sachtexte wollen auch zu etwas anleiten oder auffordern. Die Sprache im Sachtext ist klar und sachlich. Gefühle oder Gedanken finden sich hier in derRegel nicht. Sachtexte lassen sich mit der Fünf-Schritt-Lesemethode gut erschließen:

1. Schritt: Einen ersten Überblick verschaffen

- Lest die Überschrift.
- Achtet auch auf Hervorhebungen, einzelne Abschnitte, Satzanfänge.
- Bezieht Bilder, Diagramme und Skizzen mit ein.
- Verschafft euch so einen ersten Eindruck von Inhalt und Aufbau des Textes.

2. Schritt: Fragen stellen

- Was wisst ihr schon über das Thema?
- Was möchtet ihr noch wissen?
- Worum geht es?
- Stellt die W-Fragen an den Text. (Wer? Wo? Wann?)

3. Schritt: Schlüsselwörter unterstreichen und Unklarheiten klären

- Lest nun den Text aufmerksam und versucht, Antworten auf eure Fragen zu bekommen.
- Klärt unbekannte oder schwierige Wörter aus dem Textzusammenhang, durch Nachdenken oder durch das Nachschlagen in einem Wörterbuch.
- Markiert sparsam die wichtigsten Schlüsselwörter im Text. Das sind meist Wörter, an denen ihr beim Überfliegen mit euren Augen hängenbleibt. Meist geben die Schlüsselwörter die Antworten auf die W-Fragen.

4. Schritt: Wichtiges zusammenfassen

- Findet Überschriften in eigenen Worten für die einzelnen Abschnitte, die den Inhalt knapp zusammenfassen.
- Verwendet dazu die unterstrichenen Schlüsselwörter.

5. Schritt: Stichwortzettel anlegen

- Wiederholt den Inhalt noch einmal mit Hilfe eurer Notizen. Denkt dabei auch an eure Fragen aus Schritt 2.
- Erstellt einen Stichwortzettel aus den Zwischenüberschriften und den von euch markierten Schlüsselwörtern.
- Ihr könnt euren Stichwortzettel auch in Form eines Clusters anlegen (▶ S. 286)

Grafiken entschlüsseln

▶ S. 188

Beim Entschlüsseln einer Grafik könnt ihr so vorgehen:

1 Stellt fest, worum es in der Grafik geht. Hierbei hilft euch die Überschrift, wenn es eine gibt.
2 Untersucht, was in der Grafik dargestellt wird: Erklärt sie einen Vorgang, den Aufbau oder die Funktion von etwas oder verdeutlicht sie eine Lage, wie z. B. eine Landkarte?
3 Prüft, ob die Grafik Farben, Beschriftungen oder Symbole enthält, die erklärt werden.
4 Schreibt auf, worüber die Grafik informiert.

Sprachbewusstsein entwickeln

Wortarten

Das Nomen (Hauptwort/Substantiv; Plural: die Nomen) ▶ S. 200–205

Die meisten Wörter in unserer Sprache sind Nomen. Sie werden immer **großgeschrieben.**
Nomen bezeichnen:

- **Lebewesen,** z. B.: *Biber, Eule, Zwerg,*
- **Gegenstände,** z. B.: *Schatz, Stadt,*
- **Begriffe** (Gedanken, Gefühle, Zustände ...), z. B.: *Angst, Mut, Freude, Ferien, Freundschaft.*

Sie werden häufig von **Wörtern begleitet,** an denen wir sie erkennen können, z. B. einen **Artikel** *(der Hase, eine Uhr)* oder ein Adjektiv *(blauer Himmel, fröhliche Menschen).*

Genus (grammatisches Geschlecht; Plural: die Genera) ▶ S. 201

Jedes Nomen hat ein Genus (ein grammatisches Geschlecht), das man **an** seinem **Artikel erkennen** kann. Ein Nomen ist entweder

- ein **Maskulinum** (männliches Nomen), z. B.: *der Zwerg, der Schatz,*
- ein **Femininum** (weibliches Nomen), z. B.: *die Hexe, die Unterwelt,*
- ein **Neutrum** (sächliches Nomen), z. B.: *das Ungeheuer, das Hexenhaus.*

Das **grammatische Geschlecht** eines Nomens stimmt **nicht immer** mit dem **natürlichen Geschlecht** überein, z. B.: *das Mädchen, das Kind.*

Numerus (die grammatische Zahl; Plural: die Numeri) ▶ S. 202

Nomen haben einen Numerus, d. h. eine Anzahl. Sie stehen entweder im

- **Singular** (Einzahl), z. B. *der Wald, die Hexe, das Einhorn,* oder im
- **Plural** (Mehrzahl), z. B. *die Wälder, die Hexen, die Einhörner.*

Nur bei wenigen Wörtern ist entweder nur eine Singularform oder eine Pluralform möglich, z. B.: *der Regen, die Ferien.*

Der Kasus (Fall; Plural: die Kasus, mit langem *u* gesprochen) ▶ S. 203 f.

In Sätzen erscheinen Nomen immer in einem bestimmten Kasus, das heißt in einem grammatischen Fall. **Im Deutschen gibt es vier Kasus.** Nach dem Kasus richten sich die Form des Artikels und die Endung des Nomens. Man kann den **Kasus** eines Nomens **durch Fragen ermitteln.**

Kasus	Kasusfrage	Beispiele
1. Fall: **Nominativ**	*Wer oder was ...?*	*Der Zauberer liest ein Buch.*
2. Fall: **Genitiv**	*Wessen ...?*	*Das Buch des Zauberers ist spannend.*
3. Fall: **Dativ**	*Wem ...?*	*Ein Mädchen schaut dem Zauberer zu.*
4. Fall: **Akkusativ**	*Wen oder was ...?*	*Sie beobachtet den Zauberer genau.*

Meist ist der Kasus am veränderten Artikel des Nomens erkennbar, manchmal auch an der Endung des Nomens, z. B: *des Mannes, des Mädchens, den Kindern.*
Wenn man ein Nomen in einen Kasus setzt, nennt man das **deklinieren** (beugen).

Der Artikel (Begleiter, Geschlechtswort; Plural: die Artikel)

▶ S. 206

Das Nomen tritt selten allein auf, sondern wird häufig von einem Artikel begleitet. Man unterscheidet zwischen dem bestimmten Artikel *(der, die, das)* und dem unbestimmten Artikel *(ein, eine, ein)*, z. B.:

	bestimmter Artikel	**unbestimmter Artikel**
männlich	*der Schneider*	*ein Schneider*
weiblich	*die Bauerstochter*	*eine Bauerstochter*
sächlich	*das Dorf*	*ein Dorf*

Das Adjektiv (das Eigenschaftswort; Plural: die Adjektive)

▶ S. 210 f.

Adjektive drücken aus, **wie** etwas ist. Mit Adjektiven können wir die **Eigenschaften** von Lebewesen, Dingen, Vorgängen, Gefühlen und Vorstellungen **genauer beschreiben,** z. B.:
der starke Wind, der schwache Wind, der eiskalte Wind.
Adjektive werden **kleingeschrieben.** Adjektive, die vor einem Nomen stehen, haben den gleichen Kasus wie das Nomen: *der kalte See, die kalten Seen, des kalten Sees.*

- **Steigerung der Adjektive**
  Die meisten Adjektive kann man steigern (z. B.: *schön – schöner – am schönsten*). So kann man, z. B. Dinge und Lebewesen miteinander vergleichen. Es gibt drei Steigerungsstufen:

Positiv (Grundform)	**Komparativ (Höherstufe)**	**Superlativ (Höchststufe)**
Jan ist groß.	*Leonhard ist größer.*	*Christian ist am größten.*

Die Konjunktion (das Bindewort; Plural: die Konjunktionen)

▶ S. 241–243

Konjunktionen verbinden Satzteile oder Teilsätze miteinander, z. B.:
Es gab Donner und Blitz.
Er konnte nicht an der Wanderung teilnehmen, weil er sich den Fuß verstaucht hatte.
Die häufigsten Konjunktionen sind: *und, oder, weil, da, nachdem.*
Konjunktionen sind nicht veränderbar: Man kann sie nicht beugen (in einen Kasus oder eine Personalform setzen).
Man unterscheidet zwischen nebenordnenden und unterordnenden Konjunktionen.

nebenordnende Konjunktionen
Peter schwimmt im See, *denn* *es ist sehr heiß.*
—— Hauptsatz 1 —— Konjunktion — Hauptsatz 2 —

unterordnende Konjunktionen
Ich sprang heute vom 3-Meter-Brett, *obwohl* *ich etwas Angst hatte.*
—— Hauptsatz 1 ——
Konjunktion —— Nebensatz ——

Das Pronomen (Fürwort; Plural: die Pronomen)

▶ S. 207–209

Das Pronomen ist ein Stellvertreter oder Begleiter; es vertritt oder begleitet ein Nomen.
Es gibt verschiedene Arten von Pronomen.

- **Das Personalpronomen** (persönliches Fürwort)
  Mit den **Personalpronomen** *(ich, du, er, sie, es, wir, ihr, sie)* kann man **Nomen und Namen ersetzen,** z. B.:

  Die Piraten planen einen Überfall. Sie bereiten sich vor. Sofort wehrt das Frachtschiff sie ab.

  Störtebecker hat keine Angst. Er ist mutig und weiß, dass keiner ihn fängt.

  Personalpronomen werden wie die Nomen **dekliniert** (gebeugt):

	Singular			**Plural**		
Kasus	**1. Pers.**	**2. Pers.**	**3. Pers.**	**1. Pers.**	**2. Pers.**	**3. Pers.**
1. Fall: **Nominativ**	*ich*	*du*	*er/sie/es*	*wir*	*ihr*	*sie*
2. Fall: **Genitiv**	*meiner*	*deiner*	*seiner/ihrer/seiner*	*unser*	*euer*	*ihrer*
3. Fall: **Dativ**	*mir*	*dir*	*ihm/ihr/ihm*	*uns*	*euch*	*ihnen*
4. Fall: **Akkusativ**	*mich*	*dich*	*ihn/sie/es*	*uns*	*euch*	*sie*

- **Das Possessivpronomen** (besitzanzeigendes Fürwort)
  Possessivpronomen *(mein/meine – dein/deine – sein/seine, ihr/ihre – unser/unsere – euer/eure – ihr/ihre)* **geben an, zu wem etwas gehört,** z. B.: *mein Schiff, deine Tasche, unsere Flagge.*
  Possessivpronomen begleiten meist Nomen und stehen dann in dem gleichen Kasus (Fall) wiedas dazugehörige Nomen, z. B.:
  Ich gebe meiner Mannschaft das Kommando. (Wem ...? → Dativ)

Das Verb (das Tätigkeitswort; Plural: die Verben)

▶ S. 215–224

Mit Verben gibt man an, **was jemand tut** (z. B. *laufen, reden, lachen*), **was geschieht** (z. B. *regnen, brennen*) oder **was ist** (z. B. *haben, sein, bleiben*). Verben werden kleingeschrieben.

- Der **Infinitiv** (die Grundform) eines Verbs endet auf *-en* oder *-n*, z. B.: *rennen, sagen, antworten, rudern, lächeln.*
- Wenn man ein Verb in einem Satz verwendet, bildet man **die Personalform des Verbs.** Das nennt man **konjugieren (beugen),** z. B.: *such-en* (Infinitiv) → *Ich such-e den Schlüssel* (1. Person Singular). Die Personalform des Verbs wird aus dem Infinitiv des Verbs gebildet. An den Stamm des Verbs wird dabei die passende Personalendung gehängt, z. B.: *sprech-en* (Infinitiv) → *Er spricht* (3. Person Singular).

Die Tempora (Zeitformen) der Verben

▶ S. 216–224

Verben kann man in verschiedenen Zeitformen (Tempora) verwenden, z. B. im Präsens, im Präteritum, im Futur. Die Zeitformen (Tempora; Sg.: das Tempus) der Verben sagen uns, wann etwas passiert, z. B. in der Gegenwart, in der Vergangenheit oder in der Zukunft.

- **Das Präsens** (die Gegenwartsform)
  1 Das Präsens wird verwendet, wenn etwas in der **Gegenwart** (in diesem Augenblick) geschieht, z. B.: *Er schreibt gerade einen Brief.* (Es geschieht in diesem Augenblick.)
  2 Im Präsens stehen auch **Aussagen, die immer gelten,** z. B.: *Suppe isst man mit dem Löffel.* (Es ist immer gültig.)
  3 Man kann das Präsens auch verwenden, **um etwas Zukünftiges auszudrücken.** Meist verwendet man dann eine Zeitangabe, die auf die Zukunft verweist, z. B.: *Morgen gehe ich ins Kino.*
- **Das Futur** (die Zukunftsform)
  Das Futur wird verwendet, um ein zukünftiges Geschehen auszudrücken, z. B.: *In den Sommerferien werde ich häufig ins Freibad gehen.*
  Das Futur wird gebildet durch: Personalform von *werden* im Präsens + Infinitiv des Verbs, z. B.: *Ich werde anrufen, du wirst anrufen ...*
- **Das Perfekt** (2. Vergangenheit)
  Wenn man mündlich von etwas Vergangenem erzählt oder berichtet, verwendet man häufig das Perfekt, z. B.: *Ich habe gerade etwas gegessen. Er ist nach Hause gekommen.*
  Das Perfekt ist eine **zusammengesetzte Vergangenheitsform,** weil es mit einer Form von **„haben"** oder **„sein"** im Präsens (z. B. *hast, sind*) und dem **Partizip II des Verbs** (z. B.: *gesehen, aufgebrochen*) gebildet wird.
  - Das Partizip II beginnt meist mit *ge-*, z. B.: *lachen → gelacht; gehen → gegangen.*
  - Wenn das Verb schon eine Vorsilbe hat (*ge-, be-* oder *ver-*), bekommt das Partizip II keine mehr, z. B.: *gelingen → gelungen; beschweren → beschwert; verlieren → verloren.*
- **Das Präteritum** (1. Vergangenheit)
  Das Präteritum ist eine **einfache Zeitform der Vergangenheit.** Diese Zeitform wird vor allem in schriftlichen Erzählungen (z. B. in Märchen, in Geschichten) und in Berichten verwendet, z. B.: *Sie lief schnell nach Hause, denn es regnete in Strömen.*
  Man unterscheidet:
  - **regelmäßige** (schwache) **Verben:** Bei den regelmäßigen Verben ändert sich der Vokal *(a, e, i, o, u)* im Verbstamm nicht, wenn das Verb ins Präteritum gesetzt wird, z. B.: *ich lache* (Präsens) → *ich lachte* (Präteritum),
  - **unregelmäßige** (starke) **Verben:** Bei den unregelmäßigen Verben ändert sich im Präteritum der Vokal *(a, e, i, o, u)* im Verbstamm, z. B.: *ich singe* (Präsens) → *ich sang* (Präteritum); *ich laufe* (Präsens) → *ich lief* (Präteritum).
- **Das Plusquamperfekt** (3. Vergangenheit)
  Wenn etwas vor dem passiert, wovon im Präteritum oder im Perfekt erzählt wird, verwendet man das Plusquamperfekt. Das Plusquamperfekt wird deshalb auch **Vorvergangenheit** genannt, z. B.: *Nachdem er den Computer ausgeschaltet hatte, verließ er das Zimmer.*
  Das Plusquamperfekt ist wie das Perfekt (▶ S. 218) eine **zusammengesetzte Vergangenheitsform,** weil es mit einer Form von **„haben"** oder **„sein"** im Präteritum (z. B. *hatte, war*) und dem **Partizip II des Verbs** (z. B. *gelesen, aufgebrochen*) gebildet wird, z. B.: *Nachdem wir etwas gegessen hatten, gingen wir in den Zoo. Nachdem wir alle pünktlich angekommen waren, ging es los.*
  Tipp: Die Konjunktion *nachdem* leitet oft einen Satz im Plusquamperfekt ein.

Wortfeld

▶ S. 65

Wörter mit ähnlicher Bedeutung bilden ein Wortfeld:
klein: winzig, zwergenhaft, gering ...
fliegen: schweben, flattern, gleiten ...
Mit Wörtern aus einem Wortfeld kann man abwechslungsreich und aussagekräftig formulieren.

Wortfamilie

▶ S. 213

Der Grundbaustein eines Wortes heißt **Wortstamm.** Wörter mit dem gleichen Wortstamm bilden eine **Wortfamilie.** Sie können verschiedenen Wortarten angehören, z. B.
freuen, die Freude, freudig, erfreuen ...
kennen, erkennen, die Kenntnis ...

Satzglieder

Wortart und Satzglied

Beachtet den Unterschied zwischen Wortarten und Satzgliedern: Einzelne Wörter kann man nach ihrer Wortart bestimmen, Satzglieder sind die Bausteine in einem Satz. Oft besteht ein Satzglied aus mehreren Wörtern. Man merkt das, wenn man versucht, die Satzglieder eines Satzes umzustellen (Umstellprobe, ▶ S. 226, 233).

Nomen	Verb	Pronomen	Präposition	Nomen	**Wortarten**
Thomas	*trifft*	*ihn*	*zu*	*Hause.*	
Subjekt	Prädikat	Akkusativobjekt	adverbiale Bestimmung des Ortes		**Satzglieder**

Satzglieder erkennen: Die Umstellprobe

▶ S. 226

Ein Satz besteht aus verschiedenen Satzgliedern. Diese Satzglieder können aus einem einzelnen Wort oder aus mehreren Wörtern (einer Wortgruppe) bestehen.
Mit der **Umstellprobe** könnt ihr feststellen, wie viele Satzglieder ein Satz hat. Wörter und Wortgruppen, die bei der Umstellprobe immer zusammenbleiben, bilden ein Satzglied, z. B.:
Unbekannte Täter stahlen nachts den teuren Schmuck.
Nachts stahlen unbekannte Täter den teuren Schmuck.

Das Subjekt (Satzgegenstand; Plural: die Subjekte)

▶ S. 228

Das Satzglied, das angibt, wer oder was etwas tut, veranlasst, handelt ..., heißt Subjekt.
- Ihr könnt das Subjekt mit der Frage **„Wer oder was ...?"** ermitteln: *Ich schlafe.* → *Wer schläft?*
- Es kann aus mehreren Wörtern bestehen, z. B.: *Tim schläft.* – *Mein treuer Hund Tim schläft.*

Das Prädikat (Plural: die Prädikate)

▶ S. 227

Der **Kern des Satzes** ist das Prädikat (Satzaussage). Prädikate werden durch Verben gebildet. In einem Aussagesatz steht die Personalform des Verbs (der gebeugte Teil, ▶ S. 304) **immer an zweiter Satzgliedstelle,** z. B.: *Der Detektiv jagt den Dieb.*

Prädikate können **aus mehreren Teilen** bestehen, z. B. aus

- **einem Verb,** das in **zwei Bestandteile** getrennt ist: *Auf Darlington Hall fiel Seltsames vor.*
- **Personalform** und **Partizip:** *Der Dieb ist plötzlich geflüchtet.*
- **zwei Verben:** *Die Polizisten kamen ins Zimmer gestürmt.*

Die zwei Teile des Prädikats bilden eine Prädikatsklammer. Sie klammern andere Satzglieder ein: *Sie haben die gestohlene Sphinx im Versteck gefunden.*

Prädikatsklammer

Die Objekte (Singular: das Objekt)

▶ S. 229–230

- **Akkusativobjekt:** Das Objekt, das im Akkusativ steht, heißt Akkusativobjekt. Ihr ermittelt es mit der Frage: **„Wen ... oder was ...?“**, z. B.: *Wen oder was leiht sie mir? Sie leiht mir das Buch.*
- **Dativobjekt:** Das Objekt, das im Dativ steht, heißt Dativobjekt. Ihr ermittelt es mit der Frage: **„Wem ...?“**, z. B.: *Wem leiht sie das Buch? Sie leiht das Buch mir.*

Objekte können aus einem oder aus mehreren Wörtern bestehen.

Die adverbialen Bestimmungen (auch: Adverbialien)

▶ S. 231–232

- Adverbiale Bestimmungen (Umstandsbestimmungen) sind Satzglieder, die man z. B. mit den Fragen **Wann ...?, Wo ...?, Warum ...?, Wie ...?** ermittelt. Sie liefern zusätzliche **Informationen über den Ort** (lokale adverbiale Bestimmung), **über die Zeit** (temporale adverbiale Bestimmung), **über den Grund** (kausale adverbiale Bestimmung) und **über die Art und Weise** (modale adverbiale Bestimmung) eines Geschehens oder einer Handlung.
- Adverbiale Bestimmungen können aus einem oder aus mehreren Wörtern bestehen.
- Durch die Frageprobe kann man ermitteln, welche adverbiale Bestimmung vorliegt.

Frageprobe	Satzglied	Beispiel
Wo? Wohin? Woher?	**lokale adverbiale Bestimmung**	*Wo liegt der Schatz?* *Der Schatz liegt hinter der Holzhütte.*
Wann? Wie lange? Seit wann?	**temporale adverbiale Bestimmung**	*Wann wurde der Schatz versteckt?* *Der Schatz wurde vor 200 Jahren versteckt.*
Warum? Weshalb?	**kausale adverbiale Bestimmung**	*Warum brachen sie die Schatzsuche ab?* *Wegen der Dunkelheit brachen sie die Schatzsuche ab.*
Wie? Auf welche Weise? Womit?	**modale adverbiale Bestimmung**	*Wie werden sie die Schatztruhe öffnen?* *Sie werden die Schatztruhe gewaltsam öffnen.*

Sätze

Satzarten

▶ S. 239–240

Je nachdem, ob wir etwas aussagen, fragen oder jemanden auffordern wollen, verwenden wir unterschiedliche Satzarten: Aussagesatz, Fragesatz und Aufforderungssatz.
In der gesprochenen Sprache erkennen wir die verschiedenen Satzarten oft an der Stimmführung, in der geschriebenen Sprache an den unterschiedliche Satzschlusszeichen: Punkt, Fragezeichen und Ausrufezeichen.

1 Nach einem **Aussagesatz** steht ein **Punkt,** z. B.: *Scotland Yard ist die Londoner Polizei.*
2 Nach einem **Fragesatz** steht ein **Fragezeichen,** z. B.: *Wo hat Scotland Yard seinen Sitz?*
3 Nach einem **Ausrufe- oder Aufforderungssatz** steht meist ein **Ausrufezeichen,** z. B.: *Haltet den Dieb!*

Die Satzreihe: Hauptsatz + Hauptsatz

▶ S. 241

Hauptsätze haben folgende Kennzeichen:

- Ein **Hauptsatz** ist ein selbstständiger Satz. Er kann alleine stehen.
- Er enthält mindestens zwei Satzglieder, nämlich Subjekt und Prädikat, z. B.: *Der Dieb flieht.*
- Die Personalform des Verbs (das gebeugte Verb, ▶ S. 304) steht im Hauptsatz in der Regel an zweiter Satzgliedstelle, z. B.: *Der Dieb flieht vor der Polizei.*

Ein **Satz,** der **aus zwei oder mehr Hauptsätzen** besteht, wird **Satzreihe** genannt. Die einzelnen Hauptsätze einer Satzreihe werden durch ein **Komma** voneinander getrennt, z. B.:
Der Dieb flieht vor der Polizei, der Kommissar ermittelt.
Häufig werden die Hauptsätze durch die nebenordnenden **Konjunktionen** (Bindewörter) *und, oder, aber, denn, doch* verbunden, z. B.: *Der Dieb flieht vor der Polizei, denn er hat gestohlen.*
Nur vor den Konjunktionen *und* bzw. *oder* darf das Komma wegfallen, z. B.: *Der Dieb flieht vor der Polizei und der Kommissar ermittelt.*

Satzgefüge: Hauptsatz + Nebensatz

▶ S. 242

Nebensätze haben folgende Kennzeichen:

- Ein Nebensatz kann **nicht ohne** einen **Hauptsatz** stehen.
- Der Nebensatz **ist dem Hauptsatz untergeordnet** und wird durch eine unterordnende **Konjunktion** (Bindewort) **eingeleitet,** z. B. *weil, da, obwohl, damit, dass, sodass, nachdem, während.*
- Die **Personalform des Verbs** (das gebeugte Verb) steht im Nebensatz immer **an letzter Satzgliedstelle.**

Einen **Satz,** der **aus** mindestens einem **Hauptsatz und** mindestens einem **Nebensatz** besteht, nennt man **Satzgefüge.** Zwischen Hauptsatz und Nebensatz muss **immer ein Komma** stehen, z. B.:
Der Dieb ist im Gefängnis, weil der Kommissar ihn stellte.
Hauptsatz Nebensatz

In einem Satzgefüge kann der Nebensatz vor, zwischen oder nach dem Hauptsatz stehen.

Zeichensetzung

Satzschlusszeichen

▶ S. 239–240

- Nach einem **Aussagesatz** steht ein **Punkt,** z. B.: *Ich kaufe eine Uhr.*
- Nach einem **Fragesatz** steht ein **Fragezeichen,** z. B.: *Kommst du mit?*
- Nach einem **Ausrufe- oder Aufforderungssatz** steht meist ein **Ausrufezeichen,** z. B.: *Vergesst eure Hausaufgaben nicht! Laufe schneller!*

Zeichensetzung bei der wörtlichen Rede

▶ S. 68

Die **wörtliche Rede** steht in einem Text **in Anführungszeichen.** Man unterscheidet:

- Der **Redebegleitsatz vor** der wörtlichen Rede wird durch einen **Doppelpunkt** von der wörtlichen Rede abgetrennt, z. B.: *Tina rief**:** **„**Ich komme gleich zu dir!**“***
- Der **Redebegleitsatz nach** der wörtlichen Rede wird durch ein **Komma** von der wörtlichen Rede abgetrennt, z. B.: ***„**Ich komme gleich zu dir!**“,** rief Tina.*
- Der **Redebegleitsatz zwischen** der wörtlichen Rede wird **durch Kommas** von der wörtlichen Rede abgetrennt, z. B.: ***„**Ich**“,** rief Tina laut**, „**komme gleich zu dir!**“***

Rechtschreibstrategien

▶ S. 247–278

Schwingen

▶ S. 248, 249

- **Vor** dem Schreiben: Sprecht die Wörter deutlich in Silben. Zeichnet Silbenbögen in die Luft.
- **Beim** Schreiben: Sprecht die Silben leise mit. Sprecht nicht schneller, als ihr schreibt.
- **Nach** dem Schreiben: Prüft, ob ihr richtig geschrieben habt. Zeichnet dazu Silbenbögen unter jede Silbe und sprecht dabei leise mit.

Offene und geschlossene Silben

▶ S. 250

Wenn ihr Wörter deutlich in Silben sprecht (schwingt), dann hört ihr, ob eine Silbe mit einem **Vokal** *(a/ä, e, i, o/ö, u/ü)* oder **Konsonanten** (z. B.: *b, d, f, g, t, s* ...) endet.
Dieses Wissen ist wichtig für die richtige Schreibung des Wortes, z. B.:

- Enden Silben mit einem **Vokal,** nennt man sie **offen,** z. B.: Blu se.
- Enden Silben mit einem **Konsonanten**, nennt man sie **geschlossen,** z. B.: Klas sen.

Verlängern

▶ S. 252–253

- Bei **Einsilbern und Zweisilbern** kann man besonders am Wortende Buchstaben verwechseln oder nicht immer sicher zuordnen, z. B.:
  - Einsilber: *das Bad, der Tag, der Stab, der Biss, das Schiff,*
  - Zweisilber: *der Anpfiff, erlaubt, beliebt, der Abend, traurig, kaputt.*
- Damit man Einsilber und Zweisilber schwingen kann, um auch die schwierigen Buchstaben sicher zu hören, muss man eine Silbe anfügen: Man **verlängert** sie, z. B.:

Einsilber:	*der Ber**g***	*sti**ll***	*re**nn**t*
Verlängerte Einsilber:	*die Ber **g**e*	*stil **l**er als*	*wir ren **n**en*
Zweisilber:	*be le**b**t*	*der Be schei**d***	*der Ge wi**nn***
Verlängerte Zweisilber:	*be le **b**en*	*die Be schei **d**e*	*die Ge wi**n** **n**e*

Zerlegen

▶ S. 254

- In zusammengesetzten Wörtern können sich Verlängerungsstellen verstecken, z. B.: *der Aben**d**himmel, die Schran**k**wand, der Die**b**stahl.*
- Die unklaren Auslaute und Einsilber findet man, indem man die Wörter zerlegt und dann verlängert, z. B.:

  *Han**d** ba**ll** – die Hän**d**e und die Bä**ll**e.*
- Manchmal muss man auch Wortbausteine abtrennen, bevor man verlängern kann, z. B.:

  *das Käl**b**chen – die Käl**b**er.*

Ableiten

▶ S. 255

- Wörter, die z. B. die Vokale *e* und *eu* enthalten, sind leicht mit *ä* und *äu* zu verwechseln. Man spricht sie ähnlich aus.
- **Normalerweise** schreibt man ***e* oder *eu*.**
- Wenn es verwandte Wörter mit ***a* oder *au*** gibt, dann schreibt man ***ä* oder *äu*,** z. B.:

  *die Welt – aber: er h**ä**lt, denn es heißt: h**a**lten*   *die Leute – er l**äu**tet, denn es heißt: l**au**ten*

Nomen erkennen

▶ S. 258–260

Nomen werden großgeschrieben. Prüft mit folgenden Proben, ob es sich um ein Nomen handelt:

- **Artikelprobe:** Vor Nomen kann man einen Artikel setzen, z. B.: *das Haus.*
- **Adjektivprobe:** Nomen kann man durch Adjektive genauer beschreiben, z. B.: *das hohe Haus.*
- **Pronomenprobe:** Nomen können Pronomen vorausgehen, z. B.: *unser Haus, dieses Haus.*
- **Zählprobe:** Nomen kann man zählen, z. B.: *drei Häuser, viele Häuser.*
- **Endungsprobe:** Nomen können z. B. enden auf: *-heit, -keit, -ung, -nis, -schaft, - tum.*
  z. B.: *Gesundheit, Heiterkeit, Umgebung, Ereignis.*

Im Wörterbuch nachschlagen

▶ S. 261–262

- In einem Wörterbuch sind die Wörter **nach dem Alphabet sortiert.**
- Wenn der erste, zweite ... Buchstabe gleich ist, wird die Reihenfolge nach dem zweiten, dritten ... Buchstaben entschieden, z. B.: *Flamme, Fleiß, Floß.*
- Bei **Verbformen** sucht ihr die **Grundform** (Infinitiv), z. B.: *geht* → *gehen.*
- Bei **Adjektiven** sucht ihr die **Grundform,** z. B.: *netter* → *nett.*
- Bei **Nomen** sucht ihr die **Einzahl** (den Singular), z. B.: *die Wände* → *die Wand.*
- Zusammengesetzte Wörter **solltet ihr zerlegen** und getrennt nachschlagen.

Richtig abschreiben

▶ S. 251

- **Lest** den Text **mehrmals,** bevor ihr ihn abschreibt. Ihr solltet seinen Inhalt gut kennen.
- **Schwingt:** Sprecht schwierige Wörter in Silben (laut oder in Gedanken).
- Merkt euch **jeweils eine Zeile** und schreibt sie auf. Schreibt nur in jede zweite Zeile.
- **Sprecht leise mit,** während ihr schreibt. Sprecht nicht schneller, als ihr schreibt.
- Kontrolliert am Ende jeden Satzes das **Satzschlusszeichen** (▶ S. 309).
- **Schreibt sauber** und lesbar.

Partnerdiktat

▶ S. 276

- Lest zuerst den gesamten Text durch und achtet auf schwierige Wörter.
- Diktiert euch abwechselnd den Text, Abschnitt für Abschnitt.
- Jeder überprüft am Ende seinen eigenen Text auf Rechtschreibfehler und verbessert sie.
- Tauscht dann eure Texte aus und korrigiert sie gegenseitig.
- Verbessert zum Schluss die Fehler in euren Texten.

Dosendiktat

▶ S. 272

- Legt in eine Dose Zettel mit Wörtern, die ihr üben wollt.
- Zieht nacheinander die Zettel aus der Dose und diktiert sie euch gegenseitig.
- Kontrolliert mit Hilfe der Zettel, ob ihr die Wörter richtig geschrieben habt.

Rechtschreibregeln

Wörter mit doppelten Konsonanten

▶ S. 265–267

- Doppelte Konsonanten schreibt man nur, wenn die erste Silbe geschlossen ist, z. B.: *die Sche**ll**e, der Blödsi**nn**, die Dä**mm**e, die Be**tt**en, die Ro**bb**e.*
- Wenn zwischen zwei Silben (Silbengrenze) zwei verschiedene Konsonanten stehen, verdoppelt man nicht, z. B.: *die Schwärme, die Murmel, wandern.*
  Um die Regel anzuwenden, muss man Einsilber verlängern und zusammengesetzte Wörter zerlegen.

Wörter mit *ie*

▶ S. 268–270

Man schreibt Wörter in der Regel nur dann mit *ie,* wenn die **erste Silbe offen** ist und der **Vokal lang** gesprochen wird.
In zusammengesetzten Wörtern müsst ihr die zweisilbige Form suchen, um die ie-Schreibung zu begründen.
Achtung: Diese **Regel** gilt **nur für zweisilbige Wörter!**
Die Personalpronomen ***ihr, ihnen, ihm, ihn, ihre*** werden mit **ih** geschrieben.

Wörter mit *ß* oder *ss*

▶ S. 271–273

Der Buchstabe ***ß*** steht für einen **zischend** gesprochenen s-Laut.
- Man schreibt ***ß,*** wenn die **erste Silbe offen** ist, z. B.: *die Soße, die Größe, die Maße, stoßen.*
- Ist die **erste Silbe geschlossen,** schreibt man ***ss,*** z. B.: *die Klasse, die Bisse, lassen, wissen.*

Zusammengesetzte Wörter müsst ihr zerlegen und dann verlängern, um die Schreibung mit *ß* oder *ss* zu begründen.

Großschreibung

▶ S. 200, 258

Satzanfänge und **Nomen** (▶ S. 200) werden **großgeschrieben.**
Wörter, die auf *-heit, -keit, -nis, -schaft, -tum, -ung* enden, sind immer Nomen.

Kleinschreibung

▶ S. 217–219, 24

Klein schreibt man
- alle **Verben,** z. B.: *malen, tanzen, gehen,*
- alle **Adjektive,** z. B.: *freundlich, sonderbar, rostig,*
- alle **Personalpronomen** (persönliche Fürwörter), z. B.: *ich, du, er/sie/es, wir, ihr, sie, mich, dich.*

Tipp: Eine Sonderregelung gibt es bei den **Anredepronomen in Briefen und E-Mails:**
- Wenn ihr jemanden **siezt,** schreibt ihr die Anredepronomen **groß,** z. B.: *Sie, Ihnen, Ihr.*
- Die vertraute Anrede **du** kann man **klein**schreiben, z. B.: *dir, dein, euch, euer.*

Arbeitstechniken und Methoden

Die eigene Arbeit organisieren

Informationen/Ideen sammeln und auswerten

Texte überarbeiten

Arbeitsergebnisse aufbereiten und präsentieren

Lösungen zu einzelnen Aufgaben

Seite 56

4 So lautet der Originalschluss der Geschichte „Der Höllenhund, das Monsterkind und ich" von Dagmar Geisler:

„Hallo, Frau Schmidt!", sage ich. Meine Stimme hört sich an, als hätte ich einen Frosch verschluckt. „Magdalena!", sagt Frau Schmidt und klingt erfreut und erschrocken zugleich. „Ich wollte mich bei Ihnen bedanken!", sage ich, und weil ich nicht weiß, was ich sonst tun soll, gebe ich Frau Schmidt die Hand. Dann sage ich: „Guten Tag, Frau Saworski!" Und weil die anderen mich mit offenem Mund anstarren, sage ich noch: „Ich bin Magdalena, dieses Monsterkind!" Da klappt Frau Saworski ihren Mund wieder zu.
Ich bitte Frau Schmidt, ob sie auf meinen Rucksack achten kann, während ich mir etwas zu essen hole. Dann gehe ich den Gang entlang Richtung Bistrowagen. Wenn der Zug um die Kurve führt, kann ich mich kaum auf den Beinen halten. Manchmal remple ich aus Versehen jemanden an. Draußen scheint die Sonne. Wir fahren an einem gewundenen Bachlauf vorbei. In der Ferne sehe ich jemanden reiten. Das Pferd ist groß und braun. An einem Fenster bleibe ich kurz stehen.

Was hat Papa gesagt? „Reisen verändert die Sichtweise!" „Komisch! Der Zug hat noch nicht mal irgendwo gehalten und meine Sichtweise hat sich schon ziemlich verändert!

Seite 145

1 Hier findet ihr die Strophe des Gedichts „Tapire" mit den fehlenden Reimwörtern:

Leider kann man von <u>Tapiren</u>
nicht träumen wie von andern <u>Tieren</u>
sie sind nicht süß, sie sind nicht <u>böse</u>
und fressen, sagt ein Schild, <u>Gemöse</u>.

2 a Die Verse der Strophe „Vom Löwen, der mich nicht fressen wollte" sind so in der richtigen Reihenfolge:

Im Traum sind Löwen meist allein
Sie schauen in mein Zelt herein.
Sie schnurren, blinzeln, schlafen ein.
„Wach auf, wenn du ein Löwe bist!
Ich will jetzt wissen, wie es ist,
wenn mich ein echter Löwe frisst!"
Zupf ich ihn an der Mähne,
„Sei still", knurrt er, „ich gähne."

Seite 190

1 a **B** Schlüsselwörter sind Wörter, die für die Aussage eines Textes besonders wichtig sind.

2 a **A** Ein neuer Sinnabschnitt beginnt dort, wo im Text ein neues Unterthema behandelt wird.

Textartenverzeichnis

Autoren- und Quellenverzeichnis

RUDLOF-GARREIS, DORIS
142 Ein Hund beim Frisör
aus: Allerlei Getier. Gedichte für Kinder. Hrsg. von Ursula Remmers und Ursula Warmbold. Philipp Reclam; jun. Stuttgart 2003, S. 48

SCHIRRA, CONSTANCE
223 Der Reißverschluss
nach: Kindernetz. URL: http://www.kindernetz.de/infonetz/reissverschluss/-/id=173204/nid=173204/did=33140/22p274/index.html; Stand: 30. 11. 2011

SCHULZ, HERMANN (*1938)
84 Mandela & Nelson (1)
86 Mandela & Nelson (2)
aus: Mandela & Nelson. Carlsen Verlag, Hamburg 2010, S. 105–109

STEINHÖFEL, ANDREAS (*1962)
88 Rico, Oskar und die Tieferschatten (1)
269 Rico, Oskar und die Tieferschatten (2)
aus: Rico, Oskar und die Tieferschatten. Carlsen Verlag. Hamburg 2004, S. 22–23; 60–61

WENDT, IRMELA (*1916)
39 Uli und ich
aus: Hans-Joachim Gelberg (Hrsg.): Geh und spiel mit dem Riesen. Geschichten, Bilder, Gedichte, Rätsel, Texte, Spiele, Szenen, Comics. Beltz & Gelberg Verlag, Weinheim und Basel 1971, S. 12

WILHELM, FRIEDERIKE
222 Bluejeans
nach: Kindernetz. URL: http://www.kindernetz.de/infonetz/jeans//id=173204/nid=173204/did=34034/1mm8z00/index.html; Stand: 30. 11. 2011

WISSKIRCHEN; CHRISTA (*1945)
147 Theaterkatzen
aus: Brand, Christine und Heinz (Hrsg): Keine Maus zu Haus? Ravensburger Buchverlag, Ravensburg 2002, S. 60

Unbekannte/ungenannte Autoren
103 Die Märchensammler: Jacob und Wilhelm Grimm
109 Der Brückenbauer und der Dämon
aus: Japanische Volksmärchen. Hrsg. von Horst Hammitzsch. Diederichs Verlag, Düsseldorf 1964, S. 40 f.
159 Das Gedicht von den fünf Gefühlen
162 Das böse Rotkäppchen und der liebe Wolf
Orginalbeitrag
165 Schneeputtel und die sieben Stadtzwerge
Orginalbeitrag
169 Fixies sind Fahrräder
173 ZDF/PRO7/arte
aus: TV piccolino, Heft 14 vom 21. 06. 2012
178 Gerätebesitz 6- bis 13-Jähriger
Quelle: KIM-Studie 2010; www.mpfs.de; Basis alle Haupterzieher, n=1214; Hg: mpfs (Medienpädagogischer Forschungsverbund Südwest); Autoren: Sabine Feierabend und Thomas Rathgeb
186 Bis(s) zum bitteren Ende?
aus: WAS IST WAS Magazin. Tessloff Verlag. Berlin 2009, S. 4–6 (gekürzt)
191 Das Armadillo (Kugelgürteltier)
Nach: Kindernetz. URL: http://www.kindernetz.de/oli/tierlexikon/kugelguerteltier/-/id=74994/nid=74994/did=83396/c2qp1b/index.html; Stand: 30. 11. 2011
194 Der Große Panda
nach: kindernetz. URL: http://www.kindernetz.de/oli/tierlexikon/grosser-panda/-/id=74994/nid=74994/did=115722/1ftyqih/index.html; Stand: 30. 11. 2011
202 Der kleine Hobbit
nach: http://www.tolkienwelt.com/jrr_tolkien/inhaltsangaben/derhobbit.html; Stand: 30. 11. 2011, Autor: Markus „Gwaihir“ Hoffmann
260 Pflanzen in der Wüste
Orginalbeitrag
277 Perlenzucht
Orginalbeitrag
278 Schnecken und Muscheln
278 Wissenswertes über Schnecken
aus: Walters, Martin und Johnson, Jinny: Wissen leicht gemacht: Die Tiere der Welt. Übersetzt von Thebigword. Parragon Books 2006, S. 32–33

Bildquellenverzeichnis

S. 13, 18, 28, 30, 31, 32, 44, 46, 79, 93, 94, 156, 161, 162, 163, 165, 180, 279, 280: Thomas Schulz, Teupitz; **S. 17:** © Tino Hemmann – Fotolia.com; **S. 22 oben:** © poco_bw – Fotolia.com; **unten:** © Eva Lemonenko – Fotolia.com; **S. 23:** die bildstelle/REX FEATURES LTD; **S. 27:** © F1 Online; **S. 43:** getty images/Toby Burrows; **S. 61:** getty images/Louie Psihoyos; **S. 80:** picture-alliance/Everett Collection; **S. 91:** ullstein bild – B. Friedrich; **S. 92:** Thomas Büchner, Berlin; **S. 96:** picture-alliance/PhotoPQR/Le Telegramme; **S. 98 oben:** © Frank-Peter Funke – Fotolia.com; **unten:** Arena Verlag GmbH, Würzburg 2002; **S. 103, 147:** akg-images; **S. 111: links oben:** © Cover von: 1000 und eine Nacht. Droemersche Verlagsanstalt. München 1953; **links unten:** © Cover von: Hans Christian Andersen, Märchen. Beltz& Gelberg, Weinheim, Basel; Ilustration von Nikolaus Heidelbach; **rechts unten:** © Cover von: Helmut Brackert, Das große deutsche Märchenbuch. Bibliographisches Institut/Artemis & Winkler, Mannheim; **rechts oben:** Früh, Sigrid (Hg.), Russische Märchen, ISBN: 978-3-89875-182-7, mit freundlicher Genehmigung des Königsfurt-Urania Verlag, Krummwisch, © by koenigsfurt-urania.com; **S. 121:** plainpicture/bildhaft; **S. 150:** Leander Michael, Berlin; **S. 155:** picture-alliance/ZB; **S. 167:** Caro/Hechtenberg; **S. 168:** Logos „Die Pfefferkörner“, „Expedition ins Tierreich“, „Tagesschau“, „Die Quizshow“: © NDR, Hamburg; Logo „Die wilden Kerle“: © Masannek Birck Wunderwerk 2011; Logo „Karambolage“: Claire Doutriaux, Arte Studio France; Logo „Galileo“: © Pro Sieben, Logo „Minitz“: © SWR www.kindernetz.de; **S. 169:** Picture-alliance/dpa/Zentralbild/Matthias Hiekel; Logo Galileo: © Pro Sieben; **S. 171, 172:** © Karambolage, ARTE France 2011; **S. 173:** © TV piccolino/Gong Verlag GmbH; **S. 174:** © WDR – Neuneinhalb; **S. 175:** © WDR/KiRaKa; **S. 177:** © SWR www.kindernetz.de, picture-alliance/dpa; **S. 181:** picture alliance/WILDLIFE; **S. 182:** picture alliance/Arco Images GmbH; **S. 184:** picture-alliance/dpa; **S. 186, 188:** © WWF, www.wwf.de, **rechts unten:** picture alliance/WILDLIFE; **S. 190 links:** © WWF, www.wwf.de; **Mitte:** picture-alliance/dpa-Grafik; **rechts:** picture alliance/dpa; **S. 191, 193:** NPL/Arco Images; **S. 194:** picture alliance/Shi guangde – Imaginechina; **S. 196 links:** glow images/fotosearch.de; **Mitte:** © Dreadlock – Fotolia.com; **rechts:** Robert Staley Photography; **S. 213:** © sandra zuerlein – Fotolia.com; **S. 215:** Corel; **S. 220:** © Anne Katrin Figge – Fotolia.com; **S. 247:** Archiv Mehrl/© Westend61/vario images; **S. 260:** © thongsee – Fotolia.com; **S. 275:** Schöning Verlag, Lübeck; **S. 281:** Fotolia/VRD (Bleistift); Fotolia/Robert Lehmann (Lineal); Fotolia/by-studio busse/yankushev (Patrone); Fotolia/Stefan Senninger (Radiergummi); Fotolia/MjP (Schere); **S. 282:** Baldur Michael, Berlin; **S. 286:** © typomaniac – Fotolia.com; **S. 290:** Cinetext/Constantin Film

Nicht in allen Fällen war es möglich, die Rechteinhaber der Abbildungen ausfindig zu machen. Berechtigte Ansprüche werden im Rahmen der üblichen Vereinbarungen abgegolten.

Sachregister

zu diesem Buch gibt es:
- ein passendes Arbeitsheft (mit Übungssoftware ISBN 978-3-06-062466-9, ohne Übungssoftware ISBN 978-3-06-062455-3)
- einen Klassenarbeitstrainer (ISBN 978-3-06-100018-9)

Teile einiger Kapitel dieses Bandes wurden erarbeitet von Christoph Berghaus, Günther Biermann, Ulrich Campe, Friedrich Dick, Ute Fenske, Franziska Klingelhöfer, Marlene Koppers, Timo Koppitz, Renate Kroiß, Anna Löwen, Sabine Mattäus, Katrin Peschl, Katrin Pfeuffer, Karl Hans Reichl, Katja Reinhardt, Karin Riermeier, Petra Stich, Sonja Wiesiollek

Redaktion: Birgit Wernz
Bildrecherche: Eireen Junge

Illustrationen:

Maja Bohn, Berlin (S. 141–152)
Jusche. Fret, Leipzig (S. 47–60)
Sabine Lochmann, Frankfurt/M. (S. 29–42)
Nils Fliegner, Hamburg (Vorsätze, S. 199–224, 248–278)
Christiane Grauert, Milwaukee (USA) (S. 63–78, 123 –138)
Isabel Große Holtforth, Maisach (S. 81–98, 157–160)
Kai Hofmann und Jutta Melsheimer, Berlin (S. 15–26, 225–246, 287–289)
Constanze v. Kitzing, Köln (S. 99–120)
Friederike Rave, Wuppertal (S. 37)

Gesamtgestaltung und technische Umsetzung: werkstatt für gebrauchsgrafik, Berlin
Coverfoto: Thomas Schulz, Teupitz

www.cornelsen.de

1. Auflage, 2. Druck 2014

Alle Drucke dieser Auflage sind inhaltlich unverändert
und können im Unterricht nebeneinander verwendet werden.

Druck: Mohn Media Mohndruck, Gütersloh

ISBN 978-3-06-062449-2

Kniffelige Verben im Überblick

Infinitiv	Präsens	Präteritum	Perfekt
befehlen	du befiehlst	er befahl	er hat befohlen
beginnen	du beginnst	sie begann	sie hat begonnen
beißen	du beißt	er biss	er hat gebissen
bieten	du bietest	er bot	er hat geboten
bitten	du bittest	sie bat	sie hat gebeten
blasen	du bläst	er blies	er hat geblasen
bleiben	du bleibst	sie blieb	sie ist geblieben
brechen	du brichst	sie brach	sie hat gebrochen
brennen	du brennst	es brannte	es hat gebrannt
bringen	du bringst	sie brachte	sie hat gebracht
dürfen	du darfst	er durfte	er hat gedurft
einladen	du lädst ein	sie lud ein	sie hat eingeladen
erschrecken	du erschrickst	er erschrak	er ist erschrocken
essen	du isst	er aß	er hat gegessen
fahren	du fährst	sie fuhr	sie ist gefahren
fallen	du fällst	er fiel	er ist gefallen
fangen	du fängst	sie fing	sie hat gefangen
fliehen	du fliehst	er floh	er ist geflohen
fließen	du fließt	es floss	es ist geflossen
frieren	du frierst	er fror	er hat gefroren
gelingen	es gelingt	es gelang	es ist gelungen
genießen	du genießt	sie genoss	sie hat genossen
geschehen	es geschieht	es geschah	es ist geschehen
greifen	du greifst	sie griff	sie hat gegriffen
halten	du hältst	sie hielt	sie hat gehalten
heben	du hebst	er hob	er hat gehoben
heißen	du heißt	sie hieß	sie hat geheißen
helfen	du hilfst	er half	er hat geholfen
kennen	du kennst	sie kannte	sie hat gekannt
können	du kannst	er konnte	er hat gekonnt
kommen	du kommst	sie kam	sie ist gekommen
lassen	du lässt	sie ließ	sie hat gelassen
laufen	du läufst	er lief	er ist gelaufen
leiden	du leidest	sie litt	sie hat gelitten
lesen	du liest	er las	er hat gelesen